江苏"十四五"普通高等教育本科规划教材   教育类专业基础课系列教材

教育政策法规的理论与实践

（第四版）

主　编◎张乐天

华东师范大学出版社
·上海·

图书在版编目(CIP)数据

教育政策法规的理论与实践/张乐天主编. —4 版.
—上海:华东师范大学出版社,2020
ISBN 978 - 7 - 5760 - 0385 - 7

Ⅰ.①教… Ⅱ.①张… Ⅲ.①教育政策−中国−
高等学校−教材②教育法−中国−高等学校−教材
Ⅳ.①D922.16

中国版本图书馆 CIP 数据核字(2020)第 090299 号

教育政策法规的理论与实践(第四版)

主　　编　张乐天
责任编辑　师　文
审读编辑　师　文　余思洋　范美琳
责任校对　王丽平　时东明
装帧设计　俞　越

出版发行　华东师范大学出版社
社　　址　上海市中山北路 3663 号　邮编 200062
网　　址　www.ecnupress.com.cn
电　　话　021 - 60821666　行政传真 021 - 62572105
客服电话　021 - 62865537　门市(邮购)电话 021 - 62869887
地　　址　上海市中山北路 3663 号华东师范大学校内先锋路口
网　　店　http://hdsdcbs.tmall.com

印 刷 者　常熟高专印刷有限公司
开　　本　787毫米×1092毫米　1/16
印　　张　20.25
字　　数　390 千字
版　　次　2020 年 8 月第 4 版
印　　次　2025 年 2 月第 13 次
书　　号　ISBN 978 - 7 - 5760 - 0385 - 7
定　　价　49.00 元

出 版 人　王　焰

(如发现本版图书有印订质量问题,请寄回本社客服中心调换或电话 021 - 62865537 联系)

第四版前言

《教育政策法规的理论与实践(第三版)》于2015年6月问世,转眼又有五个年头了。这五年,我国社会发生的重要变化是中国特色社会主义进入了新时代。在新时代,我国政治、经济和社会发展有着新的指导思想,有着新的发展理念和发展方略。在新的发展背景下,我国教育事业的发展受到更大的关注,处于更为优先的发展地位。为了促进新时代我国教育事业的新发展,国家先后出台了一系列新的重要政策与法规,这些新的重要政策与法规正在付诸实施,对我国教育事业的新发展产生着积极的影响。

为了能与时俱进,继续体现教材编写的时代性,应华东师范大学出版社的要求,我们着手对《教育政策法规的理论与实践》进行第三次修订。这次的修订,主要体现在以下几个方面的内容更新:

(1)对新时代以来,特别是近五年来我国出台的重要教育政策、法规进行了系统的梳理与阐述。

(2)在理论篇中,突出了对新时代我国教育政策、法规建设的新的指导思想和发展理念的阐述,重点阐述了新发展理念对新时代中国教育事业发展的指导意义。

(3)在实践篇中,对近五年来我国不同类别的重要教育政策、法规进行了分类梳理,分别对新时代指引基础教育、高等教育、成人教育和职业教育、教师教育以及民办教育发展的具体的教育政策、法规进行了分析。

(4)对本教材中原有的一些已显得"不合时宜"的内容进行了修订。

(5)为了帮助读者了解每章需要达到的基础目标,增加了"学习目标"栏目说明本章学习的重点。

第四版各章的作者是:绪论、第一、四、五、六章,张乐天(南京师范大学教授);第二、七章,查海波(安徽省教育学会教育督导分会秘书长,安徽广播电视大学研究员);第三章,魏峰(南京师范大学教授);第八章,徐吉洪(浙江工业大学副教授);第九章,刘孙渊(贵州师范大学副教授);第十章,何杰(淮阴师范学院教授);第十一、十二章,邓银城(湖北工程学院教授);第十三章,刘建银(重庆师范大学教授)。

感谢华东师范大学出版社师文编辑对本次修订给予的细心指导和帮助。

党的二十大报告提出,要办好人民满意的教育,坚持以人民为中心发展教育,加快建设高质量教育体系,发展素质教育,促进教育公平。教育政策法规是影响教育改革与发展的重要因素,教育前行的每一步,都无法同教育政策法规分开。因此,学习和了解教育政策法规,依法治教、依法执教,保障每一名儿童的权益和安全,是每一位教育工作者的应有之责。

希望本教材的第四版能继续受到使用者的欢迎。不妥之处,也恳请大家继续批评指正。

第三版前言

应华东师范大学出版社的要求,我们对《教育政策法规的理论与实践》一书再次进行了修订。这次修订,是针对 2009 年的版本(即第二版)进行的。2009 年至今,我国政治生活中发生了一些重大事件,出现了令人欣喜的变化。我们已进入全面建成小康社会、实现中华民族伟大复兴的"中国梦"的新时期。在这样的背景下,无论是国家宏观政策还是教育政策都有了一些新的调整与变革。教育政策、法规建设不仅有了新的进展,并且也对教育实践产生着新的积极的影响与作用。基于此,对这本书再度进行修订实属必要。

本版的重要修订主要体现在:

(1)在理论篇中,融注了中国共产党第十八届三中全会和第十八届四中全会精神,对全面推进依法治国进程中推进依法治教的必要性和重要意义进行了新的阐述。与此同时,对新时期我国教育改革和发展的指导思想进行了新的诠释。

(2)在实践篇中,对 2009 年至今我国教育政策、法规建设的新进展既从整体上进行了概述,同时又分别从基础教育、高等教育、成人教育和职业教育、教师教育以及民办教育等方面进行了叙述。由此充实和丰富了教育政策、法规的内容,增强了全书的新颖性。

(3)重点对 2010 年 7 月中共中央、国务院印发的《国家中长期教育改革和发展规划纲要(2010—2020 年)》(下称《教育规划纲要》)的精神进行了解读。在现阶段,乃至在 2020 年后,深入贯彻落实《教育规划纲要》,依然是推进我国教育改革和发展的需要。本书在实践篇的各章中,特别突出了对《教育规划纲要》相关精神与要求的阐述,并就深入贯彻落实《教育规划纲要》提出了建议与思考。

(4)对原版中一些相对滞后,已不适应时代发展需要的内容进行了修改。

本版编写工作分配如下:绪论、第一、四、五、六章,张乐天(南京师范大学教授);第二、七章,查海波(安徽省教育厅教育督导室主任);第三章,魏峰(南京师范大学副教授);第八章,李传红(新乡学院教授);第九章,刘孙渊(贵州师范大学副教授);第十章,何杰(淮阴师范学院教授);第十一、十二章,邓银城(湖北工程学院教授);第十三章,刘建银(重庆师范大学教授)。

感谢华东师范大学出版社责任编辑吴海红女士对本书再次修订给予的指导和付出的劳动。

希望本书能继续受到使用者的欢迎。不当之处,请惠赐批评指正。

张乐天

2015 年 1 月

第二版前言

　　《教育政策法规的理论与实践》是一本教师教育的教材用书,曾由华东师范大学出版社 2002 年出版,现在呈现在大家面前的这本书是原书的修订版。

　　现行的有关教育政策或教育法规的教材已多种多样。本书在参照相关教材内容和体例的基础上,力求体现以下新意与特色:

　　(1) 系统且简明地介绍和阐释教育政策、法规的基础知识与基本理论,并努力反映教育政策、法规理论研究的新进展和新成就。本书从阐释教育政策和教育法规的含义、功能、体系与特征入手,结合时代发展的要求,确立了现阶段我国教育政策、法规的价值基础,进而从政策过程的视角,分别对教育政策、法规的制定、执行、评价和监督的相关理论进行了阐述。全书力求阐述的教育政策、法规理论具有系统性、简明性和新颖性的特点。

　　(2) 实现教育政策、法规的理论研究与实践研究的有机结合。本书不停留于对教育政策、法规基本理论的阐述,而是在紧随理论阐述之后,对中华人民共和国成立以来教育政策、法规建设的实践进行讨论与分析。本书在实践篇中系统且同样简明地考察了中华人民共和国成立以来教育政策、法规建设的历程,分析了教育政策、法规建设的进展与成就,同时也反思了教育政策、法规建设的问题。本书力求通过这种回顾与反思使学习者增进对我国教育政策、法规建设实践的认识,并关注教育政策、法规建设的实践问题。

　　(3) 结合教育政策、法规的专题分析,对我国颁行的教育法律进行了重点解读。改革开放以来,随着依法治国方针的确立和我国法制建设的推进,一系列重要的教育法律得以制定、颁布与实施。这些教育法律的颁行,是我国教育法制建设取得突出成果的标志,对推进我国教育事业的改革和发展具有强烈的现实意义和未来意义。本书在分专题分析中华人民共和国成立以来的教育政策和教育法规之时,重点对我国教育的基本法《中华人民共和国教育法》和五部单项教育法,即《中华人民共和国义务教育法》、《中华人民共和国教师法》、《中华人民共和国职业教育法》、《中华人民共和国高等教育法》、《中华人民共和国民办教育促进法》进行了解读。本书秉持的基本观点是:教育法律是教育政策、法规的核心内容,在教育政策、法规体系中具有特别重要的地位。深入学习已经颁布并正在实施的教育法律具有现实的必要性。正是基于这样的认识,本书将对教育法律的深入解读作为全书不可或缺的内容,并以此作为全书的特色之一。

　　由于有了上述几点追求,本书在编写体例上突破了诸多教育政策或教育法规教科书的范式,努力实现了新的组合或结合。这是一种颇为繁杂的工程,涉及的信息量比较大,涉及的知识面比较宽,涉及的时间跨度也比较长,要在有限的篇幅内实现对教育政策、法规的理论阐释与实践分析的有机结合并非易事。幸赖华东师范大学出版社的大力支持,本书方能以此新的结构与样式呈现于读者面前。

　　希望读者将本书视为一种开放性的教育政策、法规的教学资源,在使用的过程中不断丰富与充实这种教学资源。希望广大教育工作者能更加重视教育政策、法规的学习,并加强对教育政策、法规的研究,以此促进新世纪教育改革与发展的顺利前行。

张乐天

2009 年 5 月

目 录

绪论

1. 了解中华人民共和国成立以来我国教育政策、法规建设的基本历程。
2. 认识中华人民共和国成立以来教育的改革发展与教育政策、法规建设的关系。
3. 认识重视教育政策、法规研究的意义。

第一节　中华人民共和国成立以来我国教育政策、法规建设的简要回顾

历史进入了新时代。当我们回首教育发展的历程并对教育的持续发展进行展望之时，有一个十分重要的问题不能不引起我们更深切的关注，这就是教育的改革发展与教育政策、法规建设的关系。

从教育实践的层面上看，我们首先应予明确的一个基本事实是：教育前行的每一步，都是无法同教育政策分开的。我们既不可设想有脱离政策指引（有时也出现政策干扰）的教育实践，也不可设想有与教育实践毫无关涉的教育政策的制定。在各种层次、各种类别的教育中，在教育发展的不同时期与不同阶段，教育政策总是或强或弱、或隐或显地左右着教育的改革和发展。"政策和策略是党的生命"。同样，我们可以这样认为，教育政策是影响教育生命的最重要的因素。

自 1949 年中华人民共和国成立至今，中华人民共和国教育事业已经历了 70 多年的发展道路。追溯教育的发展轨迹，我们可以强烈地感受到，正是制定和实施着的教育政策，决定着教育发展的步伐与走向。根据中华人民共和国成立以来我国社会发展的分期，我们可以将 1949 年至今的教育发展大体分为五个阶段：即新民主主义向社会主义过渡时期（以下简称过渡时期）的教育（1949—1956 年）；全面建设社会主义时期的教育（1957—1965 年）；"无产阶级文化大革命"时期（以下简称"文革"时期）的教育（1966—1976 年）；建设具有中国特色社会主义时期的教育（1977—1999 年）；新世纪新时代教育改革发展的新时期（2000 年至今）。下面我们采用这一分期方法，对中华人民共和国成立以来的教育政策、法规建设与教育改革、发展的关系作一简要的回顾与分析。

一、过渡时期的教育政策建设

中华人民共和国的成立是中国历史的一个转折点。中华人民共和国如何开始新的建设？1949 年 9 月 21 日—30 日召开的中国人民政治协商会议讨论并通过了《中国人民政治协商会议共同纲领》（以下简称《共同纲领》），即建国纲领。建国纲领也是建国的总政策。这一总政策的第五章是文化教育政策。在文化教育政策中，首先是对中华人民共和国教育的性质和任务的明确规定。《共同纲领》第五章第四十一条指出："中华人民共和国的文化教育为新民主主义的，即民族的、科学的、大众的文化教育。人民政府的文化教育工作者，应以提高人民文化水平，培养国家建设人才，肃清封建的、买办的、法西斯主义的思想，发展为人民服务的思想为主要任务。"文化教育政策在明确国家教育的性质和任务的同时，也明确地提出了建国初期教育事业发展的要求与目标，即"有计划有步骤地实行普及教育，加强中等教育和高等教育，注重技术教育，加强劳动者的业余教育和在职干部教育，给青年知识分子和旧知识分子以革命的政治教育，以应革命工作和国家建设工作的广泛需要"（第五章第四十

七条)。

《共同纲领》中的文化教育政策对中华人民共和国成立初期,即过渡时期的教育事业的恢复与发展具有鲜明的指导作用;同时,又可视其为教育的总政策。遵循总政策的原则与精神,从恢复与发展教育事业的需要出发,中华人民共和国成立初期,中央人民政府与教育部又着手制定并颁布了若干重要而具体的教育政策。主要表现为:

其一,制定了接管与改造旧学校的政策。这一政策分两大层面实施:一是接管原由国民党政府举办的公立学校,这种接管是按照保护原有教育资源与条件的方式进行的;二是整顿私立学校,并在整顿的基础上接管私立学校。

其二,制定了关于调整高等学校院系的政策。院系调整的指导思想确定为:高等教育应为建设事业服务,院系设置要同经济建设相适应。当时的调整原则是:改组旧的庞杂的大学,加强和增设工业高等学校并适当增设高师学校;对政法、财经各院系采取适当集中、整顿及加强与改造师资的办法。

其三,作出了《关于改革学制的决定》。这一决定由中央人民政府政务院作出。学制改革的指导思想是利于广大劳动人民文化水平的提高,利于工农干部的深造和国家建设事业的发展。《关于改革学制的决定》对中华人民共和国成立初期的幼儿教育、初等教育、中等教育和高等教育的内涵、范围、学校类别、办学形式等均作出了具体的政策规定,是过渡时期重要的教育政策之一;它奠定了中华人民共和国各级各类教育发展的制度基础,也提供了制度保障。

其四,作出了《关于扫除文盲的决定》。这一决定于1956年由中国共产党中央委员会、中华人民共和国国务院作出。《关于扫除文盲的决定》视扫盲为"文化上的一个大革命","也是国家进行社会主义建设中的一项极为重大的政治任务",号召大张旗鼓地开展扫盲运动,以求在5年或者7年内基本上扫除全国文盲。

其五,提出了师法苏联的教育政策。学习苏联的教育经验是中华人民共和国成立初期教育界的一件大事,这种学习主要表现在两个方面:一是参照苏联的教育经验,制定中国的学制和各级各类学校的规程,包括课程教材、教学方法等;二是聘请苏联专家按照苏联模式帮助中国办示范性大学。

以上是对中华人民共和国成立初期,即由新民主主义向社会主义过渡时期的教育政策的简要回顾。这些政策的制定与实施对于中华人民共和国教育制度的确立和教育事业的迅速恢复与发展起到了重要的保障作用。

二、全面建设社会主义时期的教育政策建设

1957—1965年,中国进入了全面建设社会主义时期。这一时期国家各项建设事业都在步入社会主义的发展轨道,并希求按照理想的模式与速度向前推进。在全面建设社会主义的9年间,我国社会生活中发生了若干重大事件,例如"反右倾"、"大跃进"、"反修防修"、"学

雷锋运动"、"国民经济的调整",等等。这些事件或直接或间接地对教育事业的发展产生着影响,同时也对教育政策本身产生着影响。这段时期,对教育改革与发展产生重要影响的教育政策首推中共中央、国务院于1958年9月19日发布的《关于教育工作的指示》。这一指示也可视为全面建设社会主义时期的教育总政策。其核心内容是提出了党的教育工作方针,即"教育为无产阶级政治服务,教育与生产劳动相结合。为实现这个方针,教育工作必须由党来领导"。遵循这一方针,在全面建设社会主义时期,我国教育的若干政策又有了新的调整与变化,主要表现在以下几方面:

其一,作出了多快好省地发展社会主义教育事业的决策。作出这一决策,乃是为了与工农业生产"大跃进"的形势相呼应。"随着工农业生产的大跃进,文化革命已经开始进入高潮"。当时,中共中央、国务院明确提出:"全国应在三年到五年的时间内,基本上完成扫除文盲、普及小学教育、农业合作社社社有中学和使学龄前儿童大多数都能入托儿所和幼儿园的任务。应当大力发展中等教育和高等教育,争取在十五年左右的时间内,基本上做到使全国青年和成年,凡是有条件的和自愿的,都可以受到高等教育。我们将以十五年左右的时间来普及高等教育,然后再以十五年左右的时间来从事提高的工作。"①中共中央和国务院的这一决策使得各类教育事业在短期内迅猛发展。仅以高等教育为例,1957年全国高校为229所,在校生为44.1万人,1958年高校迅速增至791所,在校生增至66万人。至1960年,全国高校则为1 289所,在校生为94.7万人。这正是"大跃进"的政策所导致的"大跃进"式的教育发展。

其二,实施两种教育制度,两种劳动制度。这是时任国家主席刘少奇同志所倡导的教育制度。实施这种制度也是教育政策的一次重要变革与调整,其着眼点乃是贯彻落实"教育与生产劳动相结合"的教育方针。所谓"两种教育制度",是指全日制的学校教育制度和半工半读的学校教育制度;所谓"两种劳动制度"是指8小时工作的劳动制度和半工半读的劳动制度。建立两种教育制度,一方面导致半工半读学校的发展,尤其是农业中学和"共产主义劳动大学"(简称"共大")的发展;另一方面则使得全日制学校通过建立校办工厂、农场,以组织学生参加生产劳动的方式加强教育与生产劳动的结合。

其三,在教育中贯彻阶级路线。"反右"斗争的开展使教育的阶级性得以强调。阶级路线成为当时教育中最为重要且应牢牢把握的政策。在教育中贯彻阶级路线,首先必须坚持党对教育的绝对领导,并坚决批判资产阶级教育思想。与此同时,要用阶级观点看待教师和学生。无论是教师还是学生,首先需要有无产阶级世界观和坚定的无产阶级立场。当时,在教育战线上曾展开了一场关于"红专关系"的讨论,同时也展开了对"爱的教育"的批判。阶级路线对教育的影响十分强烈和深刻。

其四,教育政策的重要调整。20世纪60年代初期,我国因"大跃进"而导致的经济发展后果已突出地显现,经济政策的调整势在必行。与此相适应的是,教育事业发展的政策也在

---

① 中共中央、国务院. 关于教育工作的指示[N]. 人民日报,1958-09-20.

进行重要调整。教育政策的重要调整主要表现在以下三个方面:一是调整教育事业的发展速度与规模。主要是高等教育和中等教育缩短战线、压缩规模、合理布局与提高质量。二是调整高校与中等专业学校的专业设置。具体政策是合理安排、保证重点、适当放宽专业范围、统一规划国防尖端专业、适当增加文科比重。三是调整知识分子政策。肯定知识分子大多数已是工人阶级的一部分,以信任、团结、帮助知识分子为基本政策。

其五,制定并颁发了《中华人民共和国教育部直属高等学校暂行工作条例(草案)》和《全日制中学暂行工作条例(草案)》、《全日制小学暂行工作条例(草案)》(以上分别简称为《高教六十条》、《中学五十条》、《小学四十条》)。这三个条例乃是中华人民共和国成立以来对高校、中学、小学工作首次作出的系统而科学的规范。三个条例的制定与颁发,本身是教育政策趋于科学化、规范化的体现与明证。这些条例对稳定各级各类学校的教学秩序和规范、各级各类学校的办学行为,以及提高各级各类学校的教育质量均起到了良好的影响与作用。

全面建设社会主义时期的教育政策是与这一时期教育事业的发展相适应的。教育政策指引与促进着教育事业的发展,而教育事业的发展又反作用于教育政策的制定,并要求教育政策在不适应教育发展规律时作出应有的变化与调整。从总体上看,全面建设社会主义时期的教育政策既发挥出了积极的作用,也存在一些负面的影响。

三、"文革"时期的教育政策

1966—1976 年间,中国社会经历了长达十年的"无产阶级文化大革命"。"文化大革命"的十年是中华人民共和国社会主义建设事业遭受破坏的十年,其中教育领域遭受的破坏尤其严重,主要表现为以下几点。

其一,在教育领域广泛开展"革命大批判"。大批判的矛头主要指向"资产阶级和修正主义的教育路线",同时也指向"执行这一路线的走资本主义道路的当权派和反动学术权威"。"文化大革命"之所以要在教育领域开展大批判,乃是源于对前 17 年教育的错误的"两个估计",即认为 17 年来毛主席的无产阶级教育路线基本上没有得到贯彻执行;大多数教师和解放后培养的大批学生的世界观基本上是资产阶级的,是资产阶级知识分子。鉴于如此认识,"教育革命"需要以"大批判"开路。"大批判"寓含着对前 17 年教育中的种种行之有效的政策的否定,由此产生了严重的消极后果。

其二,学校教育制度与政策的"革命"。首先是高等学校教育制度与政策的"革命"。"文革"伊始,高校暂停招生,学校处于"斗批改"之中。至 20 世纪 60 年代末期,部分高校开门办学,开始培养工农兵学员。学校招生政策发生了突出的变化,废除了前 17 年的升学考试制度,采取推荐和选拔相结合的方法招收新型大学生。其次是学校领导体制与管理政策的"革命"。在城市,有工宣队、军宣队进驻学校,以掌握教育革命的领导权并把握教育革命的大方向;在农村,则成立了贫下中农管理学校委员会,从而使农村学校的领导权掌握在农村无产阶级的手中。再次是缩短学制。大学以推荐选拔的方式招收新生,实行三年学制;中学实行

"二二"学制(即高中二年、初中二年);小学实行五年学制。学制改革是"文革"时期教育革命的一个重要"特色"。

其三,推行"政治挂帅"的教学政策。第一,教学内容的"政治挂帅"。学生以学为主,兼学别样。而以学为主的"学",则突出了政治性、思想性和阶级性。第二,教材与课程的"政治挂帅"。基本政策是教材删繁就简,课程亦大力精简,编写无产阶级新教材,并强调以阶级斗争为主课。第三,教学方法的"政治挂帅",教学贯彻少而精的原则,并与学工、学农、学军相结合。

其四,实施知识青年上山下乡接受再教育的政策。知识青年上山下乡政策是"文革"时期实施的教育改革政策之一。上山下乡曾成为一种运动并兴起热潮。从1967—1972年,上山下乡的知识青年总计达715.68万人。[①] 知识青年到农村去接受贫下中农的再教育,在广阔的天地"炼红心",成为一代青年特有的教育之路。

"文化大革命"历时十年,在不断经历狂风暴雨之时,也有过间歇的和风吹拂。在教育领域内,也一度出现过针对种种错误的政策而进行的政策调整与整顿。然而,由于"四人帮"的干扰,许多整顿教育的意见与政策未能付诸实施。

四、建设具有中国特色社会主义时期的教育政策与法规

1976年10月"四人帮"被粉碎,结束了长达十年的"文化大革命"。1978年党的十一届三中全会的召开标志着我国开始进入建设具有中国特色的社会主义时期。这一时期国家确立了改革开放的总政策,在改革开放总政策的指引下,中国现代化建设事业不断开创新的局面。

1977年至20世纪末的20余年间,我国教育事业步入了健康发展的轨道,取得了令世界瞩目的成就。这一时期教育事业的发展是与加强教育政策、法规建设息息相关的,主要反映在以下几个方面。

(一)教育政策的调整、变革与教育战线的拨乱反正

1977—1985年这段时期被称为拨乱反正时期。教育战线的拨乱反正引人注目,影响深远。回首教育战线的拨乱反正,我们能清楚地认识到,正是教育政策的调整与变革推动了教育领域的拨乱反正。从政策的视角看,教育的拨乱反正恰恰是拨政策之"乱"而使政策返"正",或者是通过政策的拨乱反正而达到教育事业的拨乱反正。

教育战线的拨乱反正首先是通过恢复高考进行的。1977年10月国务院批转的恢复高考的政策决定,不仅首开教育战线拨乱反正的先河,同时也成为中国社会拨乱反正的先声。恢复高考是旗帜鲜明地重新确立与实行高校选拔人才的正当标准,它意味着对文化科学知识的尊重和对人才的尊重。恢复高考不仅作用于高等教育的拨乱反正,也作用于基础教育的拨乱反正,作用于整个教育战线的拨乱反正。恢复高考的政策至今依然熠熠

[①] 转引自金一鸣.中国社会主义教育的轨迹[M].上海:华东师范大学出版社,2000:381.

生辉。

随着高考的恢复,我国也即时开启了教育对外交流的大门。实行留学政策,增派出国留学人员成为我国教育战线率先推进改革开放的重要标志。有论者认为,恢复高考和实行留学政策是促使中国教育发展与经济发展良性互动的两大里程碑式的举措。实行留学政策同样具有重大而深远的意义。

在恢复高考和打开教育对外交流的大门之后,为了促进我国科学专门人才的成长,促进各门学科学术水平的提高以及教育、科学事业的发展,以适应现代化建设的需要,国家适时地将学位制度建设纳入教育政策、法规建设的重要议事日程。1980 年 2 月 12 日第五届全国人民代表大会常务委员会第十三次会议通过的《中华人民共和国学位条例》是中华人民共和国第一部经全国人大常委会通过的专项教育法规。它的颁行是中国学位制度正式确立的标志,促使中国高等教育迅速步入层次化、规范化的发展道路。

拨乱反正时期的教育政策建设还体现在更多的方面。就高等教育政策建设而言,除了上述重大政策颁行之外,尚有其他多种旨在恢复与促进高等教育多类别、多层次发展和促进高等教育教学管理规范化的政策的制定与出台。就基础教育政策建设而言,则有规范中小学学校工作的政策恢复和多种推进普及小学教育、加强中小学教师队伍建设的政策制定与实施。此外,还有多种旨在推进职业教育和成人教育发展的政策发布。由此构成了这一时期教育政策建设的多样化与丰富性。也正是这样的政策建设保障并推进着教育战线的拨乱反正。

(二) 教育体制改革的政策决定与教育体制改革的启动与推进

1985 年 5 月,我国有一项极为重要的教育政策出台,这就是《中共中央关于教育体制改革的决定》。这一决定颁布的意义非同寻常,它开启了我国教育改革发展的新历程,标志着我国教育改革发展进入了新的阶段。我们把 1985 年至 20 世纪末的这段时期称为启动与推进教育体制改革时期,因为这一时期我国教育改革发展的主题与中心是教育体制改革。

《中共中央关于教育体制改革的决定》在阐释进行教育体制改革必要性的基础上,明确提出教育体制改革的三大任务,即把发展基础教育的责任交给地方,有步骤地实行九年制义务教育;调整中等教育结构,大力发展职业技术教育;改革高等学校的招生与毕业生分配制度,扩大高等学校的办学自主权。该决定同时指出:"教育体制改革的根本目的是提高民族素质,多出人才、出好人才。"

《中共中央关于教育体制改革的决定》颁布之后,我国教育体制改革开始启动并不断向前推进。至 20 世纪 90 年代,我国教育体制改革全面推进并不断深化。它包含大力推进宏观管理体制改革、办学体制改革、教育投入体制改革、学校内部管理体制改革、高校招生与毕业生就业制度改革。教育体制改革的大力推进与深化是与教育政策的进一步调整与变革相联系的,即是通过政策变革推进教育体制改革的深化。20 世纪 90 年代,我国又出台了一些新的旨在推进教育体制改革和促进各类教育事业新发展的教育政策,其中以 1993 年 2 月中共中央、国务院专门印发的《中国教育改革和发展纲要》最为重要。这是一部纲领性的教育政策文献。该纲要强调把教育事业摆在优先发展的战略地位,明确提出了 20 世纪末至 21 世纪初国家教育事业发展的目标、战略和指导方针,并就继续深化教育体制改革、提高教育质量、加强教师队伍建设、保障教育经费投入等提出了明确的要求与规定。《中国教育改革和发展纲要》对深化教育体制改革起到了有效的指导作用。

(三) 教育立法取得重大进展,教育法制化建设得到加强

20 世纪 80 年代中期,随着依法治国方针的确立,我国教育立法工作受到重视,并不断取得新的进展。1986 年 4 月 12 日,第六届全国人民代表大会第四次会议通过了《中华人民共和国义务教育法》。这是中华人民共和国成立以来通过的第一部专项教育法律。它的颁行,标志着在世界上人口最多的国度实施义务教育有了法律保障,同时也显现出国家实施义务教育的坚定意志与决心。《中华人民共和国义务教育法》的制定标志着新时期我国教育立法的起步,继此之后,我国教育立法工作稳步向前推进。20 世纪 90 年代,我国先后颁布并实施了《中华人民共和国教师法》、《中华人民共和国教育法》、《中华人民共和国职业教育法》、《中华人民共和国高等教育法》,这些教育法律的颁布,标志着我国已初步建构起具有中国特色的教育法律体系。其中《中华人民共和国教育法》作为教育的基本法在现行的教育法律体系中具有核心地位,是教育总政策的法律体现,是制定各种专项教育法规及各类教育政策的法律依据。

(四) 20 世纪末制定的面向新世纪的重要教育政策

为了"抓住机遇,深化改革,锐意进取,把充满生机与活力的中国教育推向 21 世纪",在世纪交替之时,中国共产党和中国政府适时作出了面向新世纪、全面推进教育改革发展的重大政策决定。这些重大政策决定主要有:其一,发布了 1998 年 12 月教育部制定、1999 年 1 月国务院批转的《面向 21 世纪教育振兴行动计划》。该计划提出了教育振兴的"六大工程",即:跨世纪素质教育工程、跨世纪园丁工程、高层次创造性人才工程、"211 工程"、现代远程教育工程、高校高新技术产业化工程,由此体现出面向新世纪的教育行动方略。其二,发布了《中共中央国务院关于深化教育改革,全面推进素质教育的决定》。该决定深刻地阐释了推进素质教育的强烈的现实意义,对如何推进素质教育作出了全面部署。全面推进素质教育成为中国教育改革发展的新理念、新目标、新追求。

五、新世纪新时代教育改革发展的新时期的教育政策与法规建设

进入新世纪以来,我国提出了全面建设小康社会的奋斗目标,继而提出了全面建成小康社会的奋斗目标。2017 年 10 月,中国共产党第十九次全国代表大会召开,我国进入了建设有中国特色社会主义的新时代,确立了新的指导思想和新的发展理念,引领着我国教育事业

的新发展。与此同时,我国教育政策、法规的建设也在进一步加强。

(一) 新世纪初教育政策建设的新进展

新世纪初教育政策建设的新进展主要反映在:其一,出台了加强基础教育发展的新政策。2001 年 5 月,国务院发布了《关于基础教育改革与发展的决定》。该决定强调"基础教育是科教兴国的奠基工程,对提高民族素质、培养各级各类人才,促进社会主义现代化建设具有全局性、基础性和先导性作用"。该决定对完善基础教育的管理体制、推进基础教育办学体制改革、深化基础教育教学改革等均有着新的规定与要求,对促进新世纪初叶我国基础教育的改革和发展具有重要的指导意义。其二,出台了加强农村教育工作的教育政策。2003 年 9 月,国务院下发了《关于进一步加强农村教育工作的决定》。该决定明确了农村教育在全面建设小康社会中的重要地位,把农村教育作为教育工作的重中之重,并就如何推进农村普及九年制义务教育、如何大力发展农村职业教育、如何加大城市对农村教育的支持与服务等提出了新的更高的要求。这个决定体现了新时期我国教育政策建设的新特点、新亮点。其三,出台了进一步加强职业教育发展的教育政策。2003 年 8 月,国务院下发了《关于大力推进职业教育改革与发展的决定》。2005 年 10 月,国务院又下发了《关于大力发展职业教育的决定》。这两个决定的相继发出,表明国家对新时期大力发展职业教育的高度重视,也促进了职业教育的新发展。其四,出台了一系列旨在深化高等教育改革、促进高等教育新发展的教育政策。2000 年以来,国家出台的有关促进高等教育改革发展的新政策颇多,包括继续深化高等教育体制改革、加强"211 工程"建设、促进高等教育质量提高等方面的政策。这些新时期出台的种种高等教育政策发挥着有效的政策功能与作用。

新世纪初我国教育政策建设,除了以上所述之外,还有一个需要特别指出的重要进展,这就是 2010 年 7 月中共中央、国务院印发了《国家中长期教育改革和发展规划纲要(2010—2020 年)》(以下简称《教育规划纲要》)。《教育规划纲要》是 21 世纪我国第一个中长期教育改革和发展规划,是现阶段指导全国教育改革和发展的纲领性文件。"《教育规划纲要》的颁布,是我国教育改革发展史上的一个新的里程碑。它不仅对推动未来十年教育事业科学发展具有重要意义,而且对全面建设小康社会、加快推进社会主义现代化、实现中华民族伟大复兴将产生重大而深远的影响。"[①]《教育规划纲要》确立了指引教育改革发展新的指导思想,确立了"优先发展、育人为本、改革创新、促进公平、提高质量"的方针,确立了"基本实现教育现代化,基本形成学习型社会,进入人力资源强国"的战略目标。在此基础上,《教育规划纲要》对教育发展的任务和教育体制改革的内容进行了新的部署,同时也制定了保障教育改革发展的重要措施。2010 年 7 月之后,我国各级政府把贯彻落实《教育规划纲要》视为重要的使命,教育改革和发展也不断呈现新的景象。

---

① 人民日报社论.我国教育改革发展的纲领性文件[N].人民日报,2010 – 07 – 30.

（二）新世纪新时代教育法规建设的新进展

新世纪新时代我国继续坚持与强化依法治国的基本国策，教育法制化建设在向前推进。主要表现是：(1)2002 年 12 月，第九届全国人民代表大会常务委员会第三十一次会议通过了《中华人民共和国民办教育促进法》(以下简称《民办教育促进法》)。《民办教育促进法》的颁布实施是我国教育事业发展和教育法制化建设中的一件大事，是民办教育事业发展史上的一个重要的里程碑，标志着我国民办教育事业的发展有了法律的支持与保障。因此，《民办教育促进法》的制定与颁行，对于深化我国办学体制改革，促进民办教育与公办教育共同发展具有重大而深远的意义。(2)对一些重要的教育法律进行了修订，使之更好地适应新时代教育改革发展的需要。首先，对《中华人民共和国义务教育法》(以下简称《义务教育法》)进行了修订。新修订的《义务教育法》突出了九年制义务教育在全国的统一实施，强化了义务教育的保障机制建设，凸显出对义务教育高质量发展的要求。其次，对《中华人民共和国教育法》进行了修订，把"教育公平"明确写进了教育法，使教育公平从一种政治要求转化成为一种法律要求，落实为国家责任。再次，对《中华人民共和国高等教育法》和《中华人民共和国民办教育促进法》进行了修订，以更好地保障和促进高等教育和民办教育的新发展。此外，进入新时代以来，我国还制定和颁行了一些新的重要的教育法规，建构起系统而全面的教育法规体系。

（三）新时代教育政策建设的新进展

进入新时代以来，我国教育政策建设有了新的加强，有着新的进展。这主要表现在以下几个方面。

其一，党的十九大报告对新时代教育的改革和发展提出了新的目标。报告指出，建设教育强国是中华民族伟大复兴的基础工程，必须把教育事业放在优先位置，深化教育改革，加快教育现代化，办好人民满意的教育。要全面贯彻党的教育方针，落实立德树人根本任务，发展素质教育，推进教育公平，培养德智体美全面发展的社会主义建设者和接班人。党的十九大报告还对各级各类教育的新发展提出了新的具体目标。

其二，中共中央、国务院于 2019 年 2 月印发了《中国教育现代化 2035》，这是中国特色社会主义进入新时代党中央和国务院作出的重大战略部署，是全面贯彻落实党的十九大精神，加快实现教育现代化的重要举措。"《中国教育现代化 2035》提出推进教育现代化的指导思想是：以习近平新时代中国特色社会主义思想为指导，全面贯彻党的十九大和十九届二中、三中全会精神，坚定实施科教兴国战略、人才强国战略，紧紧围绕统筹推进'五位一体'总体布局和协调推进'四个全面'战略布局，坚定'四个自信'，在党的坚强领导下，全面贯彻党的教育方针，坚持马克思主义指导地位，坚持中国特色社会主义教育发展道路，坚持社会主义办学方向，立足基本国情，遵循教育规律，坚持改革创新，以凝聚人心、完善人格、开发人力、培育人才、造福人民为工作目标，培养德智体美劳全面发展的社会主义建设者和接班人，加快推进教育现代化、建设教育强国、办好人民满意的教育。"《中国教育现代化 2035》提出了推进教育现代化的总体目标,提出了推进教育现代化的基本理念,同时聚焦教育发展的突出问题和薄弱环节,立足当前,着眼长远,重点部署了面向教育现代化的战略任务,明确了实现教育现代化的实施路径。《中国教育现代化 2035》是我国第一个以教育现代化为主题的中长期战略规划,是新时代推进教育现代化、建设教育强国的纲领性文件,对新时代中国教育的现代化发展具有强烈的指导意义。

其三,进入新时代以来,我国就各级各类教育的发展,还颁布了一系列重要的政策文献。例如,关于高等教育的发展,国务院印发了《统筹推进世界一流大学和一流学科建设总体方案》,要求坚持以中国特色、世界一流为核心,以立德树人为根本,以支撑创新驱动发展战略、服务经济社会发展为导向,加快建成一批世界一流大学和一流学科,提升我国高等教育综合实力和国际竞争力,为实现"两个一百年"奋斗目标和中华民族伟大复兴的中国梦提供有力支撑。关于基础教育的发展,党中央国务院先后颁布了一系列重要的政策决定。例如,中共中央、国务院发布了《关于学前教育深化改革规范发展的若干意见》(2018 年 11 月)、《关于深化教育教学改革全面提高义务教育质量的意见》(2019 年 7 月),国务院办公厅发布了《关于新时代推进普通高中育人方式改革的指导意见》(2019 年 6 月)。这些新的重要政策的颁布与实施,对促进新时代基础教育的改革和发展,尤其是促进基础教育的高质量发展起到了强有力的保障作用。关于职业教育的发展,国务院印发了《关于国家职业教育改革实施方案的通知》(2019 年 2 月)、国务院办公厅先后发布了《关于深化产教融合的若干意见》(2017 年 12 月)和《职业技能提升行动方案(2019—2021 年)》(2019 年 5 月)。这些有关职业教育发展的重要政策的发布,对推进新时代职业教育的新发展无疑会产生积极的影响。

第二节 加强教育政策、法规的研究

一、加强教育政策、法规研究的必要性

通过对中华人民共和国成立以来我国教育政策、法规的简要回顾,我们已经强烈地感受到政策、法规对于教育的改革和发展具有极其重要和深刻的意义。教育政策、法规既然如此强烈地影响着甚至左右着教育的改革和发展,那么,我们该如何认识与对待教育的政策、法规? 在教育实践中,我们又该如何正确地把握与运用政策、法规? 这些问题作为教育理论与实践的一个关键性问题已经摆在我们面前,要求我们作出认真的探索与回答。

纵观教育改革与发展的现状,我们不能不注意到,虽然教育政策、法规对教育工作影响甚重,虽然我们常常把教育的发展归之为"政策的成功",或把教育的挫折归之为"政策的失误",但是在实际的教育工作中,人们对教育政策、法规的认识仍有失之片面或失之偏颇之处。这种片面与偏颇主要表现在:其一,对于教育政策、法规的执行者来说,往往把教育政

策、法规视为"尚方宝剑",只需遵照执行。执行者在执行教育政策、法规的过程中,时时处于被动执行的状态。执行者对于教育政策、法规的执行有时缺乏对其本身的深刻理解。其二,对于教育政策、法规的制定者来说,也仿佛存有一种"研究意识不强"的缺陷。我们曾经出现的"政策失误"甚至"严重失误",归根结底是政策制定与决策的失误。而制定与决策的失误乃是因为制定过程缺乏应有的科学程序。凭主观意志或凭经验决策的教育政策,必然是"有问题的政策",而"有问题的政策"在执行中又必然导致问题丛生,甚至酿成严重的不良后果。其三,对于教育研究人员或教育工作者来说,对于教育政策、法规研究的缺失是一种由来已久的现象。长期以来,教育政策、法规研究并没有真正进入教育研究领域,存在教育研究工作者不关注教育政策研究,或者仅仅以注释政策代替政策研究的情况。在层出不穷的教育学教科书中,我们很难见到关于教育政策、法规的章节或对教育政策、法规的论述。教育政策、法规的理论问题似乎不在教育基本理论问题的范畴之列。这样,广大教育工作者对教育理论的学习也就存在对教育政策、法规学习的缺失,这种状况应该视为教育学学习和教育理论研究的一种遗憾。

现实中教育的深入改革与发展正在对深化教育政策、法规的研究提出迫切的要求。从国际研究的视野看,在教育研究领域中,教育政策与法规研究正在受到特别的青睐,并得到迅速发展。在国际范围内,众多国际组织支持的教育研究项目差不多都是政策研究的项目;在比较研究领域,政策比较研究更是研究的主导力量;几乎所有著名大学都新增设了与教育政策研究有关的学院、系或研究方向,都毫无例外地加强了对教育政策的研究。国际教育研究日益重视教育政策研究的根本原因是教育政策研究已经成为国家决策研究的重要内容与方面。而教育改革与发展的深入推进,正在面临新的背景、新的矛盾与任务,教育所处的情势较之过去更为复杂,这也使得政策调整与决策更为艰难。因此,加强教育政策、法规的研究也就更有必要。

跨入新世纪之后,尤其是进入建设有中国特色社会主义的新时代,我国经济和社会发展面临新的机遇,也面临新的挑战。我们进入了一个为实现伟大的"中国梦"而努力奋斗的新时期。在这样的背景下,教育改革和发展被置于更为重要的议事日程,教育优先发展的战略地位得到进一步的强化。推进教育的改革和发展,需要进一步加强对教育政策、法规的研究。尤其是《中共中央关于全面推进依法治国若干重大问题的决定》的颁布,对推进依法治教自然有着更为深切的要求,因而也对推进教育政策、法规建设有着深切的要求。

二、加强教育政策、法规研究的思考

如何加强教育政策、法规研究? 这里提出以下几点思考。

(一) 教育决策者应高度重视教育政策、法规的研究

教育政策、法规的研究首先应引起教育决策者的高度重视。决策者是否真正重视政策、法规研究,是否具有强烈的研究意识,这与教育政策、法规研究能否真正走向深入关系甚大。

决策者对教育政策、法规研究的重视,一方面应体现在要努力为激活与促进这种研究创设良好的环境与条件。例如,重视研究队伍建设,加大对政策、法规研究的支持力度,创设自由民主的研究气氛,等等。决策者在对教育政策、法规的决策中,需要尊重与借鉴研究者的研究成果。另一方面,决策者本身要强化自身的研究意识,要善于以研究的态度和方法看待政策现象和处理政策问题,真正把决策过程变成研究过程。决策者要真正成为研究型的决策者,只有这样,教育政策、法规的决策与制定才可能少走弯路或尽可能避免失误。

(二) 教育研究者应将教育政策、法规的研究视为最重要的研究使命

教育研究者以教育问题为自身的研究对象。现实中的教育政策问题、法规问题非常突出,并且已构成影响教育改革与发展的最重要的问题。无论从理论层面还是从实践层面看,教育中的许多问题与政策、法规问题相关,或者可以转化成政策、法规问题。教育研究者不可回避教育政策、法规问题的研究,因为这一问题早已客观地、突出地摆在研究者面前。研究者若轻慢或忽视教育政策、法规的研究,就等于自动放弃教育研究中最重要的一块研究领域,放弃教育研究中最需要研究的问题。

从另一种角度来看,当我们追问为什么要开展与加强教育研究时,我们的回答理所当然地是为了更好地指导实践。教育研究的生命力无疑在于它能否服务于社会发展与教育发展的现实需要。20 世纪 60 年代以来,教育研究已经逐渐发生了以学科为本位向以问题为本位的转变。这种转变的一个主要表现就是参与决策研究和影响政策制定。教育研究能不能增强自己的生命活力,能不能不断提高自身的学术地位,在很大程度上愈来愈取决于其由理论向实践、向政策转化的程度。教育政策、法规研究不仅正在成为教育研究的新的生长点,同时也是使得教育研究之树常青的重要保证因素。正因为这样,教育研究者需要认真承担起政策、法规研究的使命,需要以政策取向指导自己的研究,以参与政策制定、影响决策过程作为自己的追求,并以此作为衡量研究成果、社会效益的重要标准。

(三) 广大教育工作者要认真学习和研究教育政策、法规

加强教育政策、法规的研究不仅是决策者与研究者的重要使命,同时也应引起广大教育工作者的深切关注。广大教育工作者是教育政策、法规的执行主体,他们的政策意识与法律意识如何,他们的政策素养与执法水平如何,这对教育政策、法规的良好执行,对能否取得执行的良好效益直接相关。广大教育工作者绝不是教育政策、法规的被动执行者,而是主动的实施者。教育政策、法规的执行需要执行者对政策、法规本身有深刻和准确的理解,也需要执行者在执行中能结合实际发挥应有的灵活性与创造性。这一切均寓含着要赋予执行者即广大教育工作者一种研究的品质。广大教育工作者在执行教育政策、法规的过程中只有不断地对教育政策、法规加以省思与探索,才能更好地化解执行过程中遇到的矛盾和问题,才能创设更佳的执行局面。

广大教育工作者应同时成为教育政策、法规的研究者。为了倡行这种研究之风,我们需

要让教育政策、法规的学习更深入地走进校园、走进课堂,应该使教育政策、法规的学习与研究成为现实的和未来的教育工作者自觉的愿望与行动。

⚅ **思考与练习**

1. 中华人民共和国成立以来,我国的教育政策、法规经历了怎样的历史沿革？你从中得到了怎样的启示？

2. 试述加强教育政策、法规研究的必要性及意义。

理论篇

上
篇

第一章

教育政策、法规概述

学习目标

1. 了解教育政策和教育法规的基本含义。
2. 认识教育政策、法规在国家政策、法规体系中的地位。
3. 认识教育政策、法规的功能。

学习教育政策、法规，首先要对教育政策、法规的基本概念有清晰的认识与理解。何谓教育政策？何谓教育法规？教育政策、法规在国家政策、法规体系中具有怎样的地位？教育政策、法规具有怎样的功能和作用？本章将具体阐述这些问题。

第一节 教育政策、法规的含义

一、关于政策的含义

教育政策是国家政策总系统中的一个子系统，了解教育政策的含义，自然应先从总体上把握政策的含义。

（一）中国文化中的政策含义

在中国古代，政策二字少有连用，多是分属其义。"政"者，政治、政事或政权之谓也。《论语·学而》云："夫子至于是邦也，必闻其政。求之与？抑与之与？"《韩非子·五蠹》则曰："今欲以先王之政，治当世之民，皆守株之类也。"由此可见，政即政治与政事。在中国古代社会，政与朝政、施政相联系。漫长的封建制度使"政"字蒙上了浓厚的封建专制的色彩与特征。在古代文化中，"策"的本义为"马鞭"，引申为策动、鞭打、促进之意。"策"又通"册"，古代用竹片或木片记事著书，成编叫"策"，故有"计策"之义。"策"的另一含义则为谋略，《吕氏春秋简选》曰："此胜之一策也。"这里的"策"即谋术之意。

"政"、"策"二字合成"政策"一词始于现代。"政策"一词具有鲜明的现代意蕴。在现代社会中，"政策"是一个使用频率极高的词。现代社会政治、经济、文化、科技、教育等各类事业的发展，都与政策发生着深刻的联系。即使是普通民众的日常生活，也每时每刻都受到政策的制约和影响。我国的《辞海》将政策定义为："国家、政党为实现一定历史时期的路线和任务而规定的行动准则。"这一定义毫无疑义十分强调政策的政治性。《辞海》的定义虽然可以看成是一种规范性的诠释，但从学术研究的视角看，也还属"一家之言"。我国学者对政策的定义还有与《辞海》中的定义相近或相异的表述。例如，有学者认为，公共政策是指"政府选择作为或不作为的行为"。[1] "公共政策是政府所采取对公私行动的指引。"[2] 以上引用的是我国台湾学者和香港学者对政策的解释。这些解释显然拓展了政策的目标与涉及的范围。我国大陆学者对政策的解释依然十分强调政党和政府的政策主体地位，例如，政策学者孙光认为："政策是国家和政党为了实现一定的总目标而确定的行动准则，它表现为对人们利益进行分配和调节的政治措施和复杂过程。"[3] 陈振明在其主编的《政策科学》一书中则把政策

---

① 林水波，张世贤. 公共政策[M]. 台北：五南图书出版公司，1982：9.
② 伍启元. 公共政策[M]. 香港：商务印书馆，1987：1.
③ 孙光. 政策科学[M]. 杭州：浙江教育出版社，1988：14.

定义为:"政策是国家机关、政党及其他政治团体在特定时期为实现或服务于一定社会政治、经济、文化目标所采取的政治行为或规定的行为准则,它是一系列谋略、法令、措施、办法、方法、条例等的总称。"①这一定义在强调政党、政府及政治团体作为政策主体的同时,也强调了政策特有的时限性及其构成要素。

(二)西方学者对于政策的定义

西方学者对于政策的界说是与把政策作为一门科学来进行研究相联系的。在中外治国安邦的历史上,对政策的研究虽然古已有之,但将政策作为一门科学进行研究,即政策科学的兴起,则始于 20 世纪 50 年代。"20 世纪社会经济的发展、科技革命的展开和政治学理论的发展,最终导致了现代政策科学的诞生。"美国学者拉斯韦尔(Harold D. Lasswell)被公认为是对政策科学的诞生起奠基作用的著名学者。他和另一著名学者拉纳(D. Lerner)主编的《政策科学:范围和方法的新近发展》一书被看成是政策科学诞生的标志。拉斯韦尔首先创立了政策科学的基本范式。他认为政策科学的目标是追求"合理性",它具有时间的敏感性,重视对未来的研究,要求采取一种全球观点,并认为政策科学具有跨学科的特性,它要依靠政治学、社会学、心理学等学科的知识来确立自己崭新的学术体系,同时是一门需要学者和政府官员共同研究的学问。自拉斯韦尔创立政策科学并建构起政策科学的基本范式以来,西方的政策科学研究在不断向前推进。20 世纪 60 年代,政策科学作为一个独立研究的领域趋向成熟,并在培养政府决策、管理和政策分析人才方面发挥了积极的作用。在 20 世纪 70—80 年代,政策科学在政策系统与政策过程的研究方面取得了显著成就,特别是在政策评估、政策执行和政策终结方面形成了各种理论。进入 20 世纪 80 年代中期后,政策科学研究出现了一些新趋向,例如重视加强政策价值观的研究,比较公共政策研究有了新的发展,政策研究的视野有了进一步的拓宽,等等。政策科学研究出现的新趋向反映出这一科学研究正在走向深入。

在政策科学诞生并不断发展的背景下,西方学者对政策科学的核心词——政策——也存在着多样化的诠释与理解。例如,政策科学的创立者拉斯韦尔认为,政策是"一种含有目标、价值与策略的大型计划"。② 美籍加拿大学者戴维·伊斯顿(David Easton)认为:"公共政策是对全社会的价值作有权威的分配。"③罗伯特·艾斯顿(Robert Eyestone)认为,公共政策就是"政府机构和它周围环境之间的关系"。④ 托马斯·戴伊(Thomas R. Dye)认为:"凡是政府决定做的或不做的事情就是公共政策。"⑤

以上列举的是西方学者对于政策的一些代表性定义。除了上述定义外,西方还有学者

① 陈振明. 政策科学[M]. 北京:中国人民大学出版社,1998:59,6.

② H. D. Lasswell and A. Kaplan. *Power and society* [M]. New Haven: Yale University Press, 1970:71.

③ D. Easton. *The political system: an inquiry into the state of political science* [M]. New York: Knopf, 1953:129.

④ 转引自陈振明. 政策科学[M]. 北京:中国人民大学出版社,1998:57.

⑤ 转引自陈振明. 政策科学[M]. 北京:中国人民大学出版社,1998:57.

把政策理解为一种观念，是一种认识世界和社会的工具和方式。英国学者 H·K·科尔巴奇（H. K. Colebatch）指出："政策是一种给思想贴上标签的方式，也就是我们理解世界是什么和世界应该是什么的方式，以及证明实践和组织安排的正当性的方式，这其中还包括那些在统治过程中寻求通过政策来表达利害和行动的人，政策也是证明他们的正当性的一种方式。"①科尔巴奇同时指出，政策这一术语内含三个核心的要素，即秩序、权威与专门知识。政策首先与秩序有关，它暗示着系统与一致性。政策依赖权威，权威为政策提供了合法性，政策问题既流向权威角色也出自权威角色。政策也意味着专业知识。政策不是在真空中存在的，而是与一些公认的实践领域有关。这意味着需要运用知识解决实践领域的问题。

总之，西方学者对政策这一概念有过种种既有相似性又有相异性的表述。这反映出学者们看待政策的视角有所不同，同时反映出政策自身的复杂性。由此也表明人们对政策的认识需要不断深化。

二、关于教育政策的含义

"在近代国家出现之前，教育被看成是私事，因而不时兴教育政策。随着近代国家公共教育制度的确立，国家的教育政策变得重要了。"②这里我们所谈的教育政策，是具有强烈的现代化意蕴与指谓的。

教育政策的含义可以从政策的含义演绎而来。根据我国《辞海》对政策的诠释，我们可以把教育政策定义为：教育政策是一个政党和国家为实现一定历史时期的教育发展目标和任务，依据党和国家在一定历史时期的基本任务、基本方针而制定的关于教育的行动准则。

在有关教育学及教育政策学的教科书中，我们也可以见到对教育政策的不同定义。例如：

"教育政策乃是实现教育目的的公共方针之体系。"③

"教育政策是一个政党或国家为实现一定历史时期的教育任务而制定的行为准则。不同的政党有着不同的教育政策，我们这里所说的教育政策具有特定的含义，是指在中国共产党及其领导下的国家为实现一定时期的教育任务而制定的指导原则和行为准则。"④

如同对政策的含义有着"仁者见仁，智者见智"的理解一样，要对教育政策下一个确切的定义并不容易。这里我们不拟对定义本身进行继续讨论。为了深入理解教育政策的含义，我们觉得有必要将与教育政策十分相近的一些概念同教育政策本身作一简要的区分。

（一）教育路线与教育政策

在现实生活中，我们通常把路线、方针、政策联合起来使用。我们习惯于说"在党的教育

---

① ［英］H·K·科尔巴奇. 政策［M］. 张毅，韩志明，译. 长春：吉林人民出版社，2005：10.
② ［日］筑波大学教育学研究会. 现代教育学基础［M］. 钟启泉，译. 上海：上海教育出版社，1986：195.
③ ［日］筑波大学教育学研究会. 现代教育学基础［M］. 钟启泉，译. 上海：上海教育出版社，1986：195.
④ 罗宏述，米桂山. 教育政策法规［M］. 北京：科学普及出版社，1991：8.

路线、方针、政策的指引下",或说"贯彻执行党的教育路线、方针、政策",等等。为此,我们先将教育路线与教育政策的关系作一分析。

路线,顾名思义,本义是指从一地到另一地所经过的道路。引申到社会政治生活与社会实践活动中,则被定义为"人们在认识世界、改造世界中采取的基本准则"。路线从范围上可分为总路线和具体工作路线;从内容上可分为政治路线、经济路线、革命路线、文艺路线、教育路线等。具体工作路线是依据总路线确定的。在我国,党的总路线决定着党的教育路线的制定与形成,教育路线与总路线的精神是一致的。

教育路线是社会发展教育事业所采取的基本准则。就将教育路线界定为"基本准则"而言,其与教育政策的含义有极大的相似性。教育路线实质上就是教育政策,是教育政策中的核心政策。教育路线可以被视为教育总政策中某种核心内容的另一形式的表达。一方面,教育路线作为教育政策的"合理内核",决定着教育政策总的性质、范围与特征;另一方面,教育路线作为教育政策系统中的一个上位概念,具有统领教育政策的作用。教育路线在一定程度上指引与规范着教育的具体政策的制定与实施。

(二) 教育方针与教育政策

方针是国家或政党在一定历史时期内为达到一定目标而确定的基本原则。教育方针则是国家或政党在一定历史阶段提出的教育工作发展的总方向。教育方针所概括的内容一般有教育的性质、教育的目的及实现目的的基本途径等,其中以指出培养什么规格的人即教育目的为最重要。

教育方针是教育基本政策的总概括。教育方针因而强烈地体现出政策性。一方面,教育方针是国家一切教育工作所应遵循、执行的教育基本政策;另一方面,教育方针同样作为教育政策中的上位概念,对各项具体教育政策的制定起着规范和导向作用。现阶段,我国的教育方针已通过教育立法的形式予以确定,在《中华人民共和国教育法》中有着明确的表达。

在对教育路线、方针与教育政策含义作了简要的分析之后,我们不难看出,教育政策是一个内涵丰富的概念。教育政策是一个完整的系统,也是一个完整的过程。全面地把握教育政策的内涵,有必要对其构成要素再作一个简要的分析与说明。

对于一个完整的教育政策来说,其基本构成要素可分为以下五个方面:

其一,教育政策主体。教育政策主体是指直接或间接地参与教育政策制定、执行、评估和监控的团体、组织或个人。一般是指国家各级党政权力机关和各级教育行政部门。教育政策体现教育主体的意志,具有合法性和权威性。

其二,教育政策客体。教育政策客体是指教育政策所发生作用的对象,包括所要发生作用的社会成员和所要处理的教育问题。教育政策总是指向维护一定社会成员的教育利益,同时也是指向解决一定时期面临的重要教育问题。在一定程度上,教育政策客体有赖于教育政策主体的认定,二者相互影响与相互作用。

其三,教育政策的目标。一定的教育政策总是指向一定的教育目标。目标是教育政策的出发点,也是教育政策评估的标准。教育政策的目标为教育政策主体和教育政策客体的共同行动指明了方向。

其四,一系列教育行动准则与规范。教育政策为政策主体和客体的行动制定出了一系列的行动准则和行动规范。它规定着教育政策的主客体应该做什么和不应该做什么,或鼓励他们做什么,或限制与禁止相关的教育行为。

其五,为实现教育政策目标而采取的一系列活动。教育政策绝不是一种静态的政策文本,而是一种动态的行动过程。教育政策内含着政策制定、政策执行、政策评估与政策监控等一系列有序的活动。制定教育政策无疑是着眼于政策行动或政策执行的。教育政策若不付诸行动,便只是一纸空文,也就不能成为真正意义上的教育政策。

三、关于教育法规的含义

教育法规是有关教育方面的法律、条例、规章等规范性文件的总称,也是对人们的教育行为具有法律约束力的行为规则的总和,是现代国家管理教育的基础和基本依据。教育法规与教育政策存在着深刻的内在联系,它们之间有着诸多的一致性与相似性,同时又存在一定的区别。有关教育政策与教育法规的区别我们将在第二章予以详细讨论。这里,我们先对教育法规的基本类型作一陈述。

(一) 教育法律

这里的教育法律是指国家立法机构依据一定的立法程序制定或认可的教育方面的规范性法律,着重指国家权力机关制定或认可的有关教育的成文法。

(二) 教育条例

教育条例是指国家权力机关及行政机关制定或认可的教育方面的规范性法律文件。它是为调整特定教育活动中的关系所作出的规定。在我国,全国人民代表大会、国务院、国务院各部委、地方国家行政机关都有权制定和批准有关教育条例。

(三) 教育规章

教育规章是指国家最高行政机关或省、直辖市、自治区的国家权力机关为执行《中华人民共和国宪法》、法律,根据国家或本行政区域的具体情况和实际需要,在法定权限内制定的有关教育的专门的规范性文件。教育规章也可以是针对已经颁行的教育法律制定补充性的实施"办法"或"细则"。

长期以来,不少教育法学研究者对教育法规的含义作了不尽相同的表述。有的研究者认为,教育法规是"国家机关制定的用以调整教育行政关系的法律规范的总和"[①];有的研究

---

① 李连宁. 我国教育法规体系刍议[J]. 中国法学,1988(01):77—82.

者认为,"教育法规也就是有关教育行政的法规"[1];还有的研究者认为,"教育法规是有关教育方面的法律、法令、条例、规章等规范性文件的总称,也是对人们的教育行为具有法律约束力的行为规则的总和"[2]。关于教育法规的含义的表述尽管各有不同,但它们都承认教育法规是寓多种形式于一体的法律规范。教育法规内含的基本形式既有区别又有联系,甚至相互重叠与交叉。如何正确认识与理解教育法规,仍然是一个值得深入探讨的问题。

第二节 教育政策、法规在国家政策、法规体系中的地位

一、教育政策在国家政策体系中的地位

在党和国家的政策体系中,教育政策占有十分重要的地位。认识教育政策所处的地位,有利于加深对教育政策的理解,增强执行教育政策的自觉性。

(一) 教育政策是国家政策不可或缺的组成部分

从政策所涉及的社会生活领域进行分类,国家政策一般分为政治政策、经济政策、社会政策、科技政策、文化教育政策五大类。现代国家各项事业是一个巨大的系统,组合成这一系统的各个要素是密切关联的。国家政治、经济、社会、科技、文化教育等事业的发展是相互依存、相互作用、相互促进的。国家为保障与促进各类事业的发展,必须制定和颁行与之相适应的政策。譬如为了经济的发展而有经济政策,为了社会的发展而有社会政策,为了教育的发展自然也有教育政策。在保障与促进教育事业本身的发展并通过教育促进国家政治、经济、社会、科学、文化等事业的发展中,文化教育政策显然是不可或缺的。文化教育政策与政治政策、经济政策、社会政策、科技政策等一起构建起完整的国家政策体系,也是国家重要的公共政策之一。

在现代国家中,教育政策作为国家政策的重要组成部分,不仅表现在教育政策可以相对于政治政策、经济政策等而独立存在,同时也表现在教育政策总是寓含于或渗透在国家其他各类事业发展的政策中。首先,国家的总政策或基本政策中有对教育政策的表述。例如,中华人民共和国成立初期的《中国人民政治协商会议共同纲领》和我国后来颁布的《中华人民共和国宪法》中,均有对国家文化教育政策的郑重规定。中国共产党历次代表大会的决议或国家关于经济建设与社会发展的各项重要的宏观政策性文献,也都含有关于教育政策的规定与表述。其次,国家各类政策中,均不同程度地含有教育政策内容。国家政治、经济、社会、科技等方面的发展都离不开教育的推动;旨在促进各类事业发展的各类政策中,也都不可避免地含有教育的政策。也就是说,国家的政治政策中含有教育的政策内容,国家的经济

---

① 劳凯声.教育法论[M].南京:江苏教育出版社,1993:16.
② 李晓燕.教育法学(第 2 版)[M].北京:高等教育出版社,2006:29.

政策中亦含有教育的政策内容,依此类推,国家的社会政策、科技政策中均含有教育的政策内容,于是教育政策也就成为各类政策的构成要素。例如,国家社会政策中的人口政策、国家政治政策中的民族政策,分别包含着提高人口素质的教育政策和促进各民族教育发展的教育政策。我国经济政策中的农业政策、工业政策等也都有着依靠教育的发展促进农业与工业发展的政策规定。

(二)在现代国家的政策体系中,教育政策具有独特的重要地位

在现代国家政策体系中,教育政策又是一种相对独立的政策体系。教育政策有其特有的内涵,有其特有的体系与结构。这是与教育自身作为一个独立的体系相联系的。一般来说,国家存在着什么样的教育形态或国家通过何种方式去发展教育,决定着需要怎样的教育政策。在构成国家整体发展的总系统中,教育是一个相对独立却又十分复杂的子系统。教育有多种层次、多种类别、多种形式,教育发展不仅受到教育内部环境及自身条件的制约,同时也受到社会外部环境及外在条件的制约,这一切决定着教育政策的多样性、独立性,也决定着教育政策与其他政策的关联性。

教育政策的相对独立性决定着教育政策在国家政策体系中的相对独立的地位。现代国家教育事业发展的重要性和教育事业在国家各类事业中具有与日俱增的重要地位,决定着教育政策的重要性和教育政策在现代国家政策体系中独特的重要地位。"当今世界正处在大发展大变革大调整时期。世界多极化、经济全球化深入发展,科技进步日新月异,人才竞争日趋激烈。我国正处在改革发展的关键阶段,经济建设、政治建设、文化建设、社会建设以及生态文明建设全面推进,工业化、信息化、城镇化、市场化、国际化深入发展,人口、资源、环境压力日益加大,经济发展方式加快转变,都凸显了提高国民素质、培养创新人才的重要性和紧迫性。中国未来发展、中华民族伟大复兴,关键靠人才,基础在教育。"[①]教育既然面对如此重要的历史使命,那么应该制定怎样的教育政策,以使教育能更好地为培养和造就新世纪的新人服务?这是全社会,尤其是教育工作者应该深深思索的问题。在这样的背景下,教育政策特有的功能及其在国家政策体系中的特有地位也就更加鲜明地呈现了出来。

教育政策作为一种相对独立的政策体系,也反映在教育政策体系内部存在着各种类别、各种层次的具体的教育政策。这些具体的教育政策既相互依存,又各有其特定的作用,因而也各有其相对独立的政策地位。每一具体的教育政策总是针对具体类别或具体形式的教育发展而言的,这种具体的教育政策是无法彼此替代的。例如,基础教育政策是服务于基础教育的发展需要,职业技术教育政策是服务于职业技术教育的发展需要,它们彼此是相对独立地发挥着政策的功效与作用的,这种具体的教育政策在教育政策体系中亦有其特有的意义与地位。所以,教育政策体系在国家政策体系中的相对独立甚或独特的地位不仅体现在它与其他类别的政策相比较不可或缺地存在着,同时也体现在教育政策系统内部各种政策的

---

① 国家中长期教育改革和发展规划纲要(2010—2020年)[M].北京:人民出版社,2010.

相对独立的价值与意义。

二、教育法规在国家法律体系中的地位

如同教育政策在国家政策体系中具有重要地位一样,教育法规在国家法律体系中亦具有十分重要的地位。

(一)关于教育法规在国家法律体系中所处地位的不同主张

法律体系是由不同法律部门的现行规范所组成的有机统一整体。在这一统一整体中,教育法律(或法规)同样是不可或缺的。教育法规在国家法律体系中究竟处于何种地位? 国内法学界与教育界对这一问题有两种不同的认识与主张。

一是把教育法规归属于国家行政法规之中。这曾经是人们普遍的看法。我国高校通用的法律基础教程或相关教科书,大都把教育法规归为行政法律制度,作为行政管理法规的一个内容与方面。教育法规因而与集会游行示威法和治安管理处罚条例等相联系,共同组合成行政法规体系。在传统的甚或现行的一些教科书中,教育法规显然没有刑法、民法等那样具有相对独立的法律地位。教育法规归属于行政法的主要理论依据来源于"国家教育权"论。这种理论认为,教育事业是国家和地方的公共团体事业,是国家行政的一部分,因此,教育法规也是有关教育行政的法规,因而是行政法规的一部分。

二是认为教育法规应成为一个独立的法律部门,教育法规应在国家法律体系中具有相对独立的地位,即认为教育法规可构成一个相对独立的科学法律体系。认为教育法规应成为一个独立体系的主要理论依据在于认为教育与教育行政不能完全等同,教育制度特有的法理构成了教育法规特有的体系和领域。教育法规有特有的教育关系作为调整对象,有特有的法律关系主体和法律基本原则,并有相应的处理方式,因而它应成为现代国家法律体系中一个相对独立的法律部门。

(二)对教育法规应成为一个相对独立的法律部门的进一步分析

教育法规自身能否建构起一个相对独立的法律部门? 教育法规在国家法律体系中是否具有独立的地位? 对这些问题作出肯定回答的基本理由有以下几点。

第一,在社会生活中,教育机构已构成日益重要的、独立的社会职能部门。社会各行各业均与教育行业发生着深刻的联系。教育活动过程中极其复杂的社会关系,要求有一种系统的、相对独立的教育法规予以调整。相对于社会其他部门而言,教育活动中产生的各种关系具有鲜明的特殊性与相对独立性的特征。在社会活动中,教育有自身运行的客观规律,教育活动有特定的主客体关系,这一特定的主客体关系不仅针对整个教育活动而言,即使在任一具体的教育过程中,这一特定关系也显而易见。调整教育关系的任务是调整其他社会关系的法律部门所难以承担的,只能主要由教育法规这一独立的法律部门承担。从这一意义上看,教育法规在法律体系中应该具有独立的地位。

第二，从法律体系中法律部门划分的标准和科学依据看，教育法规是可以独立作为法律部门的。法学原理告诉我们，划分法律部门的主要标准，是该法律所直接调整的对象的社会关系的性质，同时也辅之以调整方法。例如，调整公民人身与财产关系的法规构成民法，调整婚姻家庭关系的法规构成婚姻法，调整社会各种经济关系的法规构成经济法，而调整社会各部门、各团体与教育的关系及调整教育内部各种关系的法规的总称也应构成教育法。

教育法规体系的独立建构已经不只是一种理论要求，现代教育立法的实践已经逐步朝向这一目标而努力。国际教育立法所经历的正是一种从零星立法到专门立法再到立法综合化、体系化的道路。进入 20 世纪 80 年代以来，我国教育法规建设也开始步入系统化阶段。教育法规的系统化建构正在深入。这是社会加强法制建设和推进教育事业不断发展的双重要求。

（三）对教育法规在国家法律体系中具有独特的重要地位的再认识

无论是将教育法规归属于行政法规之中，还是让教育法律自身建构起相对独立的法律体系，我们均不可忽视的一个事实是：在现代社会中，教育法规在国家法律体系中愈来愈占有独特的重要地位。之所以如此认识，是因为：

其一，依法治国要求加强教育法规建设。依法治国是我国的基本国策。中华民族的继续振兴与持续发展必须走依法治国之路，这已成为全党、全社会的共识，并已成为全党、全社会的共同意志与行动。正如《中共中央关于全面推进依法治国若干重大问题的决定》中所指出的："依法治国，是坚持和发展中国特色社会主义的本质要求和重要保障，是实现国家治理体系和治理能力现代化的必然要求，事关我们党执政兴国，事关人民幸福安康，事关党和国家长治久安。"依法治国具有丰富的内涵，同时又是一个综合性的概念。依法治国要求依法治理涉及国家稳定与发展的各种大事。教育事业在社会各类事业中具有举足轻重的地位，是最具战略意义的社会事业。依法治国寓含着需要依法治教。依法治教是依法治国的重要内容，也是依法治国的深切体现。依法治教首先要有法可依，这就需要有较完备的教育法规体系。只有各级各类教育事业的发展均有法可依，才能构成依法治教的良好基础，也才能为依法治国奠定良好的基础。

其二，完善教育法规体系是完善国家法律体系的重要内容。依法治国需要有完善的国家法律体系，而完善的国家法律体系需要有完善的教育法规体系。在国际人才竞争日趋激烈的今天，完善的教育法规体系不仅对依法治教具有重要的现实意义，同时也是健全与完善国家法律体系的必然要求。在加快建设社会主义法治国家的进程中，教育法规建设在国家法律体系的建构中也占有愈来愈重要的地位。

其三，加强教育法规建设是教育发展的实践需要。20 世纪 80 年代以来，我国虽然在不断加强教育法规建设，先后制定和颁行了多部教育法规，但从总体上看，教育法规建设与教育改革和发展的实践需要还存在一定的差距。面向新时代，我国教育事业正处在新的发展过程中，面临着新的发展机遇与挑战，也面临着种种新的矛盾与问题，要有效地规范与引导教育事业继续健康发展,必须继续加强教育法规建设,以此推进依法治教。教育事业发展的实践正在强烈地呼唤加强教育法规建设,由此也表明加强教育法规建设在新时代教育事业的发展中具有更加重要的意义。

第三节　教育政策、法规的功能

教育政策、法规的功能是指教育政策、法规对教育改革和发展所发挥的功效与作用。教育政策、法规的功能是客观存在的,同时也是主观追求的。制定与实施教育的政策和法规,总是着眼于教育改革和发展的实践需要,并且也是直接地为教育实践服务的。任何教育政策、法规的实施,均会给教育实践带来影响。这种影响或有强烈与微弱之分,或有深刻与浅显之别,或有持续与即时之异,或有积极与消极之谓。无论教育政策、法规的影响有着怎样的不同,都是其功能的显现。

教育政策、法规究竟有着怎样的功能?这里我们借鉴政策科学与法理学教科书中关于政策功能与法律功能的论述,将教育政策、法规的功能作一归纳与分析。立足于对功能的正面阐述,我们将教育政策、法规的功能概括为:保障性功能、规范性功能、激励性功能、制约性功能和管理性功能。

一、保障性功能

所谓保障性功能,是指教育政策、法规客观上起着维护与保障教育事业发展的作用。在现实生活中,人们常说"有了政策、法律的保障",这反映出人们对政策、法规所具有的保障性功能的普遍认同与期待。对教育事业的发展而言,如果没有必要的政策与法律作保障,那么它的发展就会困难重重,举步维艰。

教育政策、法规的保障性功能主要表现在以下几个方面:

首先,制定教育政策、法规是为了使教育事业的改革和发展有政策可依,有法律可依。这是由制定政策、法规的基本目的所决定的。为什么要制定教育政策、法规?或者为什么要制定这样或那样的教育政策、法规?这是因为教育实践存在着"政策缺失"或"法律缺失",有着依凭教育政策、法规的现实需要。教育政策、法规的制定,其本身就意味着是为教育事业的改革和发展提供政策与法律上的支持与保障。

其次,实施教育政策、法规,是为了保障教育事业能够按照教育政策、法规所确立的目标并沿着其所指引的路径向前发展。无论是宏观的教育政策、法规(如国家教育总政策与教育法)还是各项具体的教育政策、法规,均带有鲜明的实践性特征。教育政策、法规指向教育实践,教育的实践过程也就成为实践教育政策、法规的过程。教育政策、法规因而为教育的改革和发展提供着坚实的实践保障。

从总体上看,教育政策、法规的保障性功能重点体现在:保障教育事业在社会发展中的应有地位,保障教育改革和发展的明确方向,保护全社会(包括团体和个人)支持教育事业发展的积极性与热情,等等。保障性功能是教育政策、法规的基本功能。

二、规范性功能

所谓规范性功能,是指教育政策、法规为教育事业的发展提供了某种标准与范式,起着某种规定性的作用。教育政策、法规的规范性功能是由政策、法规本身固有的特点决定的。作为一种政策文本,它所提供的恰恰是一种行动的标准。政策总是带有鲜明的规范性或规定性的,它规定着应该做什么或不应该做什么,应该怎样做或不应该怎样做。作为法规,其规范性功能更是题中之义。"法者,所以兴功惧暴也。律者,所以定分止争也。令者,所以令人知事也。法律政令者,吏民规矩绳墨也。"[①]在教育事业发展过程中,教育政策、法规的规范性功能与作用是一种普遍的存在。

教育政策、法规的规范性功能主要表现在:其一,指引作用。即指教育政策、法规具有对人的教育行为起导向、引路的作用。教育政策、法规对人的教育行为的指引是一种规范指引,这种指引具有稳定性和连续性的特点。执行教育政策、法规也就是按确定的规范行事。其二,评价作用。即指教育政策、法规对他人的教育行为的评价标准所起的作用。任何教育政策、法规,当它成为一种行为规范时,这种规范也就具有判断、衡量他人行为标准的作用。人们在执行教育政策、法规时,事实上总是自觉或不自觉地用政策、法规的规范对照自己的行为,或衡量自己的行为,同时也用这种规范对照他人的行为,或衡量他人的行为。例如,当人们在询问某种教育行为是否符合政策、符合法律时,实际上这种询问也就隐含着把教育政策、法规的规范性作为一种评价标准。所以,教育政策、法规的规范性功能也突出地表现为其所具有的评价作用。

三、激励性功能

所谓激励性功能,是指教育政策、法规客观上起着一种激励、鼓舞、促进教育事业不断向前发展的作用。激励性功能是教育政策、法规的力量所在。教育政策、法规是否能真正发挥激励性功能或将激励性功能发挥到何种程度,取决于政策、法规的品质或质量。只有品质优良的政策、法规才能对人与社会的教育行为产生良好的影响,而品质优良的教育政策、法规则应是"符合民意"、"顺乎民心",代表人民的教育意志与愿望,真正顺应教育改革和发展的潮流与趋向的。

教育政策、法规的激励性功能首先表现为它能在广泛的层面上得到大众的认同与响应。真正代表人民利益的教育政策、法规必然是最具有激励性功能的。因为这种政策、法规是人们所期盼与渴望的,它往往寓含着对传统政策的必要调整与改革,同时又用法律的形式保障

---

① 管子[M].[唐]房玄龄,注,[明]刘绩,补注.上海:上海古籍出版社,2015:351—352.

着人们对教育事业的合理追求。当它得到人们真心实意的拥护的时候,必然会焕发起巨大的热情与力量。例如,"文革"结束后,我国教育界及时终止"推荐选拔"制度,实施恢复高考政策。这一重大的政策调整顷刻间在全国产生强烈的影响,它唤起无数青年学子追求科学、追求知识的热情,并使国家人才培养迅速步入正常轨道。

教育政策、法规的激励性功能除了表现在它能引起社会大众感情上的共鸣与回应之外,更重要的是,它能激发人们对于教育政策、法规实施的积极参与。从拥护政策、法规,到积极、自觉地践履政策、法规,这是政策、法规产生威力的深刻表现。例如,20世纪80年代以来,我国制定了一系列关于基础教育的政策、法规,尤其是颁布了《中华人民共和国义务教育法》,由于这些政策、法规真切地代表着人民群众的根本利益,体现着教育权利与机会的平等,所以它能在最广泛的层面上唤起人们的积极参与,有力地保障着我国基础教育的顺利实施。

四、制约性功能

所谓制约性功能,是指教育政策、法规有着限制或禁止某种教育行为的作用。"制约性功能所要达到的目标是制约、禁止政策制定者所不希望的行为发生。"[①]正如我们在教育政策、法规的规范性功能中所讲到的,教育政策、法规总是含有某种规定性,规定着应该怎样做和不应该怎样做。这里不应该怎样做就是一种制约性。所以制约性功能也可看成是规范性功能的一种特有的表现。

教育政策、法规的制约性功能首先表现在它以明令禁止的方式限制某种不被允许的教育行为。有的教育政策、法规本身就是一种禁令。例如,《禁止使用童工的规定》、《严禁中小学校和在职中小学教师有偿补课的规定》等。这类政策、法规的限制性功能十分明显。在非禁令性的教育政策中,也存在着种种对不被允许的教育行为的限制。这样的实例不胜枚举。

教育政策、法规的制约性功能同时表现为立法制约。任何教育法律,其本身均寓含着对违反教育法律行为的制约。制定与颁行教育法规,是为了从根本上保障教育事业的发展。教育法律的保障性作用也包含着对阻碍、干扰教育发展的行为的限制与制约。教育法律中对权利与义务的限定、对适用范围的限定、对法律责任的追究,等等,都鲜明地表现出法律的制约性,因而教育法律是极具制约性功能的。

五、管理性功能

所谓管理性功能,是指教育政策、法规对教育工作具有管理的作用。教育工作离不开教育管理,而教育管理则在很大程度上是通过执行教育政策、法规进行的。离开教育政策、法规谈教育管理,或者离开教育管理谈执行教育政策、法规都是不可思议的。教育政策、法规

---

① 陈振明.政策科学[M].北京:中国人民大学出版社,1998:86.

的管理性功能是通过计划、控制、协调等方式进行的。教育政策、法规的管理性功能对教育实践具有十分重要的意义。

首先，教育政策、法规的管理性功能体现在通过政策、法规对教育工作进行规划与部署，以保证教育活动有目的、有秩序地进行，同时也保证教育活动合法地进行。党和国家的宏观教育发展规划与教育计划以文献形式予以发布，这种文献本身就是政策性文献。

其次，教育政策、法规的管理性功能体现在通过政策、法规对教育活动实施有效的控制。政策控制是指在政策上，对政策制定者所希望发生的行为予以鼓励，以调动和激发人们对于教育的积极性与创造性；对不希望发生的教育行为予以防范，以避免不应该发生的行为发生。法规控制则重在保障教育行为的合法性，并避免不合法的教育行为的发生。教育政策、法规的管理功能所体现的控制是与前述规范性功能、制约性功能所具有的控制相联系的。

再次，教育政策、法规的管理性功能也体现在通过政策、法规协调教育活动中的各种利益关系，以保证教育活动和谐地进行。管理是一种协调，协调需遵循一定的准则与原则，这种准则与原则突出地表现为规定性和合法性。任何教育政策、法规均涉及利益的调整和利益关系的分配，而在教育实践活动中，利益的冲突与碰撞也在所难免。协调好教育活动中各种利益的关系，对于教育活动的顺利推进无疑十分重要。这种协调就需要依凭政策、法律，需要有效地发挥政策、法律的功能与作用。

以上对教育政策、法规的功能作了一个初步的分析，这种分析乃是从正向的、积极的方面入手的。然而，在不同的社会制度与不同的经济、文化背景下，教育政策、法规的制定会呈现不同的模式与特征。"好"的教育政策、法规可能会产生良好的影响与作用，"不好"的教育政策、法规则会产生消极的影响与作用。所以，教育政策、法规的功能在整体上具有双重性特征，即有正向功能与负向功能之分。认识功能的这种分野，一方面有利于在执行教育政策、法规时尽量趋利避害，张扬正面功能，克服负面功能，另一方面则需要更多地反思教育政策、法规本身，促进教育政策、法规的完善。

思考与练习

1. 简述教育政策的含义及教育政策与教育路线、教育方针的联系与区别。

2. 简述教育政策的构成要素。

3. 试析教育政策、法规在国家政策、法规体系中的地位。

4. 简述教育政策、法规的功能。

第二章

我国教育政策、法规的基本体系与基本特征

学习目标

1. 了解教育政策、教育法规的基本类型与体系结构。
2. 认识教育政策、教育法规的基本特征。
3. 认识教育政策、教育法规的联系与区别。

上一章,我们介绍了教育政策、法规的含义,并阐述了教育政策、法规的功能。在本章中,我们将对教育政策、法规的基本体系与基本特征作一分析。

第一节　教育政策的基本类型与体系结构

一、教育政策的基本类型

教育政策的类型,是指依照不同的标准,对教育政策的内在本质特征和外部表现形式所作的区分与归类。

(一) 按照国外学者的分类标准划分的类型

根据国内学者对国外学者关于政策科学研究成果的总结[①],可将教育政策划分为以下几种类型。

1. 以政策的内涵作为分类标准,可将教育政策分为实质性教育政策和程序性教育政策

实质性教育政策与党和政府将要采取的行为有关,而程序性教育政策只关系到某种行为交由谁作出或怎样作出。例如,1985 年 5 月颁布的《中共中央关于教育体制改革的决定》,对教育体制改革的根本目的、主要任务和基本原则等作出了明确规定。这个决定作为一份重要的实质性教育政策文件,正式开启了中国特色社会主义教育事业改革发展的新征程。1986 年 3 月,国务院印发的《高等教育管理职责暂行规定》,着重从程序上分解、规范了国家教育行政部门、国务院有关部门和省级人民政府对高等教育的管理职责,可视为程序性教育政策。但事实上,实质性教育政策与程序性教育政策往往同时出现在某一项政策性文件中,难以将两者截然分开。

2. 以政策调控(或协调)教育活动的方式为标准,可将教育政策分为分配性教育政策、限制性教育政策和调节性教育政策

分配性教育政策是指为各种教育关系主体(或者说是教育管理者和教育管理的对象)提供某种利益的政策。例如,对九年义务教育阶段的学生免收学费的政策,对大中专学校贫困生提供助学贷款的政策,都是分配性教育政策。

限制性教育政策是指对于参与教育活动的各种教育关系主体的行动,加以必要的限制和约定。例如,2019 年 12 月,中共中央办公厅、国务院办公厅印发《关于减轻中小学教师负担进一步营造教育教学良好环境的若干意见》,就属于限制性教育政策。该意见从督导检查评比考核事项、社会事务进校园、精简相关报表填写工作和抽调借用中小学教师等四个方面,提出加强统筹规范的要求,限制和排除对中小学和教师不必要的干扰,把宁静还给学校,把时间还给教师。

[①] 陈振明. 政策科学[M]. 北京:中国人民大学出版社,1998:93—96.

调节性教育政策是与某种限制或约定某些个人和社会团体的行为有关。例如，国家税务部门曾规定，为了多渠道筹措教育经费，小规模纳税人在缴纳增值税的同时，还应缴纳 $3\frac{0}{00}$ 的教育费附加，这就属于调节性教育政策。

3. 以政策产生的效果为标准，可将教育政策分为物质性教育政策和符号性教育政策

物质性教育政策是将某类有形教育资源或实质性权力，提供给此项政策的受益者。如，义务教育实行国务院领导，省、自治区、直辖市人民政府统筹规划实施，县级人民政府为主管理的体制，是依据 2006 年修订的《中华人民共和国义务教育法》确定的物质性教育政策。这一规定进一步明确了国家和地方各级人民政府举办和管理义务教育的权利与义务。而符号性教育政策从内容上讲，没有物质资源的投入与实权的提供；从联系上讲，缺乏政策的影响制约因素；从现实上讲，只是一种号召或舆论，不一定真正实施。符号性教育政策只是一种象征性政策，对人们很少产生实际效果，但符号性教育政策也是解决教育问题的一种重要的政策手段。

（二）按国内学者的分类标准划分的类型

依照国内学者比较一致的意见，可根据现行教育政策制定的主体及其层次和效力范围的差异，划分出不同的类型[①]。

1. 从制定政策的主体的角度，可将教育政策分为政党的教育政策、国家的教育政策和社会团体的教育政策

例如，1988 年 12 月，中共中央颁布的《关于改革和加强中小学德育工作的通知》，就属于党的教育政策。《中华人民共和国教育法》中关于教育方针的表述，体现了国家、人民的利益，是国家的教育政策。

在我国，中共中央、国务院经常就教育工作联合发布指示、决议、通知等，其中关于政策方面的内容，既是党的教育政策，也是国家的教育政策。例如，经过十九届中央全面深化改革领导小组第一次会议审议通过的《关于全面深化新时代教师队伍建设改革的意见》，是由中共中央、国务院于 2018 年 1 月 20 日印发的。需要说明的是，党的教育政策和国家的教育政策之间，往往有交叉的部分。党的教育政策是制定国家的教育政策的依据，国家的教育政策是党的教育政策的合法化、行政化。关于党的教育政策与国家的教育政策的区别与联系，我们在本章第二节后一部分再作说明。

2. 从政策层级的角度，可将教育政策分为总政策、基本政策和具体政策

例如，"教育必须为社会主义建设服务，社会主义建设必须依靠教育"，是发展社会主义教育事业的重要指导思想。这可视为现阶段教育工作的总政策。

基本教育政策介于教育总政策和具体教育政策之间，它一方面是教育总政策的具体化，另一方面又是制定具体教育政策的原则与依据。而具体教育政策可视为贯彻实施教育总政

---

① 陈振明. 政策科学[M]. 北京：中国人民大学出版社，1998：93—96.

策、基本教育政策的具体行为规则。就当前情况看，市、县（区）人民政府制定的教育政策，大多数属于具体教育政策。

3. 从政策效力范围的角度，可将教育政策分为全局性教育政策和局部性（或区域性）教育政策

就全国情况而言，全局性教育政策在全国范围内，对各级各类教育都有政策效力。上至国务院各部门，下至省及省以下地方各级人民政府及其有关部门，均应一体遵行。近年来，国家有关部门相继出台的支持西部地区教育发展的特殊政策，是局部性的教育政策，享受这类政策的地区只能是国家确定的西部若干个省份。这类政策明显带有区域性色彩。

4. 从政策所起作用的角度，可将教育政策分为鼓励性教育政策和限制性教育政策

如由国务院发布的《教学成果奖励条例》，是典型的鼓励性教育政策；限制性教育政策往往散见于相关的政策性文件之中。

二、教育政策的体系结构

关于教育政策的体系结构形式，可以从教育政策的表现形式和纵横结构两个角度加以表述。

（一）教育政策的表现形式

所谓教育政策的表现形式，是指教育政策以怎样的文本样式出现。我国现行的教育政策通常是以如下形式呈现的。

第一，党的政策性文件。主要是指中国共产党中央委员会和省、市、县地方委员会发布的各种纲领、决议中有关教育的内容，以及就教育工作作出的决定、通知等。这类政策依次反映在以下党的各类文件中：

（1）中国共产党的章程。党章中确立的教育政策是我们党最根本的教育政策，它对中国特色社会主义教育事业的根本属性、重要地位和基本原则等重大问题作出了明确的规定。

（2）党的全国代表大会和中央委员会全体会议的决议。这些决议中有关教育工作的内容，是党的重要教育政策。如，中国共产党第十九次全国代表大会的报告和十九届二中、三中、四中全会作出的决议中关于教育政策的表述。

（3）党中央制定或批准的文件。由党中央制定或批准发布的有关教育工作的文件，也是党的重要的教育政策。

（4）党的地方各级领导机关的决议、决定。党的地方各级领导机关及其重要大会讨论本地区范围内教育工作并形成的决议、决定及其批准的有关教育工作的文件，是适用于本地区的教育政策。

（5）党中央直属领导机关和党的地方各级领导机关所属部门制定或批准的文件。这些机关与部门在自身职权范围内，可以制定或批准有关教育的政策性文件。例如，2000 年 7 月教育部党组印发的《关于进一步加强高等学校学生思想政治工作队伍建设的若干意见》的通知。

第二,全国人民代表大会、省级人民代表大会和有立法权的市级人民代表大会及其常务委员会制定或批准的有关教育的政策性文件,即通常所说的教育法律和地方性教育法规。

第三,国家行政机关制定、发布的有关教育工作的政策性文件。

(1) 国务院及其所属有关部委制定或批准的有关教育的政策性文件。

(2) 省、市、县(区)人民政府及其有关部门依照法律、行政法规规定的权限制定的有关教育的政策性文件。

在实际工作中,这类由国家行政机关作出的有关教育的行政决定,构成了现行教育政策的主体,在指导、规范、引领、促进教育工作方面起着广泛而又重要的作用。

第四,党中央和党的地方各级领导机关所属部门与国务院和地方人民政府所属部门共同制定或批准的有关教育的政策文件。例如,2019 年 11 月,教育部、中央组织部、中央宣传部、国家发展和改革委员会、财政部、人力资源和社会保障部、文化和旅游部等七部门联合下发的《关于加强和改进新时代师德师风建设的意见》。

第五,党和国家领导人有关教育问题的讲话、指示。党和国家领导人对教育工作发表的讲话或所作的指示,能否视为教育政策的一种表现形式,在认识上可能不一致。对此,我们认为要作具体分析。中国共产党的章程中规定:"党员个人代表党组织发表重要主张,如果超出党组织已有决定的范围,必须提交所在的党组织讨论决定,或向上级党组织请示。"根据这一规定精神,党和国家领导人有关教育工作的重要主张,是在党的全国代表大会或全国人民代表大会等全国性会议上公布的(如党中央领导在党的全国代表大会上所作的重要讲话、报告等),或经过党或国家的有关组织批准的,或在党的机关报刊等正式出版物上公开发表的,都具有政策性作用,应当列入政策的范畴。

(二)教育政策的纵横结构

教育政策的纵横结构是指教育政策体系是由哪些具体政策构成的,以及它们之间相互组合的纵向或横向的关系是如何确定的。鉴于此,我们对教育政策从纵向与横向的两个维度予以分析。

1. 教育政策的纵向结构

教育政策的纵向结构是指依照教育政策的某种内在逻辑关系作出的纵向排列。从不同角度出发,就有不同的纵向排列方式:

依照教育政策的效力等级系列划分,有教育总政策—基本教育政策—一般教育政策—个别(特殊)教育政策。

依照教育政策的有效期划分,有长期教育政策—中期教育政策—短期教育政策—即时教育政策。长期教育政策一般包括在相当一段历史时期内起作用的根本教育政策、宏观教育政策或战略性教育政策;中、短期教育政策是相对于长期教育政策而言的,是对长期教育政策目标、措施作出的阶段性分解;即时教育政策是针对个别情况、特殊问题采取的个别政策。需要说明的是,教育政策的效用的长短是相对而言的。教育是百年大计,与其他领域相比,教育活动周期长,相应的教育政策的寿命也较长,一般在 10 年左右;有的教育政策属于短期教育政策,实行时间不长即予终止,如高考加分政策的取消等。

2. 教育政策的横向结构

教育政策的横向结构是指相互之间不存在前者派生后者、后者包含前者的不同领域的教育政策,按横向并列的关系,加以排列形成的组合方式和秩序。需要注意的是,按照横向结构形成的教育政策体系,也是由相互关联的各个领域的教育政策组成的,相应的教育政策之间要相互协调与沟通,而不应相互抵触与冲突。从教育政策的横向结构看,教育政策可划分为:基础教育政策、高等教育政策、成人和职业教育政策,以及民族教育政策、特殊教育政策等。

第二节　教育法规的基本类型与体系结构

党的十九届四中全会强调,"必须坚定不移走中国特色社会主义法治道路,全面推进依法治国,坚持依法治国、依法执政、依法行政共同推进,坚持法治国家、法治政府、法治社会一体建设,加快形成完备的法律规范体系、高效的法治实施体系、严密的法治监督体系、有力的法治保障体系"①。由此可见,中国特色社会主义教育法律体系应当是按照一定的原则组成的门类齐全、结构严谨、内部和谐、体例科学、协调发展的比较完备的法律规范体系。

在本节中,我们将对覆盖我国各级各类教育或教育主要方面的不同等级、不同效力的教育法规的基本类型与体系结构等,加以分析说明。

一、教育法规的基本类型

教育法规的类型,是指对涉及教育工作的规范性法律文件,根据其不同的内在性质和外在表现形式,按照一定的标准,或从一定的角度所作的区分和归类。

要对现行教育法规进行分类,首先必须解决分类的标准问题。由于分类的标准不同,划分出来的类型也不相同。这里,我们借鉴相关研究成果对现行教育法规作出如下分类:

其一,根据法规创制方式和表达方式的不同,可以分为成文法与不成文法,还可以分为制定法、判例法和习惯法。我国现行教育法规基本上都属于制定法、成文法。

其二,根据教育法规的效力等级和内容重要程度的不同,分为根本法和普通法,或称之为基本法与单行法。例如,《中华人民共和国教育法》就是我国教育上的基本法,而《中华人民共和国义务教育法》、《中华人民共和国教师法》等都是单行法。

其三,根据教育法规的适用范围的不同,分为一般法与特殊法。例如,若将《中华人民共

---

① 中国共产党中央委员会. 中共中央关于坚持和完善中国特色社会主义制度　推进国家治理体系和治理能力现代化若干重大问题的决定》[EB/OL]. (2019 - 11 - 05)[2020 - 01 - 27]. http://www. gov. cn/Zhengce/2019-11/05/content-5449023. htm.

和国未成年人保护法》归入教育法规系列,但它只适用于年龄未满 18 岁的中小学生。所以,也可视其为一部教育上的特殊法。

其四,根据教育法规规定的内容的不同,分为实体法与程序法。在我国现行教育法规中,尚未见纯粹的程序性法规。通常状况是实体性与程序性的内容同时出现在同一部教育法规之中。

二、教育法规的体系结构

所谓教育法规的体系是指教育法规作为一个专门的法律部门,按照一定的原则组成的一个相互协调、完整统一的整体。这种体系是由一定的纵向或横向的结构联系组成的,它覆盖各级各类教育和各种教育法律关系主体,具有不同的效力。

(一) 教育法规的纵向结构

教育法规的纵向结构是指由不同层级的规范性的教育法律文件组成的等级、效力有序的纵向关系。这种纵向结构,实际上就是教育法规的表现形式,依次排列如下。

1. 《中华人民共和国宪法》中的教育条款

《中华人民共和国宪法》(以下简称《宪法》)是国家最高权力机关制定的规范性法律文件,是国家的根本大法,具有至高无上的法律效力。《宪法》中有关的教育条款是教育法规的最高层次,其他任何形式、任何类型的教育法规都不得与之相抵触,否则无效。

2. 教育基本法

与国家《宪法》相配套,对整个教育工作起宏观调控作用的教育基本法是《中华人民共和国教育法》。教育基本法是依据《宪法》制定的调整教育内部、外部相互关系的基本法律准则,有人将其称为教育法规的"母法"。

3. 教育单行法

与《中华人民共和国教育法》相配套的教育单行法,是根据《宪法》和教育基本法确立的原则制定的,用于调整某一类教育或某一方面教育工作的教育法律。我国先后制定的教育单行法有:《中华人民共和国义务教育法》、《中华人民共和国高等教育法》和《中华人民共和国民办教育促进法》等,其效力仅次于《中华人民共和国教育法》。其他相关法律中涉及教育的条款,也属于教育法律的范畴。

此外,全国人民代表大会及其常务委员会发布的有关教育工作的决定、决议等有法律效力的规范性法律文件,也属于教育法规的范畴。例如,1985 年第六届全国人民代表大会常务委员会第九次会议同意关于建立教师节的议案,确定每年 9 月 10 日为教师节,即属此类。

需要说明的是,经全国人大常委会审议、批准,我国同其他国家、国际组织签订的有关教育的国际条约,或某些国际条约中有关教育的条款,与现行教育法规中的教育单行法具有相同的效力。这类国际条约,虽不属于我国国内法的范畴,也应当视为我国教育法规的一种形式,我们同样应予以履行。

4. 教育行政法规

教育行政法规是指国务院根据《宪法》和《中华人民共和国立法法》的规定,制定的有关教育工作的规范性法律文件。如《学校体育工作条例》、《教师资格条例》等。教育行政法规的法律效力,低于《宪法》和教育法律,高于地方性教育法规和教育规章。

党中央和国务院就教育工作中某些重大问题联合发布的指示和决议,是一种具有法规作用但又不具有完备法律形式的规范性文件。它同属于法的渊源之一,可视为一种特殊的规范性法律文件。

5. 部门教育规章

部门教育规章,是指国家教育行政部门根据法律和行政法规,在本部门权限内发布的有关教育工作的规范性法律文件。其效力低于国务院制定的教育行政法规,但在全国有效。部门教育规章通常以部长令的形式签发,或由教育部会同国务院其他部委等具有行政管理教育职能的直属机构联合发布。其常用名称为:规定、办法、标准等。部门教育规章是实施教育法律、行政法规的具体办法,也具有一定的法律效力。

6. 地方性教育法规和地方政府教育规章

地方性教育法规,是指省、自治区、直辖市人民代表大会及其常务委员会,根据本行政区域的具体情况和实际需要,在不与《宪法》、法律和行政法规相抵触的前提下,制定的关于教育工作的规范性法律文件。省、自治区、直辖市的人民政府所在地的市,经济特区所在地的市和经国务院批准的较大的市人民代表大会及其常务委员会,根据本市具体情况和实际需要,在不与《宪法》、法律、行政法规和本省、自治区的地方法规相抵触的前提下,也可以制定地方性教育法规。地方性教育法规一般称为条例、规定、实施办法等。如《安徽省实施〈中华人民共和国义务教育法〉办法》、《安徽省职业教育条例》等。

地方政府教育规章,是指省、自治区、直辖市人民政府和自治区、直辖市的人民政府所在地的市,经济特区所在地的市和经国务院批准的较大的市的人民政府,根据法律、行政法规和本省、自治区、直辖市的地方性法规,制定的涉及教育工作的规范性法律文件。

从行政法的范畴看,无论是部门教育规章还是地方政府教育规章,均为教育法规的一个重要形式。教育规章与教育法律、教育行政法规的不同之处就在于,教育规章的行政调控更灵活些,且更多的是通过行政措施加以贯彻落实的。

需要明确的是,地方性教育法规和政府教育规章的制定,要遵循下列三条原则:第一,不得与《宪法》、法律和行政法规相抵触,具有从属性;第二,只在本行政区域内有效,具有区域性;第三,在调整对象、权利义务、罚则等方面规定得比较具体,具有较强的针对性和可操作性。

我国教育法律体系可分为五个层级(见表2-1)。第一层级是全国人民代表大会通过的《中华人民共和国教育法》。第二层级是全国人民代表大会常务委员会通过的七部教育单行法律。第三层级是国务院发布的教育行政法规。第四层级是省级人大和有立法权的市级人大或其常务委员会颁布的地方性教育法规。第五层级是教育部以及国务院有关部委、省级人民政府制定的教育规章。这五个层级初步构成了中国特色社会主义教育法律体系,基本实现了教育事业各个领域有法可依。

为清晰起见,我们将教育法规的纵向结构排列如表2-1所示。

表2-1 教育法规各种主要形式排列表

层级	形式		制定机关
	《宪法》中的教育条款		全国人民代表大会
第一层级	教育基本法律		全国人民代表大会
第二层级	教育单行法律		全国人民代表大会常务委员会
第三层级	教育行政法规		国务院
第四层级	地方性教育法规		省级人大和有立法权的市级人大或其常务委员会
第五层级	教育行政规章	部门教育规章	教育部及国务院有关部委
		政府教育规章	省级人民政府

(二) 教育法规的横向结构

教育法规的横向结构,是指按照教育法规所调整的教育关系的性质,或教育关系的构成要素的不同,划分出若干个处于同一层级的部门法,形成教育法规调整的横向覆盖面,使之在横向构成上呈现出门类齐全、内容完整、互相协调的格局。

人们对构成教育内部和外部各种教育关系要素的认识不同,判别教育法规横向构成的种类所采用的标准不同,以致对教育法规的横向结构的表现形式作出了许多不同的划分。此外,需要注意的是,有时一种教育法规的内容作用于几个领域,也导致教育法规横向构成的分类很难避免交叉重复的现象。从实际出发,可将我国教育法规按横向结构的表现形式分成以下六类:

(1) 教育基本法;

(2) 规范教育行政管理权限和动作方式的教育行政组织法;

(3) 规范学校举办者行为的学校教育法;

(4) 规范教师、职工、学生行为的教职学员法;

(5) 规范实施教育的经费保障的教育经费投入法;

(6) 规范学校设备必需额度及其标准的教育设备法。

上述第三类"学校教育法",又可细分为:基础教育法(如其中的《中华人民共和国义务教育法》等)、职业教育法、高等教育法、成人教育或称社会教育法、特殊教育法等。

比较常见的分类法是将教育法规的横向结构分为以下八类:

(1) 教育基本法;

(2) 义务教育法;

（3）职业教育法；

（4）高等教育法；

（5）成人教育或社会教育法；

（6）学位法；

（7）教师法；

（8）教育经费投入或教育财政法。

对教育法规从横向构成上进行统一的分类是一个较为复杂的问题，需要进行更深层次的研究。当然，划分教育法规的种类数量可多可少，关键在于能否充分兼顾相互关系的协调、和谐，且能涵盖教育主体关系的主要部类和方面。

三、教育法规体系的构建动态

构建我国教育法规的体系结构，是一项系统工程，有一个较长的过程，只有在动态发展中逐步加以整合，方可使之不断完善。我国教育法规的动态发展，表现于教育法规在国家整个法规体系中地位的变化上。

从教育法规体系的纵向结构看，中华人民共和国成立初期，国家的法律制度尚不健全，教育法律几近空白。到了20世纪70年代末期，仍然没有一部教育法律。从1980年《中华人民共和国学位条例》作为第一部教育法律出台，到教育法律体系"四梁八柱"基本完备，纵向结构初步形成，教育法治建设从零起步，走过了40多年漫长的路程[①]。从教育法规的横向结构看，在一个较长时期内，教育法规从属于一般行政法规，是行政法的一个小类。进入20世纪80年代后，教育立法步伐开始加快，教育法规的数量明显增加，质量得到提高。因此，不少法学专家、学者认为，教育法规作为一个独立的法律部门的条件已经成熟。

事实上，教育法规调整的面越来越宽，涉及教育事业的众多领域；调整的层次越来越深，涉及教育活动的各个环节；调整的力度越来越强，有效地影响着调整对象的行为。教育法规自身体系结构的形成及其在现代社会法律体系中地位的确立，对于教育法治建设的推进，对于引导、规范、促进和保障教育改革的深入和教育事业的发展，已经发挥并将继续发挥极其重要的作用。

第三节　教育政策与教育法规的基本特征

一、教育政策的基本特征

关于教育政策的特征，专家学者们从不同的角度进行了探讨，得出了不同的结论。比较

---

① 中国教育科学研究院.教育强国之道——改革开放以来重大教育决策研究[M].北京：教育科学出版社，2018：146.

普遍的看法是将其归纳为以下几方面：阶级性与社会性的统一，原则性与灵活性的统一，稳定性与可变性的统一，正、负效益的统一，等等。这里，我们借鉴陈振明先生主编的《政策科学》中对政策特征的分析，对教育政策特征作如下归纳。

(一) 利益倾向

政策是反映国家治理水平的显著标志。制定政策的主体自身利益的客观存在，决定了政策的制定和实行必然带有明确的利益倾向，即政策服务于政策主体的利益。如中华人民共和国成立后，教育政策面临的问题是如何改造旧教育，建设为工农大众服务的新教育。所以，1949 年 9 月召开的中国人民政治协商会议第一届全体会议通过的《中国人民政治协商会议共同纲领》第五章"文化教育政策"中明确提出："人民政府的文化教育工作，应以提高人民文化水平，培养国家建设人才，肃清封建的、买办的、法西斯主义的思想，发展为人民服务的思想为主要任务。"作为当时最高层次的教育政策，它所代表的利益倾向是显而易见的。

(二) 目标倾向

所有政策的一个共同特征是有一个明确的待实现的目标。所有政策的执行，都是要直接促进目标的实现。正是由于有了这样一个明确的目标取向，才能规范人们的行为，从而避免政策执行中的盲目性。教育政策亦无例外。改革开放以来，从教育大国到教育强国的历史转变中，从立足教育为人民服务到办人民满意的教育的突破性进展中，党和国家制定的一系列行之有效的教育政策，发挥了动力源、指挥棒、风向标的重要作用。例如，1999 年 1 月，由国务院批转、教育部制定的《面向 21 世纪教育振兴行动计划》作为一部纲领性政策，绘就中国教育改革和发展的蓝图，把充满生机活力的中国教育带入 21 世纪，便是这一政策文件确立的目标。

(三) 合法性与权威性

政策的合法性，是指作为对社会、团体、个人行为的规范与指导，政策必须得到所涉对象的认可、接受，不管自愿与否。否则，政策就失去了约束力。这里所说的政策的合法性的取得，或是经过特定的法律程序(例如，属于党的政策范畴的党纪党规的制定就要经过一个特定的程序通过后才能颁行)；或是依据一套习惯性程序(例如，党政机关政策性文件从拟稿、审核到领导人的审定、签发，也有一定的程序性规定)；或是遵循领袖人物的指示。

教育政策的权威性来源于政策的合法性，且某些教育政策的权威性还体现在政策条文中含有某些约束性、惩罚性措施的制定。例如，教育部发布的《教育行政处罚暂行实施办法》，对处罚种类与主要违法情形、处罚的程序与执行等作出了规定。若缺乏惩罚性措施，教育政策就会失去权威性、合法性和强制力，就会无法贯彻执行。

(四) 功能多样性

政策既有教育政策制定者、推行者所期望出现的正功能，也有其不愿看到的负功能。换言之，要想每项教育政策都有得无失、有利无弊，是不现实的。要正确认识教育政策功能的多样性,努力使教育政策符合实际情况,反映客观规律,有的放矢、辩证论治、精准发力,尽可能充分发挥其正功能而避免或减少其负功能。

(五)价值相关性

凡是政策,都要涉及行动目标是什么、采取什么行动,以及怎样行动,或支持哪些行为、反对哪些行为等。如何回答以上问题,就反映出政策制定者的价值观。政策制定者在不同的阶段持有不同的价值观,由此就有不同的行动目标体现在政策条文上。改革开放以来,我国围绕培养什么人、怎样培养人、为谁培养人这一根本问题,制定并实行了一系列推进教育改革发展的政策。例如,恢复高考取才,改变了许多人的命运;普及九年义务教育,提高国民素质,奠定了强国富民的基石;推进高等教育"985工程"和"211工程"建设,重点建设若干所具有世界先进水平的一流大学和一批一流学科,对建设现代化强国具有重要的价值与意义。

教育政策制定者的价值目标还会影响到对教育政策问题的确认,以及针对同一政策问题,为了同一目标,在不同时期对教育政策作出相应的调整。例如,普及九年义务教育经历了从"基本普及"、"基本均衡"到"优质均衡",让每一个孩子接受公平而有质量的教育的发展目标。

二、教育法规的基本特征

教育法规是国家法规体系中的一个子系统。一般法规所具有的基本特征在教育法规中自然也得以反映。例如,教育法规同样是由国家制定或认可的国家意志,是调整法律关系和规范法律秩序的规则,是以国家强制力保证实施的行为准则,以权利义务双向规定作为其调整的机制,等等。教育法规除具有这些特征外,还具有下列一些在现实条件下需要注意的特征。

(一)遵循教育规律与顺应时代要求相结合

在教育法规中确立的有关教育管理体制、办学体制、教育基本制度和原则等,必须符合教育的内在规律,这是教育法规的一个基本特点,也是在教育立法过程中必须遵从的基本要求。同时,教育法规还应当坚持中国特色社会主义方向、原则,顺应时代发展的要求,吸取深化教育改革和发展的成功做法和经验。例如,在教育投入上,逐步形成以政府财政拨款为主,辅之以社会各方面集资、捐资办学等多渠道增加教育经费的新格局。又如,国家通过立法的方式,支持和规范社会力量兴办教育,增加教育资源供给,弥补教育投入不足,民办教育与公办教育共同构成了我国教育事业蓬勃发展的局面。这样,就使遵循社会主义教育的自身规律与推进社会主义市场经济条件下的教育变革有机结合起来,最终目的是有效地规范教育活动,引导和促进社会主义市场经济条件下的教育改革和发展。

(二)系统性与独立性相结合

从法理学上讲,作为一个完整、成熟的部门法,应当具有较强的系统性,从体系框架的形成,到具体法规的出台,必须通盘考虑,精心谋划,不断完善。但是,由于我国教育法治建设基础薄弱,起步较晚,与一些发达国家比较差距很大。教育立法的任务艰巨,又难毕其功于一役。针对这种情况,邓小平同志提出的重要指导思想是,有比没有好,快搞比慢搞好。这就是首先要有,而且要搞得快一些;在此基础上,法律条文开始可以粗一点,然后逐步完善;修改补充法规,成熟一条就修改补充一条,不要等待"成套配套"。这里所谓的"成套配套"是讲法规的完整性,"快搞"、"先有",是讲法规的独立性。如前所述,我国先有教育单行法规,后才有教育母法,即教育基本法《中华人民共和国教育法》,这就是系统性与独立性的结合运用。

(三) 原则性与灵活性相结合

原则性与灵活性相结合这一特征取决于下列因素:一是我国的教育改革是一场革命,它是逐步向前推进的,不可能一步到位。与之相适应的教育法规在重大问题上,如教育改革走向、人才培养规格等,固然要从长计议、深思熟虑,但在一些具体阶段性目标上,又要有一定的灵活性。如在《中华人民共和国教育法》中,对教育投入应占 GDP 的比例,未采用中共中央、国务院有关文件提出的到 20 世纪末达到 4% 的提法,但这并不意味着可以放弃这一规划目标,而是考虑到法规的原则性与灵活性的一致,即教育法规只作原则规定,具体举措等可由党和国家的教育政策来加以细化和规范。二是教育作为一个复杂的系统,涉及广泛的利益关系,面对不同的承受能力,因而只能在协调各方利益、兼顾多方面实际承受能力的基础上进行立法,稳步推进。这样,在某些问题上,既要坚定不移地坚持原则,又要灵活地加以变通处理。三是中国是个大国,情况复杂,既要坚持法制的统一,又要考虑到不同地区、不同层次的差别,因此需要做更多更细的工作。例如,有的法规先由地方去制定、实施,然后经过总结提高,再上升为国家的法律;有的则是先制定出全国性的统一规定,然后由地方予以具体化。

教育法规的原则性与灵活性相结合,是与推动经济发展、社会进步以及教育改革和稳步前进的实际需要相适应的。"以改革与法治的关系为例,习近平总书记和党中央明确要求改革不能以牺牲法制的尊严、统一和权威为代价,指出凡属重大改革要于法有据,需要修改法律的可以先修改法律,先立后破,有序进行;有的重要改革措施,需要得到法律授权的,要按法定程序进行,不得超前推进,防止违反宪法法律的'改革'对宪法法律秩序造成严重冲击,避免违法改革对法治的'破窗效应'。"①

(四) 针对性与可操作性相结合

教育法规是根据教育事业发展的实际需要制定的,是调整教育主体关系、规范教育活动的依据,只有增强其针对性,才能发挥它的作用。因此,教育法规的制定要立足于现实,指向具体行为,要具有很强的针对性。法规条文必须是明确的,且可以作为规范来引导、约束人们的行为,具有可操作性。要重视立、改、废、释并举,以良法保障教育改革与发展。特别是对于情况发

---

① 张文显. 邓小平民主法治思想永放光芒[N]. 法制日报,2014 - 08 - 22.

生变化的,应及时修订、完善教育法规和制度规范,突出教育法规的针对性与可操作性。

(五) 立法自主与择优借鉴相结合

世界各国教育法规中的某些内容及其立法技术方面好的经验和做法,为我们制定教育法规提供了参照。特别是我国加入世界贸易组织(World Trade Organization,简称 WTO)后,WTO 协议关于教育服务的条款必然对我国的教育带来影响,我国的教育也可以据此进入国际教育市场参与竞争。所以,对我国现行教育法规进行全面梳理,与 WTO 规则保持一致,并注意学习借鉴别国的教育立法经验及其成果,在实践中加以改造、吸纳,实现相互之间的"接轨",是教育法治建设的一项任务,体现与时俱进、反映时代特征的必然要求。

当然,这种借鉴是有条件、有选择的,要有自主性,而不是盲目行事、生搬硬套。要使我国教育法规既符合中国实际,又表现出较高的国际水准,当代教育全球化、现代化的趋势在某些教育条文中应当得到一定的反映。

第四节　教育政策与教育法规的关系

一、教育政策与教育法规的联系

现行的教育政策与教育法规在本质上是一致的,具有深刻的内在联系。主要表现在:

其一,教育政策与教育法规是坚持和完善中国特色社会主义制度、推进国家治理体系和治理能力现代化的重要组成部分,是在教育活动中应当遵循的行为规范与依据。

其二,全面推进依法治国,坚持依法治国、依法执政、依法行政共同推进,坚持法治国家、法治政府、法治社会一体建设,是党领导人民治国理政的基本方略。因此,凡是经过实践证明是成熟、定型了的教育政策,应将其纳入教育法规之中。

其三,教育政策的制定应以教育法规为依据,教育政策的实施需要法律的保障。只有合法化的教育政策才能成为可供遵循和实施的政策,同时政策实施的全过程都要依法进行。

其四,教育政策与教育法规的实施效果必须接受群众、实践和历史的检验。习近平总书记多次强调,要把人民满意不满意、高兴不高兴、答应不答应、赞成不赞成作为党和国家一切工作的标准。群众、实践和历史是检验政策和教育法规实效的主要依据。

二、教育政策与教育法规的区别

教育法规作为一种特殊的行为规范,与教育政策又有着明显的差别,主要反映在以下方面。

(一) 基本属性不同

教育法规是通过国家的政权表现出来的国家意志;而党的教育政策是通过政党表现出

来的统治阶级的意志,这二者之间具有不同的属性。

(二)制定的机关和约束力不同

教育法规是由国家制定和认可的,依其层级的不同,在一定范围内具有普遍的约束力。党的教育政策则由党的领导机关制定,只对党组织和党员具有约束力,对党外群众一般不具有约束力。要使党的教育政策具有普遍的约束力,必须把它上升为国家层面的教育法规。要使党的政策优势更好地转化为国家治理效能,必须提高运用法治思维和法治方式深化教育改革、促进教育发展的能力。

(三)制定的程序不同

教育法规的制定必须严格依照法定程序进行,而党的教育政策是通过党员代表大会、党的领导机关会议等形式,在充分展开民主讨论、广泛征求意见的基础上,通过集体研究形成的。

(四)表现形式不同

教育法规制定以后,通常以文本的形式呈现,它作为法律性文件有着特殊的形式。对法规的适用条件和具体情况、具体行为规则以及违反者所应承担的后果,都要作出确切的表述。在语言表达方式上,法规条文一般都是直接陈述句,且主谓分明,语意清晰,使人们一看就明白谁必须做什么,谁不得做什么,谁可以做什么;而党的教育政策通常以党组织机关的指示、决议、意见、通知等形式表现出来,其文体格式多样,内容大多较为原则性,突出指导性,富有号召力。

(五)实施方式不同

教育法规以国家强制力保证实施,它不是可做可不做的,而是必须做的行为;也不是可以这样做或可以那样做的,而是必须这样做或那样做的行为。否则,则应承担相应的法律责任,这样的实施方式带有强制性。而党的教育政策的贯彻执行,更多地靠宣传教育,靠思想政治工作,靠党组织的领导干部、工作人员模范带头作用的发挥,其强制力是有一定限度的。

(六)稳定程度和调整范围不同

教育法规通常是在总结党和国家的教育政策执行情况和经验的基础上,广泛集中群众智慧和意见,履行一定的程序之后确定下来的,它具有长期性、稳定性,不宜随意变动。教育法规一般是就教育活动的根本方面和教育的基本关系加以约束、规范,其调整的范围比教育政策调整的面要小一些。

而党的教育政策体现了对教育事业发展规律的把握尺度,是教育发展理念的实施载体。因此,它必须随着教育工作形势、任务的变化适时作出调整、修订,加以完善。教育政策制定的灵活性和及时性,还决定了教育政策调整的范围更广泛,它可以及时渗透到教育领域的各个方面,发挥其调节、导向作用。

（七）公布的范围不同

教育法规一经审议通过，必须通过适当方式，在全社会公布，让全体公民知晓，以便大家遵守。教育法规公开是原则，不公开是例外；而教育政策不完全在全体公民中公布，有的政策只在一定时期或一定范围内公开。

三、正确处理教育政策与教育法规的关系

要想正确处理好教育法规与执行教育政策的关系，必须注意以下几点。

（一）教育法规的制定应以教育政策为指导

教育政策的某些内容不仅可以纳入教育法规之中，而且也指导着教育法规的实施。在一些教育法规中，常设有"总则"部分，这部分某些条文的实质就是政策性的说明。例如，《中华人民共和国教育法》中关于立法宗旨的表述，同《中共中央关于教育体制改革的决定》和《中共中央关于加强社会主义精神文明建设若干重要问题的决议》中提出的提高全民族素质的指导思想及其有关原则都是一致的。

（二）教育政策的落实应以教育法规为保障

习近平总书记在首都各界纪念现行宪法公布施行30周年大会上的讲话中指出："各级领导干部要提高运用法治思维和法治方式深化改革、推动发展、化解矛盾、维护稳定能力，努力推动形成办事依法、遇事找法、解决问题用法、化解矛盾靠法的良好法治环境，在法治轨道上推动各项工作。"只有将教育政策上升为教育法规，成为人们理解和执行教育政策的规范，才能排除理解和执行政策中的主观随意性，即不以党和国家行政机关领导人的更换及其个人注意力的转移而受到影响，从而使教育法规以其特有的强制性成为推动教育政策贯彻落实的保障，成为实践教育政策的最强有力的手段。

（三）教育政策的推行不能超越教育法规所规定的范围

尽管教育法规的制定和实施应当以党和国家的教育政策为指导，但这并不意味着教育政策可以随意左右教育法规的制定或超越教育法规规定的范围。在贯彻落实教育政策时，必须自觉维护教育法规的尊严，必须有助于教育法规的实施。目前，我国教育法规体系和门类尚不完备，例如，学前教育和老年教育还未完全纳入法治的轨道。教育上有些工作还存在有政策而无法规的情况，遇到这种情况时，要坚持有法依法、无法依政策的原则。《中华人民共和国民法通则》规定："民事活动必须遵守法律，法律没有规定的，应当遵守国家政策。"在一定的历史时期内，教育政策对教育事业进行宏观调控，仍要发挥十分重要的作用。

在处理教育政策与法规的关系时，应该注意两种偏向：一是片面强调教育政策的主导作用、决策作用；二是片面扩大、夸大教育法规的作用。前者在实践中容易形成重政策、轻法规，以政策性文件取代教育法规的状况，只讲依政策办事，不讲依法办事；后者在实践中容易出现只讲依法办事，忽视教育政策在教育活动中的重要作用的情形。这两种倾向，都应当注

意防止和克服。

思考与练习

1. 教育政策与教育法规大致可分为哪几种类型?

2. 从教育政策的体系结构看,它应当包括哪些内容,其效力如何确定?

3. 教育法规可分为哪几个层级,分别具有什么样的属性与特征?

4. 简述教育政策与教育法规的联系与区别。

第三章

教育政策、法规的价值基础

学习目标

1. 认识教育政策、法规价值基础的含义。
2. 正确理解现阶段我国教育政策、法规的几个重要的价值基础及其相互关系。

在教育政策、法规的理论篇中，有一个重要的问题值得讨论，这就是如何认识教育政策、法规的价值基础。在对教育政策、法规的含义、功能以及体系与特征进行分析之后，我们需要对其价值基础予以集中讨论。

正如弗朗西斯·C·福勒（Frances C. Fowler）所指出的："观念、信念和价值铸就人们界定教育政策问题的方式，也制约着人们解决教育问题的途径和能力。因此，如果忽视教育政策背后的价值体系，我们就根本无法深刻理解政策。所以，学校领导在思考教育政策时，应该先问自己：什么价值使得人们提出一种政策主张？在这一政策主张中是否蕴含价值冲突？这一政策主张背后的社会、政治和经济对该主张有何假设？"①

本章将从认识教育政策、法规价值基础的含义及意义出发，着重探讨教育政策、法规所应具有的价值基础。

第一节 教育政策、法规的价值基础概述

一、教育政策、法规价值基础的含义

（一）价值的含义

价值是人们在日常生活中经常使用的概念，同时也是一个较为复杂的学术概念。在日常生活中，人们所说的价值通常是指事物的用途或积极作用，如某物的价值是指该物对人的有用性。而在学术领域内，对价值的认识则有不同的学科分野。我们所熟知的，在经济学意义上，价值是商品的基本属性之一，其定义是"凝结在商品中的一般的无差别的人类劳动"。

在价值论哲学中，价值表征的是一种主客体之间的效用关系。马克思主义价值论认为，价值是指主体需要和客体属性在实践基础上统一起来的一种特定的效应关系。作为客体的外部世界同人的主体需要的关系，即价值关系。主体—客体的价值关系是以二者的实践关系为基础的。在主客体相互作用中，由于主体的实践作用，客体的性质向着主体作用的方向发生改变，从而满足主体的需要。

在文化学的意义上，价值是人的文化和社会活动得以存在的逻辑起点，是事物存在的内在尺度。德国社会学家马克斯·韦伯（Max Weber）用"文化事件"来表征人类的社会生活，他说，"文化事件的规定包含着两种基本的要素，这就是价值和意义"②。经验只有与价值相关联才成为文化。价值为事物的存在和发展提供合理性依据，成为事物存在的内在尺度。价值作为一种无条件的命令，赋予事物以意义。从而，价值也成为人们评价事物的标准，并作

---

① ［美］弗朗西斯·C·福勒. 教育政策学导论（第二版）［M］. 许庆豫，译. 南京：江苏教育出版社，2007：98.
② 韩水法. 韦伯社会科学方法论概论［M］//马克斯·韦伯. 社会科学方法论. 韩水法，莫茜，译. 北京：中央编译出版社，1999：5.

为事物发展的一种引导性力量,规定着事物发展的应然方向。

作为效用的价值和作为内在尺度的价值概念之间是有着逻辑联系的。事物作为客体的效用根源于其内在的价值尺度,而内在的价值尺度则为事物成为有价值的事物提供了依据。

(二) 教育政策、法规价值基础的含义

1. 教育政策、法规的价值

在价值作为一种效用关系的意义上,教育政策、法规的价值就是指作为主体的人与作为客体的教育政策之间产生的一种主客体关系。教育政策、法规价值的主体是那些通过教育政策的运行满足其需要的群体,主要有教育政策、法规活动的实践者和利益相关者。教育政策、法规作为客体的属性是指其具有协调教育系统内外部各种因素之间关系从而为教育事业发展提供资源、保障和规范的功能。在主体与教育政策、法规的相互作用中,教育政策、法规通过调节教育发展中各种要素之间的关系而促进教育事业的发展。

2. 教育政策、法规的价值基础

教育政策、法规的制定和执行都是具有一定价值观念的主体的活动。教育政策、法规的活动主体在处理各种教育发展要素之间的关系时,需要面对各种利益相关者有差异的利益诉求,比较各种事物和教育活动的价值并作出一定的政策选择。教育政策、法规的活动主体作出选择的依据就是其价值观念和价值标准,即在他们的观念中何种价值处于优先地位。教育政策、法规的价值基础是指教育政策、法规活动所蕴含的价值理念和价值标准,以及确立这些价值理念和价值标准的依据。教育政策、法规的价值基础的确立受到多种因素的影响。首先,政策法规的价值基础受到国家的治国理念和意识形态的影响。一个国家的治国理念和意识形态必然作用于国家政策、法规的制定,同时也在国家的政策、法规中得到鲜明的体现;其次,教育政策、法规的价值基础取决于党和政府的路线、方针、政策的价值取向。在我国,教育事业是党和国家事业的重要组成部分,党和政府的路线、方针、政策的价值取向规约着教育政策、法规的价值取向,因而也决定着教育政策、法规的价值基础;再次,教育政策、法规价值基础的确立取决于"教育"这种社会实践活动的独特性质。教育是人类社会中最具有"价值"的社会实践活动,教育价值的实现离不开教育政策、法规的指引与保障,这也要求教育政策、法规建立在合理的价值基础上。

二、研究教育政策、法规价值基础的意义

(1) 研究教育政策、法规的价值基础有助于明确教育政策、法规活动的指导方向。教育作为一种影响社会发展和人的发展的重要社会实践活动,对社会具有价值导向作用。这就要求教育活动本身必须有鲜明的价值倾向,以正确的价值观念引导社会发展和人的发展。教育政策、法规作为指导教育事业发展的规范系统,也应以正确的价值观念来引导教育事业的发展。因此,探讨价值基础,能使我们深刻地认识建立在这些基础之上的教育政策、法规的价值追求。

（2）研究教育政策、法规的价值基础有助于我们审视现实的教育政策、法规是否建立在正当的价值基础之上，有助于分析在教育政策、法规制定过程中各种利益相关者的价值诉求对教育政策、法规制定的最终结果所产生的影响。例如：哪些问题进入政策法规制定者的视野，为什么是这些问题而不是其他问题；政策法规的制定者采用何种手段来解决问题，采取这些手段又是基于什么样的价值立场；等等。通过对教育政策、法规的价值分析，我们可以更加深刻地认识教育政策、法规的价值合理性。

（3）研究教育政策、法规的价值基础具有方法论意义。在早期的政策研究中，很多学者主张把政策作为一种客观的事实，借助科学的方法来对政策进行"价值中立"的研究。我们认为，不存在没有价值观念主导的教育政策、法规。因此，必须将价值的视角渗透在教育政策、法规的研究中，探究教育政策、法规中所蕴含的价值观念和价值标准。研究者需要站在一定的价值立场上分析教育政策、法规，对教育政策、法规作出鲜明的价值判断，并倡导有利于社会发展和教育事业进步的价值导向。

第二节　现阶段我国教育政策、法规的价值基础

我国教育的社会主义性质决定了我们要办人民满意的教育。"办人民满意的教育"要不断扩大教育机会，平等地满足人民群众基本的教育需求，还要不断提升教育质量，满足人民群众对优质教育的需求。在现阶段，结合党和政府的路线、方针、政策和教育活动的特殊性质，我们认为，"人民满意的教育"需要建立在以下价值基础之上：其一，"以人为本"。教育活动是人的活动，人的权利、价值和尊严在教育事业的发展中必须居于首位，教育政策应该以保障人民整体教育福祉的提升，保障作为个体的人的全面发展。其二，高质量发展。伴随着社会主要矛盾的变化，教育事业的改革与发展应该追求更高的品质，满足人民群众日益增长的对高质量教育的期盼，这也对教育政策、法规提出了更高的要求。其三，公共性。教育事业是一种关系到全体社会成员的公共事业，承担着引领社会进步的责任，应该为社会公共利益的增长作出贡献。其四，正义。正义是政治理论的核心概念之一，也是思想家们所孜孜以求的一种重要社会品质。正义是一个国家的政策、法规具有价值合理性的基础，也应该是教育政策、法规的价值基础。下面我们分别对这些价值基础予以阐述。

一、"以人为本"

（一）"以人为本"的基本含义

人是社会发展中最宝贵的要素，是社会发展最重要的动力，同时，也是社会发展的目的。党的十六届三中全会确立的科学发展观将"以人为本"作为核心。党的十九届四中全会报告指出，增进人民福祉、促进人的全面发展是中国共产党立党为公、执政为民的本质要求。"以人为本"的基本含义是：

第一,社会的发展是以"人"为本而不是以"物"为本。长期以来,人们衡量一个国家发展水平的标准是其经济增长率,是社会物质财富的总量。但是,当人们对物质财富的生产和占有成为一种主导性意识形态的时候,物质财富往往会超越人在世界上的地位,人反而异化成为物质世界发展的工具。"以人为本"是对"以物为本"的社会发展观的矫正。"以人为本"确立了人在人和物的关系中的主体地位,是一种对人在社会发展中主体作用和地位的肯定。

第二,"以人为本"中的"人"是总体意义上的人,是社会全体成员。社会发展的"以人为本"是以社会中全体人民为本,而不是以少数人为本。坚持"以人为本"就是坚持"以人民为中心"的发展,肯定人民群众对切身利益的追求、对美好生活的向往是推动社会发展和进步的动力,把增进人民福祉、促进人的全面发展作为发展的出发点和落脚点。因此,强调"以人民为中心",是强调真正把人民的利益置于首位,这其中也蕴含着要对社会处境不利的人群和弱势群体给予特别的关怀。

第三,"以人为本"是一种价值取向。"以人为本"有着深厚的思想资源,一方面承接中国古代的民本思想和近代以来的民主思想,还根植于西方人文主义的传统,尤其是新世纪以来的科学发展观和中国特色社会主义新时代"以人民为中心"的社会发展观。"以人为本"凸显人本身的尊严与价值,强调把人看作一切事物的前提、本质和依据,强调尊重人、依靠人、解放人、为了人。它要求在处理社会的各种事务中,要本着人的价值和需求进行决策和行动。

(二)"以人为本"的教育

教育是促进人的发展的事业,"以人为本"的社会发展内含着对教育事业发展的特别重视与关注,而教育事业的发展又更需要强化"以人为本"。

第一,"以人为本"的教育应该定位在以受教育者为本。受教育者、教育者、家长、学校和教育行政部门都是教育事业发展需要考虑的利益主体。在这些利益主体中,受教育者的利益是最重要的利益。以受教育者为本的教育是以促进其全面与和谐发展作为教育事业发展之本,而不应以受教育者的考试分数为本,不应以教育规模的增长为本,不应以教育行政部门的部门利益为本。教育效益的衡量以人的全面发展为根本评价标准,而不应片面地、表面化地以教育设施的现代化、学校的经济效益、学生的考试成绩数据等因素为衡量教育发展的根本指标。

第二,"以人为本"的教育是面向所有受教育者的教育。当前的教育在很大程度上承担了筛选和加速社会分化的功能。教育通过考试机制,形成对受教育者的层层筛选,这易于产生教育中的"优势者"和"劣势者"。强调教育的"以人为本",是强调在教育过程中以所有受教育者的全面发展为本,最大程度地增加所有受教育者的福祉,而不能以牺牲一部分人的利益作为教育发展的代价。

第三,"以人为本"的教育是尊重人的尊严与权利的教育。"以人为本"的教育是以人的主体性为本,重视满足受教育者身心的健康发展,尊重受教育者的基本权利和人格尊严,促进人的身心健康发展,重视受教育者的精神成长,尊重受教育者的创造精神和兴趣,发展受教育者的知识、能力和品格。能够赋予受教育者以活力,引导受教育者学会学习和思考,学会反思和批判,使其养成个性、独立精神和实践智慧,为受教育者的终身发展奠基。最终,通过教育构建一个和谐而有活力的社会。

(三)"以人为本"对教育政策、法规的要求

"以人为本"的教育需要教育政策、法规的有力保障。只有指导教育发展的教育政策、法规深切地体现"以人为本",才能保障教育发展不偏离"以人为本"的方向与轨道。我们应该把"以人为本"确立为教育政策、法规的价值根基。

第一,教育政策、法规在处理教育系统内外各种要素之间的关系时,应将教育事业的利益和受教育者的利益需求放在首位。教育政策、法规在协调和处理教育系统与外部各社会子系统的关系(如教育与政治、经济、人口等外部社会子系统的关系)时,应将教育事业的利益放在首位。教育政策、法规在处理教育系统内的人与物的关系(如受教育者与教育设施之间的关系)时,应将人的利益放在首位,一切物质条件都应为人的发展服务而不是相反。教育政策、法规在处理人与人的关系(如教育管理者与受教育者之间的关系)时,应将受教育者的发展放在首位,以促进全体人民的素质提升作为教育发展的不懈追求。

第二,教育政策、法规建设要致力于为满足受教育者的利益需求提供必要的条件,为受教育者的发展服务。教育政策、法规要为教育的发展制定一定的硬件和软件标准:在硬件方面,要保障所有的受教育者能够在达到一定标准的物质条件之下受教育,满足基本的受教育需要;在软件方面,要保障所有的受教育者享有一定的师资条件和教育软环境,满足学生身心健康发展的基本需要,保障个体的受教育权和受教育者的个体尊严。

第三,教育政策、法规建设要创新机制,提高教育质量,为受教育者的发展创造更好的条件。教育政策、法规要引导教育评价体制的改变,减轻受教育者的学习负担。教育政策、法规要引导教育界和社会各界树立新的教育质量观,"不以分数论英雄",而是关注具体教育情境中所发生的教育实践对受教育者发展所具有的意义,并据此建立教育质量监测系统。受教育者的发展主要体现在知识、技能和实践智慧的发展,态度、情感、价值观的变化,以及反思、批判意识和自由民主精神的成长上。这些才是"以人为本"的教育政策、法规应该追求和保障的重要价值。

二、高质量发展

(一)高质量发展的基本含义

在马克思主义看来,发展是属于人特有的自我创造和自我生成的活动,是一个"合目的"的面向未来的、开放的创生过程,是属于人追求和创造自己价值的活动。"价值性"是发展的重要本性。人的发展与社会的发展具有内在的统一性,人的发展作为人的价值性活动构成

了社会的发展。社会发展作为人类的价值性活动,其内在追求是创造一种合适的制度以保证社会能够有序运转,向着人类社会所期待的方向进步,为人类带来更大的价值。

中国特色社会主义进入新时代,我国社会主要矛盾已经转化为人民日益增长的美好生活需要和不平衡不充分的发展之间的矛盾。在此背景下,我国经济和社会发展已由高速增长阶段转向高质量发展阶段。高速发展更多地关注数量和规模的增加,高质量的发展更注重发展的内涵,强调发展的效能和效益。结合当前我国各级各类教育发展的实际,高质量的教育发展具有丰富的内涵:首先,高质量的教育要求教育事业处于优先发展的地位;其次,高质量的教育强调各级各类教育的均衡协调发展;最后,高质量的教育意味着教育事业具有高效能和高效率,即在社会和个体层面上较好地达成教育事业的发展目标,并以较低的教育投入获得较高的教育产出。

(二) 教育的高质量发展

教育的高质量发展首先是教育优先发展,教育事业的优先发展是高质量发展的保障。党的十九大报告强调"优先发展教育事业",明确提出:"建设教育强国是中华民族伟大复兴的基础工程,必须把教育事业放在优先位置,深化教育改革,加快教育现代化,办好人民满意的教育。"在各项社会事业中,教育发展关系到人民群众的综合素质,关系到社会的文明程度,关系到个体的生活状态与质量,关系到经济发展的质量和效率。因此,优先发展教育事业对社会发展具有全局性、先导性和基础性意义。

高质量的教育发展是均衡协调的发展。各级各类教育对于社会都具有重要的价值,需要共同发展进步,并实现多样化发展。我国当前各级各类教育的发展目标是构建终身教育体系,积极推进全民教育和全纳教育,高质量普及基础教育,尤其强调义务教育的优质均衡发展,推进高等教育大众化,发展职业教育和成人教育。在教育与经济、社会发展的关系上,主要指的是教育与经济的协调发展,保持教育适度先行的态势,以合理的教育投入促进经济社会的进步;在教育系统内部,主要有城乡教育均衡发展、区域教育均衡发展、各级各类教育均衡发展。

高质量的教育具有高效能和高效率。效能是教育目标的达成度,效率是指教育投入与教育产出之比。高效能意味着较好地完成教育事业的发展目标,高效率意味着以较少的教育投入实现较高的教育产出。高效能的教育最终将落脚在素质教育上,促进人的素质的全面发展。具体而言,要培养青年一代具有坚定的理想信念、深厚的爱国主义情怀、高尚的品德修养、丰富的知识能力、积极向上的奋斗精神和全面的综合素质,成为德智体美劳全面发展的社会主义建设者和接班人。

(三) 教育的高质量发展对教育政策、法规的要求

第一,政府尤其是教育行政部门要发挥主导作用,制定科学的教育政策、法规来促进教育的优先发展,加大教育投入,优化教育资源,改善教育条件,使得教育发展保持适度先行,

发挥教育在经济社会发展中的引领性作用。教育系统的复杂程度决定了其内部面临着多种要素之间的冲突,单靠教育自身的力量难以解决,只有在政府的统筹规划、宏观调控之下,做好合理的制度与政策安排,调动一切可调动的积极因素,方能有效解决矛盾。

第二,教育政策、法规利用制度和政策安排,推进区域教育、城乡教育和各级各类教育的协调发展。现阶段,我国不同地区、不同民族之间,以及城乡之间的教育发展水平差距较大,政府应通过教育政策、法规引导教育资源的分配,加大对教育落后地区和民族地区的资源投入和支持力度;加大对农村教育的支持力度,促进农村教育更好更快发展,实现区域之间、民族之间和城乡之间教育的均衡、协调发展。各级各类教育在社会发展中扮演着不同的角色,各自具有独特的价值。教育政策、法规应该探求教育事业发展的内部规律,协调各级各类教育发展的适度规模、结构和比例,通过各级各类教育的协调发展最大限度地推动教育进步。推动城乡义务教育一体化发展,健全学前教育、特殊教育和普及高中阶段教育保障机制,完善职业技术教育、高等教育、继续教育统筹协调发展机制。

第三,现代化的教育治理体系和治理能力是教育高质量发展的保障。构建现代化的治理体系,增强教育治理的专业性、协调性,提升教育治理过程中的公正度和透明度。政府,尤其是教育行政部门需要转变职能,深化教育行政体制改革,优化政府组织结构尤其是教育行政组织结构。推进教育行政机构、职能、权限、程序、责任法定化,使教育行政组织设置更加科学、职能更加优化、权责更加协同。创新教育行政管理方式,以科学、合理、完善的教育政策、法规增强政府部门在教育事业发展中的公信力。

第四,教育事业的高质量发展有赖于教育政策、法规的科学化。教育政策、法规的科学化是指决策和立法能反映教育发展的规律,建立在理性和专业知识的基础之上。现阶段,我国各级各类教育事业的发展呈现出速度快、样式多的特点,教育领域中出现了很多新现象和新问题,这都需要我们在进行教育政策、法规活动时尊重教育发展规律,充分利用关于教育的专业知识并结合教育发展具体环境的特点制定出科学的教育政策、法规,保障教育事业的健康发展。

三、公共性

教育作为一种培养人的社会实践活动,关系到政治意识形态的传播、社会规范的传递、科学文化的传承与创新、劳动力的再生产,是一种对于个体发展和社会发展都具有重大意义的公共事务。简言之,教育是一种关系到国计民生的公共实践。公共性是教育的重要特征,也应该成为教育政策、法规的价值基础之一。

(一) 公共性的基本含义

公共性是人在实践活动中所表现出来的一种社会属性,是在人的利己性与利他性的整合中所形成的人类生存的共在性,体现了人与人之间的相依性。《现代汉语词典》对"公共"的解释是"属于社会的、公有公用的"。在英语中,"公共的"(public)一词的含义是"公众的、与公众有关的",或者是"为公众的、公用的、公共的(尤指由中央或地方政府提供的)"。有学者用列举的方式将其理解为:在社会公共性领域内活动的主体不是纯粹的私人主体,还有公共主体;运作的权力(利)不是纯粹的私人权力(利),还有公共权力(利);所作的决策不是纯粹的私人自治,还有公共决策;生产的物品不是纯粹的私人物品,还有公共物品。①

日本学者小林直树认为公共性是"具有广泛社会一般利害的性质",他将公共性的内容归纳为:(1)同一社会成员(国民、住民)共同的必要利益(对社会的有用性和必要性);(2)开放给全体成员的共同消费及利用的可能性;(3)在前两个前提基础上,主要由公共的主体(国家、各级政府)运作和管理。② 需要补充的是,社会的公共性除了如权利、决策、物品等较为具体的事物之外,还有社会价值观、意识形态等社会成员共享的抽象的成分。

(二) 教育的公共性

作为一项关系全社会成员利益的重要实践,教育毋庸置疑地建立在公共性的价值基础之上。教育的公共性体现出以下三个具体特征:

第一,国家通过教育政策、法规等手段主导教育发展的进程,无论是公立教育还是私立教育都在国家的政策法规调控之下,只是在经费提供、师资管理等具体管理措施和干涉程度上,在公立教育和私立教育之间存在区别。

第二,教育发展利益的社会共享。教育通过知识技能和规范的传递使个体社会化并得到智慧和精神的发展,从而使个体成为能为社会作出贡献的成员。教育通过促进人的发展最终推动社会的进步和发展,在直接使个体受益的同时间接地使社会受益。教育发展的目标在于促进公共利益的扩大,提升公共生活的质量。

第三,教育培养具有公共理性和参与公共事务意识的公民。教育应该培养学生具有过公共生活的情操,使学生具备参与公共社会生活的素质,成为能够适应公共生活的理性主体,从而保障公共生活的健康与和谐。通过公民的培养以及民主机制,公共利益得以保全和增加,社会规范得以维持。

(三) 建立在公共性价值基础上的教育政策、法规

在政治学的传统中,是否遵循公共事务的公共性是衡量政权是否合法化的标准。亚里士多德在《政治学》一书中指出:"依绝对公正的原则来判断,凡照顾到公共利益的公众政体都是正当或正宗的政体;而那些只照顾统治者们利益的政体就是错误的政体或正宗政体的变态(偏离)。"③

党的十八届三中全会提出推进国家治理体系和治理能力的现代化,实现从管理向治理的转型。教育政策法规是政府治理教育的重要手段和工具。治理与管理最大的区别在于管

---

① 王保树,邱本.经济法和社会公共性论纲[J].法律科学,西北政法学院学报,2000(03):62—74.

② 转引自余雅风.教育立法必须以教育的公共性为价值基础[J].北京师范大学学报(社会科学版),2005(01):30—39.

③ [古希腊]亚里士多德.政治学[M].吴寿彭,译.北京:商务印书馆,1965:132.

理是行政部门内部自上而下的线性控制,而治理则是社会各方参与社会公共生活,政府与公民对公共生活的合作管理,从而使公共利益最大化。简言之,社会治理即各方力量为了公共利益共同参与治理,尤其凸显了公共性的重要价值。由此,立足于教育作为一种公共事务的公共性来建构我国的教育政策法规体系,就成为一种必然的选择。

建立在公共性这一价值基础之上的教育政策、法规应具有以下特点:

第一,教育政策、法规保障国家的教育目的建立在公共性基础之上。在关于教育目的的教育思想史中,个人本位和社会本位一直在交织演进。教育公共性对教育政策、法规的要求就在于要在培养自由个体和推动社会进步之间必须寻求一种平衡与和谐的机制,实现个人私益与社会公益在最大限度上的重合乃至同时满足。

第二,教育政策、法规保障教育事业的公益性质。在经济全球化的背景下,教育市场化和产业化思潮冲击着教育的公益性原则,造成了教育在一定程度上为小集团利益和私人利益服务的局面。我们认为,教育作为一种引导社会价值进步的公共事务,具有毋庸置疑的公益性。诚然市场化和产业化能带来教育资源的多样化和资源配置的高效化,但并不能改变教育事业的公益性质,无论是公立教育还是私立教育,都承担着引领社会发展的重任。教育政策、法规应该将教育事业的发展导向符合国家与社会共同利益的道路上。

第三,教育政策、法规通过教育内容和方式的改善来促进公民素质的养成。教育政策、法规需要推动学校课程的内容和结构的变革,改变目前学科知识一统天下的局面,使关于公共生活的丰富知识进入课程;需要推动评价体制的变革,改变当前以知识掌握程度为选拔人才唯一标准的状况,把参与公共生活的能力作为重要的选拔依据之一。

第四,教育政策、法规的制定必须基于民主的程序。教育政策、法规的形成及其表达需要理性的公民积极参与其中。公民的积极参与是制约教育政策、法规制定者权力,限制其逐利的重要力量,也是保障公民自身利益的重要方式。教育政策、法规的制定应该真正走向民主化,做到面向社会公众,在政府与公众的互动中、在公众的监督之下产生。民主的理念和程序是教育政策、法规实现其公共性的力量之源。

四、正义

美国著名教育家和哲学家艾德勒(Mortimer. J. Adler)概括出人类哲学史上的六大观念,包括"我们据以进行判断的真、善、美"和"我们据以指导行动的自由、平等、正义"。在指导行动的三个原则中"正义至上",因为在三者中,"只有正义是无限制的好事"[1]。

正义也应该成为指导我们发展教育事业的原则,成为教育政策、法规的价值基础之一。

(一) 正义的基本含义

正义是一个内涵复杂的概念。近几十年来,在不同思想渊源中发展出来的关于正义的

---

[1] [美]穆蒂莫·艾德勒. 六大观念[M]. 郗庆华,薛笙,译. 北京:生活·读书·新知三联书店,1991:141—143.

争论日趋激烈,形成了自由主义和社群主义的对峙。

在自由主义者内部,以罗尔斯(John Rawls)为代表的自由平等主义者提出了"作为公平的正义",其核心观点是:"所有的社会基本善——自由和机会、收入和财富及自尊的基础——都应被平等地分配,除非对一些或所有社会基本善的一种不平等分配有利于最不利者。"[①]简言之,其正义原则可以概括为:(1)机会向所有人开放;(2)给处境最不利者以最惠待遇。

罗尔斯在哈佛大学的同事诺齐克(Robert Nozick)则是自由至上主义者。他以个人权利为核心提出"持有正义"(justice-in-holding)的概念来反对分配正义。"持有"即人们所拥有的东西,"持有"是否正义,依赖于人们对拥有的东西是否有权利。衡量人们的"持有"正义与否的两个原则:一是"持有"的最初获得;二是"持有"从一个人手中转移到另一个人手中的转让过程是否正当。只要符合这两个原则的持有就应该作为个人的权利受到保护。[②]

与自由主义者站在个人权利的立场上论述正义不同,社群主义者则站在社会共同体的立场上建构正义观。在社群主义者看来,正义只能是具体社群在文化、历史基础上社会地建构出来的共识。社群主义的代表人物之一沃尔泽(Michael Walzer)通过对不同社会的分析提出了多元正义理论。[③] 每一种社会价值都构成一个分配领域,在其中只有某些特定标准是合适的,每个领域的相对自主是分配正义的根本原则。根据物品社会意义的不同,分配正义有三个原则:自由交换、应得和需要。"自由交换"是以货币为中介的互惠关系,须是自愿交换且人们所得物品与他们对其社会意义的理解一致;"应得"是指人们在社群内所具有的权利、能力、身份与其对社会的贡献相一致;"需要"是由社群的成员按其对共同生活的理解在普遍共识基础上历史地界定出来的,每个政治共同体都必须根据其成员集体理解的需要来致力于满足这种需要,分配的物品必须与需要相称,也必须以平等的成员资格为基础。

(二) 教育正义

对于教育这种特殊的社会实践来说,其所涉及的正义问题非常复杂。无论如何,教育应该是一种致力于社会正义的事业。教育的正义应该是:

第一,教育是一种基本的人权。世界上的每一个人,无论其年龄、性别如何,无论其国籍、肤色、信仰如何,也无论其家庭背景或所处的社会状况如何,其基本的受教育权利必须得到保障与实现。正如《世界全民教育宣言》中所指出的,每一个人——儿童、青年和成人——都应能获得旨在满足其基本需要的受教育机会。2010年颁布的《国家中长期教育改革和发展规划纲要(2010—2020年)》中提出"把促进公平作为国家基本教育政策",其中尤其强调"教育公平的关键是机会公平,基本要求是保障公民依法享有受教育的权利"。接受基本教

① [美]约翰·罗尔斯. 正义论[M]. 何怀宏,何包钢,廖申白,译. 北京:中国社会科学出版社,1988:303.
② [美]罗伯特·诺齐克. 无政府、国家与乌托邦[M]. 何怀宏,等,译. 北京:中国社会科学出版社,1991:156—157.
③ [美]米切尔·沃尔泽. 正义诸领域:为多元主义与平等一辩[M]. 褚燕,译. 南京:译林出版社,2002:1—4.

育的教育机会平等，也就是人人享有基本的受教育权利，这是教育正义的首要要求与体现。

第二，教育过程的正义。这是指在教育起点机会均等的前提下，受教育者在接受教育的过程中获得教育资源的机会分配应该依据"持有正义"的原则，为相同能力的人提供相同的教育和发展机会，并使不同能力的人在受教育的机会上达到适度平衡。在任一同层次的教育中，向任何受教育者提供的基本教育条件和教育资源应基本相同。与此同时，接受更高一级的教育机会平等地向受教育者开放。

第三，在教育结果的获得方面，正义的教育保障每个才能相似的人取得大致相同的教育成就，并给予弱者以最优惠的待遇。不管他们在社会体系中的最初地位是什么，亦即不管他们生来是属于什么样的收入阶层。在社会的所有部分，对每个具有相似动机和禀赋的人来说，都应当有大致平等的教育和成就前景。① 但是，个体在社会体系中的"最初地位"恰恰是制约着才能相似的人取得相似成就的重要障碍。因此，我们必须考虑个体的"最初地位"对后来不正义的教育结果所产生的影响。考虑这个因素就意味着对弱势群体执行"补偿原则"成为必须，"补偿原则"即"为了平等地对待所有人，提供真正的平等的机会，社会必须更多地注意那些天赋较低和出生于较不利的社会地位的人们……遵循这一原则，较大的资源可能要花费在智力较差而非较高的人们身上"②。教育对每一个个体都具有重要的价值，通过教育来补偿弱势群体，有利于提升他们在社会体系中的地位，弥合社会阶层之间的鸿沟。

（三）教育正义的政策、法规保障

第一，保障受教育者接受义务教育的基本权利，满足受教育者接受更高质量教育的需要。教育政策、法规要为国家培养未来的良好公民建立制度性的保障体系。在受教育权这种最重要的成员资格上，必须无条件地保证每个孩子都能在大致相等的条件下接受法律所规定的基础教育，并按其能力和兴趣接受更高程度的教育。在义务教育领域，成员资格和需要的原则是正义的教育政策、法规尤其需要坚守的底线。在非义务教育领域，教育政策、法规在分配资源和教育机会时应向个体的能力开放，使得每个人都能获得自己所能够实现的受教育程度。财富的匮乏和地位的低下不应该成为继续接受更高级别教育的羁绊。正义的教育政策、法规应该积极创造更多的、更好的教育机会并保证教育机会公平地分配。同时，教育政策、法规应该保障教育资源分配的自主，不能使教育成为其他社会物品的分配原则所支配的领域。正义的教育政策、法规保障教育资源和受教育资格的分配按照需要的原则进行。

第二，正义的教育政策、法规应该改善教育管理和评价的机制，尽量地为每个人提供适应其最大限度发展的教育条件。教育领域中的每个人都是具有不同特点的，对这些不同的人使用一套完全相同的教育模式，也许是违背教育正义要求的。教育政策、法规必须建构一

① ［美］约翰·罗尔斯. 正义论［M］. 何怀宏，何包钢，廖申白，译. 北京：中国社会科学出版社，1988：73，101.
② ［美］约翰·罗尔斯. 正义论［M］. 何怀宏，何包钢，廖申白，译. 北京：中国社会科学出版社，1988：73，101.

种制度体系,保障每一个受教育者能够获得与其兴趣、能力相应的成就;教育政策、法规要提供多样化和个性化的教育形式,为具有不同层次能力的个体获得适合自己的发展提供条件。最终,教育让每个人都取得与自己的能力相适应的结果。在这个意义上,教育政策、法规的功能在于创造一种公平的条件,保证每个个体在发展道路上少受教育内、外部各种因素的影响,让每个人都能获得与自己的才干和能力相应的教育效益。

第三,教育政策、法规要引导资源的分配向弱势群体倾斜。通过教育来促进个体价值的提升并推动社会的和谐发展,是教育的重要功能。因此,教育不应该仅仅成为筛选和社会分层的机制,而要担当缩小社会差距的使命。教育政策、法规应该多关注弱势群体的处境,有意识地通过政策的倾斜赋予弱势群体更多的教育资源,改善他们的受教育条件并提高教育的质量。通过教育政策、法规的引导作用,缩小弱势群体与其他群体在教育效果上的差距,从而保证他们在下一阶段的竞争(继续受教育或就业)中所处的地位得以提升。衡量教育政策、法规是否具备正义的品质,其重要的标准就是看它是否增加了处境最不利者的利益,使处境最不利者从教育政策、法规中获益最大。

有利于社会和谐发展和教育事业可持续发展的教育政策、法规必须最大程度地增进教育中处境最不利者的利益,教育政策、法规在合理配置教育资源的同时,尤其要向农村地区、边远贫困地区和民族地区倾斜,着力缩小教育差距,使得在同一片蓝天下生活的青少年学生能够享受同样的教育机会和资源。

思考与练习

1. 简述教育政策、法规价值基础的含义。

2. 有人认为通过考试选拔人才的模式对素质教育构成掣肘,你认为在当前社会高度竞争的背景下,如何开展高质量的素质教育?

3. 联系实际,谈谈在重大的公共事件中,教育政策如何通过引领教育发展,培养受教育者的公共精神?

4. 试析"教育正义"的内涵。

第四章

教育政策、法规的制定

学习目标

1. 认识确定教育政策议题的基本要求。
2. 了解政策决定的基本环节,认识教育政策方案决择的理论模式。
3. 认识教育立法的含义与意义及教育立法的基本要求。

教育政策、法规建设是一个完整的运行过程，这一过程的起始环节是政策、法规的制定。本章将主要对制定教育政策、法规所涉及的一些基本理论问题作一讨论。

第一节　教育政策、法规议题

一、教育政策议题的确定

制定教育政策，总是围绕一定的政策议题进行的。何谓教育政策议题？它是指将一定的教育问题纳入政策讨论的范围内，并由此形成政策议案。现实中教育的问题甚多，但并不是所有的教育问题都应成为或应立即成为政策问题。"搁置不议有时也是一种必要的政策选择。"然而，在教育政策制定的过程中，如果对教育问题认识不清、不准或政策议题不当，则容易使政策决定陷入误区。"政策不及时或政策无的放矢，政策力度不够或杀鸡用牛刀，政策重叠或政策不配套，越俎代庖或回避责任，等等，很多时候都是因为对教育问题厘定不清，政策议题不恰当而造成的。"[①]所以明确教育问题是决定其能否进入政策议题的前提。

一个恰当的或良好的教育政策议题寓含着对教育问题的慎重选择。什么样的教育问题才能纳入政策议题？这取决于问题的下列特性。

第一，问题的性质。究竟是一种什么性质的问题？是一种无关痛痒的教育问题，还是值得严肃讨论的教育问题？是昙花一现式的教育问题，还是影响深刻的教育问题？这对于能否纳入政策议题关系甚大。成为政策议题的教育问题，应该是带有本质性的、对教育改革与发展有重大或重要影响的问题。另外，判定问题的性质需要同时辨明导致问题的原因及问题涉及的对象。问题的确定性直接决定着政策的针对性。

第二，问题的严重程度。什么样的教育问题才能纳入政策议题？这也取决于问题的严重程度。教育政策具有现实性的特征，它总是着眼于现实的教育发展并紧紧为解决现实的教育问题服务。而作为需要通过制定教育政策来解决的教育问题，又应是十分突出的且严重到非得制定政策解决不可的现实问题。问题的严重程度既取决于问题的客观性，同时又与人们对问题严重程度的主观认识相关。有时候客观上十分严重的教育问题不一定被人们广泛地认识到，有时候被认为是非常严重的问题与问题本身的客观性也会有差异。"不同的价值观念，不同的教育观念，不同的认识水平，对同一问题会有不同的看法。"[②]所以对教育问题认识的准确程度，是问题的客观性与对问题认定的主观性相统一的。这种客观性与主观性的统一直接关系到教育政策议题的及时与选择的恰当。

第三，问题的广度。所谓问题的广度是指教育问题在多大层面上对教育改革与发展产

---

① 袁振国. 中国教育政策评论(2001)[M]. 北京：教育科学出版社，2001：3(前言).
② 袁振国. 中国教育政策评论(2001)[M]. 北京：教育科学出版社，2001：3(前言).

生影响。问题的广度也可视为问题的空间范围,即这一教育问题是全国性的、普遍性的问题,还是区域性的、特殊性的问题。问题影响的空间范围决定着这一问题应该纳入何种层级的政策议题。一种地区性的教育问题需要通过制定地区性的教育政策予以解决。只有那种影响深远、真正带有普遍性的问题才适宜于纳入国家教育政策议题,并通过制定国家政策予以解决。有时候国家教育政策制定之后,地区间则需要结合实际制定相应的地区性政策,以便国家政策在地区内有效地实施。教育中的特殊性问题应通过制定特殊政策予以解决。

第四,解决问题的代价。代价观念是制定现代政策的思维基点之一。教育问题一旦纳入政策议题,应当是为了通过制定并实施政策以求得对问题及时有效的解决。而解决教育问题又需要付出一定的代价,即需要消耗人力、物力等教育资源。如果尚待解决的教育问题需要付出的代价过多,过于沉重,或者一时还无力解决,那么这样的问题能否即时纳入政策议题便值得认真考虑。权衡得失在正常情况下应被视为一种理性主义的态度。"不惜一切代价"则易于表现出一种非理性主义倾向,往往会造成事与愿违或欲速则不达的结果。所以能够纳入政策议题的教育问题,不仅要求这一问题有重大价值并有尽快解决的必要,同时也要求解决这一问题具有资源条件上的可能性。当然,代价问题不仅关涉到经济、技术的层面,也关涉到政治层面。有时从技术层面看是不划算的政策,从政治上看又是值得的。所以,为解决教育问题需要付出的代价又需要全面衡量、综合考虑。

第五,问题是否可以评估。纳入教育政策议题的教育问题应该是一种可予评估并应予评估的问题。这里所谓的问题评估,是指这一教育问题纳入政策议题之后,便应形成明确的政策目标,并有目标达成的指标,与此同时亦应有明确的可供操作(即解决问题)的实施方案。合理的、科学的教育评估指标体系的建立,本身是我国教育政策建设中的重大议题,是教育政策建设的重要内容。教育问题的解决状况如何、程度如何,需要通过科学的评估予以检验与确认。如果纳入政策议题的教育问题的最终解决不能予以评估,则说明这一问题是不适合作为政策问题的。

以上是对纳入政策议题的教育问题的要求和特性的分析。根据上述分析,我们可以把教育政策问题定义为:所谓教育政策问题,是指教育决策部门认为有责任、有必要加以解决并且有可能予以解决的教育问题。

二、影响成为教育政策议题的因素

教育政策议题取决于对政策问题的认定,当认定的教育问题纳入政策议程时,方可真实地成为政策议题。上面我们已经对能否成为政策问题的"问题性质"或"问题状态"进行了分析。事实上,政策的"问题性质"或"问题状态"受到多种因素的制约。下面我们对影响成为教育政策议题的因素进行分析。

(一) 政治因素

教育政策问题的认定强烈地受到社会政治因素的影响。对教育问题的性质认定或对教育问题严重程度的认定,都必然带有鲜明的政治倾向与政治色彩。政治左右着教育政策问题的认定,同时也左右着整个政策的制定过程。

首先,能成为教育政策的问题其本身是蕴含着政治性的。这是因为政策一词必然要求政治性。选择怎样的问题作为教育政策问题?或者针对怎样的问题制定教育政策?这都受到社会政治因素的制约,与社会政治要求密切相关。例如,中华人民共和国成立后,国家政治制度发生了根本变化,广大人民群众成为国家主人,每个公民都享有平等的受教育权利。这一政治制度决定着中华人民共和国成立不久便将普及教育和扫盲教育列为教育政策的议事日程。今天,我国已进入建设有中国特色的社会主义新时代,社会的主要矛盾在发生变化,已转化为人民日益增长的美好生活需要和不平衡不充分的发展之间的矛盾。在这样的背景下,教育公平便成为我国基本的教育政策。

其次,政治影响政策问题进入政策议程。在一个开放式的、民主式的政治体制下,政府易于与群众沟通,群众热切关心的教育问题易于被政府所察觉、所认识,因而也易于进入教育政策议程。相反,在一种专制式、封闭式的政治体制中,政府与群众沟通困难,群众期待解决的教育问题也难以进入教育政策议程。

(二) 经济因素

经济因素对教育政策问题的认定同样起着十分重要的作用。在社会生活中,教育的问题各式各样、层出不穷。怎样的问题能认定为政策问题?除了受到政治因素的影响外,也强烈地受到社会经济因素的制约。这种经济因素主要表现为国家经济发展的水平与状况,即经济实力。在很大程度上,经济实力决定着能否将甚至被认为是严重的教育问题列入政策议题。提出政策问题乃是着眼于解决问题,而解决问题(指政策实施)无疑需要花费一定的教育资源与条件。当社会经济实力不足以在近期内完好地解决某一教育问题时,那么这种教育问题即便十分突出或严重,也只能予以暂时搁置。例如,在一些发展中国家存在大量学龄儿童失学、辍学或大量的成人文盲问题,有关国家政府也认识到这些问题的严重性,但由于经济落后,缺乏必要的经济实力解决突出的教育问题。因为经济原因,一些严重的教育问题难以及时作为政策问题加以认定并纳入教育政策议程。

(三) 文化因素

文化因素也是影响教育政策问题认定的一个重要因素。文化因素首先指的是教育文化,即表现为教育传统与现状、教育理念或观念对教育政策问题认定的影响。教育中的问题总是现实存在的问题,而现实存在的教育问题既是与教育现状相关的,又是教育传统的沉积。教育传统以一种"遗传基因"的作用方式融入现实,形成一股强大的力量去影响人们,赋予人们特定的思维方式、价值观念,使人们不自觉地带着这种观念去认定教育政策问题。例如,我国长期存在的重视普通教育、轻视职业教育的传统,使得人们易于对普通教育的问题引起关注,相比之下,职业教育的问题有时则难以得到重视,也难以纳入教育政策议题。

文化因素影响教育政策问题的认定还表现在不同地域、不同民族的文化(甚至如一些国家的种姓文化)的影响。我国是一个民族众多的国家,国家的民族政策中包含着民族教育政策。民族教育政策的制定虽然不能偏离国家总的教育政策与方针,但又必须切合民族的特性与特点。这种特性与特点深刻反映着民族文化。对于一个具体的民族而言,怎样的教育问题可以进入教育政策议程,是与民族文化息息相关的。

(四) 国际环境因素

在开放式的社会背景下,国际环境因素日益成为影响各国教育政策制定的制约因素。国际环境因素突出地表现为国际政治环境因素与国际经济环境因素。这两大因素密切联系,国际政治格局的变化与经济格局的变化相互作用,而政治与经济格局的变化又必然深刻地影响着国际教育环境的变化。教育改革与发展的国际性或世界性潮流与趋势当然是由国际政治、经济发展的总趋势所制约和左右的。在科技发展迅速,社会衍化多元,国际经济正呈现全球化、一体化的态势中,教育的地位与作用更加突出地显现出来,教育问题也易于纳入教育政策议程中。同时,国际教育发展的新特点、新趋势直接影响着教育政策问题的认定。例如,20 世纪下半叶以来,国际全民教育的发展与国际教育终身化的趋势对各国教育政策的制定产生着深刻的影响。它使得各国政府不得不考虑将全民教育问题、教育终身化问题纳入教育政策的议题中。

三、教育法规^①议题的确定

教育法规议题指的是为教育立法的议题,即法律议题。教育法规议题可以视为教育政策议题中的一个特殊形态。它既可以归属于广义的教育政策议题,同时又与我们一般所称的教育政策议题相区别。这里我们从两者相区别的角度分析教育法规议题的确定。

(一) 关系重大,影响广泛、深远的教育政策问题方可成为教育法规议题

教育法规议题形成于教育政策议题的基础之上。当然并不是所有的政策议题都可以转化为或上升为法规议题。只有那些事关教育改革与发展大计,影响较为广泛、深远的教育政策问题才能成为法规议题。教育法律区别于一般教育政策的显著特征是它的权威性、严肃性和执行手段上的强制性。所以,提上教育法规议程的教育政策问题也自然更具严肃性,且必须是通过法律的手段予以保障解决的问题。例如,《中华人民共和国义务教育法》的制定,就是因为义务教育问题在国计民生中具有广泛深刻的影响,而借鉴国际教育发展的经验,要有效地解决这一问题,必须对此予以立法。正因为这样,义务教育问题才被及时地纳入了教育法规议题。

---

① 编者注:这里的教育法规重点指教育法律。

（二）经历时间考验的，具有稳定性、成熟化特点的教育政策议题方可成为教育法规议题

成为教育法规议题的教育政策问题不是那种或然性的教育问题，不是那种稍纵即逝的问题，而是历时弥久，且已有稳定的成熟的政策规范的问题。一方面，教育法规是教育政策的成熟化、定型化。只有那种成功的政策，即被教育实践检验是正确、可行的教育政策才能上升为教育法律。所以，成为教育法规议题的教育问题是有着解决这一问题的政策基础的。这一问题之所以提升到立法的层面，乃可以视为是一种顺理成章的事情。另一方面，教育政策问题上升到立法层面，又是与现代国家加强教育法制化建设的深刻需要相联系的。例如，《中华人民共和国教育法》是国家教育的根本法或基本法。这一法律的制定，乃是国家教育纳入法制化轨道的重要标志。同时它的制定又是在总结数十年来教育改革与发展的基本经验的基础上进行的。在一定程度上，它是对中国数十年来教育改革与发展的成功经验的概括与总结。《中华人民共和国教育法》的制定因而是有着宽广、深厚的教育政策基础的。

（三）反映与符合教育改革发展潮流的重要的教育政策问题应该成为教育法规议题

教育的改革和发展是一种不断前行的过程，在这种过程中，各种新的教育问题会不断涌现。为了推进教育的改革与发展，或者为了保障教育的改革与发展尽可能地少走弯路，我们不仅有必要将那种有可能制约与左右教育改革和发展大趋势的教育问题提上教育政策制定的议事日程，同时也有必要尽可能及时地提上教育立法的议程。教育法规不仅具有规范教育行为的作用，也同样具有引导教育发展的作用。例如，我国在20世纪80年代中期作出了改革中等教育结构、大力发展职业技术教育的决定。这种决定指明了中国教育改革的一种新的方向。几年之后，又及时地将发展职业技术教育问题纳入法律议程，制定了《中华人民共和国职业教育法》，由此我国职业教育的发展有了法律规定与保障。20世纪90年代后，随着我国教育体制改革日益深化，民办教育的发展成为教育事业发展的一个重要方面，民办教育问题纳入了立法议程。2002年我国出台了《中华人民共和国民办教育促进法》，以此保障、规范、推进民办教育事业的合理发展。

第二节　教育政策决定

"通过对教育问题爬梳整理、讨论厘定，确定了政策议题之后，便进入了政策决定（即决策）阶段。"[1]政策决定是政策制定过程的重要环节，也是关键环节。政策决定本身也是一种动态过程，它内含着明定教育政策目标、教育政策方案设计和教育政策方案抉择、教育政策的合法化等若干具体环节与阶段。下面我们对教育政策决定的基本环节予以叙述。

---

[1] 袁振国. 中国教育政策评论（2001）[M]. 北京：教育科学出版社，2001：4（前言）.

一、明确教育政策目标

教育政策目标是指教育政策制定者希望通过制定与实施政策所达到的良好效果。政策目标来自对政策问题的明确认定。教育政策问题的明确化及对教育问题的正确分析,是确定教育政策目标的基础。教育政策目标可分为价值目标和明确的可评估目标。所谓价值目标,是指一项教育政策的目标"在价值理念上崇尚和追求的目标",也就是对为什么制定这项教育政策的回答。一项教育政策目标在价值上被社会认可的程度决定着政策目标的贯彻程度。所谓可评估目标,是指该项教育政策所指向的数量目标、质量目标、组织目标和保障措施,等等。可评估目标愈清晰、明确,则愈有利于政策的实施。

一个良好的教育政策目标,应该具有以下特征:

(1)目标的针对性。教育政策目标总是为解决某个或某些教育问题而确立的。所以,确定教育政策目标必须针对教育的实际问题,有的放矢,切中要害。教育政策目标的针对性越强,越有助于社会形成对解决实际教育问题的关注。

(2)目标的先进性。教育政策目标的针对性是与目标的先进性相联系的。教育政策目标针对的实际问题乃是一种带有方向性的问题,是发展中的问题。由此决定着政策目标应该具有先进性。由于政策目标具有导向作用,所以,它需要通过确立目标引导教育事业健康地向前发展。

(3)目标的可行性。教育政策目标的可行性是指所确立的目标通过一定的努力是可以实现的。可行性寓含着高于现实水平又不脱离现实水平的要求。教育政策目标若是不顾现实条件,盲目攀高,则必然成为海市蜃楼、一纸空想。

(4)目标的规范性。教育政策起着规范教育事业发展的作用,而这种规范性首先是目标的规范性。一个良好的教育政策目标必须是规范性目标。这种规范性主要表现在:①政策目标要体现和反映广大人民群众的根本利益和教育愿望;②政策目标应当符合《中华人民共和国宪法》和教育基本法的精神与规定;③政策目标要符合社会道德规范和行为准则;④下级教育政策目标要服从上级教育政策目标,地方、部门的教育政策目标要服从党和国家的教育总政策、总目标。

二、教育政策方案设计

教育政策目标明确之后,需要围绕这一目标进行政策方案设计,提出方案的规划。方案设计是政策决定的中心环节。其目的在于提供各种可供选择以实现政策目标的可能性方案或备选方案。政策决定乃是针对方案的决定,因此方案的设计、规划对于政策决定具有特别重要的意义。

教育政策方案设计一般需要遵循以下几个原则:

(1)系统性原则。所谓系统性原则,是指在教育政策方案设计时,要从系统论的观点出发,进行综合分析。因为任何教育政策方案的实施都不是孤立运行的,它处在整个政策体系运行的过程中。具体的教育政策与教育总政策之间、此项教育政策与彼项教育政策之间总是程度不同地存在着联系。这种联系的普遍性决定着进行教育方案的设计需要将方案作为一个系统对待。在方案设计时,要将整体利益与局部利益结合起来,将教育的内部条件与外部条件结合起来,将教育的眼前利益与长远利益结合起来,将主要目标与次要目标结合起来,等等。与此同时,要考虑到不同层次教育政策之间的纵、横协调,以使各项政策形成一个有机的整体,从而产生良好的整体效应。

(2) 科学性原则。所谓科学性原则,是指要以科学的精神、态度、方法并遵循科学的程序进行教育政策方案设计。这里强调的科学性主要有两层含义:一是教育政策方案设计要立足于科学预测。政策方案乃是面向未来,是作为未来教育行动的指导方针,因而它内含着对未来行动的预先分析与选择。对未来情势判断得正确与否,在很大程度上决定着政策的成败。在教育政策方案的设计中,只有运用科学预测,对未来条件变化、方案执行结果及其影响等进行合理的预测分析,才有可能制定出正确的政策,避免政策失误。对政策方案的科学预测,需要在深入调查研究、充分占有和把握相关信息资料的基础上进行。强调科学性原则的另一层含义是指教育政策方案的设计既要面向未来,又要准确地把握现实,从现实性出发,使未来与现实有机地整合在一起,以使设计的方案真正合理和切实可行。

(3) 民主参与原则。所谓民主参与原则,是指教育政策方案设计要广泛听取群众意见,吸取多方力量参与设计过程。在现代社会中,教育问题涉及千家万户,关涉方方面面,所以在设计教育政策方案时,不仅要认真听取教育界人士的意见,也要认真听取社会其他各界人士的意见,广泛尊重民意是一个良好政策方案形成的基础。在教育政策方案的设计过程中,不仅要有教育行政部门或决策人员的参与,同时应有专家学者的参与,要重视发挥专家智囊团参与设计教育政策方案的作用,以使教育政策方案真正成为"合力"作用的结果。

(4) 创新性原则。所谓创新性原则,是指教育政策方案的设计要紧紧把握教育发展的时代脉搏,体现新颖性的特征。创新是政策的生命力之所在。设计政策方案实际上是一种创造性思维的活动过程,是一种求新的过程。由于教育政策方案的设计总是着眼于解决教育改革与发展过程中的新矛盾、新情况、新问题,所以它不能墨守成规,不能因袭固有的方案以企图解决新的问题。它需要方案设计者具有创造性思维的品质与能力,有敢于开拓、敢于打破常规的勇气和魄力,从而设计出新颖而独特的有效方案,以推进教育的改革与发展。

(5) 刚性与弹性相济的原则。所谓刚性与弹性相济的原则,是指政策方案的设计既要考虑到确立严格的具有权威性的政策规范,同时又要给政策留有余地,使之具有适当的可以调节的弹性。要求教育政策方案保持一定的"刚性",是因为这种"刚性"为政策实施提供着确定的、稳固性的甚至是严格的信号,缺乏这种"刚性",政策所应有的规范性、权威性也就大为逊色。要求教育政策方案保持一定的"弹性",是因为教育发展的环境总是处在不断运行与变化之中,随着环境的变化,教育政策也需要作出相应的调整与变动。政策方案有了一定的

"弹性",有利于在政策实施过程中根据变化着的教育状况采取因地制宜、适度灵活的对策与措施,并使政策具有自我调节的功能。

三、教育政策方案抉择

在根据上述原则设计出可资比较的多种可能性方案或备选方案之后,便进入方案抉择阶段。方案抉择是教育政策决定的最后阶段,是使可能性方案变成真实的政策的阶段。对设计的政策方案如何抉择及最终选择、确定何种政策方案,这是政策制定过程中最关键的环节。抉择的成功与否、优劣或好坏与否,这对政策实施无疑会带来深刻的影响。

这里,先对几种常见的方案抉择模式作一介绍。

(一)教育政策抉择的理性模式

所谓决策的理性模式是指政策决策者根据完备的综合信息,客观地分析判断,针对许多备择方案进行评估,排定优劣顺序,经过比较分析之后,选择最佳方案。理性模式要求决策者知道所有同具体问题相关的目标,较详尽地获得教育政策问题的信息,能辨别各种选择方案的差异,并能对选择的后果作出正确判断。理性模式对决策者的要求显然有一种浓重的、过于理想化的色彩,虽然这是一种"全知全能"式的理想决择模式,但在现实中难免因受到主客观条件的制约而难以实现。

(二)教育政策抉择的渐进模式

抉择的渐进模式认为,政策是政府过去活动的持续,只是作了某些进一步的修改而已。这一模式的提出者是美国学者林布隆(Lindblom)。林布隆认为,公共政策不过是政府活动的延伸,是对既往政策的修改品,所以政策抉择应以既有的合法政策为基础。它是通过把新的政策方案同现行的相关政策作比较,然后决定哪些现行政策需要修改,或需要增加哪些新的政策内容。渐进模式的理论依据是:"一种和以往政策越不同的方案,就越难预测其后果;一种和以往政策越不同的方案,就越难获得大众的支持,其政治可行性就越低。"[①]渐进抉择从维护社会稳定出发,注重政策的非跳跃性与连续性,比较接近实际情况。但其存在的突出问题则是显得"保守"而缺乏创新性。

(三)教育政策抉择的综合模式

"综合模式是为了扬理性模式与渐进模式之长,避两者之短而构造的一种决策模式。"[②]所以,综合模式是一种将两种或两种以上模式综合使用以实现其有机结合的模式。综合模式一方面吸取理性模式之优点,尽可能获得更多的教育政策问题信息,认真比较各种政策方案的异同与优劣,并对政策实施后果作出判断;另一方面又注意吸取渐进模式之长,关注新的政策方案与现行政策的联系,尽可能避免新的政策方案与现行相关政策的"断裂",从

① 袁振国.教育政策学[M].南京:江苏教育出版社,1996:74.
② 袁振国.教育政策学[M].南京:江苏教育出版社,1996:74.

而使新抉择的政策方案具有可能顺利实施的现实基础。总之,综合模式是另一种力求不偏不倚的理想决策模式,在实际决策过程中,如何实现综合,如何将各种模式的运用有机结合起来,这也是值得认真探讨的问题。

教育政策方案的抉择,还有一些其他可供借鉴的模式,这里不再一一介绍。对于教育政策方案的决策而言,模式的选择也许应因政策目标与政策特性而异。有的政策可能是一种全新的政策,有的政策则可能是一种"改良式"的政策。政策内容、目标、特性的不同也可能要求不同的抉择方略。在难以借鉴现行政策的时候,则可能更需要一种理性的思考。若是针对既往政策的补充规定或实施细则,当然不能游离既往的政策基础。在通常情况下,运用综合模式也许会作出更好的决策。

无论运用何种模式进行决策,在教育政策决策过程中,特别应予以强调的是决策的民主化与科学化。教育政策决策,要让与政策有关的人群了解政策的目的与目标,了解决策过程及风险,有对政策方案的提议权,有对政策决策的知情权和参与权。教育政策方案的抉择,要按照决策的科学化程序进行,并要建立起科学决策制度,如:专家咨询制度、听证制度、监督制度等。国家的教育事业是一种科学事业,教育政策决策需要贯注一种科学精神。这里特别要强调指出的是,教育政策的决策者更需要增强自身的科学决策意识。

四、教育政策的合法化

在政策方案抉择之后,而在其付诸实施之前,仍有一个值得重视的关于教育政策制定的必要环节,这就是教育政策的合法化。

(一) 教育政策合法化的含义

1. 政策合法化的含义

教育政策是国家政策的一个组成部分,教育政策的合法化来源于政策的合法化要求。什么是政策的合法化? 迄今为止,对这一问题尽管有过许多讨论,但还缺乏一种被普遍接受的定义。德国著名学者哈贝马斯(J·Herbermas)认为,政策合法化是一个与政治秩序相关的概念,是指一种政治秩序被认可的价值,"只有政治秩序才拥有或丧失合法性,只有它们才需要合法化"。[①] 另一位美国政策学家托马斯·戴伊把政策合法化分解为三个功能活动,即选择一项政策建议,为这项建议建立政治上的支持,将它作为一项法规加以颁布。我国台湾学者朱志宏认为,政策合法化就是赢得多数立法人员对政策方案的支持,它遵循一般所认知的原则或一般所接受的准则。彭和平认为:"政策合法化的过程是使各种拟议中的政策方案获得合法地位,具有社会权威性和约束性的过程,它包括政策法律化、政策法规化和政策社会化三个方面。"[②]陈振明在其主编的《政策科学》一书中则把政策合法化定义为:"所谓政策

---

① 参见陈振明. 政策科学[M]. 北京:中国人民大学出版社,1998:243—245.
② 参见陈振明. 政策科学[M]. 北京:中国人民大学出版社,1998:243—245.

合法化是指法定主体为使政策方案获得合法地位而依照法定权限和程序所实施的一系列审查、通过、批准、签署和颁布政策行为的过程。"①对政策合法化的解释虽然多种多样,但综合各家解释,我们可以认为,政策合法化这一概念在其内涵与外延上有如下稳定的特质:

(1) 政策合法化是使公共政策具有法律确认的效力并能使之合法实施的行为;

(2) 政策合法化有法定的主体和权限;

(3) 政策合法化有法定的运作程序与过程;

(4) 政策合法化有不同层级的政策合法化和合法化的不同形式。

2. 教育政策合法化的含义

我国学者袁振国在其主编的《教育政策学》一书中概述了教育政策合法化的含义,他指出:"教育政策合法化是指经政策规划得到的教育政策方案上升为法律或获得合法地位的过程。它包括两个方面的含义:一是教育政策的法律化,是指国家有关的政权机关依据法定权限和程序所实施的一系列立法活动。教育政策的法律化,使得一部分教育政策上升为法律,获得了法律效力。二是教育政策的合法性,是指国家有关的政权机关遵循一般已确立的原则或一般所接受的标准,对教育政策方案的审查活动。教育政策并不一定都要上升为教育法律,没有上升为法律的政策方案通过有关机关审查之后,即获得了合法性。"②

本书认可袁振国对教育政策合法化的解释,故不再对这一概念加以表述。但有一点应予说明的是,教育政策合法化既然寓含于一系列的立法活动,它就不仅仅是政策制定过程的一个重要阶段。虽然在确定政策的合法化时有一个最终的程序,但政策合法化实际上是一个自始至终的过程。教育政策合法化是教育法制化的基础与深刻体现。

(二) 行政机关的教育政策合法化

教育政策合法化包含政策的法律化与政策合法化两个方面。政策法律化是由具有立法权的教育立法机关完成的,它表现为一系列相关的立法程序与立法活动。有关教育立法的问题我们将在下节中予以专门讨论,这里仅对行政机关的教育政策合法化问题作一分析。

1. 行政机关教育政策合法化的基本形式

行政机关(包括教育行政机关)教育政策合法化的基本形式是授权立法与职权立法。

(1) 授权立法是指各级行政机关经立法机关的授权而进行的一种立法活动。这里的立法区别于国家立法机关为教育制定特定意义上的法律,泛指制定一般的教育行政法规,包括颁布教育命令、章程、条例、决议等规范性政策文件。行政机关受到立法机关的委托或授权,可以制定在授权范围内的教育行政法规。立法机关授予行政机关的立法权,一般有严格的时间及事项的限制。行政机关被授予怎样的制定教育法规的权力便只能行使怎样的权力,不得有所逾越。根据授权所制定的教育政策、法规不得与法律授权机关的规定相抵触。

---

① 参见陈振明. 政策科学[M]. 北京:中国人民大学出版社,1998:243—245.

② 袁振国. 教育政策学[M]. 南京:江苏教育出版社,1996:114.

（2）职权立法是行政机关依据《中华人民共和国宪法》（以下简称《宪法》）和行政机关组织法规定的职权或行政权所进行的立法。我国《宪法》和行政机关组织法对行政机关（包括教育行政机关）的立法权限有明确规定，作为一种法律规定，行政机关自然应依法行事。《宪法》和行政机关组织法规定着不同层级行政机关的不同立法职权，作为行政机关便只能在法律确定的职权范围内行使立法职权。行政机关的这种立法职权既受到法律保护同时又不得有违背法律滥用或丧失职权现象的发生。

2. 行政机关教育政策合法化的基本程序

行政机关制定教育政策必须遵循法定的程序，经过法定程序制定的政策才能取得合法化地位。我国行政机关制定教育政策一般应遵循四个程序，即提出教育行政法规草案、审查教育行政法规草案、通过（批准）教育行政法规草案、公布教育行政法规。

（1）提出教育行政法规草案首先要经历一个起草的过程。教育行政法规的起草一般有两种方式：一是由国家教育部或地方教育行政机关起草；二是由几个政府部门联合起草。之所以要采用联合起草的方式，是因为草案涉及的政策问题不仅与教育部门相关，同时也与其他政府部门相关。教育行政法规的起草过程是一个民主参与、集思广益的过程。它需要在深入调查研究的基础上，广泛征求意见、充分协商讨论，然后才能起草一个相对满意的教育政策法规方案。方案起草之后则需要遵循法律规定，在适当的时候向具有授权立法或职权立法资格的行政机关提出。

（2）审查教育行政法规草案。提出的法规草案需要接受相应机构的审查。对草案的审查一般先由各级政府专门的法制工作机构进行。教育行政法规草案审查内容一般包括：方案是否符合国家总政策和教育的基本法，是否在授权范围或职权范围内立法，方案体系、结构及文字等是否符合规范，方案是否可行，等等。

（3）通过（批准）教育行政法规草案。教育行政法规草案接受审查之后，要提交到制定机关的正式会议上讨论通过。我国教育行政法规的通过有法定的程序与规定。不同层级的教育行政法规要经相应层级的具有决策权力的行政会议讨论通过。行政法案通过之后，还要由制定法规的行政机关首先签署。根据法律规定，行政部门制定的法规在通过及签署之后，还必须报上级机关审批或备案，得到上级机关批准或认可后，才能生效。

（4）公布教育行政法规。教育行政法规草案获得通过及批准实施后方可成为正式法规。正式法规在实施前还需经历公布这一环节。教育行政法规一般通过新闻媒体和政府公报以政府文件的形式予以公布。行政法规公布之后便成为全体群众拥有的对象。

第三节 教育立法

教育的法律议题虽然可以看成是教育政策议题的一种特殊形式，但教育政策议题一旦上升为法律议题就开始进入教育立法活动。教育立法活动是国家立法活动的一个重要组成部分,教育立法的含义、意义、形式、程序等与教育政策决定又有明显的不同。所以我们有必要专列一节对教育立法的相关问题进行认识。

一、教育立法的含义与意义

(一) 教育立法的含义

这里的教育立法,是区别于一般教育政策制定的专门活动。立法是国家立法机关的专门活动,是指"国家机关依照其职权范围通过一定程序制定(包括修改或废止)法律规范的活动。既包括拥有立法权的国家机关的立法活动,也包括被授权的其他国家机关制定从属于法律的规范性法律文件的活动"。① 教育立法的含义可以从立法的含义演绎而来。所谓教育立法,是指国家立法机关依照法律程序制定有关教育的法律的活动。结合我国社会主义制度的具体国情,我们还可以把教育立法较详细地表述为:教育立法,就是由国家的立法机关和其他有关机关把全国各族人民关于国民教育的共同意志集中起来,按照社会主义原则和社会发展的需要,把有利于国家和社会的教育秩序,人们在教育活动中的权利、义务关系,用法的形式固定下来,使之具有在全社会一体遵行的效力,从而有效地保障教育事业的发展。

教育立法是在国家立法体制下运作的。国家立法体制又叫立法权体制。立法权是国家赋予的制定法律的权力,这是国家权力的一个重要组成部分,一般由《宪法》对行使立法权的国家机关以及立法权限的划分作出规定。我国《宪法》明确规定立法权属于人民,人民通过人民代表大会行使这一权力。结合我国《宪法》对立法权限的规定,我们可以把教育立法权限的划分表述如下:

一是全国人民代表大会和全国人民代表大会常务委员会行使国家教育立法权;

二是国务院与国家教育部根据《宪法》和法律,行使制定教育行政法规的职权;

三是省、直辖市、自治区的人民代表大会和它们的常务委员会,在不与《宪法》、法律、行政法规相抵触的前提下,行使制定地方性教育法规的职权;

四是民族自治地方的人民代表大会依照当地民族的政治、经济和文化特点,行使制定相应的教育自治条例和单行条例的职权。

上述对教育立法权限的划分,规定了教育立法权限的不同范围。

(二) 教育立法的意义

为什么要特别重视教育立法? 为什么要不断加强教育立法? 这是因为现代社会教育立法具有特别的重要性与意义。

1. 教育立法反映了现代国家加强法制化建设的根本要求

加强法制化建设是现代社会发展的一条重要规律,也是现代社会发展的必然要求与趋

---

① 中国大百科全书总编辑委员会《法学》编辑委员会,中国大百科全书出版社编辑部. 中国大百科全书·法学[M]. 北京:中国大百科全书出版社,1984:88.

势。社会的法制化是指社会各项事业的法制化,其中当然包含教育的法制化。在现代社会中,由于科技发展迅速,知识经济、网络经济愈来愈成为在社会中占主导地位的经济,教育的地位与作用愈益突出与重要。教育事业既然在社会发展事业中占有如此重要的地位,那么社会法制化建设必然内含着教育的法制化,也必然要求加强教育的法制化。从另一角度来看,教育法制建设的加强乃是社会法制化的重要表征,而加强教育法制化建设首先要加强教育立法。

2. 教育立法起着保障教育事业在社会发展中的重要地位的作用

教育的地位是需要通过立法予以保障的。对教育进行立法,并逐步建构起系统的法律体系,这本身表明了对教育事业的高度重视。教育立法以法的形式确立教育目的、教育方针,使之具有法律效力,这使得教育事业的发展在目标上有法可依。从宏观层面上看,教育立法表明教育事业的发展有法律作保障,从而使教育事业的发展获得强有力的法律支持。

3. 教育立法起着规范教育发展环境的作用

教育立法使得教育发展所需要的环境与条件在法律上得到确定与规范,这样,教育发展的必要条件就能得到法律的保证。例如,教育体制、教育投资、学校办学条件、社会团体、群体及家庭的教育义务与责任,等等,在这些方面通过立法加以规范,就能通过法律手段调整各种教育关系,进而优化教育的发展环境,保证社会对教育的重视与支持。

4. 教育立法起着规范教育内部管理的作用

教育立法可使教育内部管理有章可循,有法可依。教育内部管理涉及管理体制,管理机构的职责、权限、人事任免,涉及教学计划、教育人员的资格和条件及教育者与被教育者的关系,等等。以法律协调这些关系,就会使教育内部管理按照法律要求予以规范,同时也可以以法律为武器,对干扰学校正常教学秩序、侵犯教育权益的现象予以抵制和防范。

二、教育立法的基本程序

教育立法是国家立法活动的组成部分。我国立法一般分为四道程序,即提出教育立法草案、讨论教育法律草案、通过教育法律、公布教育法律。国家立法程序规范着教育的立法行为。

(一) 提出教育立法草案

提出教育立法草案是在经历一系列立法准备活动的基础上进行的。这些立法准备活动主要包括:其一,确定立法项目。即确定将怎样的教育政策议题变成教育法律议题(前文已有论及)。其二,采纳立法建议。当立法项目确定之后,便需广泛听取意见,征询围绕这一项目如何进行立法的建议。其三,作出立法决策。这里所讲的立法决策是指正式将这一立法项目确定为由国家立法机关在特定时期内予以决策的项目,即正式获得立法机关对此项目的立法认可与授权。其四,起草方案。即针对确定的立法项目组织相关人员正式起草法律方案。经历这些准备活动之后才进入提出教育法律草案程序。

教育法律草案由有提案权的机构和人员向教育立法机关提出,使之列为立法机关的议事日程,成为立法机关的讨论对象。根据《宪法》的规定,全国人民代表大会代表和全国人民代表大会常务委员会组成人员有权提出议案。全国人民代表大会组织法规定,全国人民代表大会主席团、全国人民代表大会常务委员会、全国人民代表大会的一个代表团或三十名以上的代表,可以向全国人民代表大会提出议案。国务院和全国人民代表大会教育科学文化卫生委员会,可以向全国人民代表大会或它的常务委员会提出教育议案。

(二) 讨论教育法律草案

讨论教育法律草案是指在立法机关中对列入议题的法律草案进行正式的审查和讨论。在我国,向全国人民代表大会提出的教育法律草案是指教育的基本法案,这种法案一般先经全国人民代表大会常务委员会审议后才提交全国人民代表大会审议。在审议期间,全国人民代表大会的法律委员会根据代表审议中提出的意见进行审议,提出同意或修改报告,再由主席团决定提交大会审议,由大会决定是否通过。

向全国人民代表大会常务委员会提出的教育法案一般是指教育的专门法案(或专项法案)。常务委员会对法案的审议程序与全国人民代表大会对法案的审议程序有些不同。常务委员会审议一般采取初步审议和再次审议两道程序。在第一次常务委员会上由提案人作法律草案说明,经常务委员会会议初步审议后,交法律委员会,由法律委员会根据常务委员会的初审意见和专门委员会的审议意见,统一进行逐条审议。之后由法律委员会向常务委员会提出审议结果报告(包括修改草案),再由常务委员会会议作进一步审议,决定是否通过。例如,《中华人民共和国高等教育法》就是经由初步审议和再次审议的程序,由全国人民代表大会常务委员会予以通过的。

全国人民代表大会教育科学文化卫生委员会在讨论教育法律草案中具有重要的作用。教育科学文化卫生委员会在全国人民代表大会及其常务委员会的领导下,负责研究、审议和拟订有关教育的议案。

(三) 通过教育法律

通过教育法律是指立法机关对教育立法草案正式表决同意,意味着教育法律草案正式成为教育法律。这一程序在整个教育立法程序中具有特别重要的价值与意义。因为教育的立法活动就是指向教育法律的通过与颁行。全国人民代表大会及其常务委员会在通过教育法案时,均采取"比较多数"或"单纯多数"的原则,即以全国人民代表大会全体代表或常务委员会全体组成人员的过三分之二通过。

(四) 公布教育法律

教育法律通过后,为使其付诸实施,使之产生预期的法律效力,必须向全社会公民予以公布。公布法律是教育立法活动的终结环节,它意味着一个完整的相互关联的立法程序的完成。一个已被通过的教育法律如果不按法定程序予以公布,这项法律就不能成为可执行的有效的法律。法律的有效性在法律公布之后方可形成。公布法律既是一个不可或缺的立法程序,同时也是《宪法》赋予的一种法律权力。我国《宪法》规定,我国法律由国家主席根据全国人民代表大会的决定和全国人民代表大会常务委员会的决定予以公布。法律实施的日期由该法律专条作出规定,或与公布日期一致,或另外规定生效的日期。例如,《中华人民共和国教师法》于 1993 年 10 月 31 日第八届全国人民代表大会常务委员会第四次会议通过,其施行起始日期则由该法第四十三条明确规定:"本法自 1994 年 1 月 1 日起施行。"

三、教育立法的基本要求

由法律规定的立法程序本身是对立法活动的一种严格要求,即程序化要求。教育立法活动除了要按照程序化要求进行之外,尚有一些其他基本要求应予把握与遵循。

第一,任何教育法律都必须根据《宪法》制定。《宪法》是国家的根本大法,是母法。《宪法》规定着国家的社会制度、国家制度、国家机构、公民的基本权利和义务,也规定着国家教育事业发展的总政策与基本原则。《宪法》为我国各部门立法提供了法律依据。任何教育法律的制定都需要根据《宪法》,遵从《宪法》,以保证各种教育事业的发展在《宪法》规定的国家制度和国家结构中进行,保证各种教育法律赋予公民受教育的权利和义务与国家《宪法》赋予公民的权利和义务相一致。总之,各种教育法律的制定都不得与《宪法》的精神相背离,不得与《宪法》的任一条款相冲突。

第二,各种专项(单项)教育法规的制定,在依据《宪法》的同时,也必须依据《中华人民共和国教育法》(以下简称《教育法》)。《教育法》是国家教育的基本法,它是以《宪法》为基础制定的,主要规定着教育的基本性质、任务、基本制度和基本法律准则。《教育法》在国家教育法规体系中处于第一层次,具有"母法"的性质,起着统领与规范教育部门其他法律、法规制定的作用。教育部门法规、专项法规及地方性法律规章的制定在依据国家《宪法》的同时,也必须依据《教育法》,必须与《教育法》的基本原则、基本精神相一致,从而保证国家各级各类教育事业的发展在《教育法》所规定的总体框架内,并沿着教育法指示的方向进行。

第三,教育法规的制定,需要参照其他相关法规的精神与原则,以协调好教育法规与其他法规的关系。现代教育是一个开放的系统,与其他社会关系主体有着千丝万缕的联系。教育法规与其他相关法规之间存在着相互交叉、相互渗透、相互补充的关系。除《宪法》外,我国的《中华人民共和国劳动法》《中华人民共和国经济法》《中华人民共和国国旗法》《中华人民共和国兵役法》等,都与教育活动紧密相关。例如,有关教师劳动的问题也同样属于劳动法的调整范围。教育中的侵权、违法行为的处理需要依据民法与刑法的规定。所以,教育法规的制定不能孤立地进行,它要参照相关法规的有关规定,吸取相关法规的成功经验与有益成果。教育法规与其他法规相重合或相交叉的条款,应保持法律的相通性与一致性。如有不协调或矛盾之处,则需要按照法律程序对教育法规或其他相关法规进行修改与补充。

第四,教育法规的制定需要遵循民主化与科学化的原则。教育立法活动的基本程序的规定实际上内含着教育法规制定的民主化与科学化的要求。按照法定的程序进行教育立法活动,在一定程度上恰恰是为了保障教育法规制度的科学化与民主化。从立法的准备活动到提出法律草案,从审议法律草案到通过与公布法律,教育立法的每一个步骤、每一个环节都蕴含着民主化、科学化的要求。在现代社会,尤其在我国社会主义制度下,任何法律都是人民权力的象征,都强烈而深刻地体现着人民的意志与利益。所以,任何立法活动的过程,都是充分地表达人民意志、利益与愿望的过程。立法活动的这种性质决定着它必须且应该遵循民主化和科学化的原则。教育事业是国家事业的重要组成部分,是人民的事业。为教育事业立法,不管制定什么形式或类别的教育法律,其共同目的之一是更好地赋予广大人民以教育权利,更好地保护或激发人民参与教育的积极性。同样,教育的立法活动是全体人民教育意志与愿望的表现。总之,立法过程的民主化与科学化是制定教育法规的重要要求。

思考与练习

1. 什么是教育政策议题? 教育政策议题有何特征?

2. 谈谈你对教育政策方案设计所应遵循的原则的认识。

3. 怎样理解教育政策的合法化?

4. 简述教育立法的基本程序和基本要求。

第五章

教育政策、法规的执行

学习目标

1. 认识教育政策执行的含义及其基本组成要素。
2. 认识教育政策执行过程的基本环节和基本特征。
3. 认识教育法规执行的特点与基本原则。
4. 联系实际,分析教育政策执行中的问题及其原因。

教育政策、法规制定完成并取得合法性或经合法化之后,自然进入执行阶段。制定教育政策、法规毫无疑义是为了使它得到执行。而执行的过程又是一个受到多种因素的影响并且是对已制定的政策、法规进行实践检验的过程。本章将对教育政策、法规执行的相关理论问题作一阐述。

第一节　教育政策执行概述

一、教育政策执行的含义

(一) 政策执行的含义

关于政策执行的含义,有来自中外政策科学学者的不同界说。例如:公共政策学者 C·E·范霍恩(C. E. Van Horn)和 D·S·范米特(D. S. Van Meter)认为:"政策执行是指公私民众或团体为了致力于先前政策制定所设目的之达成,而采取的各项行动。"[1]

马杰和图尔认为:政策执行是执行其一项政策所作的各项决定。[2]

我国台湾学者林水波、张世贤认为:"政策执行可谓一种动态的过程,在整个过程中,负责执行的机关与人员组合各种必要的要素,采取各项行动,扮演管理的角色,进行适当的裁量,建立合理可行的规则,培塑目标共识与激励士气,应用协商化解冲突,冀以成就某特殊的政策目标。"[3]

陈振明在其主编的《政策科学》一书中,将政策执行定义为:"政策执行是在政策制定完成之后,将政策所规定的内容变为现实的过程,是为实现政策目标而重新调整行为模式的动态过程。"陈振明对政策执行所下的定义中有两点值得重视:一是将政策执行理解为一种过程,这一过程的实质是将政策理想变为现实;二是认为政策执行的过程具有动态性的特征。这意味着政策执行既非一蹴而就,也绝非可以平平稳稳地进行,它会遇到各种变数的影响。正因为将政策执行理解为一种动态的过程,所以这种"过程"及其"动态性"是值得研究的。

对政策执行还有许多来自政策科学学者的界说。综合各家之言,我们可以看出,尽管对政策执行有不同的文字表述,但其共同的关键词是:行动、动态过程。应该予以强调的是,政策执行虽然表现为一种行动,但这种行动绝非是一般性的行动,而是依照政策指示与要求的行动,是一种具有权威性、目的性、组织性、公益性、持续性以及创造性的行动。

(二) 教育政策执行的含义及其基本组成要素

根据政策执行的基本含义,我们可以把教育政策执行定义为:所谓教育政策执行,是一

---

① 转引自陈振明. 政策科学[M]. 北京:中国人民大学出版社,1998:278.
② 转引自陈振明. 政策科学[M]. 北京:中国人民大学出版社,1998:278.
③ 林水波、张世贤. 公共政策[M]. 台北:五南图书出版公司,1982:248.

种将教育政策精神与内容转化为现实效果,从而实现教育政策目标的动态行动过程。

袁振国在其主编的《教育政策学》中给教育政策执行下的定义是:"教育政策执行是指政策的执行者依据政策的指示和要求,为实现政策目标,取得预期效果,不断采取积极措施的动态行动过程。"[①]这一定义可以作为对教育政策执行的另一种理解。教育政策执行寓含着一种"合力"的作用,它是一种由多种相互关联的要素所组合而成的动态行动过程。完整地理解教育政策执行的含义,需要明确其基本组成要素。这些基本的组成要素如下。

1. 教育政策执行主体

所谓教育政策执行主体实际上是指教育政策的主要执行者。教育政策多种多样,例如,有国家教育政策和地方教育政策之分,有基本教育政策和具体教育政策之别。每一种教育政策均有其特定的执行主体。教育政策的不同暗含着执行主体的区别。教育政策的执行主体包含执行机构与执行人员。执行机构与执行人员又是紧密关联的统一体。任何执行机构都是由执行人员所组成的。所以,教育政策执行机构的组织特质及执行人员的政策水平与素养,是影响教育政策执行效果的最为重要的因素。在我国,教育政策的执行主体主要是指各级政府、教育主管部门和各级各类学校。政府、部门及学校的领导者又在教育政策执行中担当着特别重要的角色或处于特别重要的地位。除此之外,其他社会团体、机构及各种政策利益相关者在教育政策执行中也发挥着重要作用。

2. 教育政策执行方案

取得合法性地位的教育政策本身就是一种被批准的行动方案。对行动方案的实施,要求其自身有明确的实施方案。在通常情况下,一个完好的教育政策实施方案需要清晰地回答如下问题:其一,此项教育政策的执行者是谁;其二,这一教育政策的实施时间有多长、空间范围有多大;其三,这一教育政策实施的近期目标、中期目标或远期目标是什么;其四,这一教育政策怎样分步骤地实施;其五,如何面对实施过程中可能出现的问题及如何对问题采取应对策略;等等。教育政策实施或执行方案制定得如何,对政策执行的效果无疑有重要影响。有了明确的科学的执行方案才可能有切实有效的执行行动。

3. 教育政策的施行对象

教育政策的施行对象也叫目标群体,即受政策影响的人群。任何教育政策,都是在特定的对象中实施并且最直接地影响着一定人群的利益的。这种人群可以是范围甚广,也可以是受到范围的限制,主要依据具体的政策要求而定。无论政策指向的人群范围有多大,这些人群对政策的顺从或对政策作出热切反应的程度始终是政策能否顺利执行并能否取得预期效果的重要保证。一项再好的教育政策,如果没有得到它所指向的人群的充分理解与认可,如果缺乏他们积极的回应与参与,那么它在执行中也就会遇到障碍。所以,在教育政策执行过程中,政策施行对象即目标群体的参与度是一个至为重要的要素。

---

① 袁振国.教育政策学[M].南京:江苏教育出版社,1996:179.

4. 教育政策执行的条件与环境

教育政策执行离不开必要的条件保障,同时也受到各种环境因素的影响与制约。政策执行的条件是指能保障政策顺利运行的社会资源。这种资源既包括物质层面的资源,也包括精神层面的资源。一个好的教育政策,其本身寓含着对政策运行所需资源(即条件)的清晰估量与充分把握。在教育政策执行过程中,条件的具备及资源的合理、有效的调度也同样是政策顺利运行的重要保证。环境因素与政策执行所需要的条件保障既相联系也相区别。这里的环境因素涉及的层面较宽,包括社会政治环境、经济环境、社会心理环境与文化教育自身的环境等。这些因素总是有形无形地,或以不同的方式、途径影响着教育政策的执行。所以,正确地分析环境,认清环境因素中的利与弊,充分地利用积极的环境因素,尽可能地克服不利因素的影响,这对于保障教育政策的顺利实施同样具有重要意义。

二、教育政策执行在教育政策过程中的地位与作用

教育政策是一个完整的生命过程。教育政策执行在教育政策生命过程中具有特殊的地位与作用。

(一) 教育政策执行是实现教育政策目标的决定性环节

美国学者艾利森(Graham Alison)认为:"在达到政策目标的过程中,(政策)方案确定的功能只占 10%,而其余的 90% 则取决于有效的执行。"[①]由此可见,政策执行对于实现政策目标具有极为重要的作用。制定教育政策,总是指向特定的政策目标,而政策目标的实现,必然依赖于政策的执行。我们不可设想没有教育政策的执行而有教育政策目标的达成。离开了执行,再好的政策目标也只能是一纸空文。相对于教育政策的制定而言,教育政策的执行则显得更为复杂,面临的工作更为艰巨。在整个教育政策的生命过程中,教育政策的执行是一种具有决定性意义的环节。

(二) 教育政策执行是对教育政策实行检验的根本途径

制定的教育政策需要接受实践的检验。一项教育政策正确与否、质量水平如何、可接受性如何,这一切均依赖于实践的检验。这种实践的检验与教育政策的执行息息相关。实践就是执行,实践的检验就是通过执行进行检验。一旦离开了教育政策的执行,我们便无法对已制定的教育政策进行正确与否或优良与否的检验。一项教育政策通过认真的贯彻执行,如果能有效地解决政策问题并能顺利地实现政策目标,从而促进教育和社会的发展,那它当然可以被判定为是好的政策。反之,如果一项教育政策在执行中响应者寡、资源缺乏、障碍重重,而其欲达成的目标根本无法实现,那么这样的政策便被实践证明是难以实现的政策或是有问题的政策,也是不好的政策。所以教育政策的执行是对政策进行检验的根本途径,也是唯一途径。

---

① 转引自袁振国. 教育政策学[M]. 南京:江苏教育出版社,1996:183.

(三) 教育政策执行是教育政策生命过程中的中介环节

任何教育政策都不可能完美无缺,它在执行的过程中会显现出与教育实践的某种不相适切性甚或存在诸多问题,这意味着政策需要修改、补充与完善。一项教育政策,在具体执行中又有其时限的要求。政策的时效性也就意味着当政策执行达到预定的时限或超过这一时限时,便需要对既往的政策予以重新考虑。教育事业的不断发展变化客观上也要求教育政策适时修正与调整,以便与教育的发展变化相适应。这一切均需要通过教育政策执行,得到执行效果的信息反馈,或通过执行掌握教育发展的新情况、新变化,从而对政策进行修订与完善。无论是修改原有的教育政策或制定新的教育政策,都需要以前一项政策执行的状况为基本依据,并在此基础上考虑如何制定新的教育政策。所以,教育政策的执行在整个教育政策生命过程中起着一种承上启下的链条式作用,它是政策过程的中介环节。

第二节 教育政策执行过程

教育政策执行虽然是整个教育政策生命过程中的决定性环节,但其自身又是一种"动态性的行动过程"。教育政策执行内含着多种行动的组合,并可形成有机的执行逻辑顺序;与此同时,教育政策执行业已呈现出不同的执行模式。下面将对这两方面的内容予以介绍。

一、教育政策执行过程的基本环节

一般来说,教育政策执行主要包括如下几种有内在逻辑联系的基本环节。

(一) 教育政策宣传

教育政策宣传是教育政策执行的起始环节,同时也需要贯穿于政策执行的全过程中。当一项教育政策制定完成并付诸实施之时,首先要求得到政策执行者及受政策影响人群对于政策的理解与认同,这就需要宣传。政策宣传是为了使政策能够深入人心,从而唤起或激发人们对于执行政策的积极性与主动性。对于政策执行者来说,只有对教育政策的精神、目标及实施措施有明确的认识和深刻的理解,才有可能积极主动地执行政策。对于政策施行对象或目标人群而言,只有当他们知晓了政策,充分认识到政策对他们的价值与意义时,才可能对政策执行作出热情的回应。教育政策宣传有多种途径,例如,组织学习政策文件、利用各种新闻媒体宣传教育政策、组织宣讲队伍深入民众进行政策宣讲等。政策宣传的形式也可以多种多样。政策宣传对于启动政策执行固然意义重大,但政策执行一经开始,在执行过程中还会遇到各种阻力与障碍,还会在对政策的理解上发生偏离与误差,这就需要继续宣传政策、学习政策,进一步增强人们对政策的理解与认识,以使政策执行走向深入。

(二) 制定教育政策执行计划

制定执行计划也叫政策分解,是指将文本的政策方案变成具体的行动规划。制定执行计划是实现政策目标的必经之途,也是实施政策的重要步骤。一项良好的教育政策的执行,必须是有计划有步骤地执行,必须是分阶段有重点地执行。再好的政策方案的实施,如果不制定执行计划,如果不对执行进行"预谋"与"部署",就会使执行陷入盲动或无序状态。所以制定执行计划对于教育政策的实施具有重要意义。

一般来说,制定教育政策的执行计划,需要遵循如下要求:(1)方向正确、切实可行。所谓方向正确,是指制定的计划要符合政策的基本原则,体现政策的根本目标。切实可行是指计划提出的要求、措施符合教育实际,既不偏低,也不过高。(2)全面完整、重点突出。编制执行计划要能够统筹方方面面,理顺各种关系,以使教育政策执行时能在兼顾全面的前提下有重点地推进。(3)分工落实、留有余地。分工落实是指教育政策执行计划要明确专人负责实施,政策实施要建立明确的"责任制"。留有余地是指完成计划中各项工作的时间要有一定的弹性。人力、物力、财力的使用要有机动性,以适应计划执行过程中意外的变化,使计划在执行中能保持相对的稳定性。

(三) 教育政策实施

教育政策实施是教育政策执行过程的中心环节,是达成教育政策目标的根本手段。教育政策执行计划制定之后,自然要进入政策实施阶段。而教育政策依照执行计划的实施,首先又需要有一种良好的组织准备。这里讲的组织准备是指合理地组合教育政策实施的人力、物力、财力,优化教育政策实施的资源配置,以力求取得教育政策实施的良好效果与效益。组织准备工作的关键是人力准备。人力准备包括建立精干高效的执行组织机构并选配能有效执行政策的领导者与工作人员。组织准备的重要目的是建立执行组织的良性运行机制,使之能发挥预期的组织功能,以使教育政策得以顺利执行。组织准备既是教育政策实施阶段的第一步工作,又贯穿于政策实施的始终。

教育政策的实施应该是分步骤进行的。实施的具体步骤因具体政策而定。一般来说,在实施教育政策时,可考虑采用先行开展政策实验,然后全面推广的方式进行。政策实验可视为政策实施过程的重要步骤。它可以验证政策,及时总结实施经验,及时发现实施中的问题,从而对政策进行必要的修改以使之完善。政策实验为政策全面推广奠定基础。政策实验需要按照科学的方法进行,需要精心选择实验对象,周密设计实验方案,及时总结实验结果。政策实验的方式也可以灵活不拘,例如,分地域式实验与分时限性实验。有的教育政策实验可选择某一有典型性的地域进行;有的教育政策实验可以确定在某一时段内作为政策实验时期。

教育政策的全面推广与实施,是教育政策执行过程中涉及面最广、操作性最强,同时也是产生最大政策影响的环节。全面实施教育政策要求严格依据政策目标,遵循政策执行的基本方案与原则,充分调动政策资源,激活政策执行的各种功能要素,以使政策执行取得预期的成效。

(四)教育政策执行的协调

教育政策执行的协调也是贯穿于政策执行全过程的一项重要的功能活动。协调的必要性源于教育政策执行过程中各种功能要素可能会存在问题与矛盾。而要有效地克服问题、化解矛盾,保证各种功能要素处于较佳的结合状态,形成真正的合力,就必须在教育政策执行过程中注意及时地协调各种关系。政策执行所需要协调的关系通常包括:协调执行主体与政策实施对象的关系,协调执行者之间的关系,协调政策资源的配置关系,协调政策执行的总体目标与具体目标之间的关系,协调政策执行的进度与效果之间的关系,等等。政策执行的协调,要求对执行中存在的问题与矛盾有敏锐的察觉,同时要求对解决问题与矛盾的途径与方法有适当的把握。教育政策执行的协调还需要有把握政策的水平与适当的耐心,因为协调的重点必然是政策执行过程中人与人的关系。总之,教育政策执行的协调是为了尽可能减少执行的阻力,增强执行的合力,从而保障教育政策目标的实现。

(五)教育政策执行总结

一个完整的教育政策执行过程包含着执行总结。政策执行总结意味着对上一阶段政策执行状况的总体回顾与反思,同时也是为政策的持续执行或新的政策执行创设更好的基础。政策执行总结既可以看成是政策执行过程的终结环节,又可以看成是中继环节。政策执行乃是一个循环往复的过程,政策执行总结虽然是对上一阶段或某一具体政策执行的终结性回顾,但更重要的却是承续一个新的政策执行的开始。政策执行的总结需要对执行情况进行全面检查、总结经验、查找问题、分析原因。对执行机关与执行个人要有客观的实事求是的评价。总之,教育政策执行总结是为了发扬成绩、吸取教训、修订与完善政策方案,更好地协调教育政策执行过程中的各种利益关系,以使教育政策能更健康地运行。

二、教育政策执行过程的基本特征

教育政策执行的基本环节向我们展现出教育政策执行的逻辑顺序。深入理解教育政策的执行过程,除了要认识其基本环节之外,还需要把握其执行过程的基本特征。

(一)教育政策执行过程是执行者与政策施行对象的互动过程

在教育政策执行过程中,政策执行者执行政策的力度与政策施行对象(即目标群体)对政策的回应度始终是制约执行过程并影响执行效果的两个关键变量。政策执行的过程是两者紧密合作、和谐互动的过程。缺少这种互动,缺少任何一方的积极性,政策执行过程都会出现僵滞状态。一方面,政策执行者需要深入理解政策,并向施行对象大力宣传政策;另一方面,政策施行对象(即目标群体)需要认同政策、响应政策。这种对政策的认同与响应甚至应该包括对政策执行者的认同,因为这时的政策执行者乃是政策的代言人。两者感情上的融洽与沟通对政策执行会产生重要影响。

教育政策执行过程的互动性还体现为两者在执行过程中的相互调适。有时候,政策执行者与政策施行对象之间彼此的需求和观点并不一致,基于双方在政策上的利益,彼此需要各自反省或修正立场,用折中的方式商定两者均可接受的政策执行方案。这种相互调适的过程乃是彼此处于平等地位的双向交流过程,而非执行者命令施行对象执行的单向流程。两者的相互调适使得政策执行过程呈现出良性互动的局面。

(二) 教育政策的执行过程是深受环境因素多方面影响的过程

环境因素是构成教育政策执行的基本组成要素。在教育政策执行过程中,政策因素的影响既十分复杂又非常强烈,它充溢于政策执行的全过程。这里所讲的环境因素可分为三大类:一是政策问题的可解决程度;二是政策本身的能力或条件;三是影响政策执行的外部因素。政策问题的可解决程度主要是指:解决这一政策问题是否有有效可行的理论与技术?与政策问题直接相关的目标群体有多大,其行为状况如何?目标群体行为需要做怎样的调适?政策本身的能力和条件通常是指:明晰的政策目标、充实的政策资源、政策执行机构层次的合理性及机构特质、执行人员的素养及工作效率。影响政策执行的外部因素则更为多样,例如,社会经济文化环境、社会政治气氛、新闻媒介对政策问题的关注程度、社会公众对政策的支持状况等。这三大类因素的各个方面会多向性地或交叉性地影响教育政策的执行过程,并使教育政策执行过程呈现出环境因素影响的不确定性的特点。有学者在分析环境因素对教育政策执行过程的影响时,把教育政策执行过程看作因变量,把环境因素视为自变量。这种分析注意到:当执行者实际推行某项教育政策时,教育政策环境中的因素便不断影响执行人员的行动。所以,教育政策执行过程鲜明地表现出执行者行政行为与政策环境因素之间的密切关联与互动。正是在这种意义上,我们认为教育政策的执行过程是深受环境因素多方面影响的过程。

(三) 教育政策的执行过程是一种原则性与灵活性有机结合的过程

"政策"一词所固有的原则性意蕴自不待言。所谓政策执行的原则性,是指执行政策必须遵循政策指示,严格按政策要求去做,维护政策的权威性、严肃性,以保证政策目标的实现。教育政策的执行过程,自然是一种需要讲原则并按原则办事的过程。因为唯有坚持原则性,才能确保执行的教育政策不偏离政策指示的方向,这是执行教育政策必须具有的前提。

然而,教育政策的执行过程并不是孤立地讲原则或将原则僵化对待的过程。在教育政策执行过程中,坚持原则性始终是与坚持必要的灵活性有机结合的。所谓灵活性,"是指在不违背政策原则精神和保持政策方向的前提下,采取灵活多样的方式方法,同时因地制宜,使政策目标得到实现"。[①] 执行教育政策在坚持原则性的前提下,之所以还要坚持必要的灵活性,这是因为教育政策实施的时空范围多种多样,教育政策所具有的普遍的甚或全局性的指导意义必须与此时此地的具体实际结合起来。对同一项教育政策,不同地域的实施有不

---

① 陈振明.政策科学[M].北京:中国人民大学出版社,1998:291.

同的地域特点及实施要求,这就决定了在政策执行过程中,必须把坚持原则性与讲究灵活性结合起来。另一方面,任何教育政策都不是完美无瑕的,它需要根据执行状况予以修正与完善。而在教育政策执行过程中又总会遇到新情况、新问题,这就需要执行者根据实际,对政策执行进行灵活的把握。所以,教育政策执行中的灵活性不是可有可无的,而是教育政策执行过程必然需要具有的。灵活性的核心是具体情况具体分析,其着眼点乃是实事求是。当然,我们所讲的灵活性绝不是游离原则性的恣意妄为,而是坚持原则性的灵活性。这种坚持原则的灵活性,也意味着是一种创造性与创新性。换言之,如果缺乏这种灵活性,教育政策欲达成的目标就难以实现,这样教育政策执行的原则性也会无法得到真正的坚持与体现。教育政策执行过程中原则性与灵活性的结合与统一是执行过程的内在要求与属性。

第三节　教育政策执行中的问题与对策

教育政策在其执行的过程中,由于受到诸多因素的影响,总会出现这样或那样的问题,其中有些问题是带有共性或普遍性的问题。这些问题对教育政策执行效果的影响也比较严重。所以我们有必要将这些共性的问题提出来讨论,并对解决问题的对策予以商议。

一、教育政策执行中的问题表现

袁振国在其主编的《教育政策学》一书中将教育政策执行中的问题概括为"教育政策失真",并围绕"政策失真"列数了种种表现,这为我们分析教育政策执行中的问题提供了一种视角与参照。也有学者对公共政策执行中的问题进行分析,并将问题概述为"上有政策、下有对策"。而"上有政策、下有对策"现象也有种种表现。公共政策执行中的问题当然会在教育政策执行中有所反映与表现,但教育政策执行中存在的问题似乎比其他一些公共政策执行中的问题更加突出和严重,这或许与公众的教育政策意识状况相关。有关引起教育政策执行存在问题的原因,我们将在后面讨论,这里参照一些专家的论述,结合我国教育政策执行的实际,先对教育政策执行中存在的共性问题予以分析。

(一)教育政策执行的偏离

所谓教育政策执行的偏离,是指在执行教育政策的过程中,偏离政策目标,违背政策原有的精神与内容,自行其是,其结果导致教育政策执行的严重"变味"与"走样"。这种现象在教育政策执行中并非鲜见。例如,我国《社会力量办学条例》颁行之后,有的地方对待社会力量的办学行为并非采取"积极鼓励、大力支持、正确引导、加强管理"的方针,而是抑制其发展。有的社会力量举办的教育机构,违背"不得以营利为目的"的政策精神,把学校视为一种经营和谋利机构。教育政策执行的偏离现象,也表现在当执行机关和部门所执行的教育政策于已不利时,执行者就可能制定出偏离原有政策精神的执行方案,使上级教育政策难以得到真正的贯彻落实。

（二）教育政策执行的缺损

所谓教育政策执行的缺损，是指执行教育政策时不是完全按照政策的指示和要求办事，而是仅执行政策中的部分内容或某些内容，其余则予以搁置或遗弃。教育政策执行的缺损也叫"政策缩水"或"政策折扣"。这种现象在教育政策执行中较严重地存在着。例如，《中共中央国务院关于深化教育改革，全面推进素质教育的决定》颁行后，一些教育机构或学校并没有完全理解这一决定精神，在执行中只是部分地按该决定的要求办事，素质教育的全面实施因而面临许多阻力与障碍。

（三）教育政策执行的表面化

所谓教育政策执行的表面化，是指某种特定的教育政策颁行之后，当进入执行阶段时仅被宣传一通，而未被进一步转化为操作性的具体措施。有时候政策宣传也颇为"轰轰烈烈"，但宣传之后却依然"按兵不动"甚或"闻风不动"，于是，政策执行只是在做表面文章。这种表面化的现象在教育政策执行中也不乏其例。它使得一些教育政策仅仅起了一种文本宣传的作用，成了一种仅供"学习"的政策而非"执行"的政策。

（四）教育政策执行的泛化

所谓教育政策执行的泛化，是指将仅适宜于某一时段、某一区域或某一教育领域和部门的教育政策推及至更广泛的时空中实施，其结果是使政策的调控对象、范围、力度、目标超越政策原定的要求。例如，有的教育政策原本规定了不同地区的不同目标，但在实施过程中却用同一种尺度衡量执行的效果与状况；有的教育政策仅是针对某一种类型的教育发展而言，但在执行过程中存在着将仅适用于某一类型的教育政策泛化为其他类型的教育政策。这样，教育政策特有的目标性和针对性就会受到损害。

（五）教育政策执行的附加性

所谓教育政策执行的附加性，是指在执行教育政策过程中，执行者附加了一些原政策目标所没有的内容，即增添了一些"土政策"，并将此纳入政策执行方案中，使原政策执行融入了一些并不合适的附加条件与成分。教育政策执行的附加性现象在实践中也不难寻觅其例。例如，我国教师教育政策中有了对实行教师聘任制的要求与规定，有些学校在实行教师聘任制时附设了一些与聘任制应有的精神与要求并不一致的条件，即制定了一些不合适的"土政策"，其结果影响了教师积极性的发挥，影响到聘任制的顺利推行。

教育政策执行的问题可能还有其他表现。有学者将执行的问题放在较大的空间范围内进行考察与比较，并把存在的问题大体归纳为：全面性（普遍性）问题、区域性问题、特殊性问题等。教育政策执行中的问题是一种现实的存在，甚至是一种难以避免的现象。教育政策的执行难免会出现问题，而我们所应该做的工作则是尽量地"缩减"问题和化解矛盾。这样就需要我们对问题有一个理性的分析。

二、教育政策执行问题的成因

教育政策执行中存在这样或那样的问题,自然有导致问题产生的原因。问题不同,原因可能会有不同。然而,总的看来,我们认为教育政策执行存在问题的原因主要表现在以下几个方面。

(一) 传统教育意识与观念的制约与阻碍

一种新的教育政策的实施,总意味着对传统教育的某种变革。长期积淀而成的传统教育意识与教育观念必然会对新的教育政策的实施带来影响,造成一定的制约与障碍。例如,我国在推行素质教育时,总是受到应试教育的顽强抵抗,这就是因为应试教育的观念在人们头脑中根深蒂固,形成对教育认识的"固化"。正是因为认识到应试教育的弊端,才需要大力提倡与推进素质教育,而在推进素质教育时又会遇到应试教育观念的对抗,这仿佛是一个"怪圈"。要走出这一"怪圈",必须继续对应试教育的弊端进行深刻反思与批判。当然,应试教育的形成又有其深刻的社会根源。它既是社会各种因素作用的结果,又折射着一种历史特有的社会意识形态。所以,影响素质教育的推行有其更深刻的社会原因。这些社会因素最终又凝结成一种特有的教育观念。

由此,我们可以认识到,教育政策难以执行的一个重要原因是传统教育意识与观念的制约与阻碍。这种制约与阻碍在政策执行的全过程中会或强或弱地表现出来。

(二) 社会行政风气的某些不良因素

教育政策的执行就是一种"行政"。良好的行政制度与行政风气自然会带来"政令畅通"。相反,若社会行政风气不良,行政机关作风拖沓,必然会使政策执行茫然无措,问题丛生。教育政策执行是行政的一个部分,检视政策执行中"表面化"、"附加性"、"偏离"、"缺损"等现象的存在,实则与我国社会存在的某些行政风气不良现象有关。社会中不良的行政风气也会在教育行政中反映出来,会干扰教育行政。教育政策执行中存在的种种问题,在一定程度上应从社会行政风气不良上找原因,应从行政机关作风不实上找原因。

(三) 教育政策执行所需资源的不足

教育政策执行需要消耗一定的人力、物力、财力资源,需要有相应的资源保障。如果实施政策所需的资源不足或者缺乏,或者教育资源分配不合理,必然会使执行过程出现问题、发生困难。例如,一些贫困地区普及教育还存在辍学、失学或普及程度不高等问题,这主要是与经济贫困有关。政策执行需要有合格的执行人员,数量充足而合格的执行人员是政策顺利而有效执行的重要保证。如果合格人员缺乏或不足,自然会因缺乏有效的操作者而使政策执行陷入停滞或流于形式。

(四) 教育政策的利益要求与政策目标群体的利益要求存在冲突

有的教育政策是一种"限制性"政策,这种"限制性"又是针对一定的目标群体而言的。

之所以要有限制，是因为某种目标群体原有的教育行为"不恰当"而需要重新规范。这样，新制定的带有"限制性"的政策必然对目标群体的原有利益带来影响，并构成"利益冲突"。目标群体往往会从维护既得利益的态度出发而对限制性政策作出某种不配合或消极的反应。这就会导致政策执行中"偏离"、"缩水"、"阳奉阴违"等现象的发生。例如，在贯彻执行制止中小学乱收费政策时会遇到这种情况。另一方面，有的教育政策的实施，需要目标群体为获得某种教育利益而付出应有的代价，而目标群体则希望以付出最少的代价换取最大的教育利益，这中间同样会构成一种利益冲突，这种冲突也会导致教育政策执行发生问题与困难。

（五）教育政策本身的缺陷

教育政策执行的问题有时候是因教育政策本身的缺陷而引起的。这些缺陷主要表现在：（1）有些教育政策缺乏应有的科学性、完整性，政策之间不配套。例如，教育政策目标要求过高，教育政策目标过于笼统、抽象等，这容易导致政策执行的表面化或其他问题的出现。（2）教育政策多变。教育政策缺乏应有的稳定性，尤其是一些地方性或部门性的教育政策，容易随着领导人的频频变更而变化，人存政举，人走政息。政策多变、朝令夕改，自然会使政策本身缺乏可信度与权威性，这样，政策执行中的象征性现象也就无法避免。

三、减少教育政策执行问题的对策

（一）加强政策研究，力求政策本身的科学性与合理性

减少教育政策执行的问题，首先要检讨教育政策本身。一个有问题的政策必然导致执行中问题丛生。若对我国教育政策作历史性的回顾，这样的教训可谓深刻而沉重。所以，审慎对待教育政策的制定过程，使制定的政策更加科学化、合理化，这是避免政策执行失误的关键。为此，需要加强对政策的研究，更清晰地把握教育政策与教育改革和发展的关系，以先进的、科学的教育思想和理念，指导教育政策的制定。与此同时，科学化、合理化的教育政策一定强烈地体现着从实际出发的原则和实事求是的精神。制定的教育政策若真正体现着实事求是的精神，政策的执行一定会少走弯路。

（二）加强教育政策执行机构的作风建设和执行人员的素质建设

任何教育政策都需要执行者去执行。在政策执行中，执行者的作用举足轻重。首先要建立健全合理的执行机构，分清执行机构的责任，增强其执行功能。有时候对政策执行中发生的问题存在着熟视无睹、无人问津的现象，这与执行机构的责任不清、不明相关。加强教育政策执行机构的作风建设，保证行政从严、从实，这有利于防范与克服政策执行的问题。执行机构的作风建设与执行人员的素质建设相辅相成。机关作风状况归根结底是通过人的行动来体现的。教育政策执行人员对政策问题的敏锐性及对问题深刻的认识与合理的判断对解决政策执行问题起着重要作用。加强教育政策执行人员的素质建设很重要的方面是不断提高他们的政策水平。

(三) 深入宣传教育政策,增进目标群体对政策执行的理解

减少教育政策执行中存在的利益冲突,需要不断增强目标群体对政策的理解。只有当他们真正理解了政策、认同了政策,才可能使他们自觉地践行政策、维护政策。要做到这一点,政策执行者必须深入实际,调查研究,做耐心细致的政策宣传与解释工作。政策宣传不仅体现在政策执行之始,同时要贯穿于政策执行之中,越是遇到执行的问题,越需要加强政策宣传。政策宣传的方式多种多样,其中对政策执行过程的宣传也十分重要,宣传先进典型,形成正确的舆论导向,以此推进政策执行,这也是值得重视的宣传方式。

(四) 加强教育政策执行的监督与评估

教育政策执行存在的一些问题与政策资源的配置有关。政策执行所需的资源不能到位,有时候并不完全是因为资源匮乏,而是因为没有按照政策要求有效地调配资源,这就需要加强政策执行的监督,使应该配置又能配置到的资源及时到位。加强政策执行的监督还有更为广泛的要求。整个教育政策执行的过程应该同时成为接受监督的过程。对政策执行的强有力的监督会使政策执行更为严肃和认真,能保证政策规定与要求得到真正落实,这样就可以避免一些不应该发生的问题发生。另一方面,加强政策执行的评估对于减少执行问题也具有重要的意义与作用。有关政策评估我们会在后面的专章予以讨论,这里不多加分析。

第四节 教育法规的执行

教育政策的执行与教育法规的执行既相联系又相区别。狭义地看,教育法规的执行是专指教育法律的执行,即教育执法。这与一般的教育政策的执行有所不同。在这一节中,我们专就教育法规执行的相关问题作简要分析。

一、教育法规执行的特点

(一) 教育法规执行更强调规范性

法律的构成要素以法律规范为主。法律规范的重要标志是行为模式和后果归结的规范。就教育执法而言,教育法律同样以严格的准则规定着人们的教育行为,规定着什么样的教育行为是允许做和可以做的,什么样的教育行为是不允许做和不可以做的。教育法规执行更强调规范性,还表现在它规定着人们必须履行的教育义务和应予承担的教育责任,而且对于在执行过程中违反教育法律的行为,需要依法追究。教育法规执行的这种严格规范显然与一般教育政策的执行有所不同。教育政策的执行固然也要求规范性,但它是在更宽泛的意义上使用规范性的。教育政策执行的灵活性显然强于教育法规执行的灵活性。另一方面,有些教育政策是一种符号性政策,它的执行主要表现为思想上的回应,而教育法规的执

行则具有更强的操作性。

(二) 教育法规执行手段更具有强制性

教育法律的实施如同其他法律的实施一样,都是以国家强制力作保证,以国家强制力作后盾的。相对于一般的教育政策而言,教育法律更具有权威性、普遍性。教育法律一经颁布就必须从法律规定的实施之日起开始实施。这也是教育执法的体现。教育法律实施之后,人们就可以以法律为准绳,规范教育事业的发展,以法律为武器,捍卫正当的教育权益。在通常情况下,法律的强制性在执法过程中是间接地、潜在性地发挥着作用的。它使得人们意识到法律的存在而表现为对法律的自觉遵从。只有在人们违反教育法律时,真正的强制性行为才会降临到行为人身上。当然,教育法律的实施并不仅仅依靠强制性,它也依靠说服、教育的途径,受到道德、人性、经济、文化等方面因素的影响。但就强制性而言,教育法律实施手段的这一特点显然表现得更为突出。

(三) 教育执法主体更具有明确性

教育法律执行有特定的执法主体。执法主体是与法律权利主体相统一的。它是由法律规定享有权利并承担法定义务的个人和组织。在教育执法过程中,执法主体在法律允许的范围内可以独立地支配自己的权利,不受他人干涉。与此同时,他也必须独立地承担由此产生的法律责任。由于教育法律大部分表现为专项法,其与许多具有普遍性的教育政策不同的是,专项教育法律具有特定的调整对象与适用范围,有更为明确的执法主体。例如,《中华人民共和国义务教育法》在规定政府的法律责任时,还特别规定了适龄儿童监护人的法律责任。如果适龄儿童的监护人不能按法律规定让适龄儿童接受义务教育,那么法律就必须追究监护人的责任。

(四) 教育执法过程需要相应的法律监督

教育执法监督是法定监督主体根据法律程序对教育法律行为进行调控、纠偏、审查和监督,并能产生一定法律后果的一种法律制度。教育执法离不开法律监督。法律监督本身也是一种执法要求。关于教育执法监督将有专章予以分析,这里仅予提及。

二、教育执法的基本原则

教育法规执行的特点表明对教育执法有较严格的要求。如何进行教育执法?这里我们继续对教育执法所应遵循的基本原则作一阐述。

(一) 合法性原则

所谓合法性原则,是指教育执法主体在执法过程中要遵守法的规定,要有法的依据并严格依法办事。教育执法的合法性原则是"有法必依"这一法制基本原则的具体体现。

在教育执法过程中坚持合法性原则的必要性在于,它能使教育执法依法进行,并依法保护教育执法主体和法律适用对象的合法权益,同时也将保证教育执法机关按照法律赋予的权力并在法律规定的权限范围内开展执法活动。贯彻合法性原则的基本要求是：(1)教育执法主体必须符合法的规定，不能超越法定权限；不具备合法的主体资格就不能行使执法权力，其活动也不具有法的效力。(2)教育执法必须有法律依据。教育执法活动必须严格依法进行。"法无授权不可为"，没有法律的授权，教育执法机关不能剥夺相对人的权利，也不能为相对人设定义务。(3)教育执法要符合法定程序。教育执法要按照法律规定的程序进行，违背执法程序将导致执法的无效。

(二) 公正性原则

所谓公正性原则，是指教育执法主体在执法过程中应客观、适度、不持偏见、不徇私情，符合法律和社会正义的要求。在教育执法过程中坚持公正性原则的必要性自不待言，因为执法若不公正，那就违背法律应有的精神与意义，就会使法律失去权威性甚至导致对法律的践踏。另一方面，教育活动纷繁复杂，教育法制还不十分完善，这更需要执法者面对复杂情势秉公执法，以推进依法治教。

贯彻公正性原则的基本要求是：(1)教育执法主体必须严格按法律条文规定办事。执法主体在执法中必须考虑那些与法律相关的因素，而不能考虑不相关因素。执法必须符合公正的客观标准。(2)教育执法主体应按法律规定独立行使执法权力，独立作出执法决定，不应受到各种外部因素的影响与干扰。(3)教育执法人员不能徇私枉法，要自觉抵制各种不正之风的干扰。(4)教育执法主体不能有故意拖延的执法行为，涉及法律问题应认真调查，尽快处理。

(三) 公开性原则

所谓公开性原则，是指教育执法主体的执法活动应公之于众，有适当的透明度，以公开接受社会监督。坚持公开性原则的重要意义在于它是社会主义民主的要求，它为教育执法监督提供了条件，有利于防止执法者的偏私，并有利于保护当事人的合法权益。

贯彻公开性原则的基本要求是：(1)教育法律、法规应及时向社会公布，并应做到"家喻户晓"，未经公布的教育法律不能作为执法的依据。(2)教育执法机关的办事规则、标准应向社会公开。(3)教育执法决定的内容、执法根据和理由应向当事人公开，执法处理结果应向当事人和社会公开。

三、教育执法面临的主要问题

如同教育政策实施存在诸种问题一样，教育执法也面临一些明显的问题，主要表现在以下几方面。

(一) 教育活动中的有法不依

一些部门、单位和个人在教育执法过程中，对教育法规采取一种轻慢的态度，或者对教育法规知之甚少，或者对教育法规置若罔闻。在实践中，教育活动中的有法不依主要有两种表现：

一是将某项或某种教育法规束之高阁。明明是一部法律却不以法律待之。这种法依然只是一种法律文本，而未真实地变为执法行动。二是在教育执法过程中存在着不完全依法办教育的现象，即表现为部分地依法、部分地不依法。所以教育的不依法也就变成了一种"法律缩水"或"法律折扣"的行为。在教育执法过程中，有法不依问题有时表现得较为严重。

（二）教育执法不严和违法追究不力

教育执法过程中存在这样一种现象：同国家民法、刑法等法律的执法情况相比，教育执法应有的严肃性、严格性受到减弱与损害。教育执法不严主要有以下表现：一是一些教育行政机关不能严格按照法定职权和程序，正确适用教育法律法规。教育行政机关的执法存有随意性或任意性的状况。教育的执法时紧时松。二是教育执法的个体不能严格执法。对于一些执法个体来说，教育执法的"弹性"似乎多于其"刚性"。三是对教育违法的追究不严不力。在现实生活中，一些触犯教育法律甚至较严重地违反教育法律的行为并没有得到及时的、严格的追究，或者追究起来也是淡化处理。

（三）教育执法监督的力度不够

教育执法监督虽然有多种形式，但从实际情况看，教育执法监督的力度还不够，教育执法监督的权威还没有得以真正有效地确立。关于教育执法监督力度不够的问题由于在后文中还会涉及，所以这里略述。

导致教育执法存在上述主要问题的原因是多方面的，也是十分复杂的。教育执法是社会执法的一个组成部分，教育执法存在的问题是社会执法存在的问题在教育中的反映。所以，教育执法存在问题的原因与社会其他部门执法存在问题的原因有诸多的相似。然而，就教育本身而言，其执法存在问题的最重要的原因是教育的法制意识与观念还比较淡薄，依法治教的思想没有得到真正确立。人们还缺乏对教育法制建设与教育发展相互依存、相互促进的关系的深刻认识。传统的落后的教育观念及管理教育的观念还严重地阻碍着教育执法的深入进行，它导致教育执法的宣传不力，导致有法不依、执法不严现象的发生。所以，解决教育执法存在的问题需要以不断转变教育观念、真正树立依法治教的思想为先导。当然，我国社会主义法制建设正处在健全与不断完善的过程中，教育执法存在的问题需要通过不断推进教育执法来解决。

🛡 **思考与练习**

1. 简述教育政策执行在教育政策过程中的地位与作用。

2. 何谓"教育政策失真"，请联系实际分析其表现与原因。

3. 联系实际，分析教育执法存在的问题，并就如何解决问题谈谈你的思考。

第六章

教育政策评价

学习目标

1. 认识教育政策评价的含义与意义。
2. 认识教育政策评价的类型与标准。
3. 认识教育政策评价的构成要素和基本方法。
4. 联系实际,分析教育政策评价中存在的问题。

教育政策、法规执行之后,人们自然会关注执行的结果。人们总是期待着通过教育政策的执行而使教育的改革与发展能取得新的成绩或通向更好的境界。如何认识教育政策的执行结果?用怎样的标准与尺度来衡量教育政策的执行结果?如何通过对政策执行状况的分析重新审视教育政策本身?这些问题无疑都涉及对教育政策的评价。本章将就教育政策评价的相关理论问题进行分析。

第一节 教育政策评价的含义与意义

一、教育政策评价的含义

(一)关于政策评价的基本含义

了解教育政策评价的含义,需要先对政策评价的基本含义进行介绍。关于政策评价的含义,学术界有以下几种观点:

第一,认为政策评价是一种对政策运行的全过程进行广泛、深入分析与研究的社会科学活动,是"有系统地应用各种社会研究程序,搜集有关的资讯,用以论断政策概念与设计是否周全、完整,知悉政策实际执行的情形、遭遇的困难、有无偏离既定的政策方向,指明社会干预政策的效用"。[①] 所以这种观点强调的是政策评价的综合性、系统性与全面性。

第二,认为政策评价的关键是对政策效果的评价,其主要目的在于鉴定人们所执行的政策实际上达成的效果。而实际上达成的效果又是与政策目标相联系的。这里的效果在很大程度上是指政策目标的达成度。

第三,认为政策评价主要是对政策方案的评价。这种观点认为,政策执行的结果关键取决于政策方案。政策执行的状态归根结底是由政策方案决定的。良好的政策方案才能导致良好的执行结果。反之,政策执行的不良又可以从政策方案上寻找原因。所以政策评价的核心应是对政策方案的评价,其目的在于分析、比较各种政策方案的可行性以及相对的优缺点。

第四,将政策评价界定为:"依据一定的标准和程序,对政策的效益、效率、效果及价值进行判断的一种政治行为,目的在于取得这些方面的信息,作为决定政策变化、政策改进和制定新政策的依据。"[②]这一观点强调的依然是对政策效果的评价。

(二)教育政策评价的含义

教育政策包含于公共政策之中。教育政策评价可以视为公共政策评价的一个重要内容或重要方面。对政策评价的多样性理解当然可以导致对教育政策评价理解的差异。所以,

---

① 林永波,张世贤.公共政策[M].台北:五南图书出版公司,1982:499.
② 陈振明.政策科学[M].北京:中国人民大学出版社,1998:335.

迄今为止,关于教育政策评价也难有被普遍接受的确切的定义。袁振国在《教育政策学》一书中,将教育政策评价定义为:"所谓教育政策评价,是指按照一定的教育价值准则,对教育政策对象及其环境的发展变化,以及构成其发展变化的诸种因素所进行的价值判断。"[①]这一定义首先强调教育政策评价本质上是一种价值判断。而价值判断,一般而言,是指对事物的用途和积极作用的认识。在这种意义上,教育政策评价乃是对教育政策所起的实际作用的认识与判断。这里的价值判断,又是建立在事实判断的基础上的,是从认识事实出发,而又根据人的需要与愿望对事实作出评判的。在对事实进行价值判断之时,又必须按照一定的价值准则进行。所以,这一定义在强调教育政策评价本质上是一种价值判断之时,又特别强调价值准则对于政策评价之必要。另一方面,这一定义也明确指出了教育政策评价的对象、阈限。按照定义的阐释,教育政策评价的对象乃是"政策对象及其环境的发展变化,以及构成其发展变化的诸种因素"。这段话实质上非常明确地将教育政策评价的对象指向政策执行的后果,这种后果乃是执行政策所带来的"变化"。而"变化"又受到诸种因素的影响,或是由诸种因素所构成。所以,教育政策评价的对象既指政策执行的后果,又指影响执行的因素。

通过对政策评价多种观点的介绍,并结合对教育政策评价定义的引述,我们可以认为,教育政策评价实则有着较为丰富的内涵。这里,我们对教育政策评价作如下定义:所谓教育政策评价,是指依据一定的评价标准,对教育政策运行的全过程进行系统的、综合的分析与判断,总结政策运行的成绩与经验,揭示存在的问题与不足,从而为修订和完善教育政策,及实现教育政策的更良性运行服务。我们对教育政策评价的定义,是想进一步揭示教育政策评价的丰富内涵。对此,有以下几点需作说明:

其一,教育政策评价是对教育政策运行的全面评价。它将评价的重点定位于教育政策执行的结果,但又不囿于对结果的评价,是对教育政策全过程的评价。

其二,教育政策评价并不只是为诊断教育政策执行的结果而进行评价,同时也是为达成更好的教育政策而进行评价。

其三,教育政策评价关注对政策本身的优劣比较,关注对影响政策制定及影响政策运行的诸多因素进行深入的、实事求是的分析。

二、教育政策评价的意义

教育政策评价也是教育政策运行过程中的重要环节,它对推进教育政策的良性运行具有十分重要的意义。

(一)教育政策评价是衡量和检验教育政策效果的基本手段与途径

教育政策效果是指通过教育政策执行而产生的有效的结果与成果。政策效果可分为直接效果和间接效果、有形效果和无形效果。政策效果包含政策效益、效率于其中。政策效益

---

① 袁振国.教育政策学[M].南京:江苏教育出版社,1996:230.

是指达到政策目标的程度,政策效率是指消耗的政策资源与获得效果的比率。政策效益、效率均是政策效果的表现形式。

一项为适应教育发展而制定的新的教育政策,当它投入运行之后,究竟产生了怎样的实际效果,这绝不是凭着感觉可以道出的。对教育政策效果的检验,需要利用一切可行的技术和手段收集相关信息,并在此基础上加以分析和进行科学阐释,以确认政策执行状况的优劣、好坏,从而得出教育政策执行的实际效果。对政策效益的认定,则需要对照政策目标,用科学的方法检测出政策执行的结果与政策目标的实际关联,从而分清教育政策执行在何种程度上达成了目标,又在何种程度上与政策目标存在差异。对政策效率的认定,则需要通过对政策资源的投入量与政策"产出"(效果)进行认真的计算与比较。这一切均说明教育政策评价是衡量和检验教育政策效果的必不可少的手段与途径。

教育政策评价在作为一种衡量与检验教育政策执行效果的基本手段与途径的同时,也在帮助教育政策的制定者与执行者树立起一种评价意识与观念。这种意识与观念深刻地影响着教育政策的执行,它使得政策执行者在执行政策的过程中自觉地以应有的评价标准检视自己的执行行为,从而自觉追求政策执行的良好效果。

(二) 教育政策评价是合理调配教育资源,实现资源配置优化的基础

教育政策的运行离不开教育资源。良好的政策运行与资源配置是否合理、有效密不可分。在教育资源相对有限的情况下,怎样的资源配置才是合理、有效的配置? 这一问题需要作理性的思考,需要对政策运行所需要的资源和现实中可能提供的资源进行认真的分析。教育资源的"配置"二字,其本身就寓含着对人力、物力、财力等资源的合理组合。这种组合蕴含着需要对其自身进行的审视与评判,否则我们就无法知道怎样才是"合理"、"有效"的配置,或者也无法知道怎样的配置是不合理的配置。所以,教育政策评价是合理配置教育资源的认识前提与基础。教育政策评价对于配置教育资源的意义不仅表现在政策执行的过程中,同时也表现在教育政策的制定过程中。一个良好的政策方案的构思与形成,必然要考虑到资源配置的优化,必然有对政策实施可行性的深思,这就自然地有一种对政策方案进行评价的需要,而教育政策评价的意义与作用也就蕴含于其中。

(三) 教育政策评价是决定政策命运的重要依据

教育政策的现实性特征决定了它的实施具有一定的时限性。教育政策实施的时限性依政策方案和政策实施的结果而定。有的教育政策实施一段时间之后,发现难以为继,便告终结;有的教育政策实施一段时间之后,发现存在一些问题,需要对原有政策方案进行修正、调整后,方可延续。无论是宣告政策命运的终结,还是对政策进行修正、调整以让其生命延续,都需要对政策运行进行评价。只有通过评价,通过对政策运行状况的科学认识和把握,我们才可以决定政策的命运与去向。教育政策评价不仅对政策命运的诊断具有特别的意义与作用,同时它也是导致政策革新的前提。教育政策的革新虽是在把握了教育发展的新趋向后提出的,但同时也需要在深刻认识原有政策的缺陷与不足的基础上才可能提出。所以,教育政策的革新离不开对教育政策的评价,而教育政策评价对于促进政策革新具有积极的意义。

(四)教育政策评价有利于实现教育决策的科学化与民主化

教育决策的科学化来源于对教育发展客观情势的正确认识与合理判断。一项新的科学化的教育政策决定更是建立在对原有教育政策利弊、优劣进行实事求是分析的基础上的。所以,教育决策的科学化离不开科学的教育政策评价。教育政策决策的过程丝毫离不开对所要决策的政策进行评价。决策的过程充溢着评价活动。假若没有教育政策评价,我们既无法认识原有政策的利弊得失,也无法预测新的政策方案是否顺应教育发展的应然趋向。这样,教育决策的科学化也就失去了应有的根基。正是为了实现教育决策的科学化,我们需要更加重视教育政策评价。

教育政策评价还是通向教育决策民主化的必由之路。教育政策评价客观上要求民主化。评价需要有政策制定者、执行者及目标群体的共同参与,需要有广泛的民主评议,所以教育政策评价过程是一种依靠民主、发扬民主的过程。教育政策评价内含的对于民主化的要求会对教育决策的民主化产生深刻的影响。因为教育政策决策的过程离不开教育政策评价,所以在一定意义上,政策评价的民主化是决策民主化的一种深刻体现。教育政策评价因而也就能促进教育决策民主化的实现。

第二节 教育政策评价的类型与标准

一、教育政策评价的类型

陈振明在其主编的《政策科学》一书中从不同的角度、依据不同的标准对政策评价进行了不同的分类。其分类结果是:其一,从评价组织活动的形式上看,分为正式评价与非正式评价;其二,从评价机构的地位看,分为内部评价和外部评价;其三,从政策评价在政策过程中所处的阶段看,分为事前评价、执行评价和事后评价。[1] 教育政策评价的分类,自然可以以政策评价的分类为参照。这里,我们结合教育政策评价的基本内容与目标,侧重从教育政策评价在政策运行过程中所处的阶段进行分析,并把教育政策评价大体分为执行前评价、执行评价和执行后评价三大类。下面对这三种类型进行逐一介绍。

(一)执行前评价

所谓执行前评价,是指在教育政策决定之后,又在政策付诸实施之前,对政策方案的可行性及政策执行可能导致的后果进行的分析。由此可以看出,执行前评价主要包括对教育政策方案的评价和对教育政策执行后果的预测性分析。有论者将执行前评价称之为预评

---

① 陈振明. 政策科学[M]. 北京:中国人民大学出版社,1998:335.

价,因为执行前评价在总体上均带有预测的性质。

对教育政策方案的评价主要表现为对政策方案进行价值分析和可行性分析。价值分析是对政策目标满足社会和个人对教育需求程度的分析,是对政策目标是否适应与切合教育发展现实需要的主观认定。对政策方案的价值分析之所以针对政策目标,乃是因为政策目标在政策方案中具有核心的地位。一切拟定的政策规划都是围绕政策目标制定的,并需要符合政策目标的要求。对政策目标的价值分析实质上是在继续追问设置目标的必要性与合理性,因而也是对整个政策方案的重新审视。对政策方案的可行性分析主要是指对方案所提出的各项政策措施的具体条件进行分析。方案的可行性分析也包含有关社会群体或个体对此所持的认同或欢迎态度的评价。教育政策方案的可行性首先应建立在有着较广泛的社会认同的基础上。对各项政策措施具体条件的分析关涉到政策方案能否在实际运行过程中得以真正的贯彻和落实。

对教育政策执行后果的预测性分析主要是对政策执行过程中可能出现的情况和政策实施可能导致的结果进行的前瞻性分析,同时也对可能付出的代价和可能获得的利益进行比较。通过对执行后果的预测,一方面可以反馈政策方案本身,为制定更好的教育政策提供依据;另一方面则可以根据预测,在实施教育政策的过程中采取更理性的实施策略,避免政策执行过程中的非理性行为。

执行前评价是用逻辑证明的方式进行的,它具有相当的科学性与合理性,同时也具有超前性。然而,在教育政策实施过程中,由于影响教育政策执行的因素十分复杂,这些因素处于变化之中,政策执行会受到意外情况与事件的干扰。因此,执行前评价与实际执行的后果难免存有一定的距离,它的科学性究竟如何,需要经受实践的检验。

(二) 执行评价

所谓执行评价,是指对教育政策的执行过程及其在执行过程中的政策执行状况进行的分析。执行评价在教育政策评价中具有突出地位,它是对教育政策执行过程的全面审视,它对于保障教育政策的顺利实施和良好执行效果的取得具有十分重要的意义。

对教育政策执行过程的评价是执行评价所关注的重要方面,其基本任务是检视教育政策执行是否按照应有的程序与步骤进行。例如,是否有较广泛深入的政策宣传? 是否拟定了翔实的执行计划? 如何组织政策实施? 以何种方式进行政策执行的协调? 是否有对政策执行的总结? 对政策执行过程的审视与评价,是为了保证政策执行合规范、合步骤地进行,以避免执行过程中应有步骤的缺失与不力。对教育政策执行过程的评价重心是对执行程度与步骤的审视,而其特别关注的应是执行计划的合理拟定和执行机构的有效建立。

对教育政策执行过程中的执行状况的评价所关注的是执行行为,它是在具体分析教育政策在实际执行过程中的状况,以确认教育政策是否得到真正的贯彻执行。它着重审视的是:执行计划如何具体实施,执行机构实际上如何运作,政策资源如何配置和配置是否到位,对政策执行过程中发生的意外情况与意外事件如何处理,以及其他一些问题。对教育政策执行状况的评价具有极强的针对性,它随时随地关注执行的动态与问题,并及时发现和纠正执行中发生的偏差,以尽可能减少政策执行的失误,保证正确的政策得以切实贯彻和实现。

(三) 执行后评价

所谓执行后评价,是指教育政策执行完成后对政策效果的分析与判断。这种评价是在政策执行完成之后发生的,且是一种最主要的评价方式。其主要任务是依据一定的评价准则和方法,具体考察一项教育政策的执行在客观上对教育事业的改革和发展产生了怎样的影响,综合分析一项教育政策的效果。

袁振国在其主编的《教育政策学》一书中,将执行后评价称为后果评价。他认为,这一评价包含三个方面的内容,即教育政策效果评价,教育政策效益评价,教育政策影响评价。"教育政策效果评价就是对教育政策执行结果实现教育政策目标的程度所作的评价,即通过政策的实际结果和理想结果之间的比较,对政策是否实现了预期的目标所进行的分析和判断。教育政策效益评价就是对政策结果和政策投入之间的关系所作的评价,其目的是确定政策效果和投入之间的比例关系。教育政策影响评价就是对一项教育政策在整个社会系统中所起的作用和产生的影响的综合评价,其中包括对教育政策的正效应和负效应,教育政策的短期效应和长期效应,教育政策的直接效应和间接效应所作的分析。"[①]

教育政策执行后评价可以视为一种终结性评价,它具有总结经验教训的性质。作为对教育政策过程的总结,执行后评价对政策所作出的价值判断具有权威性和极强的影响力。执行后评价是通过实践检验的方式进行的,是对实践结果的评价,因而根据这一评价,基本上可以决定一项教育政策的延续、改进或终止。执行后评价作为教育政策评价的一种重要方式,其所具有的特定意义与作用亦由此可见。

教育政策评价的三种类型与方式是缺一不可的。它们虽然各有其特定的指向与功能,但又是一个完整的评价系统。它们各自相对独立的存在表明教育政策评价具有多方面的丰富的内涵,它们内在的逻辑联结又表明教育政策评价是一个由多种评价方式所组成的相互联系、相互整合的有机整体。在实际操作过程中,三种评价方式不是孤立地发挥各自的功能,而是环环相扣,协同地发挥着教育评价的整体功效。

二、教育政策评价的标准

教育政策评价离不开特定的评价标准。评价活动作为一种价值判断,其与价值尺度密切相连。价值尺度就是评价标准。它是教育政策评估者在政策评估过程中据以对政策方案、政策执行过程及政策执行结果进行优劣或是非判断的准则。教育政策评价标准在评价

---

① 袁振国. 教育政策学[M]. 南京:江苏教育出版社,1996:234.

活动中的重要作用正在于它通过提供价值尺度,规范和导引着教育政策行为。

教育政策评价的结果是否公允、正确,在很大程度上取决于政策评价标准是否科学。科学地设定评价标准对于评价活动本身,乃至对整个教育政策活动都具有十分重要的意义。然而,在现实的教育政策活动过程中,科学地设定评价标准并非易事,因为它受到各种不确定因素及可变因素的影响。例如,有时政策目标的不明确使得评价标准难以界定,政策效果的即时性与长期性及政策影响的正面效应与负面效应也使得评价标准的设定面临困惑。正因为如此,评价标准的设定需要慎重、理性地予以考虑。

这里,我们结合一些政策科学与教育政策学的相关论述,对教育政策评价标准作如下分析。

(一) 发展性标准

发展性标准是评价教育政策的首要标准。制定与颁行教育政策,目的是为了促进教育发展。教育政策是推动教育改革、促进教育发展、整合教育资源的有力的行政手段。评价任何一项教育政策,都必须用发展性标准进行衡量。如果一项教育政策有明确的促进教育发展的目标,如果这项教育政策在实施之后能切实地推动教育发展,这样的政策便是好的政策。如果一项教育政策的实施并没有真正地推进教育发展,甚至妨碍教育的发展,那么这样的教育政策自然是不好的政策,是应该予以终止与摒弃的政策。

教育政策评价的发展性标准包含教育量的发展标准与教育质的发展标准两个方面。教育量的发展标准有明确的量化指标或数字指标,据此指标可以衡量教育政策实施之后究竟将某类教育量的增长提高到何种水平与程度。教育量的发展标准应有科学性与适切性,并不是量的增长越快越高便证明教育政策产生的效力越大。教育量的发展指标与质的发展标准密切联系。教育政策评价的质的发展标准主要定位于这项教育政策是否能真正促进人的全面发展,并促进社会的进步。一项教育政策如果不能在客观上促进人的全面发展,不能激活与张扬人的创造性与主体性,那么这样的教育政策也只能被视为是"有问题的政策"。另一方面,一项教育政策也要有利于在促进教育发展的同时促进社会的发展与进步。教育政策评价的量的发展与质的发展标准归根结底是统一的、整合的。

(二) 效益标准

教育政策效益是指政策执行之后所达成的政策结果对政策目标的实现程度。效益标准关注政策的实际效果是否与理想目标相符,在多大程度上相符,还有怎样的距离与偏差。效益标准是教育政策评价的另一重要标准,这一标准能否得到科学、合理的设置对整个教育政策评价会带来重要影响。

在教育政策评价过程中运用效益标准,需要关注如下几个方面:首先,教育政策目标必须清晰、明确。政策目标是衡量政策效益的根本坐标,有了这一坐标,政策评价才有所依凭,政策效益才可以对照目标予以衡量。其次,对照目标分析效益的达成度,即认真分析政策执行后目标人群的需要是否得到了满足,满足到怎样的程度,以及何种政策问题得到了解决及解决的程度,以此衡量这项教育政策的执行是否充分地达到了教育政策目标的要求。再次,要分析教育政策的总体效应,即分析一项教育政策执行后对教育事业的发展可能带来的多方面影响。比如执行一项高等教育政策,不仅会对高等教育事业发展本身带来深刻的影响,同时也会对基础教育带来影响。所以对这项高等教育政策进行效益评价时,要兼顾到政策效益的方方面面。最后,要权衡教育效益的利弊,分清一项教育政策执行后带来了怎样的正面效益,同时还存在哪些负面影响,哪些是教育政策的主要效益,哪些是其从属效益,由此对教育政策效益作出客观、公允的评价。

(三) 效率标准

教育政策的效率是教育政策效益与政策投入之间的比率。确定教育政策效率标准的目的是要衡量一项教育政策,为了促进某种教育事业发展水平的提高所需要的资源投入量所能达到的最大价值。效率标准特别关注的是一项教育政策能否以较少的投入换取较高的产出。由于社会教育资源相对有限,效率标准对于教育政策的运行也具有重要意义。教育政策的效率标准与效益标准的不同之处在于:一个有效率的教育政策执行,不一定能获得更高成就的政策效益;一个效益很高的教育政策,也未必能达到效率的高水准。有时候政策的高效益是用高投入换取的,有时候高投入未必能换取高效益。当然,一个好的教育政策运行时,政策效益与政策效率是相互统一的。理想的教育政策目标既指向高效益,也指向高效率。

在教育政策评价过程中运用效率标准,需要对政策结果与政策投入的关系作出分析。而要对两者关系进行分析,关键在于弄清维系一项教育政策执行所需要和所花费的成本。适用效率标准进行教育政策评价,必须进行成本效能分析和成本利益分析。一般说来,维系教育政策运行的成本包含三个方面:交替成本、执行成本和时间成本。交替成本是指新旧教育政策交替时所必须花费的成本。执行成本是指新政策的贯彻执行必须花费的人力、物力和财力的总和。时间成本是指在政策执行过程中占用的各种资源所能产生的时间价值,故又称资源的时间价值。这三类成本中,至关重要的是执行成本。对教育政策进行效率评价,关键是分析政策执行中花费的人力、物力、财力与政策结果的关系。这些人力、物力、财力统称为政策资源。一项教育政策的运行,即使取得良好的结果,但若花费的资源过多或成本太高,那么这样的政策是不是好政策也值得追问。设置效率标准并运用效率标准评价教育政策的目的恰恰在于避免投入与产出相比较后的"得不偿失",在于优化资源配置,以换取资源投入的最大值。

(四) 教育政策回应度

教育政策回应度是指教育政策执行后满足政策目标群体需求的程度。设置这一评价标准,目的是衡量一项教育政策所产生的社会影响,尤其是对人们心理的影响。有论者将教育政策回应度称为教育政策影响,并定义为"是把一项教育政策放到整个教育及社会系统中,从与之相关的其他要素的相互关系中,对该政策的作用及产生的影响所作的综合判断"。[1]

判定与实施任一教育政策,不仅要求有较高的政策效益与效率,同时也要求有较高的政策回应度。因为制定任何一项教育政策,都应该顺乎民意,得乎民心,都需要得到社会的广泛拥护,尤其是政策目标群体的拥护。一项教育政策,即使有再高的效益与效率,如果政策回应度不高,也不能认定为一项成功的政策。换言之,只有政策效益、效率与回应度高度统一或整合,才能使教育政策取得最佳结果。

在教育政策评价过程中,衡量政策回应度需要广泛地进行民意测评与调查,需要对社会人群关于教育政策所持的态度作综合的分析。教育政策的回应度可能是强烈的也可能是非强烈的。这种回应有热烈与淡漠之分,有持续与瞬时之别。正因为这样,在教育政策评价过程中,需要对政策回应度作比较分析和综合评判,以确定教育政策回应的主流趋向,从而为教育政策的修订与完善提供另一方面的实践依据。

第三节　教育政策评价的实行

一、教育政策评价的构成要素

实行教育政策评价,需要对构成教育政策评价的要素有明确的了解。一项教育政策评价怎样才能进行,这就需要对构成评价的要素进行回答。一项完整的教育政策评价,一般由如下五个要素组成,即评价对象、评价方案、评价人员、评价实施、评价总结。

(一) 评价对象

评价对象,顾名思义,是指评价什么教育政策。教育政策评价可以同教育政策的运行过程始终相伴。无论是政策方案的制定,政策方案的执行,抑或是政策执行的后果检验,实际上都必定蕴含着评价。然而对于一项具体的教育政策而言,政策评价又有其特定的指谓。政策评价总是针对某一具体的确定的教育政策进行的,也就是说,教育政策评价必须有其确定的评价对象。并不是任何一项教育政策在任何时候都可以而且有必要进行评价的,在确定评价对象时,必须从政策执行的实际需要出发。通常情况下,有两种教育政策执行状况需要评价,并应予以特别关注:一是那种比较成熟,政策效果和环境变化有较明显因果关系以及评价结论较有推广值的教育政策,对它们进行评价,可以及时总结经验,促进政策继续广泛深入地贯彻;二是那种在执行过程中遭遇艰难,问题丛生,甚至明显带来负面影响的教育政策,对它们进行评价,可以及时诊断问题,吸取教训,或修订、完善教育政策,或终止政策执行,避免更不利的影响发生。总之,教育政策评价必须对象明确,这样评价才能有的放矢。

---

[1] 孙绵涛.教育政策学[M].武汉:武汉工业大学出版社,1997:181.

(二)评价方案

教育政策评价的进行,需要有科学的评价方案。制定评价方案是政策评价准备阶段的一项重要工作,也是构成评价的重要要素。评价方案设计得合理与否,直接关系到教育政策评价质量。进行评价若缺少评价方案,那自然会使评价陷入无所适从或盲目的状态。一个良好的教育政策评价方案必须具备如下几条标准:其一,有明确的评价对象;其二,有明确的评价目标;其三,有明确的评价内容与范围;其四,有明确的评价方法;其五,有明确的进度安排及评价步骤等。总之,完好的评价方案对于评价工作的开展具有重要意义。

(三)评价人员

评价人员是指由谁来进行评价,即评价的主体是谁。教育政策的评价工作自然离不开评价者。评价人员的理论素养及其自身的政策水平对评价工作本身会有重要影响。一般说来,评价人员应该由熟谙教育政策并具有较为丰富的评价经验的专家型人才所组成。与此同时,评价专家应该发动所有与政策相关联的"群众"参与评价。

(四)评价实施

评价实施是政策评价的关键环节,是构成评价工作的最重要的要素。确定政策评价对象,拟定评价方案,挑选评价人员都是为了评价的实施。评价实施的主要任务是利用各种调查手段,全面收集教育政策制定、执行及其效益等方面的信息,听取各方面对所评价的教育政策的反馈意见,在此基础上进行系统的整理分类、统计和分析,以对教育政策及其运行状况作出公允、客观的判断。

(五)评价总结

评价总结是构成政策评价工作的又一要素,它一般以总结报告的形式表现,并标志着对某项教育政策的评价工作的完成。评价总结的重要意义在于:它通过提供结论性的评价意见,以诊断政策本身的好坏及政策运行的优劣。它对一项教育政策能否继续运行及如何继续运行具有重要影响。所以,评价总结报告的撰写需要极度认真,尽可能做到评价结论科学、客观。评价总结报告一方面需对政策效果进行客观陈述,既不掩盖成绩,也不回避矛盾。应在认真总结经验教训的基础上,力求深入分析导致问题产生的原因,并提出改进性的意见与建议;另一方面,评价总结报告还需要对评价过程、方法及评价中的一些主要问题加以说明,对评价工作本身进行分析与总结,为进一步提高评价水平服务。

二、教育政策评价的基本方法

教育政策评价既可以看成是政策评价的一个分支,也可以看成是教育评价的一个分支。有关政策评价和教育评价的一些基本方法均可被教育政策评价所吸收与借鉴。这里,我们在吸收与借鉴他人成果的基础上,将教育政策评价的基本方法作如下陈述。

(一) 对比评价法

对比评价法是政策评价的基本方法,也是教育政策评价的基本方法。对比评价法是将教育政策执行前后的有关情况进行对比,从中测量出教育政策效果及其价值的一种定量分析法。这一方法的显著特点是以大量的参数和参数的前后变化说明教育政策执行后的影响与效果。这里,参数被认为是富有科学性和准确性的。常用的对比评价法有如下三种具体方式。

1. 简单的"前—后"对比分析

这种方式是将教育政策对象在接受政策作用后可以衡量的变化值减去政策执行前可以衡量出的值,以此说明教育政策的影响与效果。例如我们在评价一项关于扫盲教育的政策效果时,可以用执行扫盲教育政策前后文盲人口的变化数来说明政策效果。如果政策执行后文盲人口显著减少,则说明政策效果显著。文盲人口减少的比例与数量被认为是衡量扫盲教育政策效果的决定性的指标。简单的"前—后"对比评价法,其长处固然是简单、方便、明了,而其不足之处则是仅仅将参数变化作为评价依据,不能深入分析政策执行中各种外在因素的影响。另一方面,这种评价方法也容易导致对参数认识的绝对化与片面化。

2. "有—无"政策对比分析

这种分析方法是在教育政策执行前和政策执行后这两个时间段上,将有该政策和无该政策两种情况进行对比,并将对比结果进行比较,以确定教育政策的执行效果。例如我们在评价一项关于基础教育经费投入政策时,假设某地区在过去对于基础教育的经费投入并没有明确的政策规定,而在某年内开始有了政策规定,我们可以将无政策规定和有政策规定的前后经费投入情况进行对比,以此评定政策效果。这种评价方法基本上排除了非政策因素的作用,将参数变化视为政策的净影响。

3. "控制对象—实验对象"对比分析

这一对比法是社会实验法在教育政策评价中的运用,它主要用于教育政策实验的过程中。当一项新的教育政策颁行之后,我们一时无法充分预测它的执行效果,于是便借助实验的方法予以实施。在实验中,我们在同一地区选定实验对象(或实验组),也选定非实验对象(或控制组),然后对实验对象施加政策影响,而对控制组不施加政策影响,最终通过比较这两组在教育政策执行后的情况判定政策效果。如果实验效果良好,则予以大面积推广,否则就需要对政策予以改进或调整。"控制对象—实验对象"对比分析是对教育政策执行的一种预评价。

(二) 定量分析与定性分析结合法

对比分析主要是一种定量分析方法。教育政策评价固然离不开必要的定量分析,但也不能完全依赖于定量分析。定量分析有其利亦有其弊。事实上,在教育政策评价过程中,我们也不可能完全用量化的标准来衡量教育政策效果。有的政策效果可以设定量化指标,有的政策效果又无法用量化的方法测定。即使在十分肯定量化标准的客观性的时候,也不可忽视这种量化标准的设定依然寓含着人的主观性。因为它与评价者对量化标准的认识与选择分不开,与评价者的主观感情、态度分不开。在现代社会中,随着评价的逐步扩展和研究的深入,人们越来越感到评价工作不能过分依赖定量分析的方法,而需要将定量分析与定性分析这两种方法有机地结合起来。在教育政策评价中,定性分析主要通过问卷调查、观察、交谈等具体方式进行。将定量分析与定性分析有机结合,有利于形成真正客观、公正的教育政策评价。

(三) 综合评价法

这里所讲的综合评价法,是指教育政策评价人员的多样性与评价方法的多样化,评价结论则根据不同人员的评价意见综合形成。综合评价法内含若干相对独立又密切联系的具体评价方法。

1. 对象评定法

对象评定法是指由教育政策对象通过对政策执行的亲身感受与认识,对政策效果予以评价的方法。教育政策对象是政策实施的目标群体,是政策利益的直接承受者。一项教育政策是否真正具有积极的价值和意义,是否带来了真实的利益,政策对象的直接感受是最有说服力的。对于教育政策的评价,如果忽视政策对象,或不采用对象评定法,其评价的科学性与准确性就要大受影响。当然,对象评定法仅是进行综合评定的方法之一。

2. 专家评定法

专家评定法是教育政策评价不可缺少的方法。在通常情况下,政策评价主要依靠专家进行。组织专家对政策对象及政策执行者,甚至政策制定者进行调查,审定有关政策判定及执行的记录,认真分析政策执行状况及其带来的影响,最后撰写评价总结报告,鉴定政策成效,这便是专家评定法的基本工作流程与任务。专家评定法的重要价值在于:由于专家具有较丰富的政策知识和教育专业知识,能够对政策效果进行较为透彻的分析;与此同时,由于专家相对于政策制定者、执行者和政策对象而言是某项政策的局外人,他们更有可能站在比较客观公正的立场上对教育政策效果进行实事求是的评价。专家的评定因而也较具权威性。

3. 自评法

自评法是指教育政策执行人员对政策自行评定的方法。一项教育政策评价同样需要政策执行者的评价,因为政策执行者对政策的来龙去脉有较清楚的了解,对政策环境、政策资源、政策运行状况及其在政策运行中出现的问题与矛盾等均有直接的、切身的认识。事实上,政策执行者在执行政策的过程中,总是自觉或不自觉地进行自评。政策执行的状况及问题会随时促使执行者对政策进行不断反思,并促使政策执行者不断调整其执行行为。这种反思与调整就蕴含着一种自行评价。对于政策评价而言,政策执行者的自行评定也具有重要意义。

　　良好的政策评价,不是将对象评定法、专家评定法和自评法各自独立地运用,而是将三种具体方法有机地整合在一起,使之形成一种综合性评价。在教育政策评价的实际过程中,这三种方法的统一体现在以专家评定法为中心,通过专家运用对象评定法和自评法开展评价,专家的评定需要尊重与认真对待对象评定及执行者自评的意见。所以专家评定法不是专家孤立地进行评价,而是以专家评定法为中心有机地联结起对象评定法与自评法的评定模式。教育政策评价报告可能出自专家之手,但却是一种综合评价的结果。

思考与练习

1. 简述教育政策评价在教育政策运行过程中的地位与作用。
2. 简述教育政策评价的类型并分析它们之间的关系。
3. 联合实际,谈谈教育政策评价应遵循的标准。

第七章

教育政策监控与教育法治监督

学习目标

1. 理解教育政策监控与教育法治监督的主体和客体。

2. 了解教育政策监控与教育法治监督的共同特征。

3. 掌握教育政策监控与教育法治监督的含义、种类和特征。

4. 通过学习思考,能提出加强和改进教育政策监控与教育法治监督的建议。

在讨论问题之前,我们对"监控"、"监督"的书面语境与范畴作一诠释。从字面意义上讲,"监控"、"监督"的"监",意味着居上临下的监视与察看;监控的"控",有引导、制约、控制之含义;监督的"督",意为督促与纠正。我们认为,"控"与"督"皆以"监"为基础和前提;"监"以"控"、"督"为结果和目的,两者密切相关。前者可引申为了解权、观察权;后者可理解为督促权、调控权和纠正权。这说明,"监控"与"监督"的含义虽有差异,但大体相近。在本章各节中,我们把"监控"与"监督"视为同义语,不作严格的区分。本章主要介绍教育政策监控与教育法治监督的构成要素、含义、基本特征及其类型与内容等。

第一节　教育政策监控与教育法治监督的主客体及其监督方式

一般说来,构成政策监控与法治监督共有三个基本要素,即监督的主体、监督的客体和监督的内容。政策监控与法治监督三要素,反映出监督的三个基本问题——谁监督、监督谁和监督什么,它们构成比较完整的教育政策监控与法治监督的概念。

一、教育政策监控与教育法治监督的主体和客体

(一) 教育政策监控与教育法治监督的主体定位

"主体"一词,在政策或法律的语境中,是指承担一定义务、享有一定权力或权利的国家机关、社会团体和公民个人。据此,我们认为,教育政策监控与教育法治监督的主体基本上是一致的,都是指行使教育政策监控权或教育法治监督权的责任者和执行者,即依法独立参与监督活动,享有监督权利,负有监督义务,履行监督职能的国家机关、社会团体和公民个人。

对于教育政策监控与教育法治监督的主体,有广义和狭义两种理解。

狭义地讲,教育法治监督是一种国家行为,监督主体只限于有权的国家机关。因此,只有立法机关、行政机关、司法机关享有教育法治监督权。而且以上三类机关的监督活动,基本上都属于教育法治监督的范畴。

广义地讲,不仅国家机关,而且各个政党、社会团体和公民个人,对于教育政策与法规的制定和实施都享有监督权。这是因为,尽管政党、社会团体和公民个人对教育政策与法规有关情况的监督不是强制性的,不具备法律效力,但是,就公民个人而言,他们作为现代社会政治活动的主体,当然具有监督的主体资格。因此,我们要在充分认识国家机关监督地位、作用的基础上,重视政党、社会团体和公民个人在政策监控与教育法治监督中功能、潜力的发挥。本章在广义上使用政策监控与法治监督的概念。

必须指出的是,无论是教育政策监控还是教育法治监督,都是教育政策与法规运行过程中不可或缺的、贯穿始终的机制,都是制约权力、预防和纠正偏差或失误的重要途径与手段,是依法行政、依法治教的要求与保障。

(二) 教育政策监控与教育法治监督的客体定位

教育政策监控与教育法治监督的客体,应包括一切社会关系主体,但其主要是指行使公共权力的国家机关、社会团体及其公职人员。其原因首先是,教育政策实行与教育法规实施的过程,主要是通过公共权力的运作实现的。因此对公共权力行使进行有效的监控或监督,就是在最基本最主要的方面保证教育政策与法规的运行和实现。其次,教育政策,特别是教育法规的实质,是对权力的控制和约束。因而,将行使公共权力的国家机关、社会团体及其公职人员作为政策监控与法治监督的主体,与民主、法治的实质内涵相契合,也与政策监控与法治监督的外在表现相重合。① 这正是我们将教育政策监控与教育法治监督的主体合而为一加以分析的依据所在。

教育政策监控与教育法治监督两者主体定位的重合性,决定了两者客体定位的一致性。鉴于监督客体和监督内容的多样性、广泛性,不少专家和学者在论及政策监控或法治监督问题时,大多以监督的主体为主线来展开,且通常不对监督客体及监督的内容作过多的解说。

二、教育政策监控与教育法治监督的共同特征

教育政策监控与教育法治监督具有以下共同特征:

一是法律性。任何监督主体的监督资格的取得和权能的大小,都取决于法律授权,即在资格取得方面具有法律性。要求监督组织体系稳定、职责清晰、分工合理、监督有力。具体地讲,教育政策监控与教育法治监督的主体,必须符合三个法定条件:(1)法定名称。如,全国和各省、市、自治区人民代表大会,人大代表;总理、国务院;省、市、县人民政府,省长、市长、县长;省教育厅,市、县教育局(委)、厅长、局长(主任);各级法院、检察院等。(2)法定职权。如批准权、修正权、审查权、复议权、否决权、撤销权、变更权、质询权、弹劾权、罢免权等。只是在实行教育政策监控时,一般不能行使的是质询、弹劾、罢免权,这三种权力属于教育法治监督的范围。(3)法定人格。即监督的主体经法律授权以自己的名义独立进行监督活动并承担相应的法律责任。

二是优越性。无论是教育政策监控,还是教育法治监督,各种监督主体监督权力的行使、监督方式的选择、监督进程的发展、监督结论的作出,均由监督主体自行决定,不以被监督者的同意与否为条件,监督主体的监督权受法律保护。教育法治监督主体与监督对象享有权利和承担义务处于不对等地位,即监督主体地位相对优越于监督对象。行使教育政策监控与教育法治监督职权(主要是指执法监督)的国家机关及其工作人员,是代表国家行使监督权,始终处于审查、评价、督促、控制的主导地位。这一点有别于群众监督或舆论监督的行为。

---

① 张文显.法理学[M].北京:北京大学出版社,1999:314—315.

三是外部性。通常情况下,监督主体对监督对象施加的是一种外部力量,即监督主体必须是监督对象以外的组织和个人,并相对独立于监督对象进行监督活动。即使是在行政系统内部监督中,上级教育行政机关根据层级制权力结构所获得的内部监督权限,对于下级教育行政机关而言,也具有一定的外部性。教育政策监控与教育法治监督的外部性,是监督主体发挥作用的前提。如果监督者与被监督者混为一体,即通常人们所说的运动员与裁判员不分,则监督不复存在。

四是程序性。国家立法、司法和行政机关以国家名义进行的教育政策监控与教育法治监督是一种制度性设置,有着严格的程序要求。具体、严谨的程序设定,能够增强监督的可行性和有效性;开放、合理的程序设定,能够增强监督的民主性和科学性。设定程序的目的,能够促使、保障监督目标的实现。

五是系统性。所谓监督的系统性,是指政策监控与法治监督在体系、功能、结构上的统一性、协调性和整体性。这种监控或监督应是一个目标统一、功能协调、结构完整、运作有效的有机体系。就政策监控与法治监督而言,两者既相对独立又彼此衔接,相互补充和配合,作为有机统一体协调运作。这就要求对于教育政策监控和教育法治监督的制度设计应当有完整、统一的考虑。

三、教育政策监控与教育法治监督的类型与方式

根据监督主体的设置及其地位、职能、权限、责任等的不同,可将教育政策监控与教育法治监督的主体划分为不同的类型,主要有立法机关监督、行政监督、司法监督、政党监督、社会监督等类型。不同类型的监督有着不同的监督方式。

(一) 立法机关监督

立法机关监督是指行使国家立法权的机关,对于行政机关、司法机关的立法和执法活动实施的监督。在我国,立法权由作为国家权力机关的一定层级的人民代表大会及其常务委员会行使,因此,立法机关监督可称为国家权力机关的监督,是最权威的监督。立法机关实施教育政策监控与教育法治监督的方式是:

第一,对教育政策与法规制定活动实施监督。主要是指权力机关对有权制定法规性文件的国家机关制定的教育政策与法规,在制定程序和实体内容上的合法性所进行的监督。这种立法监督采用的方式包括:批准、备案、发回、宣布无效、改变或撤销,等等。

第二,对教育法律实施和教育政策执行活动进行监督。国家权力机关的这种监督主要有:听取和审议教育工作报告、汇报;审议规范性教育文件;视察和检查;组织对特定教育问题的调查;评议教育工作;督促办理人民代表有关教育方面的建议;受理人民群众对有关机关和工作人员的申诉意见;提出质询、询问;就某种监督事项作出决定、决议;罢免或撤销有关人员的职务等。

(二) 行政监督

行政监督是指行政机关(主要是指教育行政机关)及其工作人员为实现教育行政执法职能和教育行政管理职能,在职权范围内对有管辖权的下级教育行政机关及其工作人员的行为,以及平行的有关行政机关及其工作人员的行为,是否遵守教育政策与法规及其他行政管理决定进行的监督。

行政监督不同于立法、司法机关监督。行政监督主要依靠国家赋予它的行政权威,是按照行政机关特定的运行方式进行的一种行政内部监督。如教育行政机关可通过执行行政决议,或发布命令、指示、规划、制度、纪律的方式,通过教育行政组织上下级的关系来监督被监督的对象。这种监督是建立在行政权力基础之上的。

教育行政机关作为教育政策监控的主体,是其自身作为教育主管部门的职能所决定的。教育行政机关能否作为教育法治监督的主体,在学术界有争议。持否定意见者认为,依据现代行政法学原理,现代国家法治监督的重点在于防范、控制和矫治权力的无限扩张、滥用与腐败,这使行政机关往往成为监督的对象而不是主体。我们认为,教育行政机关有不同于国家权力机关的组织系统和独特职权,它所具有的某些监督权能是无法转移、委托他人或被其他监督形式所取代的。因此,教育行政机关可以作为法治监督的主体,行使如下领域的内部监督。

一是教育行政机关内部上下级的纵向监督。这种形式的监督,是教育行政机关自我约束、自我控制、自我纠错的自律性教育政策监控和教育法治监督。通过行政隶属关系,教育行政系统内部可实行自上而下、自下而上的监督。自上而下的监督,是上级行政机关及其工作人员按照法定职权,通过听取工作汇报,督促工作进展,检查决定、命令执行情况,进行违纪处理,作出行政裁决,受理行政复议案件等方式,对下级机关及其工作人员执行教育政策和实施教育法规的行为实施监督。自下而上的监督,是下级教育行政机关及其工作人员按照民主集中制的原则,通过反映情况和问题,提出批评和建议,进行申诉和诉讼,以及信访、上访等方式,对上级教育行政机关及其工作人员的行政行为实施监督。

二是教育行政监察监督。行政监察是指行政系统内部的专门监督机构以特定的监督形式,对行政机关及其工作人员在执行教育政策与法规过程中发生的违法渎职行为进行监察。就当前情况看,强化教育行政监察的作用和意义,主要在于反腐倡廉,以权控权,防止各类侵权、渎职、腐败等现象的发生。

三是教育督导。教育督导是指教育督导机构及其工作人员根据教育政策与法规和教育科学理论,运用科学的手段和方法,对同级和下级政府及其教育行政部门的工作和学校的教育教学进行的监督、检查、评价和指导。教育督导是国家对教育进行监控的一种基本形式,是专业性很强的一种行政内部监督,其目的就是督促被督导单位切实贯彻落实国家的教育政策与法规。

四是审计监督。审计监督机关在性质上属国家行政机关系列。教育审计监督主要是对教育行政部门和学校(包括教育机构)的财务收支、经济效益和执行财经法纪情况所进行的监督。

五是有关职能部门对其他部门的横向监督。这使行政监督防范体系和力量能够随时随地发挥作用。尤其是在特定法律法规的执行方面,某些行政机关有权监督其他无行政隶属关系或仅有业务指导关系的平行行政机关。如,国家卫生行政部门就有权监督教育行政机关或其所属学校贯彻执行卫生工作政策和实施卫生法律法规的情况。

以上实施监督的主要方式有:改变或撤销不适当的教育行政规章、决定、命令和指示,以及开展日常性工作检查等。此外,教育行政机关还可以通过行政裁判权、行政复议权、行政处罚权的行使,对教育行政管理相对人——学校或其他教育机构、企事业单位、社会团体、公民个人参与的教育活动进行监督。这种监督本身也是一种经常性的教育行政管理活动或教育行政执法活动。

(三) 司法监督

我国司法机关对教育法规的贯彻实施情况的监督,包括检察机关与审判机关两大系统。作为一种社会保护力量的存在,司法机关对于社会成员在教育方面享有的法定权益,形成了一道最后的也是最有权威的法律保护线。

司法监督的特点是监督体系的独立性、审查方式的严格性和监督效力的权威性。这些特性的存在,使司法监督对于维护教育法律尊严,保证国家法制统一有着特别重要的意义。当然,从教育法规的特性和职能作用看,更多的是发挥其教育、引导的功能。对于发生在教育上的案件,如果不涉及行政、刑事、民事法律责任的追究,或当事人不提起诉讼,司法机关一般不予受理。这是司法监督与其他方式监督的区别所在。

(四) 政党监督

政党也是一种社会组织,是一定阶级或阶层的人们,为了共同的政治目的或特殊的意志利益而结成的特殊的社会团体。在我国,执政党为中国共产党,同时还有参政的各民主党派,他们共同形成政党监督的主体。作为执政党的中国共产党的教育政策监控与教育法治监督,有如下特性:

一是从监督内容看,既具有政治性,也具有法律性。党对教育工作的监督,不仅具有政治意义和社会意义,也有一定的法律意义。

二是从监督方式看,既有直接性,也有间接性。党对教育政策与法规贯彻实行情况的监督,一般不直接介入立法、司法活动和行政机关的运作,而是通过自己的党员和党组织发挥号召力、影响力和约束力;同时,执政党又通过自己制定或主张的教育政策或教育政策转化而成的教育法规,直接影响国家在教育事务方面的决策。

三是从监督效果看,既具有社会性,也具有国家性。党的监督往往是通过指引、教育、说服、批评的方式进行。如果上述方式不奏效,也会借助自身的决策力、纪律处分及国家强制力达到使监督对象遵纪守法的目的。

(五) 社会监督

社会监督是指由《宪法》和法律赋予国家机关以外的各种社会组织和公民个人以权利,通过一定的形式和途径,实施教育政策监控和教育法治监督的行为。这种监督是一种非国家权力性质的、不具有直接法律效力的监督,但对于违法乱纪行为也是一种有效的遏制手段。社会监督包括社会团体监督、社会舆论监督和社会成员监督三个方面。

一是社会团体监督。社会团体在我国主要是指工会、共青团、妇女联合会等重要的社团组织,也包括城镇街道社区居民委员会、农村村民委员会等社会自治组织。社会团体对于教育政策与法规制定、实施情况进行监督的特征,主要在于其所代表利益的普遍性和广泛性。如,各级妇女联合会在维护妇女和少年儿童受教育权利等方面,可以发挥很好的监督作用;而共青团、学生联合会等组织,可对有关学校青少年道德教育和保护未成年人合法权益方面的教育政策与法规的贯彻落实情况,进行广泛而有效的监督,以保护青少年学生这一特殊群体的合法权益。

二是社会舆论监督。社会舆论机构通过报刊、广播、电视、网络等各种新闻宣传工具的媒介,反映群众呼声与要求,揭露违法犯罪活动,抨击践踏政策纪律的行为,从而成为教育政策监控与教育法治监督的另外一种有效形式。其特点在于直接、公开、迅速、及时地反映被监督者的行为,反映强烈的正义价值与民心向背,有时可以收到使违纪违法行为被全社会否定、排斥、抨击、控制的良好效果。

三是社会成员监督。这是指公民个人有权对国家有关行政机关及其工作人员,以及教育工作情况实施的监督。《宪法》规定的公民的选举权、罢免权、申诉权、控告权、检举权等,实际上都是直接的监督权。这是构成教育政策监控和教育法治监督体系的基础和力量源泉。

社会监督尽管不具有直接的国家强制性和法律效力,但其积极、主动的监督方式有可能引发和启动国家监督机制的运行,导致国家强制性手段的运用,产生强制性的法律后果。社会监督对国家民主、法治的发展和社会进步具有重要作用。社会监督的广度、深度和完善程度,往往是一个国家民主、法治程度的标志。

第二节　教育政策监控的含义、种类与过程

在对教育政策监控与教育法治监督的主客体及其监督方式进行分析以后,我们转而分析教育政策监控与教育法治监督的相关理论问题。

一、教育政策监控的含义与功能

(一) 教育政策监控的含义

教育政策监控是教育政策监督与控制的合称。它是指教育政策监控主体,依据一定的

教育法规或制度，对教育政策的制定、执行、评价及终结活动进行监督、调整和控制的过程。教育政策监控是教育政策动态过程中的一个特殊环节，是整个教育政策系统中不可或缺的一个部分。[①] 它在教育政策制定与执行过程中有着十分重要的作用。这里，我们着重研究的是在教育政策的执行、调整、完善、终结等环节上的监控。

根据以上定义，可将教育政策监控的内涵作如下阐释：[②]

——教育政策监控的主体，指从事监控活动的政党、国家机关、社会团体和公民个人。

——教育政策监控的客体，是指教育政策资源的配置及政策的运行。而教育政策过程各个环节以及承担教育政策的制定、执行、评估、终结这些功能活动的全过程，都属于监控的对象。

需要注意的是，教育政策监控的主体与客体的划分，具有相对性，它们之间不是简单的监控与被监控的逐一对应且一成不变的关系。例如：上级的政策制定机关主要负责制定政策，且负责对下级政策制定机关以及相应的政策执行机关的监督与控制；与此同时，也受到下级教育行政部门和一定的国家机关和社会力量的监控。所以，教育政策监控的主体往往同时又是客体。

——教育政策监控的宗旨，是实现教育政策运行的法治化、规范化，不断提高教育政策实行的质量与效率。

——教育政策监控的性质，是教育政策主体对客体的一种法治化、制度化的监督，目的是促进依法行政、依法决策和依法管理教育事务。

——教育政策监控是一个连续不断的动态过程，它是由监察、控制和调整等功能活动所组成的。

(二) 教育政策监控的功能

政策牵一发而动全身，始于制定，成于执行，重在实效。教育政策监控作为一种重要手段，对教育政策实行能够产生以下特定的功能：

其一，反馈性功能。把教育政策执行情况收集起来，与政策目标或计划要求作一比较，对政策号召的再输出产生影响。通过如此往返循环，不断提高领导决策和实施决策的水平与效率。

其二，促进性功能。通过教育政策监控，保证教育政策运行方向的正确，以促进教育政策顺利贯彻实施。

其三，鉴定性功能。有效的教育政策监控，有助于开展教育政策评价（关于教育政策评价，详见第六章相关内容），以发扬成绩，纠正错误，巩固和扩展政策成果。

其四，导向性功能。即提前发现教育政策过程中存在的问题和出现的偏差（如，时常可见的教育政策执行活动本身及其结果偏离教育政策目标的教育政策失真现象），及时有效地

---

① 陈振明. 政策科学[M]. 北京：中国人民大学出版社，1998：370—371.
② 陈振明. 政策科学[M]. 北京：中国人民大学出版社，1998：370—371.

加以防止或纠正,并设法消除由于问题、偏差所造成的不良后果。这类教育政策监控活动的导向作用是明显的。

其五,完善性功能。即通过教育政策监控,发现政策自身的缺陷,适时加以修订,改进工作,起到完善性的作用。

其六,沟通性功能。借助教育政策监控还可以起到向管理相对人原原本本地解释教育政策精神,向上级机关如实地反映基层贯彻教育政策的动态、意见和要求,起到上下沟通,增强合力,推动教育政策贯彻的作用。

二、教育政策监控的种类与特征

(一)教育政策监控的种类

教育政策监控的种类一般可作以下划分:

一是事前监控、事中(日常)监控与事后监控。事前监控是指教育政策制定或实施前的监控;日常监控是指教育政策运行过程中的常态化监控;事后监控是指教育政策终结后的监控。加强事前监督,实行监督关口的前移,是提高监督时效的重要举措。特别是在推进教育系统廉政建设方面,事前监督越来越受到关注和重视。一般来说,对那些通过事后补救难以消除影响或者需要付出更大代价的问题,需要实行事前监督;而对于其他一般性的问题,采取事后监督更合理、更有效。这是因为在明确监控标准、监控规则的前提下,实行事后监督备案制度,能实现公共利益与教育管理相对人的合法权益的平衡。

二是一般监控与专门监控。前者是对教育政策运行的普遍意义、广泛范围上的监控;后者是指立法、司法和教育行政机关内设专门机构(如,教育行政机关的政策法规处、教育督导室等)进行的教育政策监控。

三是自我监控与外部监控。前者为内部监控,是指来自制定教育政策和执行教育政策的党和政府机关内部的自我监控;后者为党和政府机关外部的监控。

四是国家、政党、社会团体、公民个人的监控。

五是立法、司法和行政执法部门对教育政策的监控。

(二)教育政策监控的特征

教育政策监控不同于对其他事项的监控,它具有以下特点:

一是广泛性与系统性。教育政策历来是关系国计民生、千秋基业和亿万家庭福祉的公共政策。教育政策的整体性和复杂性的特点,决定了教育政策监控必然涉及教育政策的各个领域、各个方面,且具有广泛性。同时,教育政策监控必然涉及教育政策运行的过去、现在和将来,因而具有系统性。

二是经常性与适时性。教育政策不同于教育法规的一个突出特点是具有很强的时效性,所以,教育政策监控必须经常不断地对教育发展中的问题政策作出适时有效的监控。

如，从实施素质教育到发展素质教育，从宏观的倡导素质教育到中微观的培养学生核心素养、学科素养和关键能力。[①] 这种政策的调整，来自政策监控结果的反馈。

三是群众性与民主性。教育政策必须与人民群众见面，让其了解、熟悉并执行，才能产生效果。因此，教育政策涉及对象的广泛性，决定了教育政策监控必须具有广泛的群众基础和一定的民主性。

三、教育政策监控的过程分析

为了保障教育政策监控的顺利进行，增强教育政策监控的效果，可对监控过程作如下安排：

第一，制定监控计划。包括明确监控的对象，监控的标准，监控的方式，以及监控的目的等。

第二，进行政策观察。即着重注意政策过程中最重要、最能反映问题的事实和真相，把握最能说明问题的信息，从而据此作出政策性分析。

第三，开展政策评价（详见第六章）。

第四，调整政策取向。教育政策受外界影响大，多数是由社会问题和教育自身问题倒逼形成的，往往是解决了一个问题，又会有新问题产生，因此，政策就需要持续改进以解决新问题。例如，流动人口子女教育政策因户籍制度而产生，也因户籍制度改革而变化，政策从借读、"两为主"（即，以流入地区政府管理为主，以全日制公办学校为主）发展到"两纳入"（即，按常住人口纳入区域教育发展规划，将随迁子女教育纳入财政保障范围）。[②] 要在分析教育政策实行过程中出现的偏差、干扰等政策失真和引起政策失真因素的基础上，制定并采取有效的纠偏措施。

第五，用好监控成果。在调整或纠偏的同时，实现监控成果的再利用。如，发现并纠正教育政策运行偏差的同时，在一定范围内进行通报，以期引起广泛的重视和关注，并运用对教育政策效果的评价，完成对主管机关或执行机关及其工作人员业绩的测定与评判，向政策制定者反馈信息。

第三节　教育法治监督的含义、种类与内容

一、教育法治监督的含义与特征

（一）教育法治监督的含义

对教育法治监督的含义，通常有广义和狭义两种不同的理解。

---

① 转引中国教育科学研究院.教育强国之道——改革开放以来重大教育决策研究［M］.北京：教育科学出版社,2018：6.
② 转引中国教育科学研究院.教育强国之道——改革开放以来重大教育决策研究［M］.北京：教育科学出版社,2018：6.

在广义理解上,教育法治监督制度是我国社会主义法律制度的重要组成部分,是有教育法治监督权的国家机关、社会组织和公民个人作为监督主体,对监督对象(有关国家机关及其工作人员)管理教育的活动进行合宪、合法、合理性的评价,并对违法行为加以纠正的行为。

狭义的教育法治监督,是指专司法治监督权的国家机关对教育立法、教育司法、教育执法活动的监督。持这种观点的论者,把教育法治监督视为维护国家法制统一的一种国家行为,是一种特殊的国家权力,这种权力只能由特定的法治监督机关来行使。所以,在狭义的教育法治监督定义中,政党监督、社会监督等,均只作为一种起引导、教育作用的监督,而不将其列入教育法治监督的范畴。还有学者甚至认为,因《宪法》将检察机关称为"国家的法律监督机关",所以,教育法治监督权作为一种国家权力,只能交给检察机关行使。以上两种狭义的理解,或许有所偏颇。

(二) 教育法治监督的特性[①]

一是监督依据的法律性。将教育法治监督与教育政策监控两者从制度上比较,前者监督的主体、客体、权责、内容,特别是监督的方式、程序、后果等,明显地带有很强的法律性,即都由法律明确规定,监督者和被监督者均须遵循,这样使得所有监督主体和监督对象的活动都在严格的约束之内。例如,教育行政复议作为教育法治监督的一种具体方式,必须按照《中华人民共和国行政复议法》的规定来进行,这样的复议结果才能生效。

二是监督范围的独特性。被制度化了的教育法治监督(如,教育立法听证、教育领域违法案件的查处等),都是教育法治监督的特定内容,对其监督的权限划分及程序、方式和方法等都有严格的规定。

三是监督目的的控权性。它通过检查、评价、判断、反馈、督促、控制、约束,直至制裁等多种手段,给被监督者施加一种国家或者社会力量的影响力、引导力或控制力。把权力关进"制度的笼子"里,使其按照监督主体的要求从事教育立法、教育司法和教育执法以及其他各种教育管理活动。

应当注意的是,教育政策监控无时不在、无处不在起作用,而教育法治监督带有对教育违法行为的"消极"防范的特点。可以把教育法治监督看成是高于教育政策监控和教育行政管理等活动的一种监控行为,是对控制的再控制,对管理的再管理,这也是教育政策监控所不具备的特点之一。

四是监督效力的权威性。教育法治监督过程以国家法律、行政法规为依据,以国家强制力为后盾。在监督中一旦发现被监督者有违宪、违法的行为,即可按法定程序追究其行政法律责任、刑事法律责任或民事法律责任。这就使教育法治监督拥有不同于政治纪律、道德习俗、政策措施、社团章程等所施加于社会成员的约束和影响,因而更具权威性。

---

① 汤唯,孙季萍.法律监督论纲[M].北京:北京大学出版社,2001:6—7.

二、教育法治监督的种类与内容

（一）教育法治监督的种类

教育法治监督的种类可作以下划分：

一是按照监督主体的不同,可分为党内监督、人大监督、行政监督、司法监督、社会监督等。

二是按照监督客体的不同,可分为对执行职务的国家机关及其工作人员的监督和对各政党、社会团体和公民个人遵守教育法规的行为的监督。

三是按照监督方法的不同,可分为对有关法律事实的监督和对教育规范性文件的监督。

四是按照监督时间的不同,可分为事前监督、事中（日常）监督和事后监督。其具体监督办法有申请备案、受理举报、新闻曝光、公开处理,等等。这些方式方法可以相互配合使用,以增强监督的效果。

（二）教育法治监督的内容

教育法治监督的内容,是指被监督对象的某种行为被法律确定为监督客体,就成为法定的法治监督内容。教育法治监督内容有以下三种：

一是合宪性监督。这是通过监督判定教育法规或相关法律行为是否违反《宪法》的监督形式。具体来讲,就是审查有关教育的各种教育法律、教育行政法规、教育规章,以及教育行政机关发布的条例、决议、命令等规范性文件,是否与《宪法》相抵触,以确保《宪法》的尊严和社会主义法制的统一。

二是合法性监督。主要是对教育法规实施情况进行监督,对国家机关及其工作人员的教育执法行为以及依法进行的教育管理行为是否违法进行监督。

三是合理性监督。这是以教育行政管理行为、教育行政执法行为等是否客观、公正、科学、适度为重点,对各组织、团体和社会成员在教育方面的利益分配和利益调节的情况进行监督。这种监督目的在于确保教育行政管理行为的正当性。

根据以上原理与标准,凡无权行为、越权行为、侵权行为、不公行为、不当行为等,都应该纳入重点监督和控制的范围。

第四节　加强对教育政策监控与教育法治监督的思考

一、教育政策监控与教育法治监督中存在的问题

现阶段我国教育政策监控和教育法治监督还存在诸多问题,主要表现是：

第一,教育政策监控与教育法治监督体系不完善。教育政策的监控与教育法治的监督,都涉及监管权力的配置与行使问题,从理论上讲,教育政策监控与教育法治监督和教育决

策、教育权力执行应当在适度分离的基础上推进。但目前的实际情况是,教育上的监控与监管职责除部分由教育行政部门单独履行外,较多的监管职能涉及财政、人力资源管理、公安、审计、物价等多个部门。这些监督主体在教育监管权力行使中,层次多而配合少,缺乏有效的协调与整合,未能形成一个具有权威和核心、枢纽地位的监控监督机构和网状式的监控监督体系,以致出现了要么是多种主体都来监控监督的"交叉带",要么是哪个主体都不愿,也无法监控监督的"真空带"。改变教育监控监督权力分散、部门分割、相互掣肘的状态,势在必行。例如,当前,民办教育通常由教育、工商、民政等部门分而治之,共同承担监管职责。

第二,教育政策监控与教育法治监督机构不健全。目前,教育政策监控与教育法治监督机构不健全,专职人员配备数量不足、整体素质不高,影响监控监督制度的落实。另一方面,教育政策监控与教育法治监督系统的自身监督作用发挥不够理想,监督制度不够完善。

第三,社会力量对教育政策与法规实施状况的监督作用较弱。如,一方面,对于社会舆论监督缺乏规范、约束;另一方面,行政权力对社会舆论监督的干预较多,社会舆论和公民个人的监督亟待有效的引导和保护等。

二、加强对教育政策监控与教育法治监督的思考

第一,进一步加大国家权力机关在教育政策监控和教育法治监督方面的力度。法律规定,权力机关的监督是最有权威的监督。首先,各级党委要自觉地通过支持各级人大及其常委会依法严格行使教育政策监控权和教育法治监督权,来落实《宪法》的规定,督促党的教育政策的执行与教育法规的实施。其次,各级人大的监督应当综合运用多种强有力的监督手段、途径和方式。如把教育法治监督与教育政策监控结合起来,把教育执法检查与工作监督结合起来,把政策监控与法治监督结果的运用结合起来,把对事的监督与对人的监督结合起来,从根本上增强权力机关监督的权威性和法律效力。再次,要进一步推行和完善教育行政执法责任制、错案追究制等监督制度。尤其要在制度的创新、制度的坚持与推行方面下功夫,真正做到"有令则行、有禁则止","有法必依、执法必严、违法必究",增强教育政策监控与教育法治监督的实效。

第二,进一步理顺各种监督主体关系,强化监督机制。重点是做到"四个强化",即:(1)在重视对具体教育行政行为监督的同时,强化对抽象教育行政行为的监督;(2)在改革、完善教育行政监察监督体制、扩大教育行政监察监督权限的基础上,强化教育行政监察监督的刚性和可操作性,充分发挥这一监督主体实施教育政策监控与教育法治监督的职能;(3)强化司法、检察机关对教育政策与法规贯彻实施的事后监督功能,如定期或不定期地到行政机关及其工作人员中介绍各类职务犯罪案件,向社会公布各类侵害学校(或其他教育机构)、教师和学生合法权益的涉教案件等,使这种本来为事后监督的内容能起到事前预防的作用;(4)强化政策监控与法治监督系统的自身监督机构职能作用的发挥,形成强有力的内部监督机制,从而充分调动各种监督主体的积极性和主动性,构建教育政策监控与教育法治监督的网络,逐步减

少监督的"交叉带",消灭监督的"空白带",切实扩大教育政策监控与教育法治监督的覆盖面。

第三,实行教育政策监控与教育法治监督权力的"相对集中行使"。在教育行政系统,可试行教育政策监控与教育法治监督权力的整合和相对集中行使。即根据《教育督导条例》对教育督导范围和职责的规定,由教育部门内设的教育督导局牵头或相对集中行使政策监控、法治监督权,以利监管事项高效地实行和监管结果高效地使用。暂时无法实现监管权力的"相对集中行使"的,要建立教育行政监督与教育督导实行政策监控、法治监督的协同机制,合理确定随机监管抽查的比例和频次,提高监管效能。在实施政策监控和法治监督过程中,要根据教育实际,运用行政指导、行政奖励、说服教育、劝导示范等非强制性手段,规范和推行柔性监控与监督。

第四,进一步发挥好社会监督的作用。新闻舆论的监督和人民群众的监督,有着特殊的威慑力,日益发挥着十分重要的作用。当前要解决两个方面的问题:一是通过立法的形式,保障这两种监督主体在教育政策监控与教育法治监督方面监督权的有效行使,减少、避免行政权力的非法干预,解决不少地方存在的群众来信、来访效果差和舆论监督难的问题,为社会监督创造良好的社会氛围和法制环境。二是平衡舆论监督权、群众监督权的行使与对人格权的保护的关系,尽可能减少因行使舆论监督、群众监督而引发的侵犯他人名誉权、荣誉权、隐私权的情形。

第五,加强教育政策监控与教育法治监督的专门机构和人员队伍建设。积极争取地方党委和政府支持,保障教育政策监控与法治监督的机构及人员编制,充实监管人员力量。实施对监管人员的专业培训,重点培训教育政策与教育法律知识,提升其专业素养和业务能力。通过政府购买服务的方式,鼓励、培育具有专业能力的第三方机构、行业组织承接有关监控和监督效能评价等事务,更好地发挥行业自律和社会监管作用,提高监管治理成效。

第六,重视教育政策监控与教育法治监督的理论和实践研究。着重围绕教育政策监控与教育法治监督的基本制度、组织体制及运行机制、权力及责任、方法及程序、监管功能绩效等问题,进行深入、系统的探索,切实改变监管理论研究滞后于实践的问题。通过深入研究监管理论与实践,重点研究如何进一步完善监控监督体系,改善监控监督环境,加大监控监督力度,增强监控监督效果,确保教育政策与教育法规的有效实施。

思考与练习

1. 什么是教育政策监控? 什么是教育法治监督?

2. 试比较教育政策监控与教育法治监督的特征及其作用的异同。

3. 构成教育政策监控与教育法治监督的主体有哪些? 各种监督主体的监督内容、监督方式和特点是什么?

4. 联系实际,谈谈你对加强教育政策监控和教育法治监督的思考与建议。

实践篇

下篇

第八章
我国教育的基本政策与法规

学习目标

1. 了解中华人民共和国成立以来我国教育基本政策的沿革过程。
2. 认识《中华人民共和国教育法》的立法宗旨、重要地位与基本内容。
3. 认识新世纪以来，尤其是新时代以来我国教育基本政策的变革与创新。

在教育政策与法规的实践篇中,我们将首先阐述我国教育的基本政策与基本法规。这里所讲的基本政策,是指以党和国家总的路线和方针为指导而制定的权威性大、适用期长、统管全局的战略性政策。教育基本政策包括教育方针、教育目标、教育体制、教育发展战略等方面的政策。这里所讲的基本法规指的是《中华人民共和国教育法》。本章将对中华人民共和国成立70多年来教育基本政策的历史沿革作一回顾,对教育的基本法规作一介绍,并着重对21世纪以来教育基本政策的变革与创新加以阐释。

第一节　我国教育基本政策的沿革

一、我国教育方针的沿革

教育方针是国家或政党在一定社会发展阶段规定的教育工作总方向,是教育政策的总概括。

(一) 过渡时期的教育方针

中华人民共和国成立以后,教育战线面临着改造旧的教育制度、建立新的教育体系的繁重任务。在当时的历史条件下,教育工作应采取什么样的方针呢? 中国人民政治协商会议第一届全体会议通过的《中国人民政治协商会议共同纲领》指出:"中华人民共和国的文化教育为新民主主义的,即民族的、科学的、大众的文化教育。"它的主要任务是:"提高人民文化水平,培养国家建设人才,肃清封建的、买办的、法西斯主义的思想,发展为人民服务的思想。"为了贯彻落实这一方针,教育部于1949年12月召开了第一次全国教育工作会议。会议强调新民主主义时期的教育目的是"为人民服务,首先为工农兵服务,为当前的革命斗争与建设服务"。其主要任务是"提高人民文化水平,培养国家建设人才",其发展方针是普及和提高相结合。还提出了"以老解放区新教育经验为基础,吸收旧教育有用经验,借助苏联经验"的工作方针。时任教育部副部长钱俊瑞在《人民教育》创刊号上发表的《当前教育建设的方针》一文中明确地提出:"为工农服务,为生产建设服务,这就是当前实施新民主主义教育的方针。"

过渡时期的教育方针对当时我国教育的性质、任务、目的作了明确的规定。按照这一方针,我国的教育工作在共产党的领导下,以马克思列宁主义、毛泽东思想为指导,以老解放区的教育经验为基础,学习苏联的先进经验,吸收旧教育中的有用经验,对半封建、半殖民地的教育进行有计划、有步骤的改造,开始构建社会主义教育的新体系。实践证明,这个教育方针适应当时的社会性质,符合教育发展的客观规律,对社会的进步和发展起到了促进作用。

(二) 建设社会主义时期的教育方针

1. 全面建设社会主义时期提出的教育方针

1956年,我国完成了生产资料私有制的社会主义改造,中国进入了全面建设社会主义时期。1957 年 2 月 17 日,毛泽东同志在最高国务会议第十一次(扩大)会议上所作的《关于正确处理人民内部矛盾的问题》讲话中提出:"我们的教育方针,应该使受教育者在德育、智育、体育几方面都得到发展,成为有社会主义觉悟的有文化的劳动者。"这个教育方针具有鲜明的针对性和时代特点。

1958 年 9 月 19 日,中共中央、国务院发出《关于教育工作的指示》,提出了党和国家的教育工作方针,即:"党的教育工作方针,是教育为无产阶级政治服务,教育与生产劳动相结合。为实现这个方针,教育工作必须由党来领导。"

毛泽东同志 1957 年提出的教育方针,主要针对培养目标,着重解决培养什么样的人的问题;1958 年提出的教育工作方针,则主要解决教育工作的方向问题。

2. 建设具有中国特色的社会主义时期提出的教育方针

"文化大革命"结束后,我国进入建设具有中国特色的社会主义时期。理论和实践都证明以往的教育方针已不适应变化了的新形势。为此,我国对教育方针有着新的探讨,并有了新的提法与指向。

1981 年,中共中央作出的《关于建国以来党的若干历史问题的决议》中指出:"坚持德、智、体全面发展,又红又专,知识分子与工人农民相结合,脑力劳动与体力劳动相结合的教育方针。"在稍后的《政府工作报告》里提出:"我们教育的基本方针是明确的,这就是使受教育者在德育、智育、体育几方面都得到发展,成为有社会主义觉悟的有文化的劳动者。"1985 年《中共中央关于教育体制改革的决定》中提出:"教育必须为社会主义建设服务,社会主义建设必须依靠教育。"1993 年 2 月 13 日,中共中央、国务院在《中国教育改革和发展纲要》中指出,各级各类学校要贯彻"教育必须为社会主义现代化建设服务,必须与生产劳动相结合,培养德、智、体全面发展的建设者和接班人"的方针,这是新时期对教育方针的一种较为完整的表述。

1995 年颁布的《中华人民共和国教育法》,将"教育必须为社会主义现代化建设服务,必须与生产劳动相结合,培养德、智、体等方面全面发展的社会主义事业的建设者和接班人"[①]的方针以法律的形式予以明确与规定。至此,我国改革开放以来的教育方针已完成了法律程序,写进了教育的根本大法,使教育方针具有了法的效力和法的权威性。这一教育方针规定了我国教育的总方向——为社会主义现代化建设服务。它克服了"教育为无产阶级政治服务"的片面性,摒弃了单纯为"经济建设服务"的观点,体现了为社会主义经济、政治、文化等方面服务的整体观念。这种表述显然比以往的教育方针的表述更为完善。

20 世纪末,随着素质教育的理论探讨和实践得到发展,我国的教育方针又被赋予了新的时代内容。1999 年 6 月 13 日,颁布了《中共中央国务院关于深化教育改革,全面推进素质教育的决定》,对于人才培养提出了"美"的要求。这一教育方针,在 2015 年修正的《中华人民共

---

① 2015 年修正的《中华人民共和国教育法》中对这一教育方针进行了修正,为:教育必须为社会主义现代化建设服务、为人民服务,必须与生产劳动和社会实践相结合,培养德、智、体、美等方面全面发展的社会主义建设者和接班人。

和国教育法》中又在法律的层面予以确定。这样,改革开放以来的教育方针就表述为"教育必须为社会主义现代化建设服务、为人民服务,必须与生产劳动和社会实践相结合,培养德、智、体、美等方面全面发展的社会主义建设者和接班人"。这一教育方针,确立了教育事业为我国社会主义现代化建设服务的方向,明确了教育培养德、智、体、美等方面全面发展的社会主义建设者和接班人的目标,揭示了教育与生产劳动相结合的人才培养根本途径。2018 年 9 月,习近平总书记在全国教育大会上强调:坚持中国特色社会主义教育发展道路,培养德智体美劳全面发展的社会主义建设者和接班人。这充分体现了新时代我国社会主义教育的性质、方向、目标。

二、我国学制政策的沿革

所谓学制政策,是指国家对学校教育制度的政策规定,这可以视为国家教育基本政策的一个重要方面。中华人民共和国成立以来,我国的学制政策经过了几次调整与改革。

第一次学制改革是在 1951 年。

中华人民共和国成立之初,我国存在着两种学制系统:一是老解放区的学制,一是国民党统治下形成的学制。1951 年 10 月 1 日,政务院颁布了《关于改革学制的决定》,这个决定就是对中华人民共和国的学制的政策规定,它标志着我国教育制度的发展进入了一个新的阶段。

新学制的组织系统分为幼儿教育(幼儿园)、初等教育(小学和青年、成人的初等学校)、中等教育(中学、工农速成中学、业余中学、中等专业学校)、高等教育(大学、专门学院和研究部)以及各级政治学校和政治训练班等。此外,还有各级各类补习学校和函授学校及聋哑人等特种学校。

这个学制的特点是学校向工农开门;重视在职干部的再教育;体现了民族平等、男女平等的原则;体现了教育为生产建设服务的方向。

1951 年的学制是与旧学制有质的不同的"革命的学制",是符合当时社会发展的实际需要的。

第二次学制改革是在 1958 年。

随着我国社会主义改造的基本完成和大规模经济建设的进一步发展,1951 年的学制已不适应社会发展的需要。1958 年 9 月 9 日,中共中央、国务院在《关于教育工作的指示》中提出,"现行的学制是需要积极地和妥当地加以改革的","经过典型的试验取得充分的经验之后,应当规定全国通行的新学制"。为了多快好省地发展教育事业,确定了"三个结合"、"六个并举"的原则,规定了三类主要学校。"三个结合"是:统一性和多样性相结合;普及与提高相结合;全面规划与地方分权相结合。"六个并举"是:国家办学与厂矿、企业、农业合作社办学并举;普通教育与职业技术教育并举;成人教育与儿童教育并举;全日制学校与半工半读、业余学校并举;学校教育与自学并举;免费教育与不免费教育并举。规定的三类主要学校是：全日制学校、半工半读学校、业余学校。

这期间,对学制的改革进行了大规模的试验。1959 年,中共中央、国务院发布了《关于试验改革学制的规定》,要求各省、市、自治区应当有领导、有计划地对中小学进行改革学制的试验。到 1960 年 3 月,各地曾试验过的学制形式有：中学四年制,中学五年一贯制,中小学十年一贯制,中小学九年一贯制,等等。有些试验不乏科学的成分和一定的效果。但由于当时缺乏经验,又受到“左”的思想的影响,做法上急于求成,要求过高,造成一定的混乱,因而不得不进行调整。

1964 年 2 月 6 日,根据中共中央的指示,成立了学制问题研究小组。同年 7 月,研究小组在调查研究和广泛听取意见的基础上,草拟了《学制改革初步方案(征求意见稿)》。该方案规划的我国的新学制中有全日制、半工(农)半读、业余三类学校。全日制学校,小学基本学制为 5 年,不分段;中学基本学制为 4 年,不分段;设立高等学校预备教育,作为四年制中等教育同高等教育的衔接和过渡。此方案后来未形成正式文件。

“文革”期间,教育制度遭到破坏。“学制要缩短,教育要革命”成为这一时期指导学制改革的重要政策。一时间,全国各类学校的学制年限普遍缩短。各类中等专业学校、职业技术学校、技工学校处于停顿之中,中等教育结构比例严重失调,高等教育的结构混乱,原有的专业设置或并或砍不成体系。

第三次重大的学制改革是在 1985 年。

1985 年 5 月,中共中央颁布了《关于教育体制改革的决定》,这是党的十一届三中全会以后,为使教育适应新形势发展的需要而颁行的重大改革政策。该决定提出了学制改革的基本精神：基础教育要分阶段;中等教育要多样化,大力发展中等专业、技术、职业教育;高等教育要向多层次、多科类方向发展,改革高等教育专科、本科比例不合理状况;成人教育单列系统,包括在整个学制中。

1995 年 9 月 1 日起施行的《中华人民共和国教育法》第十七条规定：“国家实行学前教育、初等教育、中等教育、高等教育的学校教育制度。”经过不断努力,一个新的更为完善、更加规范的学制体系正在形成。

三、我国教育体制的政策沿革

教育体制是指教育的组织形式、权限划分、管理方式、机构设置,以及在教育决策、计划、组织中各种规章制度的整个体系,主要由领导管理制度、教育机构、办学形式、经费来源等组成相对稳定的模式。教育体制问题是一个全局性的问题,教育体制的变革突出地反映了教育基本政策的变化。

(一) 教育行政体制的变化

教育行政体制是教育行政的中心问题。中华人民共和国成立以来,教育行政体制进行过几次改革。历次改革都是以集权与分权的关系,即中央与地方教育行政权力的划分为中心问题。

20 世纪 50 年代初期,党对教育事业实行了"中央集中统一领导"的政策。教育事业发展的综合计划的制定,中学、大学教学计划、教学大纲的颁行,教科书的编写使用,大学生的招生分配,教育经费的投入等全部由中央统一管理。这种体制不利于发挥地方的积极性,我国 50 年代后期便着手进行改革。

1958 年,毛泽东同志发表了《论十大关系》,随之在全国范围内开始调整中央与地方的关系。在教育方面,主要实行中央向地方放权。1958 年 4 月 4 日,中共中央颁布的《关于高等学校和中等技术学校下放问题的意见》指出:将大部分高校和中等技术专业学校下放到各省、市、自治区来领导。同年 8 月 4 日,中共中央、国务院发布了《关于教育事业管理权力下放问题的规定》,对中央和地方教育行政部门的职权作了新的规定:教育部和中央各主管部门负责研究和贯彻中央的教育方针和政策;综合平衡全国教育事业发展规划;指导教学和科研工作;组织编写通用教材;拟定教育规章、制度。小学、普通中学、职业中学、一般中等专业学校和各级业余学校的设置和发展,由地方自行决定。各地方根据因地制宜、因校制宜的原则,可以对教育部和中央主管部门颁发的教学计划、教学大纲进行修订和补充。贯彻执行权力下放的政策,将当时 229 所大专院校中的 187 所,252 所中等专业学校中的 154 所,114 所技工学校中的 75 所,由中央交给地方管理。1958—1959 年的调整是中华人民共和国成立以来对教育管理体制的第一次改革,改革的中心是权力下放,改变过去"条条"为主的管理体制,扩大地方管理教育的权限。

由于中央政府缺乏对教育发展的宏观控制,加之地方政府缺乏对教育,特别是高等教育的管理经验,出现了教育盲目发展等问题。为了纠正这些问题,1961 年,党中央提出了"调整、巩固、充实、提高"的方针。在这一方针指导下,高等学校和中等专科学校缩短了战线,压缩了规模,调整了布局,着力提高教育质量。1963 年,中共中央、国务院颁发了《关于加强高等学校统一领导、分级管理的决定(试行草案)》,其中强调指出,对教育事业问题的处理,各地方各业务部门都必须贯彻实施中央规定的指导方针和政策,必须实行中央制定的全国统一的重要规定和教育计划。这个决定表明,中央再一次对教育事业,特别是高等教育实行中央集中统一领导、分级管理。1961—1963 年的调整可以看作教育行政体制的第二次改革。"文化大革命"结束后,中央统一领导下的分级管理的教育行政体制逐步得到恢复。

多年的教育管理实践使我们认识到,过分集中的教育行政体制不利于调动各方面的积极性,在某种程度上会影响教育行政效率,因此,必须进行改革。1985 年 5 月,中共中央颁发了《关于教育体制改革的决定》,对教育行政体制改革的方向和内容作了政策性规定。这次教育行政体制改革的中心,是中央放权给地方,地方也逐级放权,直至乡镇。教育领导部门放权给学校,学校放权给校长。"放权"在颁布的《中共中央国务院关于深化教育改革,全面推进素质教育的决定》得到了进一步强化,该文件提出要进一步加大省级人民政府发展和管理本地区教育的权力以及统筹力度,以促进教育与当地经济社会发展紧密结合;基础教育主要由地方负责、分级管理、以县为主;加大县级人民政府对教育经费、教师管理和校长任免等方面的统筹权;进一步发挥非政府的行业协会组织和社会中介机构等作为"第三方"的作用。

20世纪80年代的改革可以说是教育行政体制的第三次改革。

(二)学校领导体制的沿革

中华人民共和国成立以来,我国学校领导体制也几经变革。这里,先重点对中小学领导体制的变革作一回顾。

1. 校务委员会制

中华人民共和国成立伊始,教育战线的首要任务是接管改造旧教育,使学校掌握在人民手中。在中小学内部一般实行校务委员会制。校务委员会由思想进步的教职员代表组成,由政府委派校长。这种体制对于维护学校的秩序、发扬民主、对学校进行初步改革,起到了积极作用。但这种体制容易产生极端民主和工作无人负责的现象。

2. 校长负责制

1952年3月,经政务院批准,教育部颁布了《中学暂行规程(草案)》和《小学暂行规程(草案)》。这两个文件规定:中小学实行"校长负责制,设校长一人,负责全校工作"。校长直接对政府负责。学校一切重大问题,校长有最后决定权。这种体制在纠正校务委员会制的弱点方面起过积极作用,但由于缺少必要的监督机构和制度,容易产生校长独断专行的作风。

3. 党支部领导下的校长负责制

1957年以后,中小学普遍建立了党支部,实行党支部领导下的校长负责制。这种制度在组织上加强了党对学校的领导,但由于在实际工作中党政职责不清,出现了党政不分、以党代政的弊病。党支部书记成了学校最高领导者,行政机构及行政负责人的作用没能得到充分发挥。

4. 当地党委和主管教育的行政部门领导下的校长负责制

20世纪60年代初,教育部总结了1949年以来教育工作的经验教训,于1963年3月颁布了《全日制中学暂行工作条例(试行草案)》(简称"中学五十条")和《全日制小学暂行工作条例(试行草案)》(简称"小学四十条"),规定校长是学校行政负责人,在当地党委和主管教育的行政部门领导下,负责领导学校工作。"学校党支部对学校行政工作负有保证和监督的责任。"实行这种体制后,学校党政干部之间职责分明,矛盾较少,行政机构的作用发挥较好,体现了学校工作以教学为中心的原则,也有利于加强党对学校工作的领导。这种体制在"文革"中遭到批判,被指责为"削弱党的领导",是"修正主义教育路线的产物"。

5. "革命委员会"制

"文革"期间,领导体制混乱不堪,先是群众组织夺权,接着是工宣队、军宣队、贫下中农管理委员会管理学校,后来建立学校"革命委员会",校长改称为主任。

6. 党支部领导下的校长分工负责制

1978 年全国教育工作会议后,教育部重新颁布《全日制中学暂行工作条例(试行草案)》、《全日制小学暂行工作条例(试行草案)》,规定全日制中小学"实行党支部领导下的校长分工负责制,学校的一切重大问题,必须经过党支部讨论决定"。这种领导体制突出了党的领导,也肯定了校长的行政职能,对恢复遭受严重破坏的学校教育起到了积极的作用。但这种领导体制没有顾及党政职能分开、职、责、权、利相统一等原则,出现了政出多门等问题,造成领导工作效率低,影响了行政领导职能和党的政治领导职能的充分发挥。

7. 校长负责制

1985 年《中共中央关于教育体制改革的决定》提出了要保证教育体制改革的顺利进行。对于中小学,提出了逐步实行校长负责制。这个体制的构架是:"有条件的学校要设立由校长主持的、人数不多的、有威信的校务委员会,作为审议机构。要建立与健全以教师为主体的教职工代表大会制度,加强民主管理与民主监督。学校中的党组织要从过去那种包揽一切的状态中解脱出来,把自己的精力集中到加强党的建设和加强思想政治工作上来;要团结广大师生,大力支持校长履行职权,保证和监督党的各项方针政策的落实和国家教育计划的实现。"这一规定在强调校长对学校行政工作全面负责的同时,肯定了党组织的保证和监督作用,也提出了教职工要参与管理,因此,它是一个校长负责、党组织保证监督、教代会民主参与管理的三位一体的体制。

我国高等学校内部管理体制的变化和中小学略有不同。中华人民共和国成立初期,一度由校务委员会主席和常委会主持学校日常工作。1950 年 8 月公布的《高等学校暂行规程》规定,高等学校采取校(院)长负责制,学校中的党组织在政治上起核心作用,但对学校行政不起直接领导作用。1958 年 9 月,中共中央、国务院颁布《关于教育工作的指示》,明确提出"一切教育行政机关和一切学校,应该受党委领导",在一切高等学校中,应当实行党委领导下的校务委员会负责制。校务委员会是学校权力机构,在校党委领导下,实行集体领导。各系也实行系党总支委员会领导下的系务委员会负责制。于是普遍出现了以党代政、党政不分的现象。1961 年发布的《教育部直属高等学校暂行工作条例(草案)》(也被称为"高教六十条")规定,高等学校实行党委领导下的校长为首的校务委员会负责制。这一规定虽然注意发挥校长的作用,但党委仍然包揽过多。"文化大革命"中,高校的管理体制受到破坏。1978年提出实行党委领导下的校长分工负责制,高等学校的党委会是学校工作的领导核心,对学校工作实行统一领导,学校工作中的重大问题一定要经过党委会讨论,党委作出决定后由校长负责组织执行。在系一级实行系党总支领导下的系主任分工负责制。1998 年颁布的《中华人民共和国高等教育法》规定,"国家举办的高等学校实行中国共产党高等学校基层委员会领导下的校长负责制",并对党委领导和校长负责作了明确的分工。高校党委会集体领导学校的思想政治工作和德育工作,集体讨论决定关系学校改革与发展的重大问题。高等学校的校长为高等学校的法定代表人,全面负责学校的教学、科研和行政工作。这种管理体制的特点是党委、校长各司其职,相互配合,共同管理学校;核心要义是"党委领导,校长负责,教授治学,民主管理"。

第二节 《中华人民共和国教育法》概述

《中华人民共和国教育法》(以下简称《教育法》),于1995年3月18日由第八届全国人民代表大会第三次会议通过,1995年9月1日起施行。为适应我国经济社会发展的需要和教育形势的变化,2009年8月27日,第十一届全国人民代表大会常务委员会第十次会议对《教育法》作了第一次修正;2015年12月27日,第十二届全国人民代表大会常务委员会第十八次会议对《教育法》作了第二次修正。

《教育法》的颁布是我国教育史上具有里程碑意义的大事。它的颁行与修正,标志着我国已进入全面依法治教的新时期,对我国教育事业的改革和发展以及物质文明、精神文明的建设,具有巨大而深远的意义。

一、《教育法》的立法宗旨和适用范围

《教育法》第一条明确揭示了《教育法》的立法宗旨:制定和颁行《教育法》是"为了发展教育事业,提高全民族的素质,促进社会主义物质文明和精神文明建设"。《教育法》的立法宗旨为我国教育的发展指明方向。我国的教育是社会主义性质的教育,教育的目的是为了提高全民族的素质,使受教育者成为全面发展的人,从而促进我国的社会主义物质文明和精神文明建设。

《教育法》是调整教育关系的法律规范。它的适用范围包括空间效力范围和时间效力范围两个方面。《教育法》第二条规定:"在中华人民共和国境内的各级各类教育,适用本法。"这说明《教育法》适用的地域范围仅限于国内,仅限于具有法人地位的各级各类学校和其他教育机构,以及其中的从事教育工作和受教育的人,包括教师、学生、管理人员、教辅人员和其他专业技术人员。这是《教育法》适用范围的一般规定。对于特殊情况,《教育法》第八十四条规定:"军事学校教育由中央军事委员会根据本法的原则规定。""宗教学校教育由国务院另行规定。"第八十五条规定:"境外的组织和个人在中国境内办学和合作办学的办法,由国务院规定。"由于这三类学校的特殊性,全国人民代表大会授权中央军事委员会和国务院,对上述三类学校的有关法规另作规定。

1995年3月18日颁布的《教育法》第八十六条规定:"本法自1995年9月1日起施行。"这表明《教育法》的时间效力范围在1995年9月1日之后。

二、《教育法》的立法特点和重要地位

《教育法》的立法特点:一是全面性和针对性相结合。《教育法》作为教育的基本法,要为

其他教育法律、法规提供立法依据，这就要求《教育法》的内容要尽可能全面。我国的《教育法》把应当纳入法律调整范围的重要事项，如教育的性质、地位、方针、基本原则等作了全面的规定，充分体现了教育基本法全面性的特点。《教育法》在全面规范和调整各类教育关系的同时，又针对现阶段教育改革和发展中出现的突出问题，作了有针对性的规定。全面性和针对性相结合，既体现了基本法的要求，同时也体现了《教育法》的现实性。

二是规范性和导向性相结合。《教育法》把中华人民共和国成立以来，特别是改革开放以来我国教育改革和发展的成熟经验，通过法律规范的形式固定下来，如教育管理体制中的分级管理，分工负责；学校的法人地位及自主权；以财政拨款为主的多渠道筹措教育经费体制等，巩固了教育改革和发展的成果。同时，《教育法》也对符合改革和发展方向，但还有待于进一步实践和探索的问题，如终身教育体系的建立和完善，运用金融和信贷手段支持教育事业的发展等，作出了导向性的规定，通过法律手段来保障和推进教育的改革和发展。

三是原则性和可操作性相结合。《教育法》作为教育的根本大法，只能对关系到我国教育改革与发展全局的重大问题，如对教育的性质、方针，教育活动的原则等作出原则性的规定，而不可能对具体问题逐一作出规定。但如果过于注重原则，则不易操作；不易操作，则难以落实。《教育法》在突出原则性的同时，又注意到实施上的可操作性，特别是法律责任部分，明确了违反《教育法》的法律责任、处罚形式、执法机关等，由此加强了《教育法》的可操作性，保证了《教育法》的顺利实施。

《教育法》的颁行，是教育立法的重要成就。如果说我们过去的教育工作主要靠政策来调整，靠行政手段来管理的话，那么从《教育法》施行之日起，就开始转入以法律手段管理教育的新时期。《教育法》的颁行，改变了过去我国教育立法是在没有基本法律的前提下，零星立法、单项推进的状况。从此，制定教育方面的单行法规则可以在，也必须在《教育法》的指导下进行。《教育法》是教育的根本大法，它在我国法律体系和教育法规体系中占有重要的地位。《教育法》是我国最高权力机关——全国人民代表大会审议通过的基本法。《教育法》是《宪法》之下的国家制定的关于教育的基本法律。《宪法》是制定《教育法》的依据，《宪法》中有关教育的条款具有最高的法律效力，《教育法》不能与其抵触。《教育法》又是一个独立的法律部门，它以教育关系作为调整对象，有着特定的法律关系主体和法律基本原则，并运用相应的处理方式。它与刑法、民法等基本法律相并列，处于同等的法律地位。

《教育法》是国家全面调整各类教育关系，规范我国教育工作的基本法律，在我国教育法规体系中处于"母法"地位，具有最高的法律权威。其他单行教育法规都只是调整和规范某一方面的教育关系或某一项教育工作的，都是"子法"。这些单行教育法规的制定和实施，都要以《教育法》为依据，不得与《教育法》确立的原则和规范相违背。作为教育法规的"母法"，《教育法》将带动已经出台和即将出台的"子法"，构建完整的教育法律框架，为我国教育改革与发展奠定坚实的法律基础。

三、《教育法》的基本内容

《教育法》共十章八十六条，涉及面广，内容丰富。对有关教育的全局性重大问题，如：我国教育的性质和方针，教育基本制度，各类教育关系主体的法律地位和权利义务，教育与社会的关系，教育投入，教育对外交流与合作，法律责任等，都作了全面规定。

（一）《教育法》规定了我国教育的性质与方针

《教育法》在总则中，对我国教育的性质、方针和教育活动原则作了法律规定。

《教育法》第三条规定："国家坚持以马克思列宁主义、毛泽东思想和建设有中国特色社会主义理论为指导，遵循宪法确定的基本原则，发展社会主义的教育事业。"这就确立了我国教育的社会主义性质。

从我国教育的社会主义性质出发，《教育法》第五条规定了我国的教育方针："教育必须为社会主义现代化建设服务、为人民服务，必须与生产劳动和社会实践相结合，培养德、智、体、美等方面全面发展的社会主义建设者和接班人。"教育方针规定了我国教育的目的——培养德、智、体、美等方面全面发展的社会主义事业建设者和接班人；规定了实现教育目的的途径——教育与生产劳动和社会实践相结合；特别是突出了"为人民服务"的社会主义教育事业的本质。

为适应新时期教育发展的需要，《教育法》第六条对教育的基本内容进行了充实完善："教育应当坚持立德树人，对受教育者加强社会主义核心价值观教育，增强受教育者的社会责任感、创新精神和实践能力。国家在受教育者中进行爱国主义、集体主义、中国特色社会主义的教育，进行理想、道德、纪律、法治、国防和民族团结的教育。"这突出了"立德树人"根本任务，增加了"社会责任感、创新精神和实践能力"三项重点任务；规定了教育的总体价值取向，即社会主义核心价值观。

为了全面贯彻教育方针，《教育法》还规定了教育活动应当遵循的基本原则：对受教育者进行政治思想品德教育的原则；教育应当继承和弘扬中华民族优秀的历史文化传统，同时与吸收人类文明、发展一切优秀成果相结合的原则；公民依法享有平等受教育机会的原则；国家帮助少数民族、贫困地区、残疾人等发展教育事业的原则；教育活动必须符合国家和社会公共利益，并实行教育与宗教相分离的原则。这些原则都从不同方面体现了具有中国特色的社会主义教育事业的本质特征。

（二）《教育法》规定了我国教育的管理体制

《教育法》在总则中，对我国教育管理体制作出了法律规定："国务院和地方各级人民政府根据分级管理、分工负责的原则，领导和管理教育工作。"

第十四、十五、十六条对教育工作的分级管理、分工负责体制作了如下具体划分：一是中等及中等以下教育在国务院领导下，由地方人民政府管理。二是高等教育由国务院和省、自治区、直辖市人民政府管理。三是全国教育工作由国务院教育行政部门主管,并对全国教育事业实行统筹规划和协调管理。县级以上地方各级人民政府教育行政部门主管本行政区域内的教育工作。这些规定形成了我国教育管理体制的层级性特征。它要求从国务院到地方各级人民政府,从国家教育行政部门到地方各级教育行政部门,对教育工作的管理应依照法定的范围与权限有序地进行。对教育工作管理的不到位或者越位管理,都是一种违法行为。

(三)《教育法》规定了我国教育的基本制度

中华人民共和国成立以来,我国教育制度日益完善,形成一系列基本制度。《教育法》第二章对我国教育的基本制度作了法律规定。

1. 学校教育制度

《教育法》第十七条规定,我国现行学制分为学前教育、初等教育、中等教育、高等教育四个等级。我国已初步建立起普通教育和职业教育两种教育,全日制学校、半工半读学校和业余学校三类学校。现在国家正采取切实措施改革教育制度,建立更为科学的学制系统,以构建灵活开放的终身教育体系,满足学习型社会的需要。

2. 学前教育制度

《教育法》第十八条对学前教育作了明确的规定,"国家制定学前教育标准,加快普及学前教育,构建覆盖城乡,特别是农村的学前教育公共服务体系。各级人民政府应当采取措施,为适龄儿童接受学前教育提供条件和支持"。根据法律规定,学前教育须纳入教育公共服务体系,由政府提供条件和支持,特别要完善农村的学前教育公共服务体系。这就从法律上否定了一些地方一度将学前教育置于政府保障之外的做法,为政府大力发展公办幼儿园、普惠性幼儿园提供了法律依据。

3. 义务教育制度

《教育法》再一次对国家实行义务教育制度给予确定。《教育法》第十九条规定:国家实行九年制义务教育制度。适龄儿童、少年有接受义务教育的权利,各级政府应予保障。适龄儿童、少年的父母或者其他监护人以及有关社会组织和个人,必须履行法定义务,使适龄儿童、少年接受并完成规定年限的义务教育。

4. 职业教育和继续教育制度

《教育法》第二十条规定:"国家实行职业教育制度和继续教育制度。"职业教育是给学生从事某种职业或生产劳动所需要的知识和技能的教育。它包括职业学校教育、职业培训和职业预备教育。职业教育要求就业的公民必须接受培训。

继续教育是面向学校教育之后所有社会成员的教育活动,特别是成人教育活动,是终身学习体系的重要组成部分。国家鼓励发展多种形式的继续教育,使公民接受适当形式的政治、经济、文化、科学、技术、业务等方面的教育,促进不同类型学习成果的互认和衔接,推动全民终身学习。

5. 国家教育考试制度

考试制度是教育基本制度的重要方面。《教育法》第二十一条规定:"国家实行国家教育考试制度。"国家教育考试制度是由国家授权或批准的,由实施教育考试的机构承办的一种考试制度。国务院教育行政部门确定考试种类,并制定相应的考试规则或条例。

6. 学业证书制度和学位制度

《教育法》第二十二、二十三条规定,国家实行学业证书制度和学位制度。学业证书,指学校及其他教育机构颁发的,证明学生完成学业情况的凭证。它是用人单位衡量持有者知识水平和能力的依据。学业证书有毕业证书、结业证书、肄业证书等。国家承认学业证书持有者的学历,用人单位按照国家规定给予相应的工资福利待遇。

学位制度是国家或高等学校以学术水平为衡量标准,通过授予一定称号来表明专门人才知识能力等级的制度。我国的学位分为学士、硕士、博士三个等级。国务院设学位委员会,负责领导全国的学位授予工作。学士学位由国务院授权的高等学校授予;博士、硕士学位由国务院授权的高等学校和科研机构授予。

7. 扫除文盲制度

扫除文盲是一项群众性的工作,党和政府动员各方面力量参与这项工作。《教育法》第二十四条设定了扫盲工作的四类法律义务主体:一是各级人民政府;二是基层群众性自治组织;三是企事业单位;四是特定公民。这四类主体各自负有扫除文盲的法律义务。扫除文盲是提高全民族素质的一个方面,它直接影响着国家的社会主义现代化建设,因而是一种需要常抓不懈的工作。

8. 教育督导制度和评估制度

《教育法》第二十五条规定:国家实行教育督导制度和学校及其他教育机构教育评估制度。教育督导制度是指教育督导部门依据国家的教育方针、政策和法规对下级教育行政部门和学校进行视察、监督、评价、帮助和指导的行政管理制度。教育督导的基本形式有综合型督导、专项督导、经常性检查等。我国教育督导机构分为国家、省(自治区、直辖市)、地(市、州、盟)、县(区、旗)四级设置。各级教育督导机构设专职和兼职督学。通过教育督导,制止违规行为,帮助和指导下级部门的工作,促进教育事业的发展。

教育评估制度是指根据既定的目的,确定相应的目标,建立科学的指标体系,通过系统的信息收集和定性、定量分析,依据客观的价值标准,对教育系统的功效和工作状态作出评议和估价的制度。教育评估的主要内容包括办学条件、教育质量、管理情况等方面。教育评估可分为目标评估、过程评估、条件评估等。其职能有:鉴定合格、评比优劣、评选先进、估价成就。教育评估工作具有明显的导向作用、认定作用、诊断作用、咨询作用。教育评估的实施,有助于调动教育工作者的积极性,形成激励先进、鞭策后进、共同前进的生动局面。

(四)《教育法》规定了学校及其他教育机构设置的条件

按照《教育法》第二十七条的规定,设立学校和其他教育机构,必须具备一定的基本条件。这些条件是:要有组织机构和章程;要有合格的教师;要有符合标准的教学场所及设施、设备等;要有必备的办学资金和稳定的经费来源。学校及其他教育机构的设立、变更和终止,必须履行法定的手续。

(五)《教育法》规定了教育关系主体的权利和义务

法与权利、义务不可分。《教育法》对各类教育关系主体的权利、义务作了明确的规定,把教育关系主体的行为纳入法制化、规范化的轨道。

《教育法》第二十九条规定了学校及其他教育机构的九项基本权利:按照章程自主管理的权利;组织实施教育教学活动的权利;招收学生和其他受教育者的权利;对受教育者进行学籍管理,实施奖励或者处分的权利;给受教育者颁发相应的学业证书的权利;聘任教师及其他职工,实施奖励或者处分的权利;管理、使用本单位的设施和经费的权利;拒绝任何组织和个人对教育教学活动的非法干涉的权利;法律、法规规定的其他权利。

《教育法》第二十条规定了学校及其他教育机构应当履行的六项义务:遵守法律、法规;贯彻国家的教育方针,执行国家教育教学标准,保证教育教学质量;维护受教育者、教师及其他职工的合法权益;以适当的方式为受教育者及其监护人了解受教育者的学业成绩及其他有关情况提供便利;遵照国家有关规定收取费用并公开收费项目;依法接受社会监督。

《教育法》确定了学校的法人地位。凡具有法人条件,取得法人资格的,依法享有民事权利,并独立承担民事责任。

《教育法》对教师和其他教育工作者的权利义务作了原则性的规定。《教育法》第三十三、三十四条规定,"教师享有法律规定的权利,履行法律规定的义务","国家保护教师的合法权益,改善教师的工作条件和生活条件,提高教师的社会地位"。《教育法》的"子法"《教师法》,对教师的权利和义务作了更详细的规定。

受教育权是我国公民的一项基本权利。切实保护受教育者的合法权益,是《教育法》的立法宗旨之一。《教育法》第一次较全面地规定了受教育者的基本权利和义务。

受教育者的权利是:参加教育教学计划安排的各项活动,使用教育教学设施、设备、图书资料;按照国家有关规定获得奖学金、贷学金、助学金;在学业成绩和品行上获得公正评价,完成规定的学业后获得相应的学业证书、学位证书;对学校给予的处分不服,可向有关部门提出申诉,对学校、教师侵犯其人身权、财产权等合法权益提出申诉,或者依法提起诉讼;法律法规规定的其他权利。

当受教育者的权益受到侵害时,《教育法》给受教育者以申诉权、诉讼权。对犯错误的学生,学校可视情况给予批评教育或纪律处分,但处分要适当。如果受处分者不服,可以向学校或有关部门申诉。如果教师侵犯了受教育者的人身权和财产权,受教育者可提出申诉,或依法提起诉讼。学校和教师应当尊重受教育者的人格,不得体罚学生。对于侮辱人格,严重体罚、残害儿童造成严重后果的,要追究法律责任。

《教育法》第四十四条规定了受教育者应履行的义务:遵守法律、法规;遵守学生行为规范,尊敬师长,养成良好的思想品德和行为习惯;努力学习,完成规定的学习任务;遵守所在学校或者其他教育机构的管理制度。这些义务性规定,受教育者必须严格遵守执行。

(六)《教育法》规定了教育的社会责任

教育是一种社会活动,它牵动着社会的方方面面,要求全社会负起发展教育的责任。因此,《教育法》列出专章,对社会各方面参与、支持教育的责任和形式作了法律规定。社会应当为青少年的身心健康成长创造良好的社会环境;社会应当为学校组织的学生实习、社会实践活动提供帮助和便利;未成年人的父母或者其他监护人,应当为其未成年子女或者其他被监护人受教育提供条件,并且配合学校进行教育;社会公共文化体育设施应当向青少年敞开大门,实行优待,提供便利;学校要积极组织学生参加社会公益活动,让学生在实践中培养劳动观点和公民意识,提高思想道德水平。

(七)《教育法》规定了教育的投入渠道和保障机制

《教育法》第五十四条对教育投入的体制作了规定,"国家建立以财政拨款为主、其他多种渠道筹措教育经费为辅的体制"。

《教育法》对教育投入规定了"两个提高"、"三个增长"的原则。第五十五条规定:"国家财政性教育经费支出占国民生产总值的比例应当随着国民经济的发展和财政收入的增长逐步提高。""全国各级财政支出总额中教育经费所占比例应当随着国民经济的发展逐步提高。"第五十六条规定:"各级人民政府教育财政拨款的增长应当高于财政经常性收入的增长,并使按在校学生人数平均的教育费用逐步增长,保证教师工资和学生人均公用经费逐步增长。"

《教育法》规定,教育经费除国家财政拨款外,还可通过以下途径筹措:征收教育附加费;发展校办产业;实行教育集资;鼓励捐资助学;运用金融信贷手段支持教育事业的发展。

(八)《教育法》规定了教育对外交流与合作的基本原则和主要方式

教育对外交流与合作,是我国对外开放政策的重要组成部分。它对于吸收国外的先进科学技术、适用的管理经验及有益文化,具有重要的意义。它是加速培养高级专门人才,开展中外技术交流,增进我国同世界各国人民友谊的重要途径。国家鼓励开展教育对外交流与合作。

为促进教育对外交流与合作的健康发展,《教育法》规定了教育对外交流与合作的基本原则,为我国进一步扩大教育对外合作,引进国外优质教育资源提供了法律保障。第六十七条规定:"教育对外交流与合作坚持独立自主、平等互利、相互尊重的原则,不得违反中国法律,不得损害国家主权、安全和社会公共利益。"《教育法》规定了进行教育对外交流与合作的主要方式：境内公民出国留学、研究、任教或进行学术交流；境外个人进入我国学校及其他机构学习、研究、任教或进行学术交流；境外个人或组织同我国合法教育机构合作办学；境内外教育机构间交流与合作。

实行教育对外交流与合作，必然涉及相关国家的学历、学位问题。《教育法》对学业证书的有效性作了规定："中国对境外教育机构颁发的学位证书、学历证书及其他学业证书的承认，依照中华人民共和国缔结或者加入的国际条约办理，或者按照国家有关规定办理。"

（九）《教育法》规定了违反教育法规的法律责任

《教育法》针对确立的义务和禁止性规范，结合我国实际，规定了相应的法律责任。法律责任的规定，集中体现了立法精神，在整部《教育法》中，居于非常重要的地位。《教育法》针对教育实践中经常发生的、普遍存在的、直接影响《教育法》实施的问题，作了十三条法律责任规定。主要有：克扣、挪用教育经费的法律责任；乱收费、乱招生的法律责任；在招生考试中作弊行为的法律责任；乱发学业证书的法律责任；扰乱学校教学秩序，侵占校产行为的法律责任；造人员伤亡和重大财产损失的法律责任。凡违反《教育法》者，根据情节轻重对其主管人、责任人依法追究其法律责任。

以上是对《教育法》的基本内容所作的一种概述。《教育法》的颁布与实施，已经并将继续对我国教育事业的改革与发展发挥强有力的指导与规范作用。

第三节　新世纪新时代我国教育基本政策的变革与创新

一、新世纪初我国教育发展的新指针

跨入新世纪以来，我国社会主义现代化建设进入一个全面建设小康社会和实现中华民族伟大复兴的中国梦的新时期。在新的时期内，中国共产党适时确立了引领中国社会发展的新的指导方针。新的指导方针同样引领着教育事业的发展。

（一）科学发展观对教育事业发展的指引

2003 年 10 月召开的中国共产党第十六届三中全会提出了科学发展观，这为新世纪初我国社会发展确立了新的指导思想。科学发展观具有丰富而深刻的内涵，其完整的表述是：坚持"以人为本"，树立全面、协调、可持续的发展观，促进经济社会和人的全面发展。科学发展观的确立，标志着我国治国理念的新变化，也鲜明地体现出我国治国方略的重大创新。

科学发展观是新世纪初我国教育事业发展的新指针，为教育事业的发展指明了新的目标与方向。科学发展观对教育事业的发展所具有的强烈的指导意义主要表现在以下几个方面。

1. 确立科学发展观意味着进一步确立了教育事业的发展在社会发展中的重要地位

社会的科学发展寓含着教育事业的发展，若没有教育事业的充分发展，社会的科学发展

也不可思议。另一方面,科学发展观的核心是"以人为本",这就进一步凸显出教育发展的重要地位。因为"以人为本"要求不断提高人的素质,提高人的生命与生活质量,这便对教育发展提出了更多更高的要求。

2. 科学发展观指引着教育的科学发展

在科学发展观的指引下,新时期教育事业的发展需要牢牢坚持"以人为本",坚持全面、协调和可持续发展。坚持教育的以人为本,需要坚持不懈地将全面提高国民素质作为教育的基本追求,将促进人的全面发展作为教育发展的根本目标。坚持教育的全面发展,重要的是建立起符合我国国情并具有中国特色的终身教育体系。坚持教育的协调发展,特别要努力缩小城乡教育和区域教育发展的差距,实现城乡教育和区域教育的共同发展和均衡发展。坚持教育的可持续发展,要求教育发展既要注重数量发展,更要注重质量发展;既要追求效率,又要兼顾公平;既要着眼当前,更要着眼长远。教育的可持续发展,关键在于培养致力于社会可持续发展的人才。

(二) 全面推进依法治国的方针对教育发展的指引

2014年10月中国共产党第十八届四中全会作出了《关于全面推进依法治国若干重大问题的决定》。这是中国共产党建设"法治中国"的庄重承诺,是在向国际社会宣告,作为全球共同体的一员,中国有责任、有义务,也有信心建设好法治社会。全面推进依法治国已成为新形势下我国社会发展的根本指导方针。这一方针,对教育事业的发展同样具有强烈而鲜明的指导意义。

1. 全面推进依法治国必然要求全面推进依法治教

依法治国寓含着依法治教。依法治教是依法治国的重要内容,是依法治国的重要体现。不仅如此,依法治教对推进依法治国又具有重要的价值与作用。因为依法治国是通过人的作用去实现的,它需要全体国民树立良好的法治观念,形成良好的法治素养,这有赖于教育为此作出努力。另一方面,由于教育事业的发展在整个社会事业的发展中具有优先发展的地位,这也意味着依法治教在依法治国中具有特别的重要性。此外,对于教育事业本身的发展而言,积数十年教育发展的经验教训,推进依法治教,是推进教育事业健康发展和良性发展的根本保障。

2. 全面推进依法治教,目标是建设中国特色社会主义教育法治体系

这是遵循全面推进依法治国的总目标的要求。为此,也要形成完备的教育法律法规体系,高效的教育法治实施体系,严密的教育法治监督体系,有力的教育法治保障体系。全面推进依法治教,需要按照"科学立法、严格守法、公正司法、全民守法"的要求,切实加强教育立法,进一步完善教育法律法规体系。要进一步严格教育守法,真正使教育事业的发展纳入法治化轨道。同时要对有违教育法律的事件公正地进行司法处理。要在全社会形成遵守教育法律法规的风尚。建设中国特色社会主义教育法治体系,也是服务于促进国家教育治理体系和治理能力的现代化。

二、新世纪初我国教育改革发展的新规划

2010 年 7 月，中共中央、国务院颁布了《国家中长期教育改革和发展规划纲要（2010—2020 年）》（以下简称《教育规划纲要》）。这是 21 世纪以来我国教育改革发展的纲领性文件。它对新时期教育发展的总体战略、发展任务、体制改革、保障措施等作出了新的全面的规划和部署，表明教育基本政策的重要变革与创新。

（一）教育发展总体战略的新确立

《教育规划纲要》首先确立了 2010—2020 年我国教育发展的总体战略。它进一步明确了教育改革和发展的指导思想和工作方针，以及战略目标和战略主题。

关于指导思想。除了继续强调高举中国特色社会主义伟大旗帜，以邓小平理论和"三个代表"重要思想为指导，深入贯彻落实科学发展观外，《教育规划纲要》还突出强调了要全面贯彻党的教育方针，办好人民满意的教育，同时要立足社会主义初级阶段基本国情，把握教育发展阶段性特征，坚持以人为本，遵循教育规律，面向社会需求，优化结构布局，提高教育现代化水平。

关于工作方针。新的提法是：优先发展、育人为本、改革创新、促进公平、提高质量。这 20 字方针具有深刻的内在关联。优先发展是人的发展的需要。育人为本是因为人力资源是我国经济社会发展的第一资源，教育是开发人力资源的主要途径。同时教育发展要尊重教育规律和学生的身心发展规律，为每个学生提供适合的教育。改革创新是教育发展的强大动力。教育要发展，根本靠改革。而改革的要义乃是促进教育公平。教育公平则是社会公平的重要基础。提高质量是教育改革发展的核心任务，也是教育发展的重要指向。

关于战略目标。到 2020 年，基本实现教育现代化，基本形成学习型社会，进入人力资源强国行列。为此，要实现更高水平的普及教育，形成惠及全民的公平教育，提供更加丰富的优质教育，构建体系完备的终身教育和健全充满活力的教育体制。

关于战略主题。《教育规划纲要》指出坚持以人为本、全面实施素质教育是教育改革发展的战略主题，是贯彻党的教育方针的时代要求，其核心是解决好培养什么人、怎样培养人的重大问题，重点是面向全体学生、促进学生全面发展，着力提高学生服务国家服务人民的社会责任感、勇于探索的创新精神和善于解决问题的实践能力。为此，需要坚持德育为先，坚持能力为重，坚持全面发展。

（二）教育发展任务的新部署

基本普及学前教育，到 2020 年，普及学前一年教育，基本普及学前两年教育，有条件的地区普及学前三年教育；明确政府职责，把发展学前教育纳入城镇、社会主义新农村建设规划，建立政府主导、社会参与、公办民办并举的办园体制；重点发展农村学前教育，努力提高农村

学前教育普及程度,采取多种形式扩大农村学前教育资源,支持贫困地区发展学前教育。

巩固提高九年制义务教育水平,提高义务教育质量,增强学生体质;推进义务教育均衡发展,切实缩小校际差距,加快缩小城乡差距,努力缩小区域差距;采取多种措施切实减轻中小学生课业负担。

加快普及高中阶段教育,全面提高普通高中学生综合素质,推动普通高中多样化发展。

大力发展职业教育,政府切实履行职责,把提高质量作为重点,加快发展面向农村的职业教育,增强职业教育吸引力。

全面提高高等教育质量,提高人才培养质量,提升科学研究水平,增强社会服务能力,优化结构、办出特色。

加快发展继续教育,建立健全的继续教育体制机制,构建灵活开放的终身教育体系,努力形成人人皆学、处处可学、时时能学的学习型社会。

重视和支持民族教育事业,全面提升少数民族和民族地区教育发展水平。

关心和支持特殊教育,完善特殊教育体系,健全特殊教育保障机制。

(三) 教育体制改革的新要求

其一,人才培养体制改革。人才培养体制改革的思路:一是要更新教育观念,即树立全面发展观念、人人成才观念、多样化人才观念、终身学习观念和系统培养观念。二是要创新人才培养模式,创新教育教学方法,注重学思结合、知行统一、因材施教,倡导启发式、探究式、讨论式、参与式教学,营造独立思考、自由探索的良好环境。三是要改革教育质量评价和人才评价制度,使教育教学评价更加适合人人成才和多样化人才涌现的要求。

其二,考试招生制度改革。一是要推进考试招生制度改革。以此为突破口,克服一考定终身的弊端,探索招生与考试相对分离的办法,并加强考试管理。二是要完善中等学校考试招生制度,完善初中就近面试入学的具体办法,改进高中阶段考试招生办法,中等职业学校实行自主招生或注册入学。三是要完善高等学校考试招生办法。深化考试内容与形式改革,逐步实施高等学校分类入学考试。

其三,建设现代学校制度。现代学校制度的基本内涵是"依法办学、自主管理、民主监督、社会参与"。建设现代学校制度,一是要推进政校分开,管办分离,构建政府、学校、社会之间的新型关系。二是要落实和扩大办学自主权。三是要完善中国特色现代大学制度,要完善大学治理结构,加强章程建设,扩大社会合作,推进专业评价。四是要完善中小学学校管理制度,完善中小学校长负责制,建立和健全民主管理学校的各项制度。

其四,办学体制改革。要坚持教育公益性原则,健全政府主导、社会参与、办学主体多元、办学形式多样、充满生机与活力的办学体制,形成以政府办学为主体、公办教育和民办教育共同发展的格局。要大力支持民办教育,并依法管理民办教育。

其五,管理体制改革。深化教育管理体制改革要以简政放权和转变政府职能为重点,不断提高公共教育服务水平。要明确各级政府管理学校的权限和职责,明确中央和地方的职权划分,进一步加大省级政府对区域内各级各类教育的统筹权。

其六,扩大教育开放。要加强国际教育交流与合作,进一步引进优质教育资源,进一步提高交流合作水平。

(四) 保障措施的新安排

一是加强教师队伍建设。通过建设高素质教师队伍、加强师德建设、提高教师业务水平、提高教师地位待遇、健全教师管理制度等措施保障教师队伍建设适应教育改革发展的需要。

二是保障经费投入。通过加大教育投入、完善投入机制和加强经费管理等措施保障教育发展的经费支撑。

三是加快教育信息化进程。通过加快教育信息化基础设施建设、加强优质教育资源开发与应用、构建国家教育管理信息系统等措施保障教育信息化的顺利推进。

四是推进依法治教。通过完善教育法律法规、大力推进依法治校、完善督导制度和监督问责机制等措施保障依法治教的实现。

五是组织实施重大项目和改革试点。重大项目有:义务教育学校标准化建设、义务教育教师队伍建设、农村学前教育推进、职业教育基础能力建设、高等教育质量提升、民族教育发展、特殊教育发展、家庭经济困难学生资助、教育信息化、教育国际交流合作。组织开展的改革试点是:推进素质教育改革试点、义务教育均衡发展改革试点、职业教育办学模式改革试点、终身教育体制机制建设试点、拔尖创新人才培养改革试点、现代大学制度改革试点、深化办学体制改革试点、地方教育投入保障机制改革试点、省级政府教育统筹改革试点。

六是加强组织领导。通过加强和改善对教育工作的领导、加强和改进教育系统党的建设、切实维护教育系统的和谐稳定等措施使教育改革和发展具有坚强的组织和领导保障。

三、新时代我国教育改革发展的新图景

2017 年 10 月中国共产党第十九次全国代表大会召开。党的十九大站在历史和时代的战略高度,宣示了中国特色社会主义进入新时代,明确了中国特色社会主义的历史方位,形成了习近平新时代中国特色社会主义思想,开启了全面建设社会主义现代化强国的新征程。

(一) 新思想引领教育事业发展新格局

2017 年 10 月 24 日修改通过的《中国共产党章程》提出:中国共产党以马克思列宁主义、毛泽东思想、邓小平理论、"三个代表"重要思想、科学发展观、习近平新时代中国特色社会主义思想作为自己的行动指南。习近平新时代中国特色社会主义思想引领我国教育事业发展新格局。

为破解新时代我国社会主要矛盾,满足广大人民群众从"有学上"到"上好学"的需求,党

和政府明确提出将"优先发展教育事业",并将其作为"改善民生水平"的首要大事。

新时代教育事业的战略地位进一步提升——建设教育强国是中华民族伟大复兴的基础工程,必须把教育事业放在优先位置,加快教育现代化,办好人民满意的教育。

新时代基础教育要推进均衡发展——推动城乡义务教育一体化发展,高度重视农村义务教育,办好学前教育、特殊教育和网络教育,普及高中阶段教育,努力让每个孩子都能享有公平而有质量的教育。乡村振兴背景下的农村教育将迎来新的发展机遇。

新时代职业教育发展新目标——完善职业教育和培训体系,深化产教融合、校企合作。新时代党和政府把职业教育摆在教育改革创新和经济社会发展中更加突出的位置,以促进就业和适应产业发展需求为导向,着力培养高素质劳动者和技术技能人才。

新时代实现高等教育内涵式发展——加快一流大学和一流学科建设,实现高等教育内涵式发展。"双一流"建设是新时代高等教育改革发展的重要内容和特征,实现内涵式发展是新时代高等教育改革发展的重要目标与任务。

新时代教师队伍建设新要求——加强师德师风建设,培养高素质教师队伍,倡导全社会尊师重教。新时代教师队伍建设以建设教育强国为目标,以提升教育质量为主线,不断拓宽教师文化视野,提高教师综合素养,加强教师教育体系建设。

新时代继续教育有新空间——办好继续教育,加快建设学习型社会,大力提高国民素质。新时代继续教育正朝着终身化、立体化、信息化、市场化、社会化、国际化、专业化的趋势发展。

(二)新时代赋予教育方针新内涵

关于新时代党的教育方针,2019 年 3 月 18 日,习近平同志在主持召开学校思想政治理论课教师座谈会上系统、全面、深入地阐述了新时代我国的教育方针。新时代赋予了教育方针丰富内涵,也提出了根本要求。

在指导思想上,必须坚持马克思主义指导地位,贯彻习近平新时代中国特色社会主义思想。在办学方向上,必须坚持社会主义办学方向,落实立德树人的根本任务。

在根本宗旨上,必须坚持教育为人民服务、为中国共产党治国理政服务、为巩固和发展中国特色社会主义制度服务、为改革开放和社会主义现代化建设服务,扎根中国大地办教育。坚持"四个服务"是社会主义教育的根本宗旨。

在人才培养途径上,必须坚持"教育与生产劳动和社会实践相结合",这是现代社会经济和教育发展的必然趋势,也是新时代我国人才培养的基本途径。

在教育工作目标上,必须加快推进教育现代化、建设教育强国、办好人民满意的教育。这是新时代我国教育的战略任务。

在教育培养目标上,必须明确把"努力培养担当民族复兴大任的时代新人,培养德、智、体、美、劳全面发展的社会主义建设者和接班人"作为根本目标,培养一代又一代拥护中国共产党领导和社会主义制度、立志为中国特色社会主义事业奋斗终身的有用人才。培养社会主义建设者和接班人,是我国各级各类学校的共同使命。

关于新时代教育的战略地位,2018 年 9 月 10 日,习近平同志在全国教育大会上强调:教育是民族振兴、社会进步的重要基石,是功在当代、利在千秋的德政工程,对提高人民综合素质、促进人的全面发展、增强中华民族创新创造活力、实现中华民族伟大复兴具有决定性意义。教育是国之大计、党之大计。由此,明确了新时代我国社会主义教育事业的总方向和战略地位。

(三) 新时代中国教育现代化新征程

2019 年 2 月,中共中央、国务院印发了《中国教育现代化 2035》,这既是对改革开放 40 多年来我国教育成就的阶段性总结与再出发,也是未来中国教育现代化建设的纲领性文件,意义重大,影响深远。《中国教育现代化 2035》对未来我国推进教育现代化的总体目标、基本理念、总体思路、战略任务、实施路径等都作了总体部署和战略设计。

推进教育现代化的总体目标。《中国教育现代化 2035》分两个阶段设计了推进教育现代化的总体目标:到 2020 年,全面实现"十三五"发展目标,教育总体实力和国际影响力显著增强,劳动年龄人口平均受教育年限明显增加,教育现代化取得重要进展,为全面建成小康社会作出重要贡献。在此基础上,再经过 15 年努力,到 2035 年,总体实现教育现代化,迈入教育强国行列,推动我国成为学习大国、人力资源强国和人才强国,为到本世纪中叶建成富强、民主、文明、和谐、美丽的社会主义现代化强国奠定坚实基础。

推进教育现代化的基本理念。《中国教育现代化 2035》提出了推进教育现代化的八大基本理念,即"八个更加":更加注重以德为先,更加注重全面发展,更加注重面向人人,更加注重终身学习,更加注重因材施教,更加注重知行合一,更加注重融合发展,更加注重共建共享。

推进教育现代化的战略任务。《中国教育现代化 2035》聚焦教育发展的突出问题和薄弱环节,立足当前,着眼长远,重点部署了面向教育现代化的十大战略任务:一是学习习近平新时代中国特色社会主义思想,二是发展中国特色世界先进水平的优质教育,三是推动各级教育高水平高质量普及,四是实现基本公共教育服务均等化,五是构建服务全民的终身学习体系,六是提升一流人才培养与创新能力,七是建设高素质专业化创新型教师队伍,八是加快信息化时代教育变革,九是开创教育对外开放新格局,十是推进教育治理体系和治理能力现代化。

实现教育现代化的实施路径。《中国教育现代化 2035》明确了实现教育现代化的四大实施路径:一是总体规划,分区推进。在国家教育现代化总体规划框架下,推动各地从实际出发,制定本地区教育现代化规划,形成一地一案、分区推进教育现代化的生动局面。二是细化目标,分步推进。科学设计和进一步细化不同发展阶段、不同规划周期内的教育现代化发展目标和重点任务,有计划有步骤地推进教育现代化。三是精准施策,统筹推进。完善区域教育发展协作机制和教育对口支援机制,深入实施东西部协作,推动不同地区协同推进教育现代化建设。四是改革先行,系统推进。充分发挥基层,特别是各级各类学校的积极性和创造性,鼓励大胆探索、积极改革创新,形成充满活力、富有效率、更加开放、有利于高质量发展的教育体制机制。

思考与练习

1. 简要评价我国不同时期的教育方针。

2. 中华人民共和国成立以来,我国的教育行政体制发生了怎样的变化? 试评价其得失。

3.《中华人民共和国教育法》对我国教育基本制度作了怎样的法律规定?

4. 谈谈你对依法治国与依法治教的关系的认识。

5. 如何理解新时代教育工作的根本方针?

第九章

我国基础教育的政策与法规

📖 **学习目标**

1. 了解基础教育政策、法规的历史沿革。

2. 掌握《中华人民共和国义务教育法》的基本内容。

3. 了解新世纪以来,尤其是新时代以来我国基础教育政策、法规的建设与创新。

基础教育是整个教育事业的基础,是教育事业发展的重中之重。基础教育的政策与法规在整个教育政策法规体系中占有举足轻重的地位,是每一个教育工作者都必须熟悉和了解的。本章将对中华人民共和国成立以来基础教育的政策与法规作系统回顾,并重点解读基础教育的重要法规——《中华人民共和国义务教育法》。

第一节　基础教育政策、法规的沿革

一、过渡时期的基础教育政策

1949 年 10 月 1 日,中华人民共和国的成立开创了中国历史的新纪元。摆在新生的人民政权面前最为迫切的教育任务是发展基础教育,提高人民文化水平,培养国家建设人才。为了发展基础教育,党和政府颁行了一系列关于基础教育的政策。

第一,有计划、有步骤地接管和改造旧学校,掌握学校的领导权。根据政务院 1950 年 12 月通过的《关于处理接收美国津贴的文化教育救济机关及宗教团体的方针的决定》和 1952 年颁布的《关于接办私立中小学的指示》,人民政府接管了外国津贴的中等学校 514 所和初等学校 1 133 所,收回了教育主权。[①] 私立中小学全部由政府接办,改为公立。

第二,改革旧式教育。建国伊始,国家在接管和改造旧学校的同时,根据新民主主义的教育方针,着手改革旧式教育。基本做法是:其一,改革旧式教材、课程,在中小学废除国民党设立的"党义"、"公民"、"童子军训练"等旧课程,开设"新民主主义论"、"社会发展史"等新课程;其二,改革旧式教育方法,学习苏联经验,推进全面发展教育;其三,建立新的学校管理制度。

第三,建立基础教育的新学制。1951 年 10 月,政务院颁布了《关于改革学制的决定》,对各级各类学校的学制分别作了新的规定。将学校系统分为幼儿教育、初等教育、中等教育和高等教育四级。其中有关基础教育的内容为:(1)幼儿教育:实施幼儿教育的组织为幼儿园,招收 3 周岁至 7 周岁的幼儿,使他们的身心在入小学前获得健全的发展。(2)初等教育,包括儿童的初等教育和青年、成年的初等教育。儿童的初等教育的实施机构为小学,修业年限为 5 年,实行一贯制,入学年龄以 7 周岁为标准。青年和成人的初等教育的实施机构为工农速成初等学校、业余初等学校和识字学校。(3)普通中等教育,其实施机构为普通中学、工农速成中学、业余中学。普通中学分初、高两级,各 3 年,共 6 年。工农速成中学,年限为 3—4 年。业余中学,分初、高两级,年限各为 3—4 年。

第四,推行普及小学教育。1951 年 8 月,教育部召开第一次全国初等教育和第一次师范教育会议。会议提出的任务主要有:从 1952 年到 1957 年,争取全国平均有 80% 的学龄儿童

---

① 金铁宽. 中华人民共和国教育大事记(第 1 卷)[M]. 济南:山东教育出版社,1995:61.

入学;从 1952 年起,争取 10 年内基本上普及小学教育;从 1952 年起,5 年内小学改为五年一贯制;5 年内培养百万名小学教师等。

第五,颁行《中学暂行规程(草案)》和《小学暂行规程(草案)》。这是中华人民共和国成立初期指导中小学教育的两个重要的政策性文献。这两个暂行规程明确了中小学的任务、目标、修业年限、行政体制和学校内部管理体制,它使得中小学教育与管理步入规范化。

中华人民共和国成立初期国家颁行的一系列关于基础教育的政策,其着眼点在于促使旧式教育向社会主义的新教育平稳、顺利地过渡,同时也展示出新中国政府大力发展国家基础教育的信念与决心。中华人民共和国成立初期,国家基础教育政策的实施取得了十分明显的成效,它使得一个文盲充斥、教育荒芜的国度迅速奠定了教育发展的基础。

二、全面建设社会主义时期的基础教育政策

从 1957 年开始,我国进入了全面建设社会主义时期。在这一时期,中国共产党提出了"教育为无产阶级政治服务,教育与生产劳动相结合"的教育方针。这一方针对国家基础教育的发展产生了深刻影响。在这一方针指导下,基础教育的政策也有了新的调整与变化。这一时期的基础教育政策主要包括以下几方面。

(一)大力推进普及小学教育

1956 年最高国务会议通过的《1956—1967 年全国农业发展纲要(草案)》中规定:"从 1956 年开始,按照各地情况,分别在 7 年或者 12 年内普及小学义务教育。"在这一精神的指引下,我国普及小学教育的工作得以继续推进与大力发展。即使处于经济困难时期,国家仍坚持提出要区别城乡和根据各地区的不同情况,有计划地、积极地普及适龄儿童的小学教育。

(二)实行"两种教育制度"

1958 年 5 月,时任国家主席刘少奇提出中国应该有两种主要的学校教育制度和劳动制度,即一种是全日制的学校教育制度和全日制的工厂、机关工作制度,另一种是半工半读的学校教育制度和半工半读的工厂劳动制度。这两种教育制度在基础教育中同样得以贯彻与体现。普通中小学的办学方向、目标、教学模式、方法等有了新的改变,教学与生产劳动的联系得到了加强。

(三)"大跃进"与基础教育的"大发展"

建设社会主义时期迅速掀起的"大跃进"高潮也在教育战线产生了热烈的回响。基础教育一时间也在突飞猛进地发展。仅以 1958 年为例,一年中,受学前教育的幼儿就增加了 3 000 万人;小学生增加了 2 200 万人,比 1957 年增长 34.4%;全国学龄儿童入学率已达 93.9%,87%的县、市基本普及小学教育;农村合作社社社有中学,当年就新建中学 26 000 余所,全国中学生已达 924 万人,比 1957 年增长 47%。但是,这种"大发展"存在着盲目追求"高速度、高指标"的片面性,对基础教育的发展造成了不良影响。

（四）基础教育政策的重要调整

中共八届九中全会制定了对国民经济实行"调整、巩固、充实、提高"的方针。教育部按照中共中央的指示，从 1961 年到 1963 年，对教育事业进行了调整，颁布了专门针对基础教育的《全日制中学暂行工作条例（试行草案）》和《全日制小学暂行工作条例（试行草案）》。这两个条例总结了中华人民共和国建立以来，特别是 1958 年以来的正反两方面的经验教训，为中小学校规定了明确的工作方针。两个条例的主要内容是：（1）明确中小学的任务是为社会主义建设事业培养劳动后备力量和为高一级学校培养合格的新生；（2）强调中小学要以教学为主，并强调要加强教学管理；（3）正确贯彻党对知识分子的政策，强化教师教书育人的职责；（4）坚持正面地进行思想政治教育；（5）明确中小学实行校长负责制。学校党支部对学校行政工作负有保证和监督的责任。

两个条例的颁行，对调整中小学过快的发展步伐，稳定正常的教学秩序起到了良好的政策保障与指导作用。

三、"文革"时期的基础教育政策

这一时期基础教育的发展受到较大影响。

第一，基础教育学制与课程设置的改革。按照"学制要压缩，课程设置要精简，教材要彻底改革"的精神，"文革"期间，我国基础教育学制由原来中小学十二年制改为九年制。

第二，基础教育领导体制的变化。学校原有的领导组织与机构被打破或改组，工宣队和贫下中农进驻中小学，实施对学校的领导与管理。

第三，基础教育办学形式和教学形式的变化。学校实行"开门办学"，曾一度出现所谓的"停课闹革命"。

第四，实施错误的教师政策，严重危害了中小学教师队伍建设。"文革"期间，广大中小学教师成了被"改造"的对象。许多教师遭到无情的批判与迫害，正常的师生关系受到严重破坏。由于教师培养的"断裂"，基础教育战线缺乏合格教师的补充，中小学教育园地有了大量的民办教师和代课教师。

四、建设具有中国特色的社会主义时期的基础教育政策与法规

1978 年改革开放以来，我国进入了建设具有中国特色社会主义时期。随着科教兴国战略的实施，基础教育在国家现代化建设事业中具有全局性、基础性和先导性的地位与作用。1977 年至 1999 年的 20 余年间，党和国家颁行了一系列新的教育政策，并颁行了新的教育法规。新时期基础教育政策调整与法规建设主要体现在以下几方面。

（一）基础教育领域的拨乱反正

1977 年恢复高考的政策决定，对恢复全国的教育秩序，尤其是对恢复基础教育的教学秩序产生了积极影响。另一方面，为了使中小学教学秩序更好地步入常态化、规范化，教育部

及时重新发布了《全日制中学暂行工作条例(试行草案)》和《全日制小学暂行工作条例(试行草案)》等重要政策文件,这是对"文革"前规范性政策的沿用,同时结合新的形势作了必要的修改。两部暂行的工作条例对中小学德育、智育、体育及教师等工作进行了规范,强调保障正常的教学时间,保障课程的合理开设,保障基础教育中的基本知识教学和基本技能训练,这对恢复全国中小学教学秩序产生了积极的影响。在这一时期内,农村学校的布局网点有了适当调整,"文革"中农村中小学形成的"村村点火、队队冒烟"的盲目发展状况有了合理改观,这对恢复农村中小学正常教学秩序也起到了良好作用。1980 年 12 月,中共中央、国务院发布了《关于普及小学教育若干问题的决定》。该决定指出:"建国以后,我国小学教育有很大发展,但是由于工作上的种种失误,特别是'文化大革命'的破坏,我国目前五年制小学教育尚未普及,新文盲继续大量产生。这种情况,同经济发展对人才培养的要求很不适应,同建设现代化的、高度民主、高度文明的社会主义强国的要求很不适应。"基于我国国情,普及小学教育的重点无疑在农村。1983 年 5 月,中共中央、国务院在《关于加强和改革农村学校教育若干问题的通知》中提出了农村普及初等教育的基本目标,要求"普及初等教育的规划和措施要落实到县和区乡、社队",并强调改进农村小学的办学形式,使其灵活多样;要求小学教学内容联系农村生产、生活实际。该通知对促进农村初等教育的发展发挥了有效的政策影响和推动作用。

(二)改革基础教育管理体制,重新确定基础教育目标

1985 年 5 月发布的《中共中央关于教育体制改革的决定》,对基础教育的管理体制作出了重大调整与变革,明确规定基础教育在国家宏观指导下,主要实行由地方负责、分级管理的体制。除重大方针和宏观规划由中央决定外,具体政策、制度、计划的制定和实施,以及对学校的领导、管理和检查,其责任和权力都交给地方。这一显著的政策变化是教育体制适应经济体制改革的需要,这也是教育本身改革和发展的需要。新的管理体制对于强化地方责任,激发地方发展基础教育的积极性具有重要意义。《中共中央关于教育体制改革的决定》明确了普及九年制义务教育是基础教育发展的重大目标。该决定根据各地区不同的经济文化发展水平,将全国分为三类地区,作出了分地区、有步骤地实现普及九年制义务教育的规划。实施九年制义务教育,将中国普及教育推向了一个新的高度,由此缩小与发达国家普及教育存在的差距。

(三)颁行《中华人民共和国义务教育法》,保障基础教育的健康发展

1986 年 4 月 12 日,我国出台了新中国成立后第一部专项教育法——《中华人民共和国义务教育法》(以下简称《义务教育法》),这标志着我国义务教育政策的稳定、成熟与定型化。制定《义务教育法》,是为了发展基础教育,促进社会主义物质文明和精神文明建设。《义务教育法》确立了义务教育的指导思想和基本原则,进一步明确了义务教育在国务院领导下,实行地方负责、分级管理的体制,对义务教育经费投入与经费筹措作出了规定,与此同时,明

确了义务教育的主体职责,明确了义务教育的就学与教育教学,明确了实施义务教育的步骤以及明确了违反《义务教育法》的法律责任,这为我国有步骤地实行九年制义务教育提供了法律支持与保障。20 世纪 80 年代中期以后,我国普及九年制义务教育沿着法制化的轨道健康发展。

(四) 加强基础教育教师队伍建设,尤其是农村中小学教师队伍建设

由于"文革"中师范教育受到严重摧残与破坏,全国基础教育战线合格教师的供给异常困难。1978 年至 1984 年间,国家致力于农村教师队伍建设的政策精神有三:一是对民办教师实施鼓励性政策,这包括增加中小学民办教师补助费,每年在中等师范学校招生中划拨一定指标招收民办教师,让他们经过学习后成为公办教师,或通过其他考核方式转为公办教师。二是通过大力发展中等师范学校和发展高等师范专科学校为全国中小学,尤其是农村中小学培养新的教师。三是加强中小学在职教师的培训工作,这包含加强农村中小学在职教师的培训。《中共中央关于教育体制改革的决定》进一步指出:"建立一支有足够数量的、合格而稳定的师资队伍,是实行义务教育、提高基础教育水平的根本大计。"为此,国家采取措施提高中小学教师和幼儿教师的社会地位和生活待遇,鼓励他们终身从事教育事业。与此同时,国家把发展师范教育和培训在职教师作为发展教育事业的战略措施,积极利用现有设施,分期分批轮训教师;明确提出担任教师职务必须具备合格学历或有考核合格证书。《中国教育改革和发展纲要》提出了进一步加强基础教育师资培养培训工作的措施。该纲要要求各级政府努力增加投入,大力办好师范教育,鼓励优秀中学毕业生报考师范院校。师范院校可以进一步扩大定向招生的比例,建立师范毕业生服务期制度,保证毕业生到中小学任教。通过实施教师培养和培训计划,广大中小学教师学历合格率不断提高,师资素质明显改观。到 20 世纪末,通过师资补充和在职培训,绝大多数中小学教师达到了国家规定的学历标准,基础教育教师队伍建设取得了显著的成绩。

(五) 在基础教育中大力推进素质教育

1994 年 8 月,《中共中央关于进一步加强和改进学校德育工作的若干意见》予以发布,在这一重要文件中第一次正式使用了"素质教育"的概念。1999 年 6 月颁布的《中共中央国务院关于深化教育改革,全面推进素质教育的决定》是新时期重要的政策性文献。这一决定把全面推进素质教育作为迎接新世纪教育工作的战略重点,把提高创新能力摆到了关系民族复兴和国家兴旺的重要位置。长期以来,基础教育中存在严重的"应试教育"倾向,它对学生的全面发展构成了障碍,影响着一代新人素质的全面提高。推进素质教育需要从基础教育抓起,素质教育应该贯穿于包括幼儿教育、中小学教育在内的各级各类教育。推进素质教育作为一种新的政策的实施,它对基础教育的改革提出了许多新的要求,涉及培养目标、教学内容、课程设置、教学设施、教学方法等方方面面。素质教育在基础教育中的深入推进,对促进基础教育的健康发展产生着积极影响。

20 世纪的最后 10 年是我国基础教育发展成就卓著的时期,我们实现了基本普及九年义务教育和基本扫除青壮年文盲的目标。至 2000 年底,全国小学和初中入学率分别为 99％和 88％(其中小学女童入学率 99.07％,男女童入学率差距下降到 0.07 个百分点);全国成人识字率和青壮年识字率分别为 91％和 95％;全国特殊教育学校的学生数比 1990 年增长了 4 倍;大中城市已能基本满足学前儿童接受教育的需要。我国政府增加了对基础教育的投入,以 1995 年和 1999 年为例,政府对义务教育的财政拨款增长了 70％;从 1996 年到 2000 年的 5 年间,国家还实施了"贫困地区义务教育工程",中央和地方政府累计投入约 14 亿美元,重点扶持了 852 个贫困县。[①] 近 13 亿中国人口整体素质进一步提高,为中国的现代化事业提供了宝贵的人力资源,基础教育在把沉重的人口压力转化为巨大的人力资源方面发挥了不可替代的作用。

第二节　《中华人民共和国义务教育法》概述

《中华人民共和国义务教育法》(以下简称《义务教育法》)于 1986 年 4 月 12 日由第六届全国人民代表大会第四次会议通过,1986 年 7 月 1 日实施。《义务教育法》实施 20 年后,全国人大常委会审议通过了新修订的《义务教育法》,于 2006 年 9 月 1 日实施,这是自 1986 年颁布以来的一次重大修改,对新世纪的中国教育发展来说,是一件具有深远意义的大事,是我国教育事业发展的一个新的里程碑。新修订的《义务教育法》坚持"以人为本",全面落实科学发展观,把普及九年制义务教育、实施素质教育、保障受教育权利和促进人的全面发展作为立法的基本目标,并对《义务教育法》实施 20 年来的经验进行了总结,对义务教育的制度进行了重新思考和定位,作出了一系列重大的制度创新。另 2015 年 4 月 24 日第十二届全国人民代表大会常务委员会第十四次会议决定将《义务教育法》第四十条修改为:"教科书价格由省、自治区、直辖市人民政府价格行政部门会同同级出版行政部门按照微利原则确定。" 2018 年 12 月 29 日通过第十三届全国人民代表大会常务委员会第七次会议决定对《义务教育法》第四十条中的"出版行政部门"修改为"出版主管部门"。

一、《义务教育法》的立法宗旨和立法依据

《义务教育法》第一条开宗明义地点明了该法的立法宗旨和立法依据。《义务教育法》的立法宗旨有三个:第一,保障适龄儿童、少年接受义务教育的权利。将义务教育作为适龄儿童、少年的一项权利。此点在原《义务教育法》中早已有了类似表述,但将其上升为立法宗旨,且排在立法宗旨的第一位却是前所未有的。这在一方面体现了立法"以人为本"、重视权

[①] 陈至立. 满足人民基本学习需要,开创全民教育新局面——在第四次"九个人口大国全民教育部长级会议"上的讲话[N]. 中国教育报,2001 - 08 - 24.

利保护的精神,另一方面也是一种观念的转变:作为个人不仅仅是被动地接受义务教育,更是主动地行使接受义务教育的权利。第二,保证义务教育的实施。基础教育包括幼儿教育、小学教育、普通初中教育和普通高中教育。义务教育与基础教育有着十分紧密的联系,但两者在外延、强制性、年限等方面都不同。我国实行的是九年制义务教育,《义务教育法》是用来规范义务教育的专门法,因此将立法宗旨由"发展基础教育"修改为"保证义务教育"的实施,无论在对象上,还是在义务教育所处阶段上,表述得都更加准确。第三,提高全民族素质。该提法延续了《教育法》关于立法宗旨的表述。全民族素质取决于每个公民的素质。个人的素质主要包括德、智、体三个方面,提高全民族素质,就是要提高每一个公民的德、智、体三方面的素质。公民德、智、体的发展水平受多种因素的影响,而教育是最直接、最根本的因素。义务教育在教育体系中处于基础性的地位,《义务教育法》应该将义务教育的这项重要功能在立法宗旨中予以明确表述。

《义务教育法》的立法依据主要有两个:第一,《宪法》是其立法依据。《宪法》是国家的根本大法,具有最高的法律效力,是制定各项专项法律的依据和基础。《宪法》中有很多涉及义务教育的条款,如第十九条规定了国家普及初等义务教育,第四十六条规定了公民有受教育的权利和义务:国家培养青年、少年、儿童在品德、智力、体质等方面的全面发展等。《宪法》中有关义务教育的条款是制定《义务教育法》最重要的立法依据。第二,《教育法》是其立法依据。教育法规体系是我国法律体系中的一个子系统,是国家制定的以教育为主要调整对象的法律法规总和。《教育法》在教育法规体系中处于第一层次,是以《宪法》为基础制定的基本教育法律,主要规定了我国教育的基本性质、任务、教育方针,以及教育的基本原则、基本制度等。《义务教育法》是专项教育法,在教育法规体系中处于第二层次,只规定义务教育方面的内容。《教育法》是教育法规体系中的"母法",其第十九条关于义务教育制度等规定是《义务教育法》的直接立法依据。由于《教育法》后于原《义务教育法》制定,因此在新修订的《义务教育法》中,增加了"根据宪法和教育法,制定本法"的表述。

二、《义务教育法》的基本内容

新修订的《义务教育法》从原《义务教育法》的十八条(未分章节)发展到八章六十三条,包括总则、学生、学校、教师、教育教学、经费保障、法律责任和附则八个部分。

(一)义务教育的内涵、特征与任务

1. 义务教育的内涵与特征

《义务教育法》第二条规定:"国家实行九年义务教育制度。义务教育是国家统一实施的所有适龄儿童、少年必须接受的教育,是国家必须予以保障的公益性事业。实施义务教育,不收学费、杂费。国家建立义务教育经费保障机制,保证义务教育制度实施。"本条款对我国义务教育制度作了全面的规定,这些规定既体现了我国义务教育制度独有的特征,也体现了义务教育不同于其他教育制度的特征。

第一,我国的义务教育具有统一性与公平性。原《义务教育法》规定省、自治区、直辖市根据本地区的经济、文化发展状况,确定推行义务教育的步骤。由于我国各地经济发展很不平衡,义务教育的基础相对薄弱,因而推行义务教育必须从各地的实际出发,由各地有计划有步骤地实施义务教育。在新法中删除了原法中有关授权各省、自治区、直辖市确定推行义务教育的步骤的规定,是因为原来的做法实际上是一种差别对待的方式,尽管在当时的情况下有其现实合理性,但终究有违平等享有教育权利的原则,造成了事实上的教育不公。随着我国经济社会的飞速发展,特别是治国理念的重大转变,义务教育进入更加注重公平正义的发展阶段。另一方面,考虑到我国义务教育的发展状况,我国已经在 2000 年实现了基本普及九年制义务教育的目标,义务教育的发展更为注重均衡和协调,已经没有必要将义务教育分阶段分步骤实施。新法中不再延续"有步骤、分阶段"的提法,集中体现了义务教育的统一性与公平性。

第二,我国的义务教育具有强制性。义务教育和其他教育相比有强制性的特点。义务教育的强制性体现在两个方面:一是适龄儿童、少年必须接受。这主要是考虑到这一阶段的教育为适龄儿童、少年将来继续受教育和参与社会生活提供了必要的社会及文化知识基础,一旦错过就很难挽回。二是国家必须予以保障。即国家颁布法律保证义务教育法律制度的实施,任何阻碍或者破坏义务教育实施的违法行为,都要受到法律的制裁。

第三,我国的义务教育具有普及性。这个特点主要是与其他教育相比的。原则上义务教育覆盖我国所有的适龄儿童、少年。所谓适龄儿童、少年,是指处于应当入学至受完规定年限义务教育的年龄阶段的儿童、少年。《义务教育法》第十一条规定一般年满六周岁或七周岁为适龄入学时间。适龄儿童、少年既包括生理正常的儿童、少年,也包括具有接受义务教育能力的盲、聋、哑、弱智和肢残的儿童、少年。对于因身体状况需要延缓入学或者休学的适龄儿童、少年,其父母或者其他法定监护人提出申请,经批准可推迟接受义务教育。

第四,我国的义务教育具有公益性。即义务教育是由国家保障实施的公益性事业。义务教育的本质是国民教育,义务教育的公益性突出强调义务教育主要应由国家举办。义务教育的公益性,还体现为国家建立义务教育经费保障机制,用以保证义务教育制度的实施。

第五,我国的义务教育具有免费性。世界上多数国家的义务教育都实行免费,免费性是义务教育的基本特征之一。我国将义务教育阶段的费用区分为学费和杂费,原《义务教育法》明确规定了免收学费。因为考虑到我国目前义务教育经费比较紧缺,欠账较多,一下子免除杂费在一些地方实施起来有困难,因而修订后的《义务教育法》第六十一条规定不收杂费的实施步骤由国务院规定,主要是考虑到我国的实际情况和法律规定的可操作性。按照国务院的部署,从 2008 年秋季学期起,全国城乡全部免除了义务教育阶段的杂费,义务教育真正实现了免费性。

2. 义务教育的基本任务

《义务教育法》第三条要求义务教育阶段必须贯彻国家的教育方针,坚持教育必须为社会主义现代化服务的总方向,坚持教育必须与生产劳动相结合的根本途径,坚持培养德、智、体等方面全面发展的社会主义事业的建设者和接班人。义务教育阶段要实施素质教育,提高教育质量。素质教育是指依据教育方针和"以人为本"的指导原则,以全面提高公民素质为宗旨,以促进学生德、智、体、美、劳全面发展为目标,为学生体魄健全发展、社会和谐发展服务的教育。新修订的《义务教育法》把全面实施素质教育以法律的形式固定下来,对推动我国素质教育的发展将会起到极大的作用。

提高教育质量是我国义务教育的一项基本任务。我国的义务教育不仅坚持义务教育的年限性,也注重义务教育的教育质量。对教育质量的理解主要包括两个层面:首先,教育质量必须是全面发展的质量,即在德、智、体、美、劳等方面全面发展的质量,绝不只是智育质量;其次,必须是全体学生的质量,绝不只是少数学校和少数学生的质量。

(二) 义务教育均衡发展的原则

《义务教育法》第六条规定:"国务院和县级以上地方人民政府应当合理配置教育资源,促进义务教育均衡发展,改善薄弱学校的办学条件,并采取措施,保障农村地区、民族地区实施义务教育,保障家庭经济困难的和残疾的适龄儿童、少年接受义务教育。""国家组织和鼓励经济发达地区支援经济欠发达地区实施义务教育。"这一规定确立了义务教育实行均衡发展的基本原则和基本方向,体现了全面、协调、可持续的科学发展观。

均衡发展思想贯穿《义务教育法》修订的全过程。新修订的《义务教育法》不仅在第六条将促进义务教育均衡发展作为方向性要求确定下来,同时还规定了确保义务教育均衡发展的具体措施。

第一,县级以上人民政府及其教育行政部门在教育资源管理和监督方面负有责任,不得将学校分为重点学校和非重点学校,学校不得分设重点班和非重点班;人民政府教育督导机构对义务教育均衡发展状况等进行督导,督导报告向社会公布。

第二,县级人民政府教育行政部门应当均衡配置本行政区域内的学校师资力量,组织校长、教师的培训和流动,加强对薄弱学校的建设;国务院和地方各级人民政府鼓励和支持城市学校教师和高等学校毕业生到农村地区、民族地区缺乏教师的学校任教,县级人民政府教育行政部门依法认定其教师资格,其任教时间计入工龄。

第三,县级人民政府编制预算,除向农村地区学校和薄弱学校倾斜外,应当均衡安排义务教育经费;国务院和县级以上地方人民政府根据实际需要,设立专项资金,扶持农村地区、民族地区实施义务教育。

第四,规定了违反义务教育均衡发展原则的法律责任。

(三) 义务教育的主体

义务教育的主体是指由《义务教育法》规定的,在实施义务教育中享有一定权利(职权)和承担一定义务(职责)的人或组织,通常包括国家、社会、学校、家庭,以及适龄儿童、少年等。

1. 国家在实施义务教育中的职责

国家作为义务教育的主体,是指国家机构,主要是指各级人民政府及其有关部门。根据《义务教育法》的规定,国家在实施义务教育中的主要职责有:

——国家将义务教育全面纳入财政保障范围,建立义务教育经费保障机制,保证义务教育制度顺利实施。

——完善义务教育管理体制,实行国务院领导,省、自治区、直辖市人民政府统筹规划实施,县级人民政府为主管理的体制。

——人民政府教育督导机构对义务教育工作执行法律法规情况、教育教学质量以及义务教育均衡发展情况等进行督导,督导报告向社会公布。

——地方各级人民政府应当保障适龄儿童、少年在户籍所在地学校就近入学。县级人民政府教育行政部门和乡镇人民政府组织和督促适龄儿童、少年入学,帮助解决适龄儿童、少年接受义务教育的困难,采取措施防止适龄儿童、少年辍学。

——县级以上地方人民政府根据本行政区域内居住的适龄儿童、少年的数量和分布状况等因素,按照国家有关规定,制定、调整学校设置规划。县级人民政府根据需要设置寄宿制学校,保障居住分散的适龄儿童、少年入学接受义务教育。

——国务院教育行政部门和省、自治区、直辖市人民政府根据需要,在经济发达地区设置接受少数民族适龄儿童、少年的学校(班)。

——县级以上人民政府及其教育行政部门不得以任何名义改变或者变相改变公办学校的性质。

——各级人民政府及其有关部门依法维护学校周边秩序,保护学生、教师、学校的合法权益,为学校提供安全保障。

——国家建立统一的义务教育教师职务制度。各级人民政府保障教师的工资福利和社会保险待遇,改善教师的工作和生活条件;完善农村教师工资保障机制。县级人民政府教育行政部门依法聘任义务教育学校校长。

——国务院教育行政部门根据适龄儿童、少年身心发展的状况和实际情况,确定教学制度、教育教学内容和课程设置,改革考试制度,并改进高级中等学校招生办法,推进实施素质教育。

——国家实行教科书审定制度,国务院教育行政部门规定教科书的审定办法。国家机关工作人员和教科书审查人员,不得参与或变相参与教科书的编写工作。国家鼓励教科书循环使用。

2. 社会在实施义务教育中的权利和义务

社会中作为义务教育主体的包括社会组织和个人。社会组织主要包括企业、事业单位和社会团体等。社会应当为适龄儿童、少年接受义务教育创造良好的环境,其承担的权利义务主要有:

——任何社会组织和个人有权对违反《义务教育法》的行为，向有关国家机关提出检举或控告。

——居委会和村委会协助政府做好工作，督促适龄儿童、少年入学。经批准招收适龄儿童、少年，进行文艺、体育等专业训练的社会组织，应当保证所招收的适龄儿童、少年接受义务教育。社会公共文化体育设施应当为义务教育学校开展课外活动提供便利。

——用人单位禁止招用应当接受义务教育的适龄儿童、少年。

——全社会应当尊重教师。

——捐资助学。国家鼓励社会组织和个人向义务教育捐资，鼓励按照国家有关基金会管理规定设立义务教育基金。

——任何组织和个人不得侵占、挪用义务教育经费，不得向学校非法收取或摊派费用。

——社会组织或者个人可依法举办民办学校，实施义务教育。

3. 学校在实施义务教育中的职责

依法实施义务教育的学校，作为义务教育的主体，其职责主要有：

——按时接纳适龄儿童、少年入学；对违反学校管理制度的学生进行批评教育，不得开除。

——学校建设，应当符合国家规定的办学标准，适应教育教学需要；应当符合国家规定的选址要求和建设标准，确保学生和教职工安全。

——特殊教育学校(班)应当具备适应残疾儿童或少年学习、康复、生活特点的场所和设施；普通学校应当接受具有接受普通教育能力的残疾适龄儿童、少年随班就读，并为其学习、康复提供帮助。

——学校应当建立、健全安全制度和应急机制，对学生进行安全教育，加强管理，及时消除隐患，预防发生事故；不得聘用曾经因故意犯罪被依法剥夺政治权利或其他不适合从事义务教育工作的人担任工作人员。

——学校不得违反国家规定收取费用，不得以向学生推销或变相推销商品、服务等方式谋取利益。

——学校实行校长负责制。

——学校的教师在教育教学中，应当平等对待学生，关注学生的个体差异，因材施教，促进学生的充分发展；应当尊重学生的人格，不得歧视学生，不得对学生实施体罚、变相体罚或者其他侮辱人格尊严的行为，不得侵犯学生的合法权益。

——学校的教育教学工作应当符合教育规律和学生身心发展的特点，面向全体学生，教书育人，将德育、智育、体育、美育等有机统一在教育教学活动中，注重培养学生的独立思考能力、创新能力和实践能力，促进学生全面发展。学校和教师按照确定的教育教学内容和课程设置开展教育教学活动，保证达到国家规定的基本质量要求；采用启发式教育等教育教学方法，提高教育教学质量。

——学校应当把德育放在首位，寓德育于教育教学之中，开展与学生年龄相适应的社会实践活动,形成学校、家庭、社会相互配合的思想道德教育体系,促进学生养成良好的思想道德和行为习惯;应当保证学生的课外活动时间,组织开展文化娱乐等课外活动。

4. 家庭在实施义务教育中的权利和义务

家庭作为义务教育的主体,是指父母或其他法定监护人,其主要的义务就是依法保证适龄儿童按时入学接受并完成义务教育。如适龄儿童、少年因身体状况需延缓入学或休学的,应当向当地乡镇人民政府或县级人民政府教育行政部门提出申请。其主要权利就是对违反义务教育的行为有权向有关国家机关提出检举或控告。

5. 适龄儿童、少年在实施义务教育中的权利和义务

适龄儿童、少年(《义务教育法》规定凡年满六周岁的儿童,条件不具备的地区可推迟到七周岁)作为义务教育的主体,是指依法定年龄段,应当入学并受完规定年限义务教育的儿童、少年,既包括生理正常的儿童、少年,也包括具有普通受教育能力的残疾儿童、少年,及视力残疾、听力语言残疾、智力残疾的儿童、少年。适龄儿童、少年受教育的权利不可侵犯,任何组织和个人都不可剥夺。反之,接受并完成规定年限的义务教育是适龄儿童、少年必须履行的义务,违者,国家有权强制执行。

(四) 义务教育的保障

1. 学校保障

学校是实施义务教育的载体。《义务教育法》第三章对"学校"专章进行了规定,规范了保障义务教育实施的各类学校。《义务教育法》规定,县级以上地方人民政府根据本行政区域内居住的适龄儿童、少年的数量和分布状况等因素,制定调整学校设置规划,保障适龄儿童、少年就近入学。新建居民区需要设置学校的,应当与居民区的建设同步进行。国务院教育行政部门和省、自治区、直辖市人民政府,根据需要在经济发达地区设置招收少数民族适龄儿童、少年的学校(班);县级以上人民政府为视力残疾、听力语言残疾、智力残疾的适龄儿童、少年设置相应的实施特殊教育的学校(班),为具有《中华人民共和国预防未成年人犯罪法》规定的严重不良行为的适龄少年设置专门的学校;县级人民政府为居住分散的适龄儿童、少年设置寄宿制学校。县级以上人民政府及其教育行政部门不得以任何名义改变或变相改变公办学校的性质。县级以上政府还要定期对学校校舍安全进行检查,对需要维修、改造的,及时予以维修改造。

2. 师资保障

教育大计,教师为本。建设一支数量足够、质量合格、结构合理并相对稳定的教师队伍,是实施义务教育的关键所在。《义务教育法》第四章"教师",对教师的地位、职务、待遇及社会保障等制度作出了详细的规定。《义务教育法》规定,县级以上人民政府应当加强教师培养工作,采取措施发展教师教育。国务院和地方各级人民政府鼓励和支持城市学校教师和高校毕业生到农村、民族地区从事义务教育工作;国家鼓励高校毕业生以志愿者的方式到农

村、民族地区缺乏教师的学校任教，县级政府教育行政部门依法认定其教师资格，任教时间计入工龄。国家建立统一的义务教育教师职务制度。全社会应当尊重教师。各级人民政府保障教师的工资福利和社会保险待遇，改善教师的工作和生活条件，完善农村教师工资保障机制；特殊教育教师享有特殊岗位补助津贴，在民族地区和边远贫困地区工作的教师享有艰苦贫困地区补助津贴；教师的平均工资应当不低于当地公务员的平均工资水平。

3. 经费保障

经费保障是发展义务教育的基础。在《义务教育法》的修订过程中，解决义务教育的经费问题是新《义务教育法》的重要内容之一。新《义务教育法》明确了义务教育是国家予以保障的公益性事业，规定实施义务教育，不收学费、杂费，国家建立义务教育经费保障机制。《义务教育法》第六章"经费保障"，规定了义务教育经费保障的各项措施。

第一，对义务教育经费保障提出了明确的目标。《义务教育法》规定，国家将义务教育经费全面纳入财政保障范围，国务院和地方各级人民政府按照教职工编制标准、工资标准和学校建设标准、学生人均公用经费标准等，纳入财政预算，及时足额拨付，确保学校的正常运转和校舍安全，确保教职工的工资按照规定发放；各级人民政府应当确保义务教育经费"三增长"，即：用于实施义务教育财政拨款的增长比例应当高于财政经常性收入的增长比例，保证按照在校学生人数平均的义务教育费用逐步增长，保证教职工工资和学生人均公用经费逐步增长。

第二，明确义务教育经费投入体制和来源。《义务教育法》规定，义务教育经费投入实行国务院和地方各级人民政府根据职责共同负担，省、自治区、直辖市人民政府负责统筹落实的体制，强调了省级人民政府统筹实施义务教育的作用，这是对我国义务教育"以县为主"管理体制的进一步完善。同时还规定，农村义务教育所需经费，由各级人民政府根据国务院的规定分项目、按比例分担；国务院和省、自治区、直辖市人民政府规范财政转移支付制度，加大一般性转移支付规模和规范义务教育专项转移支付，支持和引导地方各级人民政府增加对义务教育的投入；地方各级人民政府要确保将上级人民政府的义务教育转移支付资金按照规定用于义务教育；各级人民政府对家庭经济困难的适龄儿童、少年免费提供教科书并补助寄宿生生活费；国务院和县级以上地方人民政府根据实际需要，设立专项资金，扶持农村地区、民族地区实施义务教育；同时，国家还鼓励社会组织和个人向义务教育捐赠，鼓励按照国家有关基金会管理规定设立义务教育基金。

第三，规范义务教育经费的使用和管理。《义务教育法》规定，地方各级人民政府在财政预算中要将义务教育经费单列，义务教育经费严格按照预算规定用于义务教育，县级以上人民政府建立健全义务教育经费的审计监督和统计公告制度。

（五）法律责任

法律责任是指由于实施的行为违反了法律规定而引起的必须承担的具有强制性的法律

上的义务(责任)。根据违法的性质和危害的程度不同,法律责任可以分为刑事责任、民事责任、行政责任等。《义务教育法》第七章"法律责任",对违反《义务教育法》的行为必须承担的法律责任进行了规定,主要是行政责任和刑事责任。

根据责任主体的不同,可以把违反《义务教育法》的法律责任分为以下几种。

1. 行政机关及其工作人员的法律责任

实施义务教育,首先是政府的责任。因此,《义务教育法》对行政机关及其工作人员的法律责任作了较具体的规定。

第一,重大领导责任。发生违反《义务教育法》的重大事件,妨碍义务教育实施,造成重大社会影响的,负有领导责任的人民政府或人民政府教育行政部门负责人应当引咎辞职。

第二,违反经费保障职责的责任。国务院有关部门和地方各级人民政府违反《义务教育法》第六章经费保障的规定,未履行义务教育经费保障职责的,由国务院或上级人民政府责令限期改正;情节严重的,对直接负责的主管人员和其他直接责任人员依法给予行政处分。

第三,违反学校建设要求的责任。县级以上人民政府未按照国家有关规定制定、调整学校设置规划的,或学校建设不符合国家规定的办学标准、选址要求和建设标准的,或未定期对学校校舍进行安全检查,并及时维修改造的,由上级人民政府责令限期改正;情节严重的,对直接负责的主管人员和其他直接责任人员依法给予行政处分。

第四,违反义务教育均衡发展原则的责任。县级以上人民政府未按照《义务教育法》规定均衡安排义务教育经费的,由上级人民政府责令限期改正;县级以上人民政府或者其教育行政部门将学校分为重点学校和非重点学校的,或改变或变相改变公办学校性质的,由上级人民政府或者其教育行政部门责令限期改正、通报批评。上述三种情形,情节严重的,对直接负责的主管人员和其他直接责任人员依法给予行政处分。

第五,对适龄儿童、少年就学组织不力的责任。县级人民政府教育行政部门或乡镇人民政府未采取措施组织适龄儿童、少年入学或者防止辍学的,由上级人民政府或者其教育行政部门责令限期改正、通报批评;情节严重的,对直接负责的主管人员和其他直接责任人员依法给予行政处分。

第六,违反教科书审定制度的责任。国家机关工作人员和教科书审查人员参与或变相参与教科书编写的,由县级以上人民政府或者其教育行政部门根据职责权限责令限期改正,依法给予行政处分;有违法所得的,没收违法所得。

2. 学校及其有关人员的法律责任

学校是义务教育的载体,学校、教师及其他有关人员在实施义务教育中担负着教书育人的神圣职责。因此,《义务教育法》也明确规定了学校及其有关人员的法律责任。

第一,违反《中华人民共和国教育法》、《中华人民共和国教师法》的责任。学校或者教师在义务教育中违反以上两种法律规定的,依照以上两种法律的有关规定处罚。

第二,乱收费或谋取不当利益的责任。学校违反国家规定收取费用的,由县级人民政府教育行政部门责令退还所收费用;对直接负责的主管人员和其他直接责任人员依法给予处分。学校以向学生推销或变相推销商品、服务等方式谋取利益的,由县级人民政府教育行政部门给予通报批评;有违法所得的,没收违法所得;对直接负责的主管人员和其他直接责任人员依法给予处分。

第三,违反教育教学管理有关规定的责任。学校拒绝接收具有接受普通教育能力的残疾适龄儿童、少年随班就读的,或分设重点班和非重点班的,或违反《义务教育法》规定开除学生的,或选用未经审定的教科书的,由县级人民政府教育行政部门责令限期改正;情节严重的,对直接负责的主管人员和其他直接责任人员依法给予处分。

3. 家庭的法律责任

适龄儿童、少年的父母或者其他法定监护人无正当理由未依照《义务教育法》规定送适龄儿童、少年接受义务教育的,由当地乡镇人民政府或者县级人民政府教育行政部门给予批评教育,责令限期改正。

4. 其他有关社会组织和个人的法律责任

社会组织和个人应当为适龄儿童、少年接受义务教育创造良好的环境。任何组织或个人侵占、挪用义务教育经费的,或向学校非法收取或者摊派费用的,由上级人民政府或者上级人民政府教育行政部门、财政部门、价格行政部门和审计机关根据职责分工责令限期改正;情节严重的,对直接负责的主管人员和直接责任人员依法给予处分。任何组织或者个人有胁迫或者诱骗应当接受义务教育的适龄儿童、少年失学、辍学的,或非法招用应当接受义务教育的适龄儿童、少年的,或出版未经依法审定的教科书的,将依照有关法律、行政法规的规定予以处罚。

第三节　新世纪新时代基础教育政策法规的建设与创新

进入新世纪以来,我国基础教育的改革与发展进入了新的时期。尤其是中国共产党第十九次全国代表大会召开以来,我国进入了建设有中国特色社会主义的新时代。新世纪新时代我国基础教育的政策与法规建设明显加强,并有着重要的创新,这对基础教育的进一步发展产生着新的积极的影响。

一、新世纪初的基础教育政策法规建设

(一) 国务院颁布《关于基础教育改革与发展的决定》

2001年,国务院颁布了《关于基础教育改革与发展的决定》。该决定对基础教育的政策作了若干重要调整,其调整的主要内容包括四个方面。第一,调整基础教育的政策目标。提出按照"积极进取、实事求是、分区规划、分类指导"的原则,对不同地区基础教育发展的基本任务作了明晰的规定。第二,调整基础教育的体制。提出进一步完善农村义务教育管理体

制,实行在国务院领导下由地方负责、分级管理、以县为主的体制。第三,启动基础教育课程改革。教育部按照这一决定要求颁布了《基础教育课程改革纲要(试行)》。这一纲要的主旨在于大力推进基础教育课程改革,调整和改革基础教育的课程体系、结构、内容,构建符合素质教育要求的新的基础教育课程体系。第四,调整教师培养培训政策和教师任用制度。《关于基础教育改革与发展的决定》提出要完善以现有师范院校为主体、其他高等学校共同参与、培养培训相衔接的开放的教师教育体系;积极推进师范教育结构改革,逐步实现三级师范向二级师范的过渡;推进中小学人事制度改革,全面实施教师资格制度,严格教师资格条件,推行教师聘任制,实现教师职务聘任和岗位聘任的统一。该决定进一步确立了基础教育在社会主义现代化建设中的战略地位,对于坚持基础教育优先发展,推动基础教育改革产生了深远的影响。

(二)大力推进基础教育课程改革

2001 年,教育部颁布了《基础教育课程改革纲要(试行)》。这一纲要明确提出基础教育课程改革的目标是:第一,改变课程过于注重知识传授的倾向,强调形成积极主动的学习态度,使获得基础知识与基本技能的过程同时成为学会学习和形成正确价值观的过程。第二,改变课程结构过于强调学科本位、科目过多和缺乏整合的现状,整体设置九年一贯的课程门类和课时比例,并设置综合课程,以适应不同地区和学生发展的需求,体现课程结构的均衡性、综合性和选择性。第三,改变课程"难、繁、偏、旧"和过于注重书本知识的现状,加强课程内容和学生生活与现代社会和科技发展的联系,关注学生的学习兴趣和经验,精选终身学习必备的基础知识和技能。第四,改变课程实施过于强调接受学习、死记硬背、机械训练的现状,倡导学生主动参与、乐于探究、勤于动手,培养学生搜集和处理信息的能力、获取新知识的能力、分析和解决问题的能力以及交流与合作的能力。第五,改变课程评价过分强调甄别与选拔的功能,发挥评价促进学生发展、促使教师提高和改进教学实践的功能。第六,改革课程管理过于集中的状况,实行国家、地方、学校三级课程管理,增强课程对地方、学校及学生的适应性。这一纲要明确规定了基础教育课程改革的主要内容,包括:第一,重建新的课程结构。建立由分科课程、综合课程、综合实践活动课构成的新课程结构,加强普通教育与职业技术教育的联系,基于学生的兴趣与需要开设选修课。第二,制定新的国家课程标准。从"知识与技能"、"过程与方法"、"情感态度与价值观"三个维度全面阐述课程目标,注重学生经验、学科知识和社会发展三方面内容的整合。第三,改革教学过程。变课程传递、执行的过程为课程创生与开发的过程,变教师教学生学的过程为师生积极互动、共同发展的过程,变重结论的教学为重过程的教学,变关注学科点教学为关注人的教学。第四,规范教材的开发与管理。实行国家基本要求指导下的教材多样化政策,坚持实行"一纲多本",完善教材审查制度,鼓励课程资源的合理开发。第五,建立新的课程评价体系。建立促进学生全面发展、促进教师不断提高、促进课程不断发展的评价体系,继续改革和完善考试制度。第六,实行国家、地方和学校三级课程管理。划分三级管理的权限,明确国家、地方、学校的课程管理职责,鼓励开发校本课程。新世纪新时期的基础教育课程改革正在努力实施,不断向前推进。

(三) 进一步明确农村教育的重要地位,把农村教育作为全国教育工作的重中之重

2003 年 9 月,国务院发布了《关于进一步加强农村教育工作的决定》。决定指出:"农村教育在全面建设小康社会中具有基础性、先导性、全局性的重要作用。""农村教育在构建具有中国特色的现代国民教育体系和建设学习型社会中具有十分重要的地位。"之所以要更加重视农村教育,是因为尽管 20 世纪 80 年代以来我国农村教育有了很大的发展,但"我国农村教育整体薄弱的状况还没有得到根本扭转,城乡教育差距还有扩大趋势,教育为农村经济社会发展服务的能力亟待加强"。进入新世纪以来,随着科学发展观的确立和建设新农村的重大历史任务的提出,农村教育的重要地位更为凸显,加强农村教育工作也就成为更紧迫的需要。上述决定要求各级政府认真落实中央关于新增教育经费主要用于农村的要求,加快推进西部"两基"攻坚、深化农村教育改革,决定实施西部地区"两基"攻坚计划、"农村中小学现代远程教育工程"和实行资助贫困家庭学生就学的"两免一补"政策,促进我国区域之间、城乡之间义务教育的均衡发展。这一决定要求落实"在国务院领导下,由地方政府负责、分级管理、以县为主"(简称"以县为主")的农村义务教育管理体制,县级政府要切实担负起对本地教育发展规划、经费安排使用、校长和教师人事等方面进行统筹管理的责任。中央、省和地(市)级政府要通过增加转移支付,增强财政困难县义务教育经费的保障能力。

为了保障农村义务教育的健康发展,2005 年 12 月,国务院发布了《关于深化农村义务教育经费保障机制改革的通知》。主要内容是:全部免除农村义务教育阶段学生学杂费,对贫困家庭学生免费提供教科书并补助寄宿生生活费;提高农村义务教育阶段中小学公用经费保障水平;建立农村义务教育阶段中小学校舍维修改造长效机制;巩固和完善农村中小学教师工资保障机制。这一通知还具体提出了农村义务教育经费保障机制改革的实施步骤。建立农村义务教育保障新机制对于促进城乡义务教育的均衡发展,保障义务教育的公益性、公正性和公平性具有重大的政策意义。

(四) 全面推进基础教育均衡发展

为适应时代的变迁,促进我国教育事业进一步快速发展,国家于 2010 年颁布了《国家中长期教育改革和发展规划纲要(2010—2020 年)》(以下简称《教育规划纲要》),其中,针对基础教育领域,最为重要的便是分别对不同学龄阶段的发展任务作出了明确规定,体现了国家从整体层面全面推进基础教育的均衡发展。学前教育是基础教育的有机组成部分,而相比其他阶段,我国学前教育的发展则相对迟缓,因此,《教育规划纲要》首先提出要"积极发展学前教育,到 2020 年,普及学前一年教育,基本普及学前两年教育,有条件的地区普及学前三年教育",同时要特别关注农村学前教育,"努力提高农村学前教育普及程度"。学前教育是基础教育的奠基阶段,而义务教育则是基础教育的核心阶段,因此,在原有发展基础上,《教育规划纲要》对义务教育又提出了更高要求,其中指出到 2020 年要"全面提高教育质量,基本实现区域内均衡发展,确保适龄儿童少年接受良好义务教育"。而且着重提出"均衡发展是义务教育的战略性任务。建立健全义务教育均衡发展保障机制。推进义务教育学校标准化建设,均衡配置教师、设备、图书、校舍等资源"。可见,义务教育的发展已突破了原有对普及层面的要求,而是向着更加优质化与均衡化的方向迈进。对于人才的培养,新世纪已经向教育提出了新的要求,而高中阶段教育肩负着在九年义务教育基础上进一步提高国民素质、满足国家经济社会发展对多样化人才培养需求、培养合格公民的重要使命。因此,《教育规划纲要》针对高中教育提出:"到 2020 年,普及高中阶段教育,满足初中毕业生接受高中阶段教育需求。"而且要"加大对中西部贫困地区高中阶段教育的扶持力度"。对于优质化方面,则提出高中阶段要积极"促进办学体制多样化,扩大优质资源。推进培养模式多样化,满足不同潜质学生的发展需要。探索发现和培养创新人才的途径。鼓励普通高中办出特色"。

为更好贯彻《教育规划纲要》的相关要求,在基础教育领域,针对学前教育发展相对滞后、"入园难、入园贵"不断凸显等问题,国家于 2010 年 11 月特别发布了《关于当前发展学前教育的若干意见》,这是《教育规划纲要》基本精神和措施的具体化。为进一步促进学前教育的优质均衡发展,该意见明确提出要"努力构建覆盖城乡、布局合理的学前教育公共服务体系,保障适龄儿童接受基本的、有质量的学前教育",要"大力发展公办幼儿园,提供'广覆盖、保基本'的学前教育公共服务"。同时还要注重"多种途径加强幼儿教师队伍建设"。《关于当前发展学前教育的若干意见》的发布意味着我国学前教育发展有了更加明确的政策支持。

新世纪初期,我国的基础教育改革已逐步进入"深水区"与"攻坚区"。面对如此艰巨的发展任务,为了进一步实现基础教育的均衡发展,2013 年 11 月在有关党的第十八届三中全会的重要文件《关于全面深化改革若干重大问题的决定》中,特别指出要"大力促进教育公平,健全家庭经济困难学生资助体系,构建利用信息化手段扩大优质教育资源覆盖面的有效机制,逐步缩小区域、城乡、校际差距"。同时还要积极"统筹城乡义务教育资源均衡配置"。

二、新时代的基础教育政策建设与创新

中国共产党第十九次全国代表大会的召开,开启了建设有中国特色的社会主义的新时代。进入新时代以来,我国教育事业被进一步置于优先发展的地位,基础教育的发展受到更大的关注。党的十九大报告对新时代基础教育的发展提出的新要求是:推动城乡义务教育一体化发展,高度重视农村义务教育,办好学前教育、特殊教育和网络教育,普及高中阶段教育,努力让每个孩子都能享有公平而有质量的教育。在党的十九大精神的指引下,进入新时代以来,我国加强了基础教育的政策建设和政策创新,以此推动基础教育的新发展。

(一)深化教育教学改革,全面提高义务教育质量

新时代基础教育的发展,首先是进一步推进义务教育的发展。新时代的义务教育发展,

不仅要继续促进城乡义务教育的一体化和均衡发展,同时要大力促进义务教育的优质发展。义务教育的发展也由此进入均衡发展到高质量发展的新阶段。2019 年 7 月,中共中央、国务院颁布了《关于深化教育教学改革全面提高义务教育质量的意见》,这是新时代指引我国义务教育发展的重要政策文献。该意见就深化教育教学改革、全面提高义务教育质量提出六方面要求:一是坚持立德树人,着力培养担当民族复兴大任的时代新人。二是坚持"五育"并举,全面发展素质教育。具体要求是:突出德育实效,提升智育水平,强化体育锻炼,增强美育熏陶,加强劳动教育。三是强化课堂主阵地作用,切实提高课堂教学质量。具体要求是:优化教学方式,加强教学管理,完善作业考试辅导,促进信息技术与教育教学的融合应用。四是按照"四有好老师"标准,建设高素质专业化教师队伍。五是深化关键领域改革,为提高教育质量创造条件。具体要求是:加强课程教材建设,完善招生考试制度,健全质量评价监测体系,发挥教研支撑作用,激发学校生机活力,实施义务教育质量提升工程。六是加强组织领导,开创新时代义务教育改革发展新局面。《关于深化教育教学改革全面提高义务教育质量的意见》的发布,对推进新时代义务教育的质量发展正在产生并将继续产生良好的影响。

(二) 学前教育深化改革规范发展

继续推进学前教育的发展,是新时代基础教育发展的重要使命。2018 年 11 月,《关于学前教育深化改革规范发展的若干意见》予以发布,这是新时代指引学前教育发展的重要政策。该意见提出"到 2020 年,全国学前三年毛入园率达到 85％,普惠性幼儿园覆盖率(公办园和普惠性民办在园幼儿占比)达到 80％";"到 2020 年,基本形成以本专科为主体的幼儿园教师培养体系";"到 2035 年,全面普及学前三年教育,建成覆盖城乡、布局合理的学前教育公共服务体系"等目标。该意见还要求优化办园结构与布局、拓宽途径扩大资源供给、健全经费投入长效机制、大力加强幼儿园教师队伍建设、完善监管体系、规范发展民办幼儿园、提高幼儿园保教质量、加强组织领导。深入贯彻落实该意见的精神,将会开创我国学前教育发展的新局面。

(三) 推进普通高中育人方式改革

办好普通高中教育,对于巩固义务教育普及成果、增强高等教育发展后劲、进一步提高国民整体素质具有重要意义。2019 年 6 月国务院办公厅颁发了《关于新时代推进普通高中育人方式改革的指导意见》。这一意见确立的改革目标是:到 2022 年,德智体美劳全面培养体系进一步完善,立德树人落实机制进一步健全。普通高中新课程新教材全面实施,适应学生全面而有个性发展的教育教学改革深入推进,选课走班教学管理机制基本完善,科学的教育评价和考试招生制度基本建立,师资和办学条件得到有效保障,普通高中多样化有特色发展的格局基本形成。这一意见就推进普通高中育人方式改革提出的要求是:构建全面培养体系、优化课程实施、创新教学组织管理、加强学生发展指导、完善考试和招生制度、强化师资和条件保障、加强组织领导等。

(四) 加快推进基础教育现代化

2019 年 2 月中共中央办公厅、国务院办公厅印发了《中国教育现代化 2035》,同时配套印发了《加快推进教育现代化实施方案(2018—2022 年)》。《中国教育现代化 2035》是党中央、国务院在历史的关键节点上作出的重大战略部署,对新时代开启教育现代化,培养造就新一代社会主义建设者和接班人,具有重要的现实意义和深远的历史意义。《中国教育现代化 2035》聚焦教育发展的突出问题和薄弱环节,立足当前,着眼长远,重点部署了面向教育现代化的战略任务。在推进基础教育现代化方面,要求以农村为重点提升学前教育普及水平,建立更为完善的学前教育管理体制、办园体制和投入体制,大力发展公办园,加快发展普惠性民办幼儿园。提升义务教育巩固水平,健全控辍保学工作责任体系。提升高中阶段教育普及水平,推进中等职业教育和普通高中教育协调发展,鼓励普通高中多样化有特色发展。实现基本公共教育服务均等化。提升义务教育均等化水平,建立学校标准化建设长效机制,推进城乡义务教育均衡发展。在实现县域内义务教育基本均衡基础上,进一步推进优质均衡。推进随迁子女入学待遇同城化,有序扩大城镇学位供给。完善流动人口子女异地升学考试制度。实现困难群体帮扶精准化,健全家庭经济困难学生资助体系,推进教育精准脱贫。办好特殊教育,推进适龄残疾儿童少年教育全覆盖,全面推进融合教育,促进医教结合。保障特殊群体受教育的权利,将进城务工人员随迁子女义务教育纳入城镇发展规划,加强对留守儿童的关爱保护,组织实施特殊教育提升计划。着力减轻中小学生过重课外负担,支持中小学校普遍开展课后服务工作等。《中国教育现代化 2035》正引领我国各级各类教育,其中包含基础教育,朝着现代化的宏伟目标奋力迈进。

📖 **思考与练习**

1. 简述改革开放以来我国基础教育政策的主要经验。

2. 依据《中华人民共和国义务教育法》,谈谈你对我国义务教育具有公益性特征的认识。

3. 谈谈你对促进城乡义务教育一体化发展的认识与思考。

4. 简述新时代我国基础教育深化改革的主要任务。

第十章
我国高等教育的政策与法规

学习目标

1. 了解中华人民共和国成立以来高等教育政策、法规的沿革。

2. 认识《中华人民共和国高等教育法》的立法宗旨、适用范围和基本内容。

3. 认识新世纪以来,尤其是新时代以来我国高等教育政策、法规的深入变革与创新。

　　中华人民共和国成立以后,我国高等教育的发展进入了一个新的历史时期。我国的高等教育虽然在"文化大革命"期间遭受了严重的破坏,但总体上依然是在曲折中不断发展。改革开放后,特别是随着《中华人民共和国高等教育法》等法律法规和政策的颁布实施,我国的高等教育得到了快速、健康的发展,并逐步走上了一条规范化、法制化的轨道。

　　本章主要对中华人民共和国成立以来高等教育政策、法规的沿革进行回顾,并对《中华人民共和国高等教育法》予以阐述。

第一节　我国高等教育政策、法规的沿革

一、过渡时期的高等教育政策与法规

　　1949—1956 年是中华人民共和国从成立到基本完成社会主义改造的时期,也称过渡时期。这一时期,我国教育工作的一项重要任务是对旧中国的教育文化事业进行改造,从根本上改变旧中国半殖民地半封建的教育制度,清除帝国主义、封建买办势力在教育领域的影响,为中华人民共和国教育事业的发展奠定基础。而在高等教育战线,则是着手对旧式高等教育进行改造,并建立起新的高等教育制度。

(一) 对旧教育的改造

　　1949 年 9 月 21 日,中国人民政治协商会议第一届全体会议通过的《中国人民政治协商会议共同纲领》对我国教育的性质、任务、方法以及教育事业的发展等方面都作了明确规定,提出要"有计划有步骤地实行普及教育,加强中等教育和高等教育"。

　　在《中国人民政治协商会议共同纲领》的指导下,1949 年 12 月 23 日召开的第一次全国教育工作会议提出了对旧教育进行坚决改造,确定教育改革的方针是:"以老解放区新教育经验为基础,吸收旧教育有用经验,借助苏联经验,建设新民主主义教育。"并决定创办中国人民大学,作为我国新式高等教育的起点。

　　中华人民共和国成立以后,对不同性质的学校,人民政府采取了不同的措施,分别加以接管与整顿。公立学校接管的方法一般是在各地军管会下设立文化接管委员会,再由该委员会向主要学校派出工作组、军代表或联络员。接管人员进校后立即召集各种会议,宣传共产党的方针、政策,成立校内各级接管委员会,解散校内国民党、三青团等组织,取消训导制度与反动课程,迅速恢复学校教学秩序,清点校产、设备和图书资料等。[①]

　　这些被接管的公立学校,加上老解放区原有学校和迁进城市的学校,是人民政府最早直接掌管的一批学校。与此同时,另一个政策性很强的问题是如何正确对待私立高等学校。1950 年 7 月,政务院发布了《私立高等学校管理暂行办法》。该办法对一些重大问题作了原

---

① 杨宏雨.困顿与求索——20 世纪中国教育变迁的回顾与反思[M].上海:学林出版社,2005:160—161.

则性规定,总的原则是"加强领导并积极扶植与改造私立高等学校,以适应国家建设需要"。规定私立高等学校在方针、任务、学制、课程、教学以及行政组织等方面,均需遵照《高等学校暂行规程》及《专科学校暂行规程》办理。据 1950 年底统计,全国接受外资津贴的高等学校共 20 所(不包括已接办的辅仁大学),共有学生 14 536 人,教职工 3 491 人,工警 1 943 人。[①]

(二)学制改革

中华人民共和国成立以后,确定了以新民主主义教育为理想目标,实行教育为经济建设服务、为工农服务的方针。这一新的理想目标和方针的确立,必然要求新的教育制度与之相适应。

1951 年 10 月 1 日,政务院发布了《关于改革学制的决定》,颁布了新的学制,对国民党时期实行的学校教育制度进行改革。新学制对高等教育作了如下的规定:高等学校包括大学、专门学院和专科学校。大学和专门学院修业年限以三至五年为原则(师范学院修业四年),专科学校修业年限为二至三年,均招收高中毕业生和具有同等学力者,入学年龄不作统一规定。各种高等学校得附设专修科,修业年限为一至二年,招生条件与高等学校相同。大学和专门学院开设研究部,修业年限为二年以上,招收大学及专门学院毕业生或具有同等学力者。各种高等学校得附设先修班或补习班,以便利工农干部、少数民族学生及华侨子女等入学。高等学校毕业生之工作由政府分配。这次颁布的新学制为中华人民共和国高等院校的学制发展奠定了基础。

(三)高等学校院系调整

在高等学校发展史上,建国初期又一项重大决策是进行高等学校院系调整。在 1950 年 6 月 1 日—9 日召开的第一次全国高等教育会议上,时任教育部长的马叙伦提出:"我们的高等教育应该随着国家建设的发展逐步走上轨道,逐步走向计划化。""我们要在统一的方针下,按照必要和可能,初步地调整全国公私立高等学校或其某些院系。"[②]

大规模的院系调整是从 1952 年起展开的。院系调整分三个阶段:第一阶段,1952 年以华北、东北、华东为重点全面进行院系调整。这次调整主要根据"以培养工业建设人才和师资为重点,发展专门学院,整顿加强综合大学"的方针,按大学、专门学院和专科学校三大类型来调整高等学校,调整的重点是发展专门学院。首先是工业学院,并整顿加强综合大学。同时在这一时期将私立学校并入公立学校或全部改为公办,明确了各类学校的性质和任务,打下了发展专门学院、巩固和加强综合大学的基础。第二阶段,1953 年以中南区为重点,对华北、华东、东北三区进行专业调整,对西北、西南进行局部的院系和专业调整。这次调整原则上改组旧的庞杂的大学,加强和增设工业高等学校并适当增加师范学校,对政法、财经等院系采取适当集中、大力整顿及加强培养与改造师资的办法,为今后发展准备条件。第三阶

---

① 金铁宽.中华人民共和国教育大事记(第 1 卷)[M].济南:山东教育出版社,1995:61.
② 马叙伦.第一次全国高等教育会议开幕词[J].人民教育,1950(03):11—14.

段,1955—1957 年的高校布局调整。这一阶段是根据国民经济布局,经国务院批准,决定重新调整高等学校的院系、专业的设置和分布,以逐步改变当时高等学校集中于少数大城市的状况。主要将沿海地区的一些高等学校同类专业迁入内地建校,扩大了内地建校的规模,增设了新专业,提高了内地大学的办学能力。同时也改变了高等学校过于集中在少数沿海大城市的状况。至 1957 年底,高等院校的院系调整基本结束,全国有 229 所高校,323 种专业,其中工科专业 183 个。[①]

这次全国性的高等学校院系调整,在我国高等教育发展史上是空前的。这次调整从院校结构、系科专业结构、层次结构来看,奠定了中华人民共和国高等教育的格局,促进了高等教育的发展。通过调整将高等教育纳入了国家经济发展计划,我国高等工科教育基本上建成了机械、电机、土木、化工等比较齐备的体系,保证了当时我国为建立自己国家独立的工业体系和经济发展对专门人才以及师资的需求,促进了全国高等教育的快速发展,为我国独立自主、自力更生发展经济提供了可靠的人才保证。但是,当时的院系调整由于完全移植苏联的高校设置模式,形成了工业院校多、重工业系科多而多学科综合大学少、财经政法类系科少的局面,从而造成很长时间内我国高等教育结构存在不合理的状况。

二、全面建设社会主义时期的高等教育政策与法规

从 1957 年到 1965 年是我国开始全面建设社会主义的 10 年,也是我国高等教育曲折发展的 10 年。

(一) 中共八大提出的高等教育发展计划

1956 年 9 月,刘少奇在中国共产党第八次全国代表大会的《政治报告》中指出:“文化教育事业在整个社会主义建设事业中占有重要地位”,“第二个五年计划要求高等学校学生增加一倍左右”,“要求特别加强专门人才的培养和科学研究的发展”。[②]

周恩来在《关于发展国民经济的第二个五年计划的建议的报告》中指出:“在第二个五年计划期间,应该进一步发展高等教育和中等专业教育。”[③]中共八大通过的《关于发展国民经济的第二个五年计划的建议》中提出:在第二个五年计划期间,要努力发展高等教育和中等专业教育,继续派遣高等学校毕业生和教师出国学习我们缺乏的学科,有计划、有步骤地发展业余高等教育和中等专业教育。高等教育应以发展工科和理科为重点,并积极地发展农林和师范科,适当地发展其他学科。要积极地有重点地发展科学研究事业,加强高等学校的科学研究工作。在中共八大提出的这一目标指引下,文化教育事业有了很大的发展,为全国经济文化建设各领域培养了许多骨干力量。

---

① 周华虎,蒋辅义,李体文. 中华人民共和国大事纪事本末[M]. 成都:四川辞书出版社,1993:80.
② 金铁宽. 中华人民共和国教育大事记(第 1 卷)[M]. 济南:山东教育出版社,1995:179—180.
③ 金铁宽. 中华人民共和国教育大事记(第 1 卷)[M]. 济南:山东教育出版社,1995:179—180.

(二)《关于教育工作的指示》的发布和高等教育的改革

1958 年,中国共产党第八次全国代表大会第二次会议提出了"鼓足干劲,力争上游,多快好省地建设社会主义"的总路线。为了加快建设速度,促进教育事业的"大跃进",这次会议批判了中共八大提出的第二个五年计划中的教育发展计划,认为它是"保守"的和不符合需要的,提出必须对教育进行改革。

1958 年 9 月 19 日,中共中央、国务院发出的《关于教育工作的指示》是这个时期教育改革的一个纲领性文件。这一指示总结了中华人民共和国成立后 9 年的教育工作的经验,指出了教育发展中存在的问题,如脱离实际、教条主义等;提出了发展教育事业必须采取两条腿走路的方针,必须采取统一性和多样性相结合、普及与提高相结合、全面规划与地方分权相结合的原则;坚持勤俭办学的原则;加强学生的思想政治教育,进行阶级观点、群众观点、劳动观点、辩证唯物主义观点的教育;坚持积极稳妥地改革学制等正确的指导方针。但同时也存在着错误的导向,如把教育问题中的不同观点"上纲"到"是社会主义道路和资本主义道路两条道路之间的斗争";把大鸣大放、大字报作为一切高等学校和中等学校"提高师生政治觉悟,改进教学方法和教育管理工作,提高教学质量,加强师生团结的普遍的和经常采用的方法";以及完全脱离实际提出的"争取在十五年左右的时间内,基本上做到全国青年和成年,凡是有条件的和自愿的,都可受到高等教育"的目标等。在这一指示的指导下,高等学校开始了群众性的教学改革活动。这些改革对打破高等教育比较单一的格局,推进教育与生产劳动相结合等起到了一定的积极作用。但由于不恰当地理解了"理论联系实际",这次改革削弱了基础学科的理论教学,扰乱了学科的科学体系和正常的教学秩序,降低了教学质量。再加上全民办大学,出现了学制长短不一,招生对象各异的红专大学、劳动大学、市民学院等名目繁多但并非真正属于高等教育的各种"大学",使高等教育发展出现了严重的混乱现象。

(三)《教育部直属高等学校暂行工作条例》的颁行

为了总结 1958 年前后高等教育发展的经验教训,1961 年 9 月,中共中央批准试行了由教育部起草的《教育部直属高等学校暂行工作条例(草案)》(即《高教六十条》)。该条例明确规定了高等学校的基本任务、培养目标,强调"高等学校必须以教学为主,努力提高教学质量"。《教育部直属高等学校暂行工作条例(草案)》提出:"高等学校应该积极地开展科学研究工作,以促进教学质量和学术水平的提高。应重视研究生的培养工作。"同时规定,高等学校必须贯彻"百花齐放、百家争鸣"的方针,在毛泽东同志"关于正确处理人们内部矛盾的问题"中提出的六项政治标准的前提下,积极开展各种学术问题的自由讨论,以利于提高教学质量,提高学术水平,促进科学文化的进步和繁荣。关于高等学校管理,该条例规定,高等学校的领导制度,是党委领导下的以校长为首的校务委员会负责制。同时还规定要切实保证教师的业务工作时间,至少有六分之五的工作日用于业务工作等。这一条例是总结我国高等教育发展中正反面的经验教训,规范高等学校各项工作的一个主要政策性文件。

三、"文革"时期的高等教育政策与法规

1966 年 5 月至 1976 年 10 月的十年"文化大革命"期间,我国高等教育政策、法规建设受到破坏。

"文化大革命"开始,我国普通高校便停止高考,取消招生。在长达近 6 年的时间内,我国普通高校没有招收新生。直到 20 世纪 70 年代初期,国家通过实施"推荐选拔"的方式招收工农兵学员进入高校学习。同时,高校的学制也在缩短,课程内容与教学方式也发生了很大变化。从整体上看,"文革"十年,我国高校的人才培养出现了严重的不足与缺陷。

四、建设具有中国特色社会主义时期的高等教育政策与法规

1976 年 10 月,历时十年的"文化大革命"终于结束。从 1977 年开始,中国社会进入拨乱反正与改革开放时期,社会主义高等教育发生了历史性转折。

(一)恢复高考制度

"文革"结束后,在教育领域中颁布的一项重大的教育政策就是恢复全国高等学校统一招生考试制度。1977 年 8 月 8 日,邓小平在科学和教育工作座谈会上的讲话中指出:"今年就要下决心恢复从高中毕业生中直接招考学生,不要再搞群众推荐。"[1]

同年 10 月 12 日,国务院批准教育部《关于一九七七年高等学校招生工作的意见》及《关于高等学校招收研究生的意见》,恢复了高考招生制度。招生的办法是:符合条件的考生自愿报名,统一考试,地市初选,学校录取,省、市、自治区批准。同时提出招生要优先保证重点院校,注意招收少数民族学生,文化程度可适当放宽等。并且规定,有条件的高等学校要积极招收研究生。至 1977 年 12 月,全国就有 570 万青年考生报考,被高等学校录取 27.3 万人。半年之后,1978 年夏季,全国举行恢复高考后的第二次统一高考,报考青年总数为 615 万,录取新生 40.2 万。两年统考录取的新生分别于 1978 年 3 月和 9 月进入高校学习。高等学校恢复按规格录取新生制度,是对"文革"时期实行的推荐选拔上大学制度的拨乱反正,是对高等学校招生制度的重大改革,对于新时期高等学校选拔人才、培养人才、提高教学质量具有重要的意义,同时也对"文革"之后的教育公平、公正的重建具有深远的意义。

(二)实施留学的教育政策

随着高考的恢复,我国及时打开了教育对外开放的大门,留学教育政策有了新的调整和变革。1978 年 8 月,教育部发布了《关于增选出国留学生的通知》,扩大公派留学生的规模。《通知》指出:"根据中央指示,1978 年出国留学生(包括大学生、进修生、研究生)的名额将增至 3 000 名以上,主要学习理、工科(包括农、医)的有关专业。除已送派的出国学习人员以外,尚需增加 2 500 名以上。出国留学的大学生拟从今年高考考生以及高等院校一年级学生

---

[1] 邓小平. 邓小平文选(第二卷)[M]. 北京:人民出版社,1994:55.

中选拔。出国的研究生,主要从今年录取的研究生中选拔。进修生,则从高等院校教师、科研机构研究人员以及科技管理部、企事业的科技人员中选拔。"①

此后,我国有关指引和促进留学教育的政策也不断出台,允许自费出国留学以及加强留学教育管理等政策相继制定施行,有效地保障和促进了留学教育工作的发展。同时,接受来华留学人员也是改革开放以来我国留学政策的重要内容。1979 年 1 月,教育部、外交部等有关部门在北京联合召开了外国留学生工作会议,会议提出,接受外国留学生的方针是:"坚持标准、择优录取、创造条件、逐步增加。"②1980 年,教育部发布了《关于外国留学生入中国高等学校学习的规定》,其中明确界定了接受外国留学生的类别为大学生、普通进修生和高级进修生三类,阐明了接受外国留学生的入学条件和要求、接受留学生的办法以及专业学习等相关事宜。新时期留学政策的实施,有力地推进了我国与世界其他国家在高等教育领域的国际交流与合作。

(三) 加强和发展高等师范教育的政策

"文革"结束后,我国基础教育事业的发展以及其他各级各类教育事业的发展面临着师资严重短缺的问题,因此努力为基础教育和其他各级各类教育培养合格教师成为恢复高考后高等教育发展需要承担的历史使命。为此,国家及时作出了关于发展师范教育尤其是发展高等师范教育的政策决定。1977 年 12 月,随着高考的恢复,教育部立即发出了《关于加强中小学在职教师培训工作的意见》,这是针对当时的迫切需要提高中小学在职教师的素质而作出的政策决定。1978 年 10 月,教育部印发了《关于加强和发展师范教育的意见》,这是"文革"结束后第一部专门指向师范教育尤其是发展高等师范教育的政策文件。1980 年 6 月,教育部在北京召开了全国师范教育工作会议,这是中华人民共和国成立以来第四次全国规模的师范教育工作会议,会议的主旨是促进师范教育的发展。此次会议形成了《关于师范教育的几个问题的请示报告》,经国务院批准,成为 20 世纪 80 年代初期指导师范教育尤其是高等师范教育发展的重要政策文件。1980 年 12 月,教育部发出了《关于大力办好高等师范专科学校的意见》,以此促进高等师范专科教育的发展。1980 年到 1984 年间,教育部还就调整师范院校的专业教学计划、加强师范院校的教育教学工作出台了多种政策文件。③

到 20 世纪 90 年代后期,原国家教委发出的《关于组织实施"高等师范教育面向 21 世纪教学内容和课程体系改革计划"的通知》,成为高师院校教育教学改革研究的政策蓝本。这一切都对促进新时期的高等师范教育的发展和保障师范院校的教育教学质量起到了良好的作用。

---

① 何东昌. 中华人民共和国重要教育文献[M].海口:海南出版社,1998:1624.
② 张乐天. 高等教育政策的回顾与反思(1977—1999)[M].南京:南京师范大学出版社,2008:40.
③ 张乐天. 高等教育政策的回顾与反思(1977—1999)[M].南京:南京师范大学出版社,2008:7.

（四）颁行大力促进成人高等教育发展的政策

党的十一届三中全会以后，党和国家的工作重心转向经济建设，迫切需要多出人才，快出人才。1977年12月7日《人民日报》发表《大力发展各级各类教育事业》的评论员文章，提出必须从我国的实际情况出发，坚持"两条腿走路"、多种形式办学的方针，办好各级各类教育事业。至1979年，全国有72所高等学校举办函授教育，30所高等学校举办夜大学，有函授学生241 000人，夜大学生7 600人。为推动成人高等教育的进一步发展，1980年国务院批准教育部《关于大力发展高等学校函授教育和夜大学的意见》，成为改革开放以来国家发展成人高等教育的标志性文件，为新时期成人高等教育的规范、有序发展作了原则性规定。1981年，中共中央、国务院发布《关于加强职工教育工作的决定》（国发〔1981〕8号），要求有条件的厂矿企业都要办一所职工大学，加强对职工的文化教育。同时，广播电视大学、管理干部学院等新型的成人高等教育院校得以创建和发展，并于1981年开始在北京、上海、天津等进行自学考试试点，1983年下半年起向全国推广。

为进一步促进成人高等教育发展，规范成人高等教育办学行为，提高成人高等教育质量，这一时期原国家教委颁布了二十余项有关成人高等教育的规定和条例。1987年发布了《国家教育委员会关于改革和发展成人教育的决定》，进一步明确了成人教育的地位、作用、任务，并提出"一要改革，二要发展"的指导方针。1993年12月30日原国家教委发布《关于各类成人高等学校评估工作的意见》，国家教育主管部门重点通过评估的方式，推动成人高等教育的快速发展，形成了"以评促建，评建结合"的成人高等教育发展新机制。成人高等学校评建工作的开展，对提高成人高校的办学水平，保证人才培养的质量和规格起到了良好的促进作用。

（五）推进高等教育体制改革的政策

为了适应和服务于我国新时期的经济体制改革，1985年5月27日，《中共中央关于教育体制改革的决定》予以颁布。该决定提出高等教育发展的战略目标是：到20世纪末，建成科类齐全，层次、比例合理的体系，总规模达到与我国经济实力相当的水平；高级专门人才的培养基本上立足于国内；能为自主地进行科学技术开发，解决社会主义现代化建设中的重大理论问题和实际问题作出较大贡献。为此，要在国家统一的教育方针和计划的指导下，扩大高等学校的办学自主权。加强高等学校同生产、科研和社会其他方面的联系，使高等学校具有自主适应经济和社会发展需要的积极性和能力。该决定设计了改革的基本框架和蓝图，是新时期我国教育体制改革的纲领性文件。为贯彻这一决定，1986年3月12日，国务院发布《高等教育管理职责暂行规定》，规定了国家教育委员会的主要职责，省、自治区、直辖市人民政府管理本地区内的高等学校的主要职责和扩大高等学校管理权限，增强高等学校适应经济和社会发展需要的能力等有关问题。由于扩大了高等学校办学的自主权，高等教育摆脱了过去封闭式的办学模式，出现了跨地区、跨部门联合办学，与科研、生产单位协作建立科研—生产—教学的联合体。

(六) 深入推进高等教育大发展的政策

1993 年 2 月 13 日,中共中央、国务院正式印发了《中国教育改革和发展纲要》,这是指导 20 世纪末和 21 世纪初我国教育改革发展的重要纲领性文献。这一纲要指出,高等学校培养的专门人才要适应经济、科技和社会发展的需要,必须集中力量办好一批重点大学和重点学科。

为了保证这一纲要的实施,1994 年 7 月 3 日,国务院发布了《关于〈中国教育改革和发展纲要〉的实施意见》,对深化教育改革的任务和政策措施、增加教育投入和加强教师队伍建设等方面作了具体的规定。

1998 年 12 月 24 日,教育部制定了《面向 21 世纪教育振兴行动计划》。该行动计划由国务院于 1999 年 1 月 13 日转发。就高等教育而言,其提出的目标是:积极稳步发展高等教育,到 2000 年高等教育入学率达到 11％左右;瞄准国家创新体系的目标,培养造就一批高水平的具有创新能力的人才;加强科学研究并使高新技术产业为培育经济发展新的增长点作贡献。到 2010 年,高等教育规模有较大扩展,入学率接近 15％,若干所高校和一批重点学科进入或接近世界一流水平。

1999 年,我国实行高校扩招政策。同年 6 月,中央召开教育工作会议并发布了《中共中央国务院关于深化教育改革,全面推进素质教育的决定》提出:按照《中华人民共和国高等教育法》的规定,切实落实和扩大高等学校的办学自主权,增强学校适应地方经济社会发展的活力;进一步扩大办学规模,加强对高等学校的监督和办学质量检查;深化学校内部管理体制改革,加大学校后勤改革力度,发展教育产业。该决定是实施科教兴国战略的重大决策,推动了我国高等教育跃上新的发展台阶。

(七) 高等教育步入依法治教的轨道

党的十一届三中全会以后,我国加快了高等教育的立法进程,基本结束了高等教育领域无法可依的局面。1978 年,教育部重新颁布了《高教六十条》,这对恢复高等学校正常的教育、教学秩序,使教育工作走上制度化、规范化的轨道起到了重要的作用。1980 年 2 月 12 日,第五届全国人大常委会第十三次会议通过了《中华人民共和国学位条例》,这是中华人民共和国成立以来由国家最高权力机关制定的第一部教育法规。这项法规明确规定了我国学位的种类、等级、授予学位的标准及办法。次年 5 月 20 日,国务院又制定了《中华人民共和国学位条例实施办法》。这一学位条例的颁行,使我国高等教育体系得到进一步完善,促进了我国专门人才的成长,促进了各门科学学术水平的提高和教育、科学事业的发展。

1998 年 8 月 29 日,第九届全国人大常委会第四次会议通过了《中华人民共和国高等教育法》,它是高等教育的根本大法,为我国高等教育的改革和发展提供了重要的法律依据。

此外,国务院还发布或批准了《普通高等学校设置暂行条例》(1988 年)、《高等教育自学考试暂行条例》(1988 年)、《教学成果奖条例》(1994 年)、《社会力量办学条例》(1997 年)等教育行政法规和一些规范性文件。各省市人大也制定了一些地方性的教育法规。国家教育行政部门在其职权范围内制定并发布了有关规章；地方各省市人民政府也制定了符合当地教育发展需要的地方性教育规章。加上已有的《中华人民共和国教育法》、《中华人民共和国教师法》等法律法规，我国的高等教育法律法规体系正逐步走向完善。

（八）实施高等学校重点建设的"211 工程"和"985 工程"

重点办好一批高等学校，是我国高等学校建设的一项重要举措。它是一种政府主导的，以提高重点大学教育质量和办学效益为政策目标，通过重点资助重点投入的形式，调整高等教育资源与利益分配格局，实现预定国家与政府需要的制度。[①] 1993 年 7 月，原国家教委制定了《关于重点建设一批高等学校和重点学科点的若干意见》，决定正式实施"211 工程"。1995 年 11 月，国家计委、原国家教委和财政部联合下发《"211 工程"总体建设规划》，提出：面向 21 世纪，重点建设 100 所左右的高等学校和重点学科的建设工程，主要包括学校整体条件、重点学科和高等教育公共服务体系建设三个组成部分。1998 年 5 月 4 日，江泽民同志在北京大学百年校庆上发出了关于"为了实现现代化，我国要有若干所具有世界先进水平的一流大学"的号召，教育部将重点支持部分高等学校创建具有世界先进水平的一流大学和一流学科作为重点建设项目，这一项目被称为"世界一流大学建设项目"，又称"985 工程"。通过实施重点高校"211 工程"和"985 工程"，我国涌现了一大批高水平的大学，极大地改善了办学育人的条件，在促进我国高等教育现代化以及一批世界一流大学和一流学科的形成方面发挥了极其显著的作用。

第二节　《中华人民共和国高等教育法》概述

《中国人民共和国高等教育法》(以下简称《高等教育法》)自 1999 年 1 月 1 日起施行以来，对于发展我国高等教育事业，促进社会主义物质文明和精神文明建设发挥了重要作用。随着社会的发展，全国人民代表大会常务委员会分别于 2015 年 12 月和 2018 年 12 月对《高等教育法》进行了两次修正。修正后的《高等教育法》更加适应新时代我国经济社会发展的需求，也更能够体现高等学校依法办学的自主性。

一、《高等教育法》的立法依据和立法宗旨

《高等教育法》制定的法律依据是《中华人民共和国宪法》(以下简称《宪法》)和《中华人民共和国教育法》(以下简称《教育法》)。《宪法》中有关教育条款是教育法规的最高层次，其他任何形式、类型的教育法规都不得与之相抵触。《教育法》是依据《宪法》制定的调整教育

---

① 胡炳仙. 中国重点大学政策的逻辑起点[J]. 现代大学教育，2008(02)：11.

内外部关系的基本法律准则,是"关于教育的《宪法》"或者是教育法规的"母法"。

《高等教育法》的立法宗旨主要包括以下三点:

(一)发展高等教育事业

高等教育是指在完成高级中等教育基础上实施的教育。它担负着培养高级专门人才,繁荣和发展科学、技术和文化,提高全民族思想道德和科学文化水平的任务,在我国社会主义现代化建设中发挥着极为重要的作用。为了使我国高等教育事业进一步深入有序地健康发展,通过制定《高等教育法》,确立我国高等教育领域的基本制度,全面规范高等教育领域内各行为主体之间的法律关系。

(二)实施科教兴国战略

科教兴国战略就是要致力于增强国家的科技实力及科技向现实生产力转化的能力,提高全民族科学文化素质,把经济建设转移到依靠科技进步和提高劳动者素质的轨道上来,加速实现国家的繁荣昌盛。实施科教兴国战略,就要求全面改革我国的科教体系,建立或改革国家知识创新体系、知识传播体系和知识运用体系。而高等教育兼有知识传播、知识创新、人才培养和知识运用等重要功能,是国家创新体系的重要组成部分。因此,贯彻"实施科教兴国战略"这一国家战略,必然成为《高等教育法》整部法律的原则和灵魂。

(三)促进社会主义物质文明建设和精神文明建设

社会主义建设必须依靠教育,这是在我国社会主义建设中总结正反两方面经验教训得出的一条重要结论。合乎规律的有序实施的高等教育对社会生产力的发展具有巨大的促进作用,同时在舆论宣传、思想传播、人才培养等方面对社会主义精神文明建设的作用也是无可替代的。不仅如此,发展高等教育本身,也是加强社会主义物质文明建设与精神文明建设的重要表现。因此,为了促进社会主义的物质文明建设和精神文明建设,必须制定《高等教育法》。

二、《高等教育法》的适用范围

我国的高等教育,从类型上说包括学历教育和非学历教育;从层次上说包括专科教育、本科教育和研究生教育;从形式上说包括全日制教育和非全日制教育。总的来说,《高等教育法》的调整范围应包括上述不同类型、不同层次、不同形式的高等教育。《高等教育法》第二条规定:"在中华人民共和国境内从事高等教育活动,适用本法。"根据这一规定,《高等教育法》的适用范围是:

其一,一切在中华人民共和国境内从事高等教育活动的个人。其中,中华人民共和国境外的个人符合我国规定的条件并办理有关手续,进入中国境内高等学校学习、研究,进行学术交流或者任教,也适用本法的有关规定。

其二,一切在中华人民共和国境内从事高等教育活动的组织。这里包括高等学校、经批准承担研究生教育任务的科学研究机构和其他高等教育机构。"高等学校"指大学、独立设置的学院和高等专科学校，其中包括高等职业学校和成人高等学校。"其他高等教育机构"指除高等学校和经批准承担研究生教育任务的科学研究机构以外的从事高等教育活动的组织。

《高等教育法》中有关高等学校的规定适用于其他高等教育机构和经批准承担研究生教育任务的科学研究机构，但对高等学校专门适用的规定除外。

三、《高等教育法》的基本内容

《高等教育法》共八章六十九条，对高等教育活动的原则、高等教育基本制度、高等学校的设立、高等学校的权利和义务、高等学校的内部管理体制、高等学校的教师和学生等方面作出了具体的规定。

（一）高等教育活动的原则

高等教育活动的原则是在高等教育活动中必须遵循的基本要求和行为准则，它是根据高等教育活动的特点和规律，在高等教育实践的基础上概括出来的。

高等教育应当遵循的原则主要有社会主义方向性原则、教育机会均等原则、社会参与原则、高等学校依法自主办学原则、高等学校依法民主管理原则、学术自由原则、民族性与国际性相结合的原则等。

坚持社会主义方向性原则是我国高等教育活动必须遵循的基本原则。它要求高等教育工作，首先必须坚持以马克思列宁主义、毛泽东思想、邓小平理论为指导，高等教育的目标、内容、方法以及措施都要坚持社会主义方向。其次，高等教育工作必须紧紧围绕国家所提出的培养目标及新时期培养人才的要求进行。《高等教育法》规定："高等教育必须贯彻国家的教育方针，为社会主义现代化建设服务、为人民服务，与生产劳动和社会实践相结合，使受教育者成为德、智、体、美等方面全面发展的社会主义建设者和接班人。"我国的高等教育是社会主义的高等教育，因而必须坚持社会主义的办学方向，培养为社会主义现代化服务、为人民服务的德、智、体、美等方面全面发展的人才。

（二）高等教育基本制度

高等教育基本制度指的是高等学校教育系统，它规定高等教育的性质、任务、学业标准、入学条件、修业年限以及它们之间的衔接和关系。

1. 高等教育的性质和任务

《高等教育法》第五条规定了我国高等教育的性质和任务是培养高级专门人才的活动，它担负着培养具有社会责任感、创新精神和实践能力的高级专门人才，发展科学技术文化，促进社会主义现代化建设的任务。

2. 高等学历教育的学业标准

《高等教育法》第十六条规定高等学历教育应当符合下列学业标准：专科教育应当使学

生掌握本专业必备的基础理论、专门知识,具有从事本专业实际工作的基本技能和初步能力。本科教育应当使学生比较系统地掌握本学科、专业必需的基础理论、基本知识,掌握本专业必要的基本技能、方法和相关知识,具有从事本专业实际工作和研究工作的初步能力。硕士研究生教育应当使学生掌握本学科坚实的基础理论、系统的专业知识,掌握相应的技能、方法和相关知识,具有从事本专业实际工作和科学研究工作的能力。博士研究生教育应当使学生掌握本学科坚实宽广的基础理论、系统深入的专业知识、相应的技能和方法,具有独立从事本学科创造性科学研究工作和实际工作的能力。

3. 入学条件和修业年限

我国的高等学历教育分为专科教育、本科教育和研究生教育。《高等教育法》对学历教育的入学条件和修业年限作出了明确的规定。

高级中等教育毕业或具有同等学力的,经考试合格,由实施相应学历教育的高等学校录取,取得专科生或本科生入学资格。专科教育的基本修业年限为二至三年,本科教育的基本修业年限为四至五年。

本科毕业或具有同等学力的,经考试合格,由实施相应学历教育的高等学校或者经批准承担研究生教育任务的科学研究机构录取,取得硕士研究生入学资格。硕士研究生的基本修业年限为二至三年。硕士研究生毕业或具有同等学力的,经考试合格,由实施相应学历教育的高等学校或者经批准承担研究生教育任务的科学研究机构录取,取得博士研究生入学资格。博士研究生的基本修业年限为三至四年。同时,允许特定学科和专业的本科毕业生直接取得博士研究生入学资格,具体办法由国务院教育行政部门规定。非全日制高等学历教育的修业年限应当适当延长。此外,在修业年限上,高等学校可以根据实际需要,对本学校的修业年限作出调整。

(三) 高等学校的设立

《高等教育法》第三章就设立高等学校的基本要求、基本条件、基本材料、基本程序作出了规定。

1. 高等学校设立的基本要求

《高等教育法》第二十四条规定:设立高等学校,应当符合国家高等教育发展规划,符合国家利益和社会公共利益。这是对高等学校的设立的基本要求。

2. 高等学校设立的基本条件

设立高等学校,应当具备教育法规定的有组织机构和章程,有合格的教师,有符合规定标准的教学场所及设施、设备,有必备的办学资金和稳定的经费来源等四个基本条件。此外,大学或独立设置的学院还应当具有较强的教学、科学研究力量,较高的教学、科学研究水平和相应规模,能够实施本科及本科以上教育。大学还必须设有三个以上国家规定的学科门类为主要学科。国务院负责制定设立高等学校的具体标准。

3. 申请设立高等学校的基本材料

申请设立高等学校的,应当向审批机关提交相应的材料。这些材料主要是:申办报告;可行性论证材料;章程;审批机关依照本法规定要求提供的其他材料。章程应当对以下事项作出规定:学校名称、校址;办学宗旨;办学规模;学科门类的设置;教育形式;内部管理体制;经费来源、财产和财务制度;举办者与学校之间的权利、义务;章程修改程序;其他必须由章程规定的事项。

4. 高等学校设立的基本程序

设立高等学校实行分级审批,专家评审。设立实施本科及以上教育的高等学校,由国务院教育行政部门审批;设立实施专科教育的高等学校,由省、自治区、直辖市人民政府审批,报国务院教育行政部门备案;设立其他高等教育机构,由省、自治区、直辖市人民政府教育行政部门审批。审批设立高等学校和其他高等教育机构应当遵守国家有关规定。

在对高等学校的设立进行审批时,应当委托由专家组成的评议机构评议。高等学校及其他高等教育机构分立、合并、终止,变更名称、类别和其他重要事项,由原审批机关审批;章程的修改,应当根据管理权限,报国务院教育行政部门或者省、自治区、直辖市人民政府教育行政部门核准。

(四) 高等学校的权利和义务

高等学校是面向社会自主办学的法人实体,依法行使办学自主权是高等学校所具有的组织特征之一,也是保障和提高我国高等教育的质量与效益的关键之一。《高等教育法》在明确了高等学校作为办学者所具有的独立于举办者与管理者的法律地位之外,还专门规定了高等学校享有的多方面的自主权,确定了高校办学自主权的具体范围。

1. 高等学校享有的权利

《高等教育法》规定高等教育学校的办学自主权主要包含招生自主权、学科专业设置和教学自主权、科研开发和社会服务自主权、机构设置与人事分配权、财产管理使用权以及自主开展国际交流和合作的权利等内容。

2. 高等学校须履行的义务

高等学校在享受权利的同时,必须履行相应的义务。对于高等学校而言,其履行的义务主要为:一是有义务以培养人才为中心,开展教学、科学研究和社会服务,保证教育教学质量达到国家规定的标准。二是有义务通过以教师为主体的教职工代表大会等组织形式,依法保障教职工参与民主管理与监督,维护教职工的合法权益。三是有义务就其办学水平、教育质量接受教育行政部门和有关组织的监督和评估。此外,高等学校有为教师参加有关进修、开展学术交流提供条件的义务,以及为大学生的学习与就业、大学生参加社会服务和勤工助学等活动提供相应的管理的义务。

(五) 高等学校的内部管理体制

高等学校内部管理体制是高等学校内部的领导分工、机构设置、管理权限以及相互关系的根本组织制度。它直接支配着高等学校的管理工作,是一项关乎全局的制度。《高等教育法》明确规定,国家举办的高等学校实行中国共产党高等学校基层委员会领导下的校长负责制,并对党委领导和校长负责作了明确而具体的分工。

《高等教育法》规定,中国共产党高等学校基层委员会按照中国共产党章程和有关规定统一领导学校工作,支持校长独立负责地行使职权。中国共产党高等学校基层委员会的领导职责是:执行中国共产党的路线、方针、政策,坚持社会主义办学方向,领导学校的思想政治工作和德育工作,讨论决定学校内部组织机构的设置和内部组织机构负责人的人选,讨论决定学校的改革、发展和基本管理制度等重大事项,保证以培养人才为中心的各项任务的完成。

高等学校的校长,是高等学校的法定代表人,全面负责本学校的教学、科学研究和其他行政管理工作。其行使职权的内容包括:(1)拟订发展规划,制定具体规章制度和年度工作计划并组织实施;(2)组织教学活动、科学研究和思想品德教育;(3)拟订内部组织机构的设置方案,推荐副校长人选,任免内部组织机构的负责人;(4)聘任与解聘教师以及内部其他工作人员,对学生进行学籍管理并实施奖励或者处分;(5)拟订和执行年度经费预算方案,保护和管理校产,维护学校的合法权益;(6)章程规定的其他职权。当然,校长处理上述事务,应当通过主持校长办公会议或者校务会议进行。

由此可见,《高等教育法》明确而具体地规定了高等学校党委的领导职责和校长的职权,非常有利于在实际工作中更好地坚持和执行党委领导下的校长负责制。实践证明,这种由高校党委会集体领导学校的思想政治工作和德育工作,集体讨论决定关系学校改革与发展的重大事项,由校长全面负责学校的教学、科研和其他行政管理工作的高校内部管理体制,是符合我国国情和我国高等学校实际情况的。高校党委会和校长都要依法履行职责,各司其职,相互配合,按照《高等教育法》的要求,共同管理好学校。

(六) 高等学校的教师

教师是教育关系中一个重要的主体。《教师法》和《教育法》对这一主体的权利和义务已经作了全面阐述和规定。此外,《高等教育法》还从高等教育组织的特性出发,规定在高等学校教师中实行教师资格制度、教师职务制度和教师聘任制度,同时对高等学校教育管理人员实行教育职员制度,加强高等学校的教师管理。

《高等教育法》就取得高等学校教师资格的条件,担任相应教师职务的条件及教师聘任的原则和基本形式作了明确的规定。作为高等学校教师,首先必须取得高等学校教师资格。《高等教育法》规定:"中国公民凡遵守宪法和法律,热爱教育事业,具有良好的思想品德,具备研究生或者大学本科毕业学历,有相应的教育教学能力,经认定合格,可以取得高等学校教师资格。不具备研究生或者大学本科毕业学历的公民,学有所长,通过国家教师资格考试,经认定合格,也可以取得高等学校教师资格。"

取得高等学校教师资格的教师,可担任相应的教师职务。高等学校的教师职务设助教、讲师、副教授、教授四种。高等学校教师担任相应教师职务,除具备取得高等学校教师资格这一最基本的条件外,还应当具备以下基本条件:系统地掌握本学科的基础理论;具备相应职务的教育教学能力和科学研究能力;承担相应职务的课程和规定课时的教学任务。教授和副教授除应当具备以上基本任职条件外,还应当对本学科具有系统而坚实的基础理论和丰富的教学、科学研究经验,教学成绩显著,论文或者著作达到较高水平或者有突出的教学、科学研究成果。这样的规定,将有利于提高高级职称教师的整体素质,促进学术和教育水平的提高。

获得教师职务的教师,将由学校按照教师职务的职责、条件和任期聘任,由高等学校校长和受聘教师遵循双方平等自愿的原则,签订聘任合同,实行真正的竞争上岗。高等学校的教师应依法享有教师的权利并履行相应的义务。

(七)高等学校的学生

受教育者是教育关系中又一重要主体。《教育法》对这一主体的权利和义务作了明确的阐述,这些规定也同样适用于高等学校的学生。

高等学校学生除享有《教育法》规定的权利外,还享有以下一些权利:(1)在课余时间,可以参加社会服务和勤工助学活动;(2)可以在校内组织学生团体;(3)家庭经济困难的学生,可以申请补助或者减免学费。

高等学校学生还应当履行以下一些义务:(1)按照国家规定缴纳学费;(2)获得贷学金及助学金的学生应当履行相应的义务;(3)参加社会服务和勤工助学活动不得影响学业任务的完成,并接受学校的引导和管理;(4)学生团体要服从学校的领导和管理。

这些规定,肯定了学生在教育过程中的应有地位,既参照了国际上通行的做法,又考虑了我国的实际情况,是对《教育法》相关规定的进一步补充。

(八)高等教育的投入和条件保障

关于高等教育的经费投入,《高等教育法》第六十条规定:高等教育实行以举办者投入为主、受教育者合理分担培养成本、高等学校多种渠道筹措经费的机制。国务院和省、自治区、直辖市人民政府依照《教育法》第五十六条的规定,保证国家举办的高等教育的经费逐步增长。同时,国家鼓励企业事业组织、社会团体及其他社会组织和个人向高等教育投入。

对于高等教育的条件保障,《高等教育法》规定:高等学校的举办者应当保证稳定的办学经费来源,不得抽回其投入的办学资金。国务院教育行政部门会同国务院其他有关部门根据在校学生年人均教育成本,规定高等学校年经费开支标准和筹措的基本原则;省、自治区、直辖市人民政府教育行政部门会同有关部门制定本行政区域内高等学校年经费开支标准和筹措办法,作为举办者和高等学校筹措办学经费的基本依据。

另外,对高等学校进口图书资料、教学科研设备以及校办产业,国家实行优惠政策。高等学校所办产业或者转让知识产权以及其他科学技术成果获得的收益,用于高等学校办学。高等学校收取的学费应当按照国家有关规定管理和使用,其他任何组织和个人不得挪用。高等学校应当依法建立、健全财务管理制度,合理使用、严格管理教育经费,提高教育投资效益,其财务活动应当依法接受监督。

第三节　新世纪新时代高等教育政策、法规建设的新进展

进入 21 世纪,我国高等教育的发展进入了一个新的阶段。中国共产党第十九次全国代表大会召开之后,我国进入了建设有中国特色的社会主义新时代。与此相适应的是,新世纪新时代高等教育政策、法规的建设在不断加强,为我国高等教育法制化建设、创新性发展提供了坚实的政策与法律保障。

一、高等教育法律法规体系不断完善

改革开放以来,我国高等教育之所以能在较短的时间里取得巨大的成绩,既与社会政治、经济的发展要求和人们受高等教育的需求分不开,也与高等教育领域的法律法规建设密切相连。自从 20 世纪末我国颁布实施《高等教育法》以来,我国高等教育事业逐渐走上法制化的轨道。但我国的高等教育法律法规建设的任务远未完成,需要进一步推进高等教育法律法规体系的完善工作。

当前我国的高等教育包括学历教育和非学历教育两种类型,分为专科教育、本科教育和研究生教育三个层次,以及全日制教育和非全日制教育两种形式。这些不同类型、不同层次、不同形式的高等教育,都在《高等教育法》的调整范围之内。为了更好地保障我国高等教育的发展,国家教育部出台了相应的部门法规。如 2000 年 10 月 31 日第九届全国人民代表大会常务委员会第十八次会议通过了《中华人民共和国国家通用语言文字法》(自 2001 年 1 月 1 日起施行),有助于规范高等学校的语言文字的使用。2003 年的《中华人民共和国中外合作办学条例》(中华人民共和国国务院令第 372 号),进一步规范了中外合作办学行为。2005 年通过的《实施教育行政许可若干规定》(自 2005 年 6 月 1 日起施行),有助于规范教育行政部门的行政许可行为,推进依法行政。2005 年 2 月 4 日经教育部部长办公会议讨论通过的《普通高等学校学生管理规定》(自 2005 年 9 月 1 日起施行),对于普通高等学校学生管理作出了新的规定。2010 年,国家财政部等部门联合印发了《中央财政支持地方高校发展专项资金管理办法》(财教〔2010〕21 号),对于促进高等教育区域协调发展,支持地方高校的重点发展和特色办学,加强对中央财政专项资金的科学化、精细化管理,提高资金使用效益等方面起到重要作用。教育部 2011 年 7 月 12 日第二十一次部长办公会议审议通过的《高等学

校章程制定暂行办法》(自 2012 年 1 月 1 日起施行),进一步促进了高等学校依法治校、科学发展。这些部门规章的颁布,极大地丰富和完善了《高等教育法》的内涵与体系。另外,2015年 12 月和 2018 年 12 月,我国分别对《高等教育法》进行了两次修正,修正后的《高等教育法》也更能够体现新世纪新时代我国高等教育发展的形势要求。

二、健全我国高等教育质量保障体系

高等教育质量保障体系是高等教育评价的深化、结构化和体系化。20 世纪 90 年代以来,已经形成的高等教育质量保障的模式有 BS5750 或 ISO9000 模式、绩效指标模式、专家管理模式等。对这些高等教育质量保障模式,我们要加以分析与借鉴,并结合我国高等教育的实际情况,科学设立高等教育质量保障指标,积极建立符合我国国情的高等教育质量保障体系。

我国对高等教育办学实行的政府部门主导的教育教学工作评估,在实践中对推动高等教育发展起到了极大的作用。为深入贯彻《中华人民共和国高等教育法》"以评促改,以评促建,以评促管,评建结合,重在建设"的评估原则,21 世纪以来我国已经举办多轮次普通高等学校本科教学工作水平评估。2003 年,教育部在《2003—2007 年教育振兴行动计划》中明确提出实行"五年一轮"的普通高等学校教学质量评估制度。2004 年 8 月,正式成立教育部高等教育教学评估中心。建立五年一轮的评估制度及成立评估中心,标志着中国高等教育的教学评估工作开始走向规范化、科学化、制度化和专业化的发展阶段。但是在高等教育质量评估中也存在一些问题,主要表现为高等教育评估政府化特征明显,对高等教育质量侧重于量化指标评估而不太重视定性的描述,高等教育评估应有的功能弱化等。据此,2011 年,教育部颁布了《教育部关于普通高等学校本科教学评估工作的意见》,确定了以学校自我评估为基础,以院校评估、专业认证及评估、国际评估和教学基本状态数据常态监测为主要内容的高等教育教学评估方案。通过全面实施《高等学校本科教学质量与教学改革工程》,健全教学质量保障体系,改进高校教学评估,组织研究制定 100 个本科专业类教学质量国家标准,推动省级教育行政部门、行业组织和高校联合制定相应的专业教学质量标准,形成中国特色的高等教育教学质量标准体系。2015 年 5 月 4 日,教育部在发布的《关于深入推进教育管办评分离,促进政府职能转变的若干意见》中提出:按照"四个全面"战略布局,围绕完善和发展中国特色社会主义教育制度、推进教育治理体系和治理能力现代化这一总目标,以推进科学、规范的教育评价为突破口,建立健全政府、学校、专业机构和社会组织等多元参与的教育评价体系。

我国政府于 2001 年 11 月 10 日加入 WTO,成为该组织的第 143 个成员国,自此,我国高等教育的国际化进程加速。对于跨境高等教育,要积极开展与教育质量保障机构的国际合作,逐步建立跨国教育质量保障体系。为了回应日益增长的要求建立跨境教育质量标准的呼吁和应对全球化的挑战,2004 年 11 月联合国教科文组织(United Nations Educational,

Scientific and Cultural Organization,简称 UNESCO)和经济合作与发展组织(Organization for Economic Coperation and Development,简称 OECD)共同起草了一份《高等教育跨境提供质量保障纲要(草案)》。这个纲要(草案)虽不具法律强迫性,但无疑对中国高等教育国际化质量保障体系建设有很强的参考借鉴价值。

三、实施"2011 计划",提升高等学校协同创新能力

2010 年 7 月 29 日,中共中央、国务院印发的《国家中长期教育改革和发展规划纲要(2010—2020 年)》(以下简称《教育规划纲要》)第七章明确指出,提高质量是高等教育发展的核心任务,是建设高等教育强国的基本要求。为了提高高等教育人才培养质量,牢固确立人才培养在高校工作中的中心地位,着力培养信念执着、品德优良、知识丰富、本领过硬的高素质专门人才和拔尖创新人才。《教育规划纲要》鼓励、促进高校办出特色。为此,应建立高校分类体系,实行分类管理。发挥政策指导和资源配置的作用,引导高校合理定位,克服同质化倾向,形成各自的办学理念和风格,在不同层次、不同领域办出特色,争创一流。《教育规划纲要》指出,要加快建设一流大学和一流学科。以重点学科建设为基础,继续实施"985 工程"和优势学科创新平台建设,继续实施"211 工程"和启动特色重点学科项目。改进管理模式,引入竞争机制,实行绩效评估,进行动态管理。鼓励学校优势学科面向世界,支持参与和设立国际学术合作组织、国际科学计划,支持与境外高水平教育、科研机构建立联合研发基地。通过加快世界一流大学和高水平大学的创建步伐,培养一批拔尖创新人才,形成一批世界一流学科,产生一批国际领先的原创性成果,为提升我国综合国力贡献力量。

为了提升高等学校的创新能力,促进高等教育与科技、经济、文化的有机结合,大力支撑创新型国家和人力资源强国建设,教育部、财政部于 2012 年发布《关于实施高等学校创新能力提升计划的意见》(教技〔2012〕6 号)(以下简称"2011 计划")。该名称源自 2011 年 4 月 24 日时任国家主席胡锦涛在清华大学百年校庆上的讲话,至 2012 年 5 月 7 日正式启动。"2011 计划"是继"211 工程"和"985 工程"之后在高等教育系统启动的第三项国家工程。"2011 计划"是针对新世纪我国高等教育已进入内涵式发展的新形势而采取的又一项体现国家意志的重大战略举措。实施"2011 计划",对于大力提升高等学校的创新能力,全面提高高等教育质量,深入实施科教兴国、人才强国战略,都具有十分重要的意义。

"2011 计划"以人才、学科、科研三位一体创新能力提升为核心任务,不断深化高等教育体制改革是"2011 计划"的本质要求。要以管理改革推进协同创新,要大力推进高校在协同创新的组织管理、人事制度、人才培养、人员考评、科研模式、资源配置方式以及创新文化建设等方面的改革,形成综合改革特区,有效释放人才、资源等创新要素的活力。2013 年,经牵头高校和主要协同单位组织申报,国务院认定实施的首批"2011 计划"协同创新中心有 14 所,2014 年第二批"2011 计划"协同创新中心为 24 所。通过建立一批"2011 计划"协同创新中心,集聚和培养一批拔尖创新人才,取得一批重大标志性成果,成为具有国际重大影响的

学术高地、行业产业共性技术的研发基地、区域创新发展的引领阵地和文化传承创新的主力阵营,进而推动知识创新、技术创新、区域创新的战略融合,支撑国家创新体系建设。

四、实施推进"双一流"建设政策,加强中国高等教育的国际竞争力

为提升我国高等教育发展水平、增强国家核心竞争力,2015 年 8 月 18 日,中央全面深化改革领导小组第十五次会议审议通过《统筹推进世界一流大学和一流学科建设总体方案》,2015 年 10 月 24 日,《国务院关于印发统筹推进世界一流大学和一流学科建设总体方案的通知》(国发〔2015〕64 号)正式发布。2017 年 1 月 24 日,教育部、财政部和国家发展改革委员会联合印发《统筹推进世界一流大学和一流学科建设实施办法(暂行)》,将"双一流"建设方案、遴选条件与程序、管理方式等予以明确。至此,"双一流"建设成为新时代我国高等教育发展的新战略。

2017 年 9 月 21 日,教育部、财政部、国家发展改革委员会印发《关于公布世界一流大学和一流学科建设高校及建设学科名单的通知》,正式公布了世界一流大学和一流学科(简称"双一流")建设高校及建设学科名单。一流大学建设高校共 42 所,其中 A 类 36 所高校均为原先的"985 工程"高校,B 类 6 所高校中的东北大学、湖南大学、西北农林科技大学此前位列"985 工程"高校名单。世界一流学科涉及建设高校 95 所。对于入选"双一流"建设的高校与学科,除了国家投入外,将动员各方力量积极参与世界一流大学和一流学科建设,鼓励行业企业加强与高校合作,协同建设。

"双一流"政策是对以往"211 工程"、"985 工程"等高等学校重点建设政策的突破与创新,也是新时代我国高等学校重点建设政策的一种延续。中国一流大学唯有在高等教育发展水平整体提高的基础上发展才有可持续性,才有与中国高等教育体量相适合的更多的一流大学产生。基于我国高校发展的个体水平差异与区域差异,"双一流"建设必须坚持"整体推进中国高等教育的可持续发展"的原则。在 2019 年 2 月中共中央、国务院印发的《中国教育现代化 2035》中,要求"分类建设一批世界一流高等学校,建立完善的高等学校分类发展政策体系,引导高等学校科学定位、特色发展"。可以预期,"双一流"政策在引领新时代我国高等学校发展和学科建设、提升国际竞争力的同时,必将悄然重构中国高等教育良好发展的新生态。

📖 **思考与练习**

1. 试分析中华人民共和国成立以来我国高等教育政策建设的主要经验与教训。

2. 简述《中华人民共和国高等教育法》的立法宗旨。

3. 现阶段我国高等学校内部管理体制述评。

4. 试分析推进"双一流"建设对于我国高等教育发展的意义。

第十一章

我国成人教育和职业教育的政策与法规

学习目标

1. 了解中华人民共和国成立以来我国成人教育和职业教育政策、法规的沿革。

2. 认识《中华人民共和国职业教育法》的立法宗旨、基本内容和重要意义。

3. 认识新世纪初，以及新时代我国成人教育和职业教育政策、法规建设的新进展和新成就。

《中国教育现代化 2035》是指导我国未来教育改革与发展的纲领性文件，它将构建服务全民的终身学习体系作为十大战略任务之一。《中国教育现代化 2035》明确指出："构建服务全民的终身学习体系。构建更加开放畅通的人才成长通道，完善招生入学、弹性学习及继续教育制度，畅通转换渠道。"成人教育和职业教育在实现这种战略任务中具有十分重要的作用。职业教育与成人教育具有十分密切的关系，许多学校和培训机构开展的教育活动，就教育活动的内容而言，属于职业教育；就受教育者的年龄而言，又属于成人教育。所以，本章将同时阐述成人教育和职业教育的政策和法规。

第一节　成人教育和职业教育政策、法规的沿革

一、我国成人教育政策、法规的沿革

成人教育是终身教育的组成部分，是构建学习型社会的重要途径。成人教育包括以成年人为对象的各种形式、各种类型的教育活动。从成人教育对象的职业上看，有职工教育、农民教育和干部教育等；从成人教育的层次上看，有扫盲教育、成人初等教育、成人中等教育和成人高等教育；从成人教育的形式和途径上看，有函授教育、夜校教育、广播电视教育、高等教育自学考试和网络教育等；从成人教育的功能上看，有岗前培训、岗位培训和学历教育等；从成人学习的时间上看，有脱产学习、半脱产学习和业余学习。

成人教育与继续教育是两个既有联系又有区别的概念，成人教育这个概念出现得比较早，是本土概念。成人教育与普通教育比较的侧重点是教育对象的区别，成人教育的教育对象是成人，而普通教育的对象是青少年学生。继续教育这个概念出现得比较晚，是外来概念，继续教育与普通教育比较的侧重点是教育过程的区别，继续教育被引入之初主要是指继续工程教育、大学后教育等较高层次的教育，是社会成员完成学历教育之后的教育过程。时至今日，继续教育的内涵不断泛化，外延逐渐延伸，与成人教育的边界也越来越模糊，形成了相互交叉的局面。

（一）过渡时期的成人教育政策

中华人民共和国成立后，为了让在旧中国失去教育机会的广大劳苦大众能够掌握文化科学知识，中华人民共和国的领导者十分重视工农教育和干部教育。1949 年，中国人民政治协商会议制定的《中国人民政治协商会议共同纲领》明确指出，要"加强劳动者的业余教育和在职干部教育"。根据该共同纲领的精神，共和国成立伊始，就掀起了扫盲教育、工农教育和干部教育的高潮。在扫盲教育方面，1950 年 9 月，全国第一次工农教育会议明确提出："开展识字运动，逐步减少文盲。"从 1949 年到 1953 年，我国共扫除文盲 700 多万人。在工农教育方面，1951 年参加业余学校学习的工人达 200 万人以上，农民业余学校入学人数达到 1 400 多万人。在干部教育方面，中华人民共和国的领导者继承了民主革命时期的重视干部教育

的传统,1953 年 12 月,当时的中共中央发布了《关于加强干部文化教育工作的指示》,对干部教育的目的、要求和教学方针等都作了具体的规定。1954 年,全国有 86 万名干部参加了业余教育,有 6 万名干部参加了脱产学习。

(二) 全面建设社会主义时期的成人教育政策

自 1956 年社会主义制度在我国全面建立到 1966 年"文化大革命"开始的十年中,我国的成人教育事业在大起大落中发展。1958 年 9 月,中共中央、国务院发布了《关于教育工作的指示》,明确提出"办学形式应该是多样性的,即国家办学与厂矿、企业、农村合作社办学并举,普通教育与职业(技术)教育并举,成人教育与儿童教育并举,全日制学校与半工半读、业余学校并举,学校教育与自学(包括函授学校、广播学校)并举,免费的教育与不免费的教育并举"。在中央政策的指导下,各种形式的成人教育都进入了一个新的发展阶段。在扫盲教育方面,1958 年出现了扫除文盲的"高潮",全国参加识字学习的有 6 000 万人。在工农教育方面,1959 年农村青壮年参加学习的人数曾达到 11 530 万人,职工业余学校的在校生也达到1 700 多万人。但是,这种成人教育的"高潮"是为了配合当时工农业的"大跃进",所以,这种"高潮"中存在着十分严重的片面追求"高指标、高速度"的浮夸现象。因此,到了 1960 年,"大跃进"陷入了困境,成人教育的"高潮"也降到了低谷。1960 年之后,除了职工教育还有所发展之外,农民的成人教育基本上停顿下来,一直到 1963 年国民经济情况有所好转后,农民教育才有所恢复。

在这个时期,高等学校的函授教育和夜大学也有了一定的发展。在 1956 年之前,高等学校的函授教育和夜校教育还处于初创阶段,1957 年,全国只有 58 所大学举办了函授教育,举办夜大学的高校只有 36 所。1961 年,经中共中央批准试行的《教育部直属高等学校暂行工作条例(草案)》中规定,高等学校要积极举办函授教育。1963 年 1 月,教育部又发布了《关于加强全日制高等学校和中等专业学校函授、夜校教育工作的通知(草案)》,这个文件提出要"根据需要与可能条件,积极而又稳步地发展函授和夜校教育"。在这些教育政策的调控下,我国高校的成人教育有了很大的发展,到 1965 年,全国共有 123 所高校举办了函授教育,83所高校创办了夜大学,有函授学生 132 000 人,夜大学的学生有 18 000 人。

(三) "文革"时期的成人教育

1966 年,"文化大革命"开始,成人教育也同样遭受破坏。在"文革"前期,无论是工农教育、干部教育,还是高校的函授教育、夜校教育都处于停顿状态,整个成人教育事业几乎从教育领域中消失了。到了"文革"后期,在工农教育方面出现了一丝转机,在一些工厂,举办了"七二一"大学,在一些农村,创办了"五七大学"和"政治夜校",但限于当时的政治背景,这些成人教育机构的教育内容,对于提高工人、农民的文化素质并没有产生多大的作用。

(四) 建设具有中国特色社会主义时期的成人教育政策与法规

1976 年 10 月,随着"四人帮"的垮台,"文革"结束。特别是在党的十一届三中全会之后,我们国家步入了一个健康发展的新时期,成人教育也开始从恢复走向新的发展。在这个新的历史时期,为了发展成人教育,提高国民素质,中共中央和国务院制定和颁布了一系列恢复、调整、规范成人教育的政策和法规,这些政策和法规对我国成人教育事业的发展产生了十分重要的积极作用。

在干部教育方面,1980 年 2 月中共中央宣传部、组织部发布的《关于加强干部教育工作的意见》和 1982 年 10 月中共中央、国务院颁布的《关于中央党政机关干部教育工作的决定》都指出,要适应新形势的需要,加强干部的教育和训练,把干部教育工作经常化、制度化、正规化。在职工教育方面,1981 年 2 月,中共中央、国务院颁发了《关于加强职工教育的决定》,这个文件指出,职工教育是开发智力、培养人才的重要途径,是发展国民经济的可靠保证,一定要作为一件大事来规划,尽力搞好。在农民教育方面,1979 年 11 月,教育部、农业部、共青团中央和中国科学技术协会联合召开了第二次全国农民教育工作会议,这次会议规定了当时农民教育的任务是:继续抓紧扫除文盲,大力发展业余初等教育,积极举办业余初中,广泛开展和普及农业科学技术教育,加强政治教育。1986 年 12 月,原国家教委、国家计委、劳动人事部、中央组织部和全国职工教育委员会,联合召开了中华人民共和国成立以来的最大规模的全国成人教育工作会议。1987 年 2 月,国务院批转了这次会议讨论通过的《国家教育委员会关于改革和发展成人教育的决定》,这个文件就成人教育的地位和作用、成人教育的重点、提高成人学校的效益和质量、积极开展大学后的继续教育、调动举办成人教育的积极性、加强宏观管理等六个方面作出了比较具体的规定,对以后的成人教育发展起到了很好的指导作用。

从 20 世纪 80 年代中后期开始,广播电视教育有了很大的发展。虽然,北京市在 1960 年就率先成立了广播电视大学,随后一些城市也成立了广播电视大学,但在十年“文革”中,这些学校都停办了。1979 年 2 月起,中央和各省、自治区和直辖市相继恢复和成立了广播电视大学。到 1987 年,广播电视大学在校生达 60 万人,毕业生累计 59 万人。1988 年 5 月,原国家教委颁发了《广播电视大学暂行规定》,使广播电视高等教育的发展更加规范化、制度化。

在 20 世纪 80 年代,我国成人教育领域中产生了一种新的教育形式:高等教育自学考试。1980 年,教育部拟订了《高等教育自学考试试行办法》,1981 年,高等教育自学考试制度首先在京、津、沪三个直辖市进行试点,1983 年 5 月,国务院批准成立了全国高等教育自学指导委员会,高等教育自学考试制度开始在全国推行,到 1985 年,我国大陆各省、自治区和直辖市都相继建立了高等教育自学考试制度。1988 年 3 月,《高等教育自学考试暂行条例》的颁布,使高等教育自学考试这种具有中国特色的成人高等教育,步入了法制化、规范化的轨道,高等教育自学考试也因此而获得了长足的发展。高等教育自学考试制度为提高我国国民文化素质发挥了很大的作用。

二、我国职业教育政策、法规的沿革

(一) 过渡时期的职业教育政策

中华人民共和国成立后,为了使职业教育更好地为社会主义建设事业服务,国家着手改变旧中国职业教育的半殖民地半封建社会的性质,建立社会主义职业教育体系。在建立社会主义职业教育体系的过程中,中华人民共和国政府做的第一件事就是接管和改造旧中国遗留下来的各种公立和私立职业学校,取消了原来的训导制度,建立了中国共产党对学校的领导,对教育管理体制进行了彻底的变革。从教育内容上,废除了国民党时期的公民、党义、军训等课程,代之以新民主主义论、共同纲领、中国革命常识、社会发展史等政治理论课程。在教育对象上,实行向工农开门的方针。

1951 年,教育部召开了第一次全国中等教育工作会议,确定了对中等技术学校采取整顿和积极发展的方针。同年 10 月,政务院作出了改革学制的决定,正式将职业学校改称为中等专业学校。1952 年 3 月,政务院发出《关于整顿和发展中等技术教育的指示》,要求各级各类中等技术学校实行专业化和单一化,正规的、速成的、业余的各种技术学校适当配合发展。1952 年 8 月 29 日,教育部颁布的《中等技术学校暂行实施办法》明确规定,中等技术学校的培养目标是培养"具有必要的文化、科学的基本知识,掌握一定的现代技术,身体健康,全心全意为人民服务的初级和中级技术人才"。经过一系列教育政策的调控和指导以及广大职业教育工作者的努力,在 1949 年到 1956 年这段时期内,我国的职业教育有了很大的发展。1956 年,我国的中等专业学校已达到 1 353 所,约占中等教育学校总数的 15%。

(二) 全面建设社会主义时期的职业教育政策

1956 年,随着社会主义改造的全面完成,我国社会主义事业的发展进入了一个新的阶段,职业教育同整个教育事业一样,在 1956 年到 1966 年的这段时期内,由于受当时"极左"路线的干扰,在发展过程中出现过大起大落。

1957 年的反"右"斗争,使职业教育在一定程度上受到冲击。1958 年的"大跃进",不只是工业和农业上的"大跃进",也是教育事业的"大跃进",当时,几乎是在一夜之间,全国突然出现了上千所大学。职业教育也不例外,也掀起了"大跃进"的高潮。1959 年,仅职业中学和农业中学,全国就达到 22 302 所。然而短短的几年之后,"大跃进"所吹起的各种各样的泡沫一个个都破灭了,各行各业的"大跃进"最终都以各行各业的大收缩、大整顿和大调整的结局而告终。职业教育的大泡沫同样也破灭了,全国中等专业学校的数目从 1960 年的 6 225 所压缩到 1963 年的 1 355 所。

1963 年,随着国民经济的全面好转,各行各业开始从"大跃进"的灾难性后果和三年困难的阴影中走了出来,教育事业也得到了恢复和发展。1963 年 11 月,教育部着手编制中小学教育和职业教育的七年规划。1964 年 1 月,教育部召开教育工作会议,根据党中央和刘少奇同志的指示,会议决定在教育工作中,要逐步实行两种教育制度,城市必须坚决执行普通教育与职业教育并举的方针,积极发展职业教育。这次会议明确指出:半工半读学校、半农半读学校是今后教育的发展方向。从这个时候起,职业教育以及整个教育事业都进入了一个稳定发展的时期。

(三)"文革"时期的职业教育

"文革"使我国 17 年来所建立的职业教育体系受到了破坏。首先是大批的职业技术学校被撤销或停办;其次是职业教育机构的校舍被挤占;再次是职业教育的教师大量流失,1966年,中等技术学校的教师为 4.8 万人,到 1971 年仅有 2.4 万人。1971 年林彪集团垮台后,我国的教育事业一度有所恢复和发展。1971 年,中等技术学校和技工学校的招生人数达到了1965 年的水平,但半工半读学校、职业中学和农业中学还处于停办状态,中等教育结构还处于严重的比例失调状况之中。1973 年 7 月,国务院批转了国家计委和国务院科教组《关于中等专业学校、技工学校办学中几个问题的意见》,这个文件对职业教育的发展产生了一定的积极作用。

(四)建设具有中国特色社会主义时期的职业教育政策与法规

1978 年,在全国教育工作会议上,邓小平同志提出要考虑各级各类学校的比例,特别是要扩大中等专业学校、农业中学和技工学校的比例。1983 年 5 月,教育部、劳动人事部、财政部和国家计委联合颁发了《关于改革城市中等教育结构、发展职业技术教育的意见》,这个文件提出,要使职业教育逐步发展成为与普通教育并行的教育体系。1985 年 5 月,《中共中央关于教育体制改革的决定》明确提出:调整中等教育结构,大力发展职业技术教育。根据大力发展职业技术教育的要求,我国广大青少年一般应从中学阶段分流;初中毕业生一部分升入普通高中,一部分接受高中阶段的职业技术教育;高中毕业生一部分升入普通大学,一部分接受高等职业技术教育。自从决定这个纲领性文件颁布之后,我国中等教育结构有了明显的改变,中等职业技术教育有了长足的发展。而且,该决定还首次在职业教育体系中增加了高等职业教育,为我国职业教育朝着更广阔的方向和更高的层次发展指明了方向。

进入 20 世纪 90 年代之后,随着社会主义现代化建设的发展,迫切需要更多的有知识、有技术的劳动者,职业教育在教育事业和现代化建设中发挥着越来越重要的作用。为了更好地发展职业教育,1991 年 10 月 17 日,《国务院关于大力发展职业技术教育的决定》颁发了,这个文件的颁发与实施,对我国的职业教育产生了强大的促进作用。1993 年 2 月,中共中央、国务院颁发的《中国教育改革和发展纲要》又明确提出:职业技术教育是现代教育的重要组成部分,是工业化和生产社会化、现代化的重要支柱。各级政府要高度重视,统筹规划,贯彻积极发展的方针,充分调动各部门、企事业单位和社会各界的积极性,形成全社会兴办多种形式、多层次职业技术教育的局面。在这种精神的指引下,职业教育得到了蓬勃的发展。

特别是在 1996 年 5 月,第八届全国人民代表大会常务委员会第十九次会议审议通过了《中华人民共和国职业教育法》,在职业教育发展史上具有里程碑意义。《中华人民共和国职业教育法》的制定与施行,标志着我国职业教育进入了以法治教的新时代。

第二节 《中华人民共和国职业教育法》概述

1996 年 5 月 15 日,第八届全国人民代表大会常务委员会第十九次会议审议通过了《中华人民共和国职业教育法》(以下简称《职业教育法》)。《职业教育法》是我国教育历史上第一部关于职业教育的法律,它的制定与贯彻执行,对促进我国职业教育的发展,实施科教兴国的伟大战略,都具有十分重大的意义。

一、《职业教育法》的立法宗旨和立法依据

(一)《职业教育法》的立法宗旨

1. 实施科教兴国的伟大战略

自党的十一届三中全会以来,党中央和国务院一直高度重视科学技术在推动社会发展中的作用,高度重视教育在传播科学知识和培养科技人才中的作用。科教兴国不仅是我国目前的基本国策,而且还是我国今后的发展战略。职业教育是一种与科学技术密切相关的教育,是传播科学技术、传递生产技能、促进劳动就业的重要途径,是培养各类技术人才、促进经济发展的重要手段,是加强教育与科学技术相互联系的重要措施。颁布和施行《职业教育法》,运用法律的手段来规范、促进职业教育的发展,是执行"科教兴国"基本国策的重要措施,是实施"科教兴国"伟大战略的重要举措。

2. 大力发展职业教育

职业教育是我国教育事业的重要组成部分,是促进我国经济发展和劳动就业的重要途径,应该受到广泛的关注和高度的重视。然而,在我国一直存在着轻视职业技术教育的传统。孔子是中国古代的教育家,但在他的教育内容中根本没有技术教育的成分,孔子十分鄙视希望学习种植技术的弟子樊须。可见在春秋时代我国就已经形成了重学术轻技术的社会心理,后来的科举取仕制更加强化了重学术轻技术的传统心理。在中国古代的民众看来,读经书,考秀才,考举人,一直到考进士乃至中状元,这才是莘莘学子所走的正道,万般皆下品,唯有读书高;而学习各种技术和技能,则是旁门左道,甚至把技能、技巧和技术都称之为雕虫小技。直到今天,这种社会心理依然还支配着许多学生及其家长的求学意愿,有许多家长不愿意送子女就读职业技术院校,只是因为子女中考或高考分数太低,出于无奈才进了中职或高职院校。要大力发展职业教育,就必须改变传统的轻视职业教育的观念,运用法律手段来确认职业教育的重要地位,突出职业教育的重大作用,使职业教育受到应有的关注,引起全国人民的高度重视。

3. 提高劳动者素质

颁布和实施《职业教育法》，是为了提高广大劳动者素质，促进社会主义现代化建设。我国是一个人口众多、自然资源相对不足的国家，要把我国建成社会主义的现代化强国，不能过多地依靠自然资源的开发，更主要的是靠开发人力资源。我国有14亿人口，目前是世界上人口最多的国家，从理论上讲具有丰富的人力资源，可以为现代化建设提供大量的劳动者。但是，如果这14亿人口的素质低下，就会成为十分沉重的人口包袱，是实现现代化道路上的巨大障碍。目前，我国各行各业劳动者的素质并不理想，我国劳动者创造的产值远远低于发达国家劳动者创造的财富，其原因是多方面的，其中的一个重要原因就是劳动者的素质不高。所以，要把我国建设成为现代化的社会主义国家，实现中华民族的伟大复兴，就必须努力提高我国的人口素质，尤其是各行各业的劳动者的素质。否则，我们的强国之梦就会化为泡影。职业教育是提高各行各业劳动者素质的重要途径之一，无论是对作为劳动力后备军的青少年学生进行的职业教育，还是对已经就业的各行各业劳动者进行的职业培训，都能有效地提高劳动者的业务素质和道德素质，从而加快社会主义现代化建设的步伐。

（二）《职业教育法》的立法依据

《中华人民共和国教育法》（以下简称《教育法》）和《中华人民共和国劳动法》（以下简称《劳动法》）是《职业教育法》的立法依据。《教育法》是我国教育的基本法，是制定其他专项教育法的法律基础。《职业教育法》作为专项教育法，必然要以《教育法》作为立法依据。《教育法》明确规定："国家实行职业教育制度和成人教育制度。各级人民政府、有关行政部门以及企业事业组织应当采取措施，发展并保障公民接受职业学校教育或者各种形式的职业培训。"

《劳动法》的很多条款都规定各级人民政府要把发展职业培训纳入社会经济发展规划，鼓励和支持企业、事业和社会团体进行各种形式的职业培训。《劳动法》还规定，从事技术工种的劳动者上岗之前都必须经过培训，国家实行职业资格证书制度。

二、《职业教育法》的基本内容

（一）职业教育的管理体制

职业教育的管理体制是对职业教育进行管理的各种制度所构成的体系。要对职业教育立法，规范职业教育的发展，首先必须明确规定职业教育的管理体制。《职业教育法》的第六条和第十一条，对我国职业教育的管理体制进行了十分具体的规定。根据《职业教育法》，我国各级人民政府应当将发展职业教育纳入国民经济和社会发展规划，行业组织和企业、事业组织应当依法履行实施职业教育的义务，国务院教育行政部门负责全国职业教育工作的宏观管理。

（二）职业教育的体系

实施职业教育，必须创建合理的职业教育体系，以此作为运行职业教育的教育实体。根据《职业教育法》，我国职业教育的体系是一个开放的体系，在我国实施职业教育的主要实体是两种教育机构,即职业学校和职业培训机构。职业学校是实施职业教育的主要机构,同时也承担职业培训的任务。职业学校教育分为初等、中等和高等职业学校教育三个层次。职业培训机构的主要任务是开展各种类型的职业培训,职业培训根据培训的目的和性质可以分为从业培训、转业培训、学徒培训、在岗培训、转岗培训等,根据培训的层次可以分为初级、中级和高级职业培训。根据《职业教育法》,普通高校也可以实施高等职业学校教育,一些普通中学也可以因地制宜地开设职业教育的课程。

(三)职业教育机构的创办

根据《职业教育法》的规定,创办职业学校和职业培训机构的主体可以是政府主管部门、行业组织、企业组织、事业组织、社会团体和公民个人。县级以上各级人民政府应当举办能够发挥骨干和示范作用的职业学校、职业培训机构。任何创办职业教育机构的办学主体所创办的职业学校和职业培训机构,都必须符合《职业教育法》所规定的基本条件。根据《职业教育法》的规定,创立职业学校的基本条件是:有组织机构和章程;有合格的教师;有符合规定标准的教学场所和与职业教育相适应的设施、设备;有必备的办学资金和稳定的经费来源。设立职业培训机构的基本条件是:有组织机构和管理制度;有与培训任务相适应的教师和管理人员;有与进行培训相适应的场所、设施、设备;有相应的经费。

(四)职业教育的经费

职业教育的经费是发展职业教育的保障条件,为了确保职业教育能够筹措到足够的教育经费,《职业教育法》运用法律形式规定了职业教育经费的来源渠道。根据《职业教育法》的规定,筹措职业教育经费的渠道有以下四个方面:第一,各级人民政府、国务院有关部门财政要对职业教育进行拨款,而且要保证这种财政拨款逐步增长,任何组织和个人不得挪用和克扣职业教育经费;第二,企业组织必须承担本单位职工和准备录用的人员进行职业教育的费用;第三,各级人民政府开征的用于教育的地方附加费,可专项或者安排一定比例用于职业教育;第四,对接受职业教育的对象收取一定的学费。

(五)《职业教育法》的适用范围

《职业教育法》适用于我国各级各类职业学校教育和各种形式的职业培训。从实施职业教育的实体来看,无论是政府主管部门设立的职业教育机构,还是企业组织、事业组织、社会团体和公民个人创办的职业教育机构,都是《职业教育法》所规范的对象。从职业教育的内容和层次上看,无论是职业学校教育,还是职业培训,也无论是初级、中级和高级职业学校教育,还是学历教育和非学历教育,都适合于《职业教育法》。

三、《职业教育法》的重要意义

(一)从法律上确认职业教育的地位和作用

职业教育是现代教育的重要组成部分,是工业化、现代化和生产社会化的重要支柱。纵观世界教育发展的历史,有许多发达国家就是通过职业教育加强了教育与现代化生产之间的结合,通过职业教育提高了广大劳动者的素质,从而促进了国家经济的发展和社会的繁荣。但在我们国家,由于传统观念和"文革"的原因,职业教育一直没有受到人们的普遍重视,职业教育的地位没有得到确认,职业教育的作用也没有得到充分的发挥。我国封建社会的历史很长,封建时代的重儒家经典轻实用技术的教育内容和重八股轻技艺的教育方式,使人们形成了轻视职业教育的传统观念。十一届三中全会之后,职业教育终于迎来了自己的春天,职业教育在我国的教育事业中获得了应有的地位,在社会主义现代化建设中发挥着越来越重要的作用。《职业教育法》的颁布,使职业教育的地位和作用进一步在法律上得到了确认。《职业教育法》明确规定:"职业教育是国家教育事业的重要组成部分,是促进经济、社会发展和劳动就业的重要途径。"《职业教育法》的这些规定,为我国职业教育地位的确立和作用的发挥提供了坚强的法律基础。

（二）为职业教育的发展提供了法律保障

1991 年 10 月颁发的《国务院关于大力发展职业技术教育的决定》、1993 年 2 月中共中央、国务院颁发的《中国教育改革和发展纲要》和 1999 年国务院转发的国家教育部制定的《面向 21 世纪教育振兴行动计划》,都提出了在发展职业教育的过程中要逐步走上依法治教的道路,如《国务院关于大力发展职业技术教育的决定》就提出:"要加强职业技术教育的法规建设,逐步使我国职业技术教育走上依法治教、科学管理的轨道。"《职业教育法》的颁发与实施,就是把党中央和国务院的关于职业教育的政策上升为具有国家意志和普遍约束力的教育法律,排除一些人在理解和执行职业教育政策中的主观随意性,使职业教育的发展具有可靠的法律保障。《职业教育法》第六条规定:"各级人民政府应当将发展职业教育纳入国民经济和社会发展规划。行业组织和企业、事业组织应当依法履行实施职业教育的义务。"《职业教育法》以法律的形式明确规定了各级政府要履行规划和发展职业教育的职责,规定了企业、事业和社会组织必须履行实施职业教育的义务,使我国的职业教育步入依法治教、健康发展的轨道。

（三）为职业教育的规范化管理提供了良好的法律基础

职业教育的健康发展,需要良好的教育硬件设施和充足的教育经费,同时,还需要一支数量充足质量优良的教师队伍;但是,要使教育设施和师资队伍充分发挥作用,还有赖于有效的管理。所以,在发展职业教育的过程中,必须逐步实现科学化管理、规范化管理和现代化管理。《职业教育法》的制定与实施,为职业教育的科学化管理、规范化管理和现代化管理提供了坚实的法律基础。《职业教育法》第四条规定:"实施职业教育必须贯彻国家教育方针,对受教育者进行思想政治教育和职业道德教育,传授职业知识,培养职业技能,进行职业指导,全面提高受教育者的素质。"在这一条款中,《职业教育法》对职业教育的教育方针、教育内容、教育目的都作了比较具体的规定,使职业教育的管理能够有法可依、有章可循。在

《职业教育法》的其他一些条款中,还对职业教育的层次、职业培训的类型、设立职业学校和职业培训机构的条件、职业教育的证书制度和职业教育经费的筹措与使用,都作了相当明确的规定。通过对这些法律条款的贯彻执行,形成良好的制度环境,我国的职业教育将能够逐步实现科学化和规范化的管理。

第三节 新世纪新时代成人教育和职业教育政策、法规的建设

一、新世纪初期成人教育和职业教育政策、法规的建设

(一) 新世纪初期成人教育政策、法规的建设

进入新世纪之后,我国政府十分重视成人教育在提高我国国民素质、促进劳动力就业中的重大作用,先后制定了一系列发展成人教育、构建终身教育体系的政策。《国家中长期教育改革与发展规划纲要(2010—2020 年)》和《中国教育现代化 2035》都把构建完备的终身教育体系作为一项重要战略目标和战略任务。成人教育和继续教育在实现这种战略目标中发挥着不可替代的重要作用。

2002 年 5 月 7 日,中共中央办公厅、国务院办公厅联合印发了《2002—2005 年全国人才队伍建设规划纲要》,这个文件明确提出:构建终身教育体系。在加快普通教育发展的同时,大力发展成人教育、社区教育,推进教育培训的社会化。开辟教育培训新途径,加快发展远程教育,建立覆盖全国的教育培训信息网,形成终身化、网络化、开放化、自主化的终身教育体系。

2004 年 2 月 10 日,教育部颁布了《2003—2007 年教育振兴行动计划》,这是教育部在顺利实施《面向 21 世纪教育振兴行动计划》的基础上制定的又一个行动计划。根据这个行动计划,在 2003 年至 2007 年这段时间内,要大力发展多样化的成人教育和继续教育,鼓励人们通过多种形式和渠道参与终身学习,加强学校教育和继续教育相互结合,进一步改革和发展成人教育,完善广覆盖、多层次的教育培训网络,逐步确立以学习者个人为主体、用人单位支持、政府予以必要资助的继续教育保障机制,建立对各种非全日制教育培训学分的认证及积累制度。

新世纪成人教育政策建设的一个重要特点是高度关注农村与农民成人教育的发展,因为建设社会主义新农村离不开高素质的农民。2002 年 11 月 21 日教育部颁发了《关于进一步加强农村成人教育的若干意见》,这个文件明确提出:"农村成人教育是我国教育的重要组成部分,是构建终身教育体系、建设学习化社会的重要内容,承担着提高农村成人思想政治和科学文化素质,促进农村经济社会发展的重要任务。"随后,教育部又于 2004 年 3 月 14 日印发了《农村劳动力转移培训计划》,实施这个计划的目的就是要充分利用职业教育与成人教育资源,全力推进农村劳动力转移培训工作,努力提高农村转移劳动力的就业能力和创业

能力。2005 年 3 月 17 日教育部又印发了《关于实施农村实用技术培训计划的意见》，这项政策更具有操作性，使农村成人教育在提高农民素质方面发挥更大的作用。

2010 年国务院办公厅印发了《国务院办公厅关于进一步做好农民工培训工作的指导意见》，在这项政策的指导下，全国各地教育部门大力促进农科教结合，健全以县级职教中心为龙头，以乡村成人文化技术学校和农村中小学为基础，覆盖县、乡、村的职业教育培训网络，推动教育部新型农民联系点工作，大力实施"农村实用技术培训计划"和"农村劳动力转移培训计划"。

（二）新世纪初期职业教育政策、法规的建设

在新世纪我国政府高度重视职业教育的发展，多次召开全国职业教育工作会议，制定了一系列推进职业教育改革与发展的政策。

2002 年 7 月 28 日至 30 日，国务院召开了新世纪的第一次全国职业教育工作会议，8 月 28 日印发了《国务院关于大力推进职业教育改革与发展的决定》。这是我国政府为实施科教兴国战略，进一步推进职业教育改革与发展所作出的重大决策。《国务院关于大力推进职业教育改革与发展的决定》全面总结了改革开放以来，特别是《中华人民共和国职业教育法》实施以来职业教育工作的经验，分析了职业教育工作面临的新形势和新问题，深刻阐述了职业教育在社会主义现代化建设中的重要地位，明确了职业教育改革与发展的目标、任务和工作思路，针对职业教育改革与发展中亟待解决的关键问题提出了具体的政策措施，具有很强的针对性和可操作性。

2004 年 2 月 10 日教育部颁布的《2003—2007 年教育振兴行动计划》提出要实施职业教育与培训创新工程；要大力发展职业教育，大量培养高素质的技能型人才特别是高技能人才；要以就业为导向，大力推动职业教育转变办学模式；要以促进就业为目标，进一步转变高等职业技术学院和中等职业技术学校的办学指导思想，实行多样、灵活、开放的人才培养模式，把教育教学与生产实践、社会服务、技术推广结合起来，加强实践教学和就业能力的培养。

2004 年 6 月 17 日至 19 日，教育部、国家发改委、财政部、人事部、劳动保障部、农业部、国务院扶贫办联合召开了全国职业教育工作会议，这是根据《国务院关于大力推进职业教育改革与发展的决定》召开的职业教育工作部际联席会议。这次会议全面总结了 2002 年全国职业教育工作会议以来，职业教育改革与发展的经验和取得的成绩，进一步明确了以就业为导向、以服务为宗旨、大力推进职业教育和培训的任务目标。

2005 年 11 月 7 日至 8 日，国务院又一次召开了全国职业教育工作会议，会议结束后，新华社授权发布了《国务院关于大力发展职业教育的决定》。在这个重要文件中，国务院要求各级人民政府把加快职业教育、特别是加快中等职业教育发展与繁荣经济、促进就业、消除贫困、维护稳定、建设先进文化紧密结合起来，增强紧迫感和使命感，采取强有力措施，大力推动职业教育快速健康发展。

2014 年 6 月 23 日至 24 日,国务院召开了新世纪的第三次全国职业教育工作会议。这次会议与前两次全国职业教育工作会议不同,前两次是在会议结束之后印发了关于大力发展职业教育的政策文件,而这次是在会议之前印发了《国务院关于加快发展现代职业教育的决定》,这个重要文件提出:"引导普通本科高等学校转型发展。采取试点推动、示范引领等方式,引导一批普通本科高等学校向应用技术类型高等学校转型,重点举办本科职业教育。独立学院转设为独立设置高等学校时,鼓励其定位为应用技术类型高等学校。建立高等学校分类体系,实行分类管理,加快建立分类设置、评价、指导、拨款制度。招生、投入等政策措施向应用技术类型高等学校倾斜。"在这项政策的推动下,我国的职业技术教育从专科层次迈进了本科层次,为职业教育的发展提供了更大的空间。

新世纪我国召开的这几次职业教育工作会议制定了一系列的职业教育政策,这些政策在推动我国职业教育发展上产生了以下几个方面的重要作用:第一,职业教育首次被确立为我国教育工作的战略重点。把职业教育确定为我国未来教育发展的战略重点,是加快人力资源开发,落实科教兴国战略和人才强国战略的有效措施;是全面贯彻教育方针,遵循教育规律,实现教育事业全面协调可持续发展的必然要求。第二,新世纪的职业教育政策扩展了职业教育的职能。根据《国务院关于大力发展职业教育的决定》的精神,我国职业教育的职能就是要通过培养数以亿计的高素质劳动者和数以千万计的高技能专门人才来为社会主义现代化建设服务。第三,新世纪的职业教育政策推进了职业院校办学指导思想的转变。今后,我国的职业教育要坚持"以服务为宗旨、以就业为导向"的办学方针,要实现从计划培养向市场驱动转变,从政府直接管理向宏观引导转变,从传统的升学导向向就业导向转变。第四,新世纪的职业教育政策改变了职业教育人才培养模式。多年以来我国职业教育的人才培养模式没有体现职业教育自身的特点,所以,《国务院关于大力发展职业教育的决定》明确指出:"大力推行工学结合、校企合作的培养模式。与企业紧密联系,加强学生的生产实习和社会实践,改革以学校和课堂为中心的传统人才培养模式。"第五,新世纪职业教育政策提升了职业教育的学历层次和办学空间。《国务院关于加快发展现代职业教育的决定》在提到"加快构建现代职业教育体系"时明确指出:"探索发展本科层次职业教育。建立以职业需求为导向、以实践能力培养为重点、以产学结合为途径的专业学位研究生培养模式。"

二、新时代成人教育和职业教育政策、法规建设的新进展

习近平总书记在十九大报告中指出,经过长期努力,中国特色社会主义进入了新时代,这是我国发展新的历史方位。在新时代我国成人教育和职业教育政策、法规的建设又上了一个新台阶。

(一)推进终身职业技能培训制度的新举措

2018 年 5 月 8 日,国务院印发了《关于推行终身职业技能培训制度的意见》(以下简称《意见》)。这个《意见》是推进我国劳动者终身职业技能培训制度的重要举措。

《意见》首先提出了推进终身职业技能培训制度的指导思想;然后明确指出推进终身职业技能培训制度的基本原则是促进普惠均等、坚持需求导向、创新体制机制、坚持统筹推进;接着又规定了推进终身职业技能培训制度的目标任务是:建立并推行覆盖城乡全体劳动者、贯穿劳动者学习工作、适应就业创业和人才成长需要以及经济社会发展需求的终身职业技能培训制度,实现培训对象普惠化、培训资源市场化、培训载体多元化、培训方式多样化、培训管理规范化,大规模开展高质量的职业技能培训,力争 2020 年后基本满足劳动者培训需要,努力培养造就规模宏大的高技能人才队伍和数以亿计的高素质劳动者。

在确定指导思想、基本原则和目标任务的基础上,《意见》提出了推行终身职业技能培训制度的一系列政策措施。一是构建终身职业技能培训体系。完善终身职业技能培训政策和组织实施体系;围绕就业创业重点群体,广泛开展就业技能培训;充分发挥企业主体作用,全面加强企业职工岗位技能提升培训;适应产业转型升级需要,着力加强高技能人才培训;大力推进创业创新培训;强化工匠精神和职业素质培育。二是深化职业技能培训体制机制改革。建立职业技能培训市场化社会化发展机制、技能人才多元评价机制、职业技能培训质量评估监管机制、技能提升多渠道激励机制。三是提升职业技能培训基础能力。加强职业技能培训服务能力建设、职业技能培训教学资源建设和职业技能培训基础平台建设。

(二) 国家实施职业教育改革的纲领

2019 年 2 月 13 日,国务院印发了《国家职业教育改革实施方案》(以下简称《方案》),它是今后一个时期我国职业教育改革与发展的行动纲领。《方案》充分体现了我国政府对发展职业教育事业的高度重视,集中了国家发展职业教育的新思想、新理念、新要求和新举措。

《方案》明确提出了职业教育改革的总体要求与目标,要把职业教育摆在教育改革创新和经济社会发展中更加突出的位置,完善职业教育和培训体系,优化学校、专业布局,深化办学体制改革,鼓励和支持社会各界特别是企业积极支持职业教育。经过 5—10 年左右的时间,职业教育基本完成由政府举办为主向政府统筹管理、社会多元办学的格局转变,由追求规模扩张向提高质量转变,由参照普通教育办学模式向企业社会参与、专业特色鲜明的类型教育转变,大幅提升新时代职业教育现代化水平。

《方案》确定了今后一个时期职业教育发展的具体目标:到 2022 年,职业院校教学条件基本达标,建设 50 所高水平高等职业学校和 150 个骨干专业(群)。建成覆盖大部分行业领域、具有国际先进水平的中国职业教育标准体系。推动建设 300 个具有辐射引领作用的高水平专业化产教融合实训基地。职业院校实践性教学课时原则上占总课时一半以上,顶岗实习时间一般为 6 个月。"双师型"教师(同时具备理论教学和实践教学能力的教师)占专业课教师总数超过一半。启动"学历证书 + 若干职业技能等级证书"制度试点(以下称 1 + X 证书制度试点)工作。

为了实现总体要求与目标,《方案》提出了以下七项具体措施:(1)完善国家职业教育制度体系,健全国家职业教育制度框架,提高中等职业教育发展水平,推进高等职业教育高质量发展,完善高层次应用型人才培养体系。(2)构建职业教育国家标准,完善教育教学相关标准,启动1+X证书制度试点工作,开展高质量职业培训,实现学习成果的认定、积累和转换。(3)促进产教融合校企"双元"育人,坚持知行合一、工学结合,推动校企全面加强深度合作,打造一批高水平实训基地,多措并举打造"双师型"教师队伍。(4)建设多元办学格局,推动企业和社会力量举办高质量职业教育,做优职业教育培训评价组织。(5)完善技术技能人才保障政策,提高技术技能人才待遇水平,健全经费投入机制。(6)加强职业教育办学治理督导评价,建立健全职业教育质量评价和督导评估制度,支持组建国家职业教育指导咨询委员会。(7)做好改革组织实施工作,加强党对职业教育工作的全面领导,完善国务院职业教育工作部际联席会议制度。

(三)"双高计划"——职业教育的"双一流"建设

"双一流"建设是指世界一流大学和一流学科建设,建设世界一流大学和一流学科,是中共中央、国务院作出的重大战略决策,也是中国高等教育领域继"211工程"、"985工程"之后的又一国家战略,有利于提升中国高等教育综合实力和国际竞争力。

在高等职业教育领域中,如何建设中国特色高水平的高职学校和专业,《中国教育现代化2035》进行了部署,《中国教育现代化2035》提出:推动职业教育与产业发展有机衔接、深度融合,集中力量建成一批中国特色高水平职业院校和专业。在《中国教育现代化2035》颁布后不久,教育部、财政部联合下发了《关于实施中国特色高水平高职学校和专业建设计划的意见》(以下简称《双高计划》)。

《双高计划》在第一部分提出了建设中国特色高水平的高职学校和专业的总体目标:围绕办好新时代职业教育的新要求,集中力量建设50所左右高水平高职学校和150个左右高水平专业群,打造技术技能人才培养高地和技术技能创新服务平台,支撑国家重点产业、区域支柱产业发展,引领新时代职业教育实现高质量发展。第二部分明确指出了高等职业教育今后改革发展的任务:加强党的建设,打造技术技能人才培养高地和创新服务平台,打造高水平专业群和高水平双师队伍,提升校企合作水平、服务发展水平和学校治理水平,提升信息化水平和国际化水平。第三部分阐明了组织实施《双高计划》的具体措施:建立协同推进机制,加强项目实施管理,健全多元投入机制和优化改革发展环境。

《双高计划》是高等职业教育建设具有中国特色的高水平高职院校和专业的行动指南,在《双高计划》的指导下,我国高等职业教育的质量将会得到大幅度的提升。

三、调整与完善成人教育和职业教育政策、法规的思考

(一)加强成人教育与终身教育法规的建设

我国是一个拥有14亿人的人口大国,这个人口大国要成为人力资源强国必须依赖于成人教育和终身教育。所以,《中国教育现代化2035》把构建服务全民的终身学习体系既作为

一项战略任务,又作为推进教育现代化的一种基本理念。我国政府历来重视成人教育与终身教育在提高国民素质、促进劳动力就业中的作用,先后制定了一系列发展成人教育、构建终身教育体系的政策,这些政策在促进成人教育的发展中也发挥了巨大的作用。然而,虽然我国各级政府出台了大量的促进成人教育发展的政策,制定了一系列规范成人教育的规章制度,但至今还没有一部系统的专门的成人教育法。一些涉及成人教育的政策,即便是一些专门针对成人教育所制定的专项政策,它们对于成人教育的规定都不是系统和完整的。所以,我国成人教育工作的法制化,以及成人教育的管理机构、实施机构、经费保障、学习保障、学习资源等都缺乏明确和具体的规定,这对于成人教育的发展和终身教育体系的构建都是不利的。目前,世界上许多国家都制定了成人教育方面的法律,我国澳门特别行政区也制定了成人教育法。所以,我国应借鉴一些发达国家和地区的立法经验,尽快制定成人教育法,从法律上确立成人教育的地位和作用,规定政府及各部门对成人教育应承担的义务与职责,保证成人教育的财政拨款,确认公民享有继续教育的权利和义务,为成人教育的发展提供法律保障。

(二)《职业教育法》的修订与完善

《职业教育法》自 1996 年开始实施以来,至今已经走过了二十多年的历程。在这二十多年中,《职业教育法》在实施科教兴国的伟大战略、促进职业教育的发展、提高劳动力的就业能力和创业能力等方面,都发挥了巨大的作用。但是,二十多年来,我国的政治、经济、文化和教育各个方面都发生了很大的变化,《职业教育法》中的一些内容已经不能很好地适应职业教育发展的要求,必须对《职业教育法》进行修订。

2019 年,教育部根据《宪法》、《教育法》、《劳动法》及其他有关法律法规,开始对《职业教育法》进行修订,在充分调研与广泛征求意见的基础上,研究制定了《中华人民共和国职业教育法修订草案(征求意见稿)》(以下简称《修订草案》)。从篇幅上看,《职业教育法》只有五章40 条 3 000 多字,而《修订草案》则有八章 60 条 8 000 多字:更多的变化是在内容上,《修订草案》对原来的 40 条内容都进行了修订,还增加了 15 条新内容。

在"总则"这一章中,《修订草案》对职业教育的内涵作出了更全面、更丰富的规定,《修订草案》明确指出职业教育"是指为了使受教育者具备从事某种职业或者职业发展所需要的职业道德、专业知识、技术技能和能力素质而实施的教育活动"。《修订草案》对职业教育的定位作出了明确的规定,提出"职业教育是国民教育体系和人力资源开发的重要组成部分,是培养多样化人才、传承技术技能、促进就业创业,推动经济社会发展的重要途径,与普通教育是不同教育类型,具有同等重要地位"。《修订草案》突出了党的领导,明确指出"实施职业教育必须坚持中国共产党的全面领导,坚持社会主义办学方向"。为提高职业教育的地位,《修订草案》提出"每年 5 月的第 2 周为职业教育活动周"。

在"职业教育体系"这一章中,《修订草案》将军队职业教育纳入职业教育体系,提出"国家促进军民职业教育融合发展,将军队职业资格、职业技能等级纳入国家职业资格认证和职业技能等级评价体系"。同时,还提出"建立国家职业教育指导咨询委员会,提供职业教育政策咨询建议,协助推进职业教育重大改革,指导开展职业教育考核、评价"。

在"职业教育实施"这一章中,《修订草案》突出了企业在实施和发展职业教育中的重大作用。《修订草案》提出对深度参与产教融合、校企合作,在职业学校办学和深化改革中发挥重要主体作用的企业,予以相应奖励。企业依法履行职业教育义务,可以认定为产教融合型企业。各级人民政府对产教融合型企业可以给予适当补贴或者政策优惠。《修订草案》对学徒制作出了规定,明确提出"国家推行学徒制度,鼓励有技术技能人才培养能力的企业设立学徒岗位;有条件的企业可以与职业学校联合招收学员(学徒),以工学结合的方式进行培养"。

《修订草案》增加了"职业学校和职业培训机构"、"职业教育的教师与受教育者"、"法律责任"三章内容。"职业学校和职业培训机构"这一章内容比较多,对职业学校和职业培训机构的设立、专业目录修订、领导体制、招生和专业设置、产教融合、质量评价、社会服务和收费标准等都进行了明确的规定。"职业教育的教师与受教育者"这一章规定了"国家设立职业教育教师培养培训基地,加强专业化教师培养培训;鼓励、支持地方人民政府设立专门的职业技术师范学院,鼓励高等学校设立职业教育教师教育专业;鼓励行业企业共同参与职业教育教师培养和培训"。在这一章中还提出:"国家建立技术技能大师制度。技术技能大师可以在职业学校专职或兼职担任高级职务专业教师,建立工作室等,参与人才培养、重大工程联合攻关等工作。"在"法律责任"这一章中明确规定:"县级以上地方人民政府及其相关部门违反本法规定,未按照预算核拨职业教育经费,或者挪用职业教育专项经费的,由上级人民政府责令限期改正;逾期未改正的,对直接负责的主管人员和其他责任人员依法给予处分。""在职业教育活动中违反教育法、劳动法、高等教育法、民办教育促进法、教师法、价格法、广告法等法律规定的,依照有关法律的规定给予处罚,并加入信用记录,按照国家有关规定纳入信用信息系统。"

🏛 思考与练习

1. 简析不同历史时期成人教育的政策与当时成人教育发展之间的关系。

2. 评述新世纪初期我国颁布的职业教育政策。

3. 联系我国职业教育发展的实际,说明《中华人民共和国职业教育法》的重要意义。

4. 简述新时代成人教育和职业教育政策、法规建设的新进展。

第十二章

我国教师教育的政策与法规

学习目标

1. 了解中华人民共和国成立以来教师教育政策、法规的沿革。

2. 认识《中华人民共和国教师法》的立法宗旨、基本内容和重要意义。

3. 深刻理解师范教育和教师教育的联系与区别。

4. 认识进入新世纪以来,尤其是新时代以来我国教师教育政策、法规建设的新
   进展与新成就。

百年大计,教育为本,教育大计,教师为本。教师教育作为培养和培训教师的专业教育,在我国国民教育体系中占有十分重要的地位。在 20 世纪,人们习惯称教师教育为师范教育,师范教育的历史实质上就是教师教育的历史,师范教育的政策与法规也就是教师教育的政策与法规。在 2001 年颁布的《国务院关于教育改革与发展的决定》中第一次正式用"教师教育"来取代"师范教育"。

本章主要对中华人民共和国成立以来我国教师教育政策、法规的沿革进行回顾,对《中华人民共和国教师法》予以阐述。

第一节　我国教师教育政策、法规的沿革

一、过渡时期的教师教育政策与法规[①]

中华人民共和国成立后,我国政府十分重视师范教育的发展。1951 年 8 月 27 日至 9 月 11 日,当时的教育部召开了中华人民共和国成立后的第一次师范教育会议。这次会议讨论了中等师范学校的学制、教学计划和高等师范学校、中等师范学校的设置问题。在这次会议期间和会议之后,通过并制定了一系列指导师范教育的政策文件。其中关于中等师范教育的政策文件有《师范学校暂行规程(草案)》和师范学校、幼儿师范学校、初等师范学校(招收高小毕业生的师范学校)、师范速成班的教学计划;关于高等师范教育的政策文件有《关于高等师范学校的规定(草案)》。这次师范教育会议之后,我国的师范教育有了很大的发展,师范教育的办学条件有了很大的改善,中华人民共和国政府解决了师范院校的教学经费、校舍、教学设备、教材和师资等问题。到 1953 年,全国中等师范学校已发展到 791 所,学生人数增加到 36.9 万人,高等师范学校发展到 33 所,学生人数增加到 20 200 人。

1953 年 9 月 28 日,在北京召开了中华人民共和国成立后的第一次高等师范教育会议。会议历时 20 天,确定了高等师范教育的方针和任务,明确了高等师范院校教学改革的方针和步骤,讨论了高等师范院校的教学计划和师资培训、教材编译等问题。会后,颁发了《中央人民政府政务院关于改进和发展高等师范教育的指示》,这是一项指导和规范高等师范教育发展的重要政策。

在中等师范教育方面,为了给初等教育培养水平较高的合格教师,从 1953 年开始,对当时的初等师范学校进行了必要的调整,初级师范学校不再招收高小毕业生,改招高小程度的小学教师。1954 年 6 月,教育部颁布了《关于师范学校今后设置发展和调整工作的指示》,这项教育政策进一步确定,今后应根据初等教育的发展情况,有计划地发展中等师范学校,要将现有的初等师范学校逐步改为中等师范学校或轮训小学教师的机构。

---

① 编者注:过渡时期至建设具有中国特色社会主义时期的教师教育其实是师范教育。

为了进一步发展中等师范学校,提高教学质量,教育部在 1956 年前后,先后颁布和实施了《师范学校规程》、《师范学校附属小学条例》和《师范学校教育实习办法》,制定和颁发了《师范学校教学计划》和《幼儿师范教学计划》,编写了师范学校各科教学大纲和教材。

二、全面建设社会主义时期的教师教育政策与法规

从 1956 年社会主义改造全面完成到 1966 年"文化大革命"开始的十年时间内,我国的师范教育走过了一段曲折发展的道路。在 1958 年到 1960 年的三年时间内,我国各行各业都展开了"大跃进",在这种历史背景下,师范教育同样也出现了"大跃进",尤其是中等师范教育"大跃进"的步伐迈得更大、更快。1959 年,我国中等师范学校发展到 1 365 所,在校学生 540 075 人,而"大跃进"之前的 1957 年,全国中等师范学校只有 592 所,在校学生 295 784 人,在短短的两年时间内,中等师范学校的数目增加了近两倍,学生人数几乎翻了一番。1961 年之后,通过贯彻党中央的"调整、巩固、充实、提高"的方针,纠正了师范教育盲目发展的现象,对师范教育进行了调整,突出重视师范教育的质量。

1961 年 10 月,教育部召开了全国师范教育会议,会议总结了中华人民共和国成立以来师范教育的经验教训,进一步明确了各级师范学校的培养目标,讨论并制定了《三年制中等师范学校教育计划(草案)》和《中等幼儿师范学校教育计划(草案)》。这次会议以及会议制定的各种师范教育政策,对消除"大跃进"所产生的不良后果,推动今后师范教育事业的发展,都具有十分积极的作用。

在高等师范教育方面,1960 年 4 月,在河南新乡召开了一次关于高等师范教育改革的座谈会,会上提出了高等师范院校应"相当于综合大学水平"的口号。在 1961 年 10 月的师范教育会议上,确定了高等师范教育的基本任务、培养目标和教学计划。在这次会议上,当时教育部的领导人指出,"面向中学"和"向综合大学看齐"的口号不宜再提。这次会议还对高等师范教育中的一些原则性问题,如为什么要办高等师范、高等师范要不要开设尖端专业、高等师范要不要培养科研人才等问题,进行了认真的讨论。

三、"文革"时期的教师教育

"文革"时期,我国的师范教育受到破坏。从 1966 年到 1971 年,全国师范院校连续五年没有招生。在此期间,大部分师范院校被迫停办、合并、搬迁,师范院校的校舍被挤占,教学仪器和图书资料大量流失,师范院校的许多教师受到了迫害。1971 年,林彪集团垮台后,师范教育得到了一定的恢复。到 1976 年,全国中等师范学校的数目达到了 982 所,相当于1952 年全国中等师范学校的数目;在校学生人数达到了 304 356 人,相当于 1957 年全国中等师范学校学生的数目。但是,由于"四人帮"的破坏和干扰,"文革"后期师范教育发展的道路依然是坎坷不平的。

四、建设具有中国特色社会主义时期的教师教育政策与法规

(一) 拨乱反正时期的教师教育政策与法规

"文革"结束之后,历经磨难的中国师范教育终于迎来了自己的春天。为了拨乱反正,加快师范教育的发展步伐,1978 年 10 月,教育部颁发的《关于加强和发展师范教育的意见》明确指出,大力发展师范教育,建设一支又红又专的师资队伍,是发展教育事业、提高教育质量的百年大计。1980 年 6 月 13 日至 28 日,在北京召开了改革开放之后的第一次师范教育会议,会议总结了 30 年来师范教育的历史经验,讨论了师范教育今后的方针和任务。这次会议确定,我国的师范教育分为三级,高等师范本科学校培养高中教师,高等师范专科学校培养初中教师,中等师范学校培养小学师资和幼儿园师资。会后,教育部颁发了这次会议通过的《关于办好中等师范教育的意见》、《中等师范学校规程(试行)》、《中等师范学校教学计划(试行草案)》和《幼儿师范学校教学计划(试行草案)》。在这次会议之后,我国的师范教育基本上扭转了混乱的局面,走上了快速发展的轨道。

(二) 20 世纪 80 年代的教师教育政策与法规

进入 20 世纪 80 年代之后,我国的教育事业受到了空前的重视。1985 年 5 月 27 日,《中共中央关于教育体制改革的决定》印发,这是一个具有深远意义的教育政策。《中共中央关于教育体制改革的决定》十分明确地指出:"必须对现有的教师进行认真的培训和考核,把发展师范教育和培训在职教师作为发展教育事业的战略措施。"在这种精神的指导下,我国的师范教育在 20 世纪 80 年代进入了一个顺利发展的时期。

为了适应和推动中等师范教育的改革和发展,1989 年 6 月,原国家教委颁布了《三年制中等师范学校教学方案(试行)》,这个方案对中等师范学校的培养目标、课程设置、学周安排都作了比较具体的规定。同年,原国家教委师范教育司召集有关方面的专家、教师,经过两年的时间,编写了中等师范学校所开设的思想政治、语文、数学、物理学、化学、生物学、历史、地理、心理学、小学教育学、音乐、体育、美术、劳动技术等十四门学科的教学大纲。原国家教委于 1992 年颁布了这批教学大纲。根据这些教学大纲,有关专家和教师编写了一整套供中等师范学校使用的新教材。在 1989 年 11 月,原国家教委还颁布了《中等特殊教育师范学校教学计划(试行)》,这是中华人民共和国成立后第一个正式颁布的中等特殊教育师范学校的教学计划。

1989 年,原国家教委在河北省石家庄市召开了全国师范专科学校工作会议。会后发布了《关于当前师范专科学校工作的几点意见》,为师范专科教育指明了发展方向。在 20 世纪 80 年代高等师范教育的发展过程中,师范专科学校有了长足的发展。在 1977 年,我国只有 14 所高等师范专科学校,但到了 1989 年,全国共有高等师范专科学校 183 所。在 20 世纪 80 年代末,师范专科学校不仅在高等师范教育中占有较大的比重,就是在整个高等教育中,也占有一定的比例。1989 年全国师范专科学校招生人数为 13.3 万人,占当时全国高校招生总

人数的 22.3%,在校学生 31.4 万人,占全国高校在校学生人数的 15.1%。

(三) 20 世纪 90 年代的教师教育政策与法规

1992 年 9 月,原国家教委制定并印发了《高等师范院校学生的教师职业技能训练基本要求(试行稿)》,并编写了《高等师范学校学生的教师职业技能训练大纲(试行)》。此后,根据这个大纲,原国家教委师范教育司组织有关专家和教师编写了相应的教材,供广大高等师范学校学生在开展教师职业技能训练时使用。在高等师范学校广泛开展教师职业技能训练活动,一方面,能够突出高等师范院校的师范性;另一方面,通过这种训练,能够有效地提高师范生的教师职业技能,提高师范院校毕业生的质量。

中共中央、国务院于 1993 年 2 月印发的《中国教育改革和发展纲要》指出:"进一步加强师资培养培训工作。师范教育是培养中小学师资的工作母机,各级政府要努力增加投入,大力办好师范教育,鼓励优秀中学毕业生报考师范院校。进一步扩大师范院校定向招生的比例,建立师范毕业生服务期制度,保证毕业生到中小学任教。"在这种教育政策的调控下,我国的师范教育又有了新的发展,教师队伍素质也有了新的提高。特别是 1993 年 10 月 31 日第八届全国人民代表大会常务委员会第四次会议通过的《中华人民共和国教师法》,以及根据《中华人民共和国教师法》制定的《教师资格条例》,对我国师范教育产生了更为重大的影响,《中华人民共和国教师法》和《教师资格条例》的颁布和实施,为我国师范教育的发展提供了法律基础,对我国教师队伍的建设具有极其重要的意义。

(四) 建设具有中国特色社会主义时期的教师培训政策

我国政府高度重视师范教育,在努力做好教师的职前培养工作的同时,也同样重视在职教师的职后培训。在这个时期,我国政府制定和颁布了一系列加强教师培训、提高教师素质的教育政策和法规。1978 年,国务院批转发布了教育部《关于加强中小学教师队伍管理工作的意见》,对师范院校毕业生的分配,中小学教师的补充、调动、编制等问题进行了规范管理。1983 年,教育部颁布了《关于中小学教师队伍调整整顿和加强管理的意见》,这个文件规定:高中教师必须具备大学本科毕业学历或同等学力,初中教师必须具备大学专科毕业学历或同等学力,小学教师必须具备中等师范学校毕业学历或同等学力。1985 年 5 月印发的《中共中央关于教育体制改革的决定》更是明确提出:"要争取在五年或者更长一点的时间内使绝大多数教师能够胜任教学工作,在此之后,只有具备合格学历或有考核合格证书的,才能担任教师。"1986 年,原国家教委发布了《关于加强在职中小学教师培训工作的意见》,对中小学教师的培训工作进行了周密的规划和安排。在 20 世纪 90 年代,原国家教委和教育部又相继印发了《关于开展小学教师继续教育的意见》《关于加快中学教师学历培训步伐的意见》和《中小学教师继续教育规定》,对中小学教师的培训进行了具体的指导。

(五) 改革开放新时期的教师职业道德政策

1984 年教育部和全国教育工会联合颁布了《中小学教师职业道德要求(试行草案)》,这项政策的制定和贯彻,对在"文化大革命"中受到极大破坏的教师队伍的师德水平的提高起到了显著的作用。根据形势的发展,1991 年 8 月 13 日原国家教委和全国教育工会又颁布了《中小学教师职业道德规范》,在颁布该文件的通知中明确提出:加强教师的职业道德教育,提高教师的道德素质,是中小学教师队伍建设的一项基本任务,直接关系到我国能否培养一代社会主义事业的建设者和接班人。随着我国经济社会的发展和教育改革的深入,1997 年 9 月 1 日,原国家教委和全国教育工会再一次颁发了经过修订的《中小学教师职业道德规范》。在制定和颁发关于中小学教师师德建设政策的同时,原国家教委和全国教育工会还颁发了关于中等职业学校教师师德建设的政策。这些关于教师师德建设政策的颁布和落实,对提高我国教师队伍的职业道德水平产生了十分积极的作用。

第二节　《中华人民共和国教师法》概述

1993 年 10 月 31 日,第八届全国人民代表大会常务委员会第四次会议审议通过了《中华人民共和国教师法》(以下简称《教师法》)。《教师法》是我国教育史上第一部专门为教师制定的法律,它的颁布与实施,对建设一支数量充足质量优良的教师队伍,具有十分重要的意义。

一、《教师法》的立法宗旨

(一) 保障教师的合法权益

制定和施行《教师法》是为了保障教师的合法权益。十一届三中全会之后,以邓小平同志为代表的党的第二代领导集体拨乱反正,尊师重教的社会风气逐渐形成。在"尊重知识、尊重人才"政策的作用下,广大教师在政治上获得了新生,社会地位和经济待遇也得到了一定的提高。然而,由于种种原因,仍有相当多的教师尤其是一些中小学教师的社会地位、经济待遇和工作条件还不尽如人意,而且,侵犯教师合法权益的现象屡有发生。教师的合法权益得不到保障,必然会挫伤教师的积极性,影响教育质量的提高和教育事业的健康发展。所以,制定和施行《教师法》,在法律上明确规定教师的权利和义务,规定侵犯教师合法权益的法律责任,对于保障教师的合法权益,激发广大教师的积极性,具有重大的现实意义。

(二) 建设高素质的教师队伍

颁布《教师法》,是为了建设一支具有良好思想品德修养和业务素质的教师队伍。中华人民共和国成立后,培养师资的师范教育有了很大的发展,从数量上讲,目前我国教师队伍已基本上能满足教育事业发展的需求;但从质量上看,我国的教师队伍还远远不能适应教育事业发展的需要。在小学教师队伍中,有相当多的人原来是民办教师,后来通过转正手续成为公办教师,这些人当中有很多人没有经过系统的教师教育的训练,现代教育科学知识对他们来说还是相当陌生的。在小学教师中还有少数人没有达到中等师范学校的学历,在初中教师中也有部分人没有达到高等师范专科学历或大专学历,在高中教师中还有相当多的人没有达到高等师范本科学历或相应的大学本科学历。与世界上一些发达国家的师资相比,我国教师队伍的素质有明显差距。为了加强师资队伍的建设,就必须制定《教师法》,运用法律的手段来提高师资队伍的水平。通过《教师法》的颁布和实施,能够形成比较系统的具有法律保障的提高教师素质的制度和措施,可以使我国教师队伍的建设步入现代化、法制化和规范化的新阶段。

(三) 发展社会主义教育事业

实施《教师法》的根本目的,是为了促进社会主义教育事业的发展。早在改革开放初期,邓小平同志就反复强调,实现社会主义现代化,科技是关键,教育是基础。在党的十二大上,首次把教育作为三大战略重点之一。教育战略地位的确定,不是人们主观随意性的产物,而是总结社会主义建设的经验教训得出来的科学结论。科技的发展、经济的振兴,乃至整个社会的进步,都取决于劳动者素质的提高和大量合格人才的培养,都取决于教育的兴旺和发达。教育是决定社会主义现代化建设成败的关键因素,是影响到社会主义事业发展远景的战略重点。

要发展我国的教育事业,落实教育优先发展的战略地位,需要采取很多措施,而其中一项关键的措施是要建设一支数量充足、质量优良的教师队伍。没有一支稳定的、高素质的教师队伍,任何先进的教育制度都可能被束之高阁,无人执行;任何现代化的教育设备和教育手段都可能成为一堆废物,无人使用。只有通过广大教师的教育教学实践,先进的教育制度和教育设施才能发挥实实在在的作用。由于教师素质是制约教育事业发展的至关重要的因素,所以,《中国教育改革和发展纲要》十分明确地指出:"振兴民族的希望在教育,振兴教育的希望在教师。建设一支具有良好政治业务素质,结构合理,相对稳定的教师队伍,是教育改革和发展的根本大计。"《教师法》的颁布,就是运用法律的形式,把党中央和国务院建设教师队伍的政策规范化、法制化,使之成为发展教育事业的可靠保障。

二、《教师法》的基本内容

(一) 教师的权利和义务

《教师法》的宗旨之一就是要保障教师的合法权益,所以《教师法》对教师的权利作出了明确的规定。《教师法》规定教师享有以下六种权利:一是进行教育教学活动与教育教学改革和实验的权利;二是从事科学研究和学术活动的权利;三是指导学生学习和评定学生品行与成绩的权利;四是获得工资报酬、享受有关待遇的权利;五是参与民主管理发表意见的权利;六是享有进修和培训的权利。教师的权利是教师履行自己职责的条件和手段。《教师法》在赋予教师权利的同时也规定了教师必须履行的职责,即教师应尽的义务。根据《教师法》,教师应该履行以下六项义务:一是遵纪守法为人师表的义务;二是完成本职教育教学工作的义务;三是对学生进行教育,组织学生开展有益活动的义务;四是关心、爱护和尊重学生,促进学生全面发展的义务;五是批评、抵制有损学生健康成长现象的义务;六是不断提高自身政治觉悟和业务水平的义务。

（二）教师的资格

实施《教师法》一个很重要的目标，就是"抬高"进教师队伍的"门槛"，建设一支高水平、高质量的教师队伍，为此，《教师法》明确规定：国家实行教师资格制度。要获得教师资格，必须具备以下五项条件：一是国籍，取得教师资格者，必须是中国公民；二是思想品德，取得教师资格者，必须遵纪守法，具有良好的思想品质和道德素质，能为人师表，热爱教育事业；三是学历，取得教师资格者，必须具备《教师法》规定的学历，未达到规定学历者，必须通过国家教师资格考试；四是教育教学能力，取得教师资格者，要能够胜任本职的教育教学工作，具备相应的教育教学能力；五是程序，取得教师资格者，其教师资格必须经过法律授权的行政机关或其委托的其他机构认定。

（三）教师的培养和培训

教师的培养和培训，是建设一支数量充足、质量优良的教师队伍的两个重要的基本途径。要提高整个教师队伍的素质，就必须高度重视教师的职前培养和职后培训。为了使教师的培养和培训有章可循，《教师法》第一次用法律条文对教师的培养和培训作出了规定。《教师法》明确规定，要办好师范教育，鼓励优秀青年进入师范院校学习，师范院校的学生可以享受专业奖学金。为了拓宽教师来源，提高教师队伍的素质，形成非师范生同师范生良性竞争的机制，非师范学校应当承担培养和培训中小学教师的任务。《教师法》还规定，教师的培训是一项重要的工作，各级人民政府教育行政部门、学校主管部门和学校，都要制定教师培训规划，对在职教师进行政治思想培训和业务培训。

（四）教师的待遇和奖励

为了激励广大教师努力工作，必须提高教师的待遇，对工作出色的教师进行奖励。所以，《教师法》对教师的待遇和奖励都作了明确的规定。《教师法》规定，教师的平均工资水平应当不低于或者高于国家公务员的平均工资水平，并逐步提高。教师不仅享有较高的工资待遇，而且在住房、医疗、退休等方面都享有一定的优惠条件。中小学教师和职业学校的教师可以享受教龄津贴，到边远贫困地区和少数民族地区工作的教师应给予补贴。《教师法》还规定，教师在教育教学、培养人才、科学研究、教学改革、学校建设、社会服务、勤工俭学等方面取得优秀成绩者，都可以获得奖励。

（五）法律责任

在《教师法》中，规定了三种法律责任：首先是对侮辱、殴打教师和打击报复教师的行为作出了法律责任上的规定，对侮辱、殴打教师者，根据不同情况分别给予行政制裁、民事制裁和刑事制裁；对依法提出申诉、控告和检举的教师进行打击报复者，视情节轻重，要承担不同的法律责任，构成犯罪的要依照刑法的规定追究刑事责任。其次对教师违法行为的法律责任也作出了规定，对故意不完成本职教育教学任务，给学校的教育教学工作造成损失的教师,要给予行政处分或解聘;对体罚学生经教育后仍不改正的教师,和品行不良侮辱学生的教师,情节较轻者,要给予行政处分,或者解聘,情节严重构成犯罪者,要依法追究刑事责任。再次规定了挪用教育经费、拖欠教师工资行为的法律责任,教育经费和教师工资是保证教育工作正常进行和教师的教学工作正常开展的重要保证,挪用、克扣教育经费,拖欠教师工资和损害教师合法权益的行为,都必须承担法律责任。

(六)《教师法》的适用范围

《教师法》适用于各级各类学校和其他教育机构(包括少年宫、地方教研室和电化教育机构等)中专门从事教育教学工作的教师。

三、《教师法》的重要意义

(一)从法律上确认了教师的社会地位和作用

《教师法》的首要意义是从法律上确认了教师的社会地位和作用。《教师法》第三条明确提出:"教师是履行教育教学职责的专业人员,承担教书育人,培养社会主义事业建设者和接班人、提高民族素质的使命。"这对于教师的作用给予了极大的肯定,教师肩负着提高整个民族素质的历史重任。国家的兴亡、民族的振兴,都取决于整个民族素质的提高,而民族素质的提高依靠广大教师的辛勤劳动。对于教师作用的肯定,为提高教师的社会地位提供了依据。自党的十一届三中全会以来,尽管党和政府一直在提倡"尊师重教",并采取了一系列的政策和措施,如 1985 年第六届全国人大常务委员会第九次会议决定每年 9 月 10 日为教师节。但由于历史原因以及其他原因,教师职业还没有成为最受人尊重的职业,也还没有成为最令人羡慕的职业,教师的社会地位和经济待遇还有待提高。所以,制定《教师法》,通过法律的形式来提高教师的社会地位,就显得尤为重要。《教师法》不仅要求各级政府采取措施,提高教师的社会地位,而且还规定"全社会都应当尊重教师",要在整个社会形成尊重教师的良好风气。

(二)为保障教师合法权益提供了法律依据

《教师法》的实施,为保障教师合法权益提供了法律依据。要提高广大教师的社会地位,形成尊师重教的社会风气,一个重要的前提是要保障广大教师的合法权益。保障教师的合法权益,一方面是要保障教师与其职业相联系的特定的权利,如教师的教学权、研究权和评价学生的权利等;另一方面是要保障教师作为一般公民的权利,如教师的人身权利和自由。长期以来,在一些地方和一些学校,教师的合法权益得不到保障,拖欠教师工资的现象常常见诸报端,干扰教师的正常工作,侮辱、殴打教师的现象甚至也屡见不鲜。这些侵犯教师合法权益的现象会影响教师地位的提高,打击教师工作的积极性,破坏教师队伍的建设。《教师法》的制定与施行,第一次以法律的形式明确规定教师应有的权利和应该享受的待遇,并规定了各级政府要采取措施保障教师的合法权益。《教师法》还明确规定,侵犯教师的合法权益,要根据情节的轻重,依法承担不同的法律责任。总之,《教师法》的制定与实施,为广大教师维护自己的权利、保障自己的合法权益提供了强大的法律武器。

(三) 运用法律形式来加强教师队伍的管理

《教师法》以法律的形式加强了教师队伍规范化的管理。根据我国教育部网站提供的统计数据,截至 2018 年底,我国各级各类学校共有专任教师 16 737 603 人,这是一支庞大的师资队伍。要促进我国教育事业的健康发展,提高教育教学质量,就必须加强教师队伍的管理。大力加强师资队伍的规范化管理,一方面能够最大限度地发挥广大教师的积极性,另一方面也有利于提高教师队伍的整体素质。中华人民共和国成立以来,在相当长的一个历史时期内,在教师的资格和任用上,没有任何制度和法规,任何一个有文化的人都可以做教师,长此下去,就根本无法建设一支高水平高素质的教师队伍。《教师法》的颁布与施行,加强了我国教师队伍的规范化管理。《教师法》明确规定了教师资格制度、教师任用制度、教师职务制度和教师聘用制度,这些制度的执行为我国教师队伍管理的法制化、规范化奠定了基础。《教师法》还对教师的培养和培训、教师的考核、教师的奖励以及教师违反法律法规必须承担的法律责任都作了规定,使我国教师队伍的管理逐步做到有法可依、有法必依、执法必严和违法必究。

(四) 为建设高水平、高素质教师队伍提供法律保障

《教师法》是建设一支数量充足质量优良的教师队伍的法律保障。"振兴民族的希望在教育,振兴教育的希望在教师。"《中国教育改革与发展纲要》中的这两句话,十分精辟地阐明了教师队伍的重要性。《教师法》首次以法律的形式确认了教师在提高民族素质中的重要作用,用法律条文的形式规定了教师的历史使命和承担的义务,增强了广大教师的义务感和使命感,激发了广大教师献身教育事业的热情,促进了教师队伍思想素质的提高。在《教师法》中,对提高教师的社会地位、改善教师的经济待遇、保障教师的合法权益都作了具体的规定。通过《教师法》的贯彻实施,教师职业会逐步成为受人尊敬、令人羡慕的职业之一,这将有利于吸引社会中的优秀人才来充实教师队伍。《教师法》明确规定了国家实行教师资格制度,并对各级各类学校教师必须具备的学历也提出了比较具体的规定,提高了进入教师队伍的"门槛",这对教师队伍整体素质的提高有着非常重要的意义。教师的职前培养和职后的培训是提高素质的重要措施,《教师法》对教师的培养和培训也作了规定,为教师的培养和培训的制度化和规范化提供了法律基础。

第三节　新世纪新时代教师教育政策、法规的建设与完善

一、新世纪初期教师教育政策、法规的建设

(一) 我国师范教育向教师教育的转型

进入 21 世纪之后,我国政府颁布了一系列旨在促进我国教育事业发展和教师队伍建设

的政策和法规。2001 年颁布的《国务院关于基础教育改革与发展的决定》明确提出:完善以现有师范院校为主体,其他高等学校共同参与、培养培训相衔接的开放的教师教育体系。这是我国政府第一次在教育政策法规中使用"教师教育"这个概念来取代传统的"师范教育"。《教育部关于"十五"期间教师教育改革与发展的意见》对教师教育的内涵作出了十分明确的规定:教师教育是在终身教育思想的指导下,按照教师专业发展的不同阶段,对教师的职前培养、入职教育和在职培训的统称。在这些政策的推动下,我国培养教师的专业教育开始由传统的师范教育向现代的教师教育转型。这种转型主要体现在以下三个方面:其一,传统的师范教育是封闭式的教育体制,在这种体制下,教师只能由师范院校来培养;而现代的教师教育是一种开放式的教育体制,在这种开放式的体制下,教师由师范院校和综合性大学共同培养;而且,凡是符合申报教师资格条件的我国公民都可以申请教师资格。这种开放式培养体制改变了传统的教师来源单一化的局面,使教师的来源多元化。师范教育的这种转型能够促使更多的人才来充实教师队伍,有助于教师队伍素质的提高。其二,传统的师范教育是一种终结性的教育体制,师范教育是指教师的职前培养,师范生从师范院校毕业之后便终结了自己的师范教育历程。而现代的教师教育是一种终身性的教育体制,它包括教师的职前培养、入职教育和在职培训,实现了教师教育一体化。这种体制克服了传统师范教育体制下的职前培养与职后培训相脱节的弊端,确保教师通过教师教育体系来不断提高自身的素质,促进自己的专业发展。其三,传统的师范教育所培养的教师是一种"准专业人才",在传统的师范教育体系中,师范院校为学生所开设的教育类课程占课时的比例很小,师范生的教育专业知识的学习、教育专业能力的训练和教育专业情感的培养都没有得到足够的重视。所以,传统的师范教育所培养的教师专业性不强,缺乏律师、医师等专业人员所具有的不可替代性。现代的教师教育强调教师职业专业化,高度重视师范生的教育专业知识的学习,突出师范生教育专业能力的培养。

(二) 新世纪初期教师职业道德政策的建设

2005 年,为全面贯彻落实《中共中央国务院关于进一步加强和改进未成年人思想道德建设的若干意见》和《中共中央国务院关于进一步加强和改进大学生思想政治教育的意见》的精神,教育部颁布了《关于进一步加强和改进师德建设的意见》,这是教育部在新世纪初期制定的一项加强教师队伍职业道德建设的政策。

《关于进一步加强和改进师德建设的意见》明确指出:加强和改进师德建设是全面贯彻党的教育方针的根本保证,是进一步加强和改进青少年学生思想道德建设和思想政治教育的迫切要求。教师是人类灵魂的工程师,是青少年学生成长的引路人。教师的思想政治素质和职业道德水平直接关系到大中小学德育工作状况和亿万青少年的健康成长,关系到国家的前途命运和民族的未来。加强和改进师德建设要采取如下一些措施:多渠道、分层次地开展各种形式的师德教育;加强师德宣传;严格考核管理,进一步完善教师资格认定和新教师聘用制度,建立师德考评制度;加强制度建设,修订《中小学教师职业道德规范》。2008 年 9 月,教育部和中国教科文卫体工会全国委员会重新修订和印发了《中小学教师职业道德规范》。新修订的《中小学教师职业道德规范》的基本内容是在继承我国优秀师德传统的基础上,根据教师职业特定的责任与义务来确定的,充分反映了新形势下经济社会变革和教育事业发展对中小学教师道德素养的基本要求,是调节教师与学生、教师与教师、教师与学校、教师与国家、教师与社会等各种关系的基本准则。

新修订的《中小学教师职业道德规范》具有很强的时代气息,对当前教师职业行为中存在的一些问题提出了十分明确的规范,如在第四条中提出"不以分数作为评价学生的唯一标准",第五条提出"自觉抵制有偿家教",这些规定都是针对当时教师职业行为中存在的共性问题提出的,而这些问题也是社会反映比较强烈的问题,以至于有的人大代表提出要把"公职教师不得从事有偿家教"写进《教师法》。总之,新修订的《中小学教师职业道德规范》对广大教师提出了许多可操作的具体化的要求,能够使广大中小学教师在教育教学过程中,明确要求,有规可依,有章可循,不断提高自身的师德修养。

(三)师范生免费教育制度的实施

教师是教育事业的第一资源,教师队伍的整体素质直接影响到整个国家国民素质的提高,发展教育应该教师教育优先。为了提高教师教育的生源质量,2007 年 3 月 5 日,时任国务院总理温家宝在十届全国人大五次会议上作《政府工作报告》时明确提出,要在教育部直属师范大学实行师范生免费教育。该报告指出,这个具有示范性的举措,就是要进一步形成尊师重教的浓厚氛围,让教育成为全社会最受尊重的事业;就是要培养大批优秀的教师;就是要提倡教育家办学,鼓励更多的优秀青年终身做教育工作者。根据《政府工作报告》的精神,教育部、财政部、人事部和中央编办联合制定了《教育部直属师范大学师范生免费教育实施办法(试行)》(以下简称《办法》),决定在教育部直属六所师范大学开始实行师范生免费教育制度。

《办法》在第一条中指出:从 2007 年秋季入学的新生起,在北京师范大学、华东师范大学、东北师范大学、华中师范大学、陕西师范大学和西南大学六所部属师范大学实行师范生免费教育。《办法》明确规定了免费教育师范生可享受以下优惠政策:免费教育师范生在校学习期间免除学费、免缴住宿费,并补助生活费;各省政府要做好接收免费师范毕业生的各项工作,确保每一位到中小学校任教的免费师范生有编有岗;免费师范生在协议规定服务期内,可在学校间流动或从事教育管理工作;免费师范毕业生经考核符合要求的,可录取为教育硕士专业学位研究生,在职学习专业课程,任教考核合格并通过论文答辩的,颁发硕士研究生毕业证书和教育硕士专业学位证书。当然,《办法》也对免费师范生应尽的职责作了具体的规定,其内容如下:免费师范生入学前与学校和生源所在地省级教育行政部门签订协议,承诺毕业后从事中小学教育十年以上。免费师范毕业生一般回生源所在省份中小学任教。到城镇学校工作的免费师范毕业生,应先到农村义务教育学校任教服务两年。免费师范毕业生未按协议从事中小学教育工作的,要按规定退还已享受的免费教育费用并缴纳违约金。免费师范生毕业前及在协议规定服务期内,一般不得报考脱产研究生。

(四)新世纪教师培训的新政策——"国培计划"

"国培计划"是"中小学幼儿园教师国家级培训计划"的简称。2010年教育部和财政部联合发布了《"关于实施中小学教师国家级培训计划"的通知》,由此启动了"国培计划"的实施。实施"国培计划"旨在发挥示范引领、"雪中送炭"和促进改革的作用。通过"国培计划"培训一批"种子"教师,使他们在推进素质教育和教师培训方面发挥骨干示范作用;开发教师培训优质资源,创新教师培训模式和方法,推动全国大规模中小学教师培训的开展;重点支持中西部农村教师培训,引导和鼓励地方完善教师培训体系,加大农村教师培训力度,显著提高农村教师队伍素质;促进教师教育改革,推动高等师范院校面向基础教育,服务基础教育。

自"国培计划"实施以来,教育部为确保"国培计划"能够取得预期的效果,制定了一系列的政策文件,如《"国培计划"——中小学教师示范性培训项目实施方案(2010—2012)》、《"国培计划"——中西部农村骨干教师培训项目实施方案》等,在这些政策和文件的指导下,在培训单位和培训学员的共同努力下,"国培计划"取得了十分理想的效果,提高了我国中小学教师和幼儿园教师的素质,为广大中小学教师和幼儿园教师的专业发展和终身教育奠定了良好的基础。

(五)《教师专业标准》的制定与颁布

在新世纪,我国教育部为了落实教育规划纲要,构建教师专业标准体系,建设高素质专业化教师队伍,研究制定了《幼儿园教师专业标准(试行)》、《小学教师专业标准(试行)》和《中学教师专业标准(试行)》(以下统一简称《教师专业标准》)。

《教师专业标准》是国家对幼儿园、小学和中学合格教师专业素质的基本要求,是教师实施教育教学行为的基本规范,是引领教师专业发展的基本准则,是教师培养、准入、培训、考核等工作的重要依据。研制和实施《教师专业标准》是把教师从一种普通性职业变为一种专门性职业的重要标志,是把教师从一种普通的从业人员转变为一种专业人员的重要措施。

教育部颁布的《教师专业标准》在总体框架上由基本理念、基本内容和实施建议三个部分构成。

《幼儿园教师专业标准(试行)》的基本理念包括"幼儿为本、师德为先、能力为重和终身学习"等理念,《小学教师专业标准(试行)》和《中学教师专业标准(试行)》的基本理念包括"师德为先、学生为本、能力为重和终身学习"等理念。这些理念具有指导性和统领性的基本思想,是国家对合格教师专业发展方向的宏观性指引,也是教师理解并践行《教师专业标准》,加强自身专业发展所必须具备的基础性观念。

基本内容是《教师专业标准》的主体部分,三个不同学段的《教师专业标准》的基本内容都是由维度、领域和基本要求等三个层次构成的。维度是最高层次，三项《教师专业标准》都分为"专业理念与师德"、"专业知识"和"专业能力"等三个维度，"专业理念与师德"要求教师必须具有高尚的职业道德，要求教师对学生、工作和事业都必须具有积极的态度。这个维度包括职业理解、对待学生（幼儿）的态度、教育教学的态度和个人修养等四个领域，每个领域又包括若干条基本要求。"专业知识"要求教师必须掌握了解学生（幼儿）发展的知识、学科知识、教育教学知识和通识性知识。由于不同学段的教师需要具备不同的专业知识，所以在这个维度上三项《教师专业标准》所包括的领域有所不同，每个领域也包括若干条基本要求。"专业能力"要求教师必须具备教学设计或环境创设能力、游戏引导能力、组织与实施能力、激励与评价能力、沟通与合作能力和反思与发展能力。由于不同学段的教师需要具备不同的专业能力，所以在这个维度上三项《教师专业标准》所包括的领域也有所不同，每个领域同样是由若干条基本要求组成。

实施建议是《教师专业标准》中具有操作性的内容，三个学段的《教师专业标准》都是从教育行政管理部门、培养中小学和幼儿园教师的院校、中小学和幼儿园、中小学和幼儿园教师等四个方面提出了实施《教师专业标准》的具体措施。

二、新时代教师教育政策、法规建设的新进展

党的十九大报告指出，中国特色社会主义进入了新时代，在新时代，我国政治、经济、文化和教育各个方面都发生了新的变化，教师教育政策、法规建设也有新的进展。

（一）新时代教师队伍建设的顶层设计

2018 年 1 月，中共中央、国务院印发了《关于全面深化新时代教师队伍建设改革的意见》（以下简称《意见》），这是中华人民共和国成立以来党中央出台的第一个专门面向教师队伍建设的里程碑式的政策文件。

《意见》首先明确提出了新时代教师队伍建设的重大战略意义，时代越是向前，知识和人才的重要性就愈发突出，教育和教师的地位和作用就愈发凸显。接着，《意见》规定了教师队伍建设的指导思想，同时指出教师队伍建设的五项基本原则：确保方向，强化保障，突出师德，深化改革和分类施策。

《意见》十分明确地提出了新时代教师队伍建设的目标任务，近期目标是经过 5 年左右的努力，教师培养培训体系基本健全，职业发展通道比较畅通，事权人权财权相统一的教师管理体制普遍建立，待遇提升保障机制更加完善，教师职业吸引力明显增强。远期目标是到2035 年，教师综合素质、专业化水平和创新能力大幅提升，培养造就数以百万计的骨干教师、数以十万计的卓越教师、数以万计的教育家型教师。

为了实现这些目标任务，全面深化新时代教师队伍建设改革，造就一支党和人民满意的高素质专业化创新型教师队伍，《意见》从以下五个方面作出了全面部署：第一，全面加强师德师风建设，加强教师党支部和党员队伍建设，提高思想政治素质，弘扬高尚师德，实施师德

师风建设工程。第二,提升教师专业素质能力,加大对师范院校支持力度,实施教师教育振兴行动计划,支持高水平综合大学开展教师教育,全面提高各级各类学校教师质量。第三,深化教师管理综合改革,创新和规范中小学教师编制配备,优化义务教育教师资源配置,完善中小学教师准入和招聘制度,深化中小学教师职称和考核评价制度改革,健全职业院校教师管理制度,深化高等学校教师人事制度改革。第四,提高教师地位待遇,要明确教师的特别重要地位,提升教师社会地位,完善中小学教师待遇保障机制,大力提升乡村教师待遇,维护民办学校教师权益,推进高等学校教师薪酬制度改革,加大教师表彰力度。第五,确保政策举措落地见效,强化组织保障和经费保障。

(二)新时代教师队伍建设的行动计划

2018 年是我国教师教育发展史上一个特别重要的年份,在 2018 年 1 月,党中央颁布了《关于全面深化新时代教师队伍建设改革的意见》,对新时代教师队伍建设进行了顶层设计,2 月份,教育部、国家发展改革委、财政部、人力资源社会保障部和中央编办等五部门联合印发了《教师教育振兴行动计划(2018—2022 年)》(以下简称《计划》),出台《计划》是加强教师队伍建设、提升教育质量水平的战略举措,是贯彻落实党中央全面深化教师队伍建设改革决策的重大措施。《计划》由指导思想、目标任务、主要措施、组织实施四个部分组成,主体内容是目标任务和主要措施。

《计划》第二部分明确提出了教师教育振兴发展的目标是:经过 5 年左右努力,办好一批高水平、有特色的教师教育院校和师范类专业,教师培养培训体系基本健全,为我国教师教育的长期可持续发展奠定坚实基础,为发展更高质量更加公平的教育提供强有力的师资保障和人才支撑。为实现这些目标,《计划》提出了五项重点任务,一是明确落实师德教育新要求,增强师德教育实效性;二是提升培养规格层次,夯实国民教育保障基础;三是改善教师资源供给,促进教育公平发展;四是创新教师教育模式,培养未来卓越教师;五是发挥师范院校主体作用,加强教师教育体系建设。

《计划》第三部分是教师教育振兴行动的主要措施,这些措施体现在以下十大行动上:一是师德养成教育全面推进行动。研制出台在教师培养培训中加强师德教育的文件和师德修养教师培训课程指导标准。二是教师培养层次提升行动。引导支持办好师范类本科专业,加大义务教育阶段学校本科层次教师培养力度。三是乡村教师素质提高行动。四是师范生生源质量改善行动。依法保障和提高教师的地位待遇,通过多种方式吸引优质生源报考师范专业。五是"互联网 + 教师教育"创新行动。六是教师教育改革实验区建设行动。七是高水平教师教育基地建设行动。八是教师教育师资队伍优化行动。国家和省级教育行政部门加大对教师教育师资国内外访学支持力度。引导支持高校加大学科课程与教学论博士生培养力度。九是教师教育学科专业建设行动。建立健全教师教育本专科和研究生培养的学科专业体系。十是教师教育质量保障体系构建行动。建设全国教师教育基本状态数据库,建立教师培养培训质量监测机制,发布《中国教师教育质量年度报告》。

(三) 新时代师德师风建设的指南

师德是教师的灵魂,良好的师德是成就好教师的根本动力和不竭源泉。2019 年 11 月 15 日,教育部会同中央组织部、中央宣传部、国家发展改革委、财政部、人力资源社会保障部、文化和旅游部等部门联合印发了《关于加强和改进新时代师德师风建设的意见》(以下简称《意见》),这是造就一支党和人民满意的高素质专业化创新型教师队伍的又一重大举措。

《意见》的第一部分是总体要求,这个部分提出了新时代加强师德师风建设的指导思想和基本原则:坚持正确方向、坚持尊重规律、坚持聚焦重点、坚持继承创新;确定了加强师德师风建设的总体目标:经过 5 年左右努力,基本建立起完备的师德师风建设制度体系和有效的师德师风建设长效机制。教师思想政治素质和职业道德水平全面提升,教师敬业立学、崇德尚美呈现新风貌。

根据指导思想和基本原则,《意见》提出了实现加强师德师风建设总体目标的五项措施:一是全面加强教师队伍思想政治工作。这项措施落实在三个坚持上,即坚持思想铸魂,用习近平新时代中国特色社会主义思想武装教师头脑。坚持价值导向,引导教师带头践行社会主义核心价值观。坚持党建引领,充分发挥教师党支部和党员教师作用。二是大力提升教师职业道德素养。这项措施体现在三个突出上,突出课堂育德,在教育教学中提升师德素养。突出典型树德,持续开展优秀教师选树宣传。突出规则立德,强化教师的法治和纪律教育。三是将师德师风建设要求贯穿教师管理全过程。这项措施落实在四个严格上,严格招聘引进,把好教师队伍入口。严格考核评价,落实师德第一标准。严格师德督导,建立多元监督体系。严格违规惩处,治理师德突出问题。四是着力营造全社会尊师重教氛围。这项措施体现在四个强化上:强化地位提升,激发教师工作热情;强化权利保护,维护教师职业尊严;强化尊师教育,厚植校园师道文化;强化各方联动,营造尊师重教氛围。最后一项措施是推进师德师风建设任务落到实处,加强工作保障,强化责任落实。

三、关于调整和完善教师教育政策与法规的思考

(一) 关于修订与完善《教师法》的思考

《教师法》是我国第一部关于教师的单行法律,《教师法》以教师为立法对象,把国家尊师重教的方针上升为法律,体现了党和国家对人民教师的重视。《教师法》自 1994 年开始实施以来,至今已经走过了二十多年的历程。在这二十多年中,《教师法》在保障教师的合法权益、建设高素质的教师队伍和发展社会主义教育事业等方面都发挥了十分重要的作用。但是,二十多年来,我国的政治、经济、文化和教育各个方面都发生了很大的变化,《教师法》中的一些条款与教育现状不相适应的矛盾日益突出,已经不能很好地适应社会进步和教育发展的要求,给教师队伍的建设带来一些不利影响。所以,应该对《教师法》进行修订,使《教师

法》更加完善,真正成为保障教师合法权益的有力武器,同时与其他教育法规尤其是新修订的《义务教育法》相协调。

《教师法》第三条指出,教师是履行教育教学职责的专业人员。这是对教师职业性质和身份的一种定位,但这种身份并不能解决教师在实践中发生的侵权问题。所以,为了更好地保障教师的合法权益,应对教师的身份作出明确规定。新的《教师法》应该规定教师是国家公务员,把教师列入公务员行列。

《教师法》第十一条规定了取得各级各类学校教师资格的相应学历,其中小学教师必须具备中等师范学校毕业生及其以上学历,这条内容已经失去法律效力了。我国除了极少数经济欠发达地区,绝大部分省份都取消了中等师范学校,报考小学教师资格证书考试,多数省份要求报考者的学历必须是大专以上,有些省份则要求大学本科以上。所以,新修订的《教师法》应调整取得小学教师资格必须具备的学历。

《教师法》第二十五条明确提出:教师的平均工资水平应当不低于或者高于国家公务员的平均工资水平,并逐步提高。但现实情况并非如此。中小学教师的工作十分辛苦,而享受的福利待遇远远低于当地的公务员。因此,新的《教师法》应明确规定,何种职称或级别的教师的工资要高于何种级别的公务员,而不能用"教师的平均工资水平应当不低于或者高于国家公务员的平均工资水平"这种抽象的规定,使教师能够得到真正的实惠。

(二) 关于完善《教师专业标准》的思考

《教师专业标准》的制定和颁布,对提高我国教师的专业素养产生了显著的积极作用。但是,随着科学技术的进步和教育事业的发展,《教师专业标准》的一些内容还需要完善。

目前,现代信息技术广泛应用于教学过程中,"翻转课堂""慕课""混合式教学"等运用网络技术和信息技术所产生的新的教学方式改变了传统的教学方式,提高了学生的学习自主性和积极性。但在《教师专业标准》的专业能力中还没有明确提出教师运用现代信息技术于课堂教学的能力,只是在"教学实施"这个领域提到了"将现代教育技术手段整合应用到教学中"。

一个优秀的中小学班主任对学生的成长能够产生十分重要的作用,但是在《教师专业标准》基本内容中,缺乏对班主任的能力、工作和任务的规定,中学教师专业标准的专业能力维度还包括"班级管理与教育活动"这个领域,而小学教师专业标准还没有这个领域,在逻辑结构上不够严密,由于小学生年龄小,小学班主任对学生成长产生的作用比中学班主任更加突出。

(三) 关于完善公费师范生制度的思考

师范生免费教育制度于 2007 年秋季在教育部直属六所师范大学开始实施,当年 9 月,12 000 多名免费师范生踏进了教育部直属六所师范大学的校门,这意味着我国的教师教育掀开了新的篇章。这一年的高校招生期间,教育部直属六所师范大学的生源充足,甚至出现了少见的 6 个考生争 1 个招生名额的火爆局面。毫无疑问,这种新政策能够提高教师教育的生源质量,能够吸引更多的优秀青年进入教师队伍的行列。这项制度实施 4 年之后,2012 年 1 月,教育部、财政部、人力资源社会保障部和中央编办等四部门联合制定了《关于完善和推进师范生免费教育的意见》,对这项制度进行了完善。2018 年教育部等四部门又联合制定了《教育部直属师范大学师范生公费教育实施办法》,在这个文件中,将免费师范生改为公费师范生,将师范生免费教育制度改为师范生公费教育制度,对这项制度又进行了一些改革和完善,如原来规定师范生必须从事中小学教育工作的 10 年的工作年限改为 6 年。总之,实行师范生公费教育制度时间虽然不长,但教育部和相关部门一直在进行改革和完善,努力使这项政策在我国的教师队伍建设中发挥更大的作用。

根据《2007 年全国及地方国民经济和社会发展统计公报》公布的数据,2007 年我国普通高等教育招生 566 万人,而免费师范生只有 1.2 万人;根据《中国统计年鉴—2007》公布的数据,2006 年我国全日制普通高校招生人数是 5 460 530 人,其中师范生是 524 359 人。由此可见,免费师范生无论在整个高校招生人数还是在师范生招生人数中所占的比例都很小。所以,这种政策所产生的效果还相当有限。而且,由于部属师范大学的师范毕业生整体素质较高,他们更多的是去东部经济发达地区工作,而留在中西部的也主要是在大中城市的学校工作,至少是县城或是经济较为发达的镇级学校,很难到最需要教师的乡村中小学校。所以,师范生公费教育制度要发挥更大的作用,就必须让更多的师范院校也能招收公费师范生。《关于完善和推进师范生免费教育的意见》曾提出逐步在全国推广师范生免费教育政策。鼓励支持地方结合实际选择部分师范院校实行师范生免费教育。但是,目前在我国实行公费师范生教育政策的省属师范院校还寥寥无几。与部属师范院校相比,省属师范院校培养的师范生数量更多,是教师队伍中的主力军。更重要的是,省属师范院校的学生大多来自农村,他们到农村学校工作的可能性比部属师范大学的学生更大,他们当中到农村学校任教的人更多,他们更有理由享受公费教育政策。政府应该尽快地制定政策,扩大公费师范生的范围,要在所有师范院校都实行公费师范生教育制度,只有这样,才能使这种教育政策发挥更大的作用。

思考与练习

1. 中华人民共和国成立初期的教师教育政策在教师队伍建设中发挥了哪些作用?
2. 评述改革开放新时期我国的教师教育政策。
3. 联系教师队伍建设实际来说明《中华人民共和国教师法》的重要意义。
4. 简述新时代教师教育政策、法规建设的新进展。

第十三章
我国民办教育的政策与法规

学习目标

1. 了解中华人民共和国成立以来民办教育政策、法规的沿革。

2. 认识《中华人民共和国民办教育促进法》的立法目的与基本内容。

3. 正确认识和把握民办教育的发展方针。

4. 联系实际,分析现阶段民办教育发展的问题,并就如何完善民办教育政策法规进行思考。

民办教育,顾名思义,是由国家机构以外的社会组织或者个人,利用非国家财政性经费,面向社会举办的教育。在我国香港、澳门、台湾地区和国外,这种类型的教育通常称作"私立教育"。民办教育的发展是我国教育改革发展的重要内容与标志之一。而民办教育的发展又是与引导、促进和规范其发展的教育政策与法规相联系的。本章将专门对我国民办教育的政策与法规予以阐释与分析。

第一节 我国民办教育政策、法规的沿革

自古以来,我国就有民间办学的优良传统。早在先秦时期,孔子、墨子等诸子百家就开办私学,广育天下英才。在封建社会,民间兴办的书院、私塾等私学也对封建国家教育事业的发展起到了重要的推动作用。到了近代,教会学校和非官方举办的新式学堂作为私立学校的典型,对推进中国教育近代化和现代化进程起到了一定的作用,同时也积累了丰富的私立学校办学经验。1949 年中华人民共和国成立以后,由于教育政策、法规的变化与影响,我国民办教育经历了曲折前进的发展道路。

一、过渡时期的民办教育政策与法规

中华人民共和国成立之初,百废待兴。为了使社会在新旧政权过渡期间不出现大的动荡,保护教育事业不受战争破坏,中国共产党对教育事业采取了"公私兼顾"的政策。1948 年 7 月 3 日中共中央发出的《关于争取和改造知识分子及对新区学校教育的指示》、1949 年 4 月 25 日发布的《中国人民解放军布告》,都要求保护一切公私学校等公益事业。中华人民共和国成立后,中央人民政府教育部召开的第一次全国教育工作会议的《总结报告》和教育部《关于一九五零年全国教育工作总结和一九五一年全国教育工作的方针和任务的报告》,提出了继续在教育事业中实行"公私兼顾"的政策,主张对私立学校一般采取积极维持、加强领导、逐步改造的方针。根据教育部 1952 年提供的数据,1951 年底全国有私立高校 65 所;私立中等学校 1 412 所,学生 53.3 万人,占全国中等学校学生总数的 26%;私立小学 8 925 所,学生 160 余万人,占全国小学生总数的 3%。

但公私兼顾的政策很快被改变。为了防止某些外国教会利用教会学校开展间谍活动,从 1950 年起,我国政府就开始了接办教会学校的工作。到了 1952 年,为了加强领导,提高教育质量,以适应国家建设的需要和满足人民的要求,中央人民政府决定逐渐将所有私立学校收归国有,转成公立。据统计,1951 年初全国接受外国津贴或资助的高等学校共 20 所。在 1952 年和 1953 年院系调整中,这些教会大学或并入他校,或改变校名,全部由国家接办,改为公立;随后,544 所接受外国津贴的中等学校,1 133 所接受外国津贴的小学也相继由国家

接办。① 私立学校的全部接办工作与社会主义改造同步,到 1956 年基本结束。

二、全面建设社会主义时期的民办教育政策与法规

将所有私立学校完全改由国家接办,这项政策虽然对收回教育主权、改变旧中国私立学校性质和迅速建立中华人民共和国的社会主义教育体系具有重大意义,但也大大加重了国家财政的负担。为了减轻教育财政负担,在接管私立学校的同时,中央人民政府又提出了国家办学和人民办学"两条腿走路"的方针。

1956 年,在对生产资料私有制的社会主义改造完成后,"两条腿走路"的方针逐渐确立下来,并从农村到城市加以推广。1957 年 3 月 18 日,教育部召开的第三次全国教育行政会议决定:小学教育的发展必须打破由国家包下来的思想,在农村要提倡群众集体办学。1958 年 9 月 19 日,国务院作出《关于教育工作的指示》,指出为了多快好省地发展教育事业,必须动员一切积极因素,既要有中央的积极性,又要有地方的积极性和厂矿、企业、农业合作社、学校和广大群众的积极性。为此,必须采取统一性和多样性相结合、普及与提高相结合、全面规划与地方分权相结合的原则,促进办学形式多样化。更进一步,鉴于民办中小学发展过快的情况,中央在倡导"两条腿走路"的方针时强调小学要以国家办学为主。1962 年周恩来总理在听取教育部工作汇报时指出:"关于公办小学转民办的问题,还是应当以公办为主。民办要办一些,但是把民办作为方向就不对了。"1964 年教育部召开全国教育厅、局长会议,提出了继续坚持国家举办全日制中小学校是主体的政策。但由于经济困难,财政收入减少,国家办学为主的方针很难得到充分贯彻。

三、"文革"时期的民办教育政策与法规

"文革"时期,正常的教育秩序受到了严重破坏,教育发展严重违背了教育规律,本应由国家举办的基础教育却在民办领域得到快速扩张。1968 年 11 月 14 日《人民日报》发表了山东两个小学教师的建议:"所有(农村)公办小学下放到大队来办,……教师国家不再发工资,改为大队记工分。"报纸还开辟专栏讨论关于公办小学下放到大队来办这一问题。在这种思想的影响下,许多地方将大批农村公办小学改为民办。1971 年 8 月 13 日,中共中央批转的《全国教育工作会议纪要》,进一步提出要"大力提倡群众集体办学"。"文革"时期大力扩展民办基础教育,不符合国际上基础教育发展的普遍经验,也违背了基础教育发展的基本规律。

四、改革开放后的民办教育政策与法规

改革开放以来,随着教育政策的调整、变化和教育法制建设的加强,我国民办教育进入新的发展时期,并经历了不同的发展阶段。

---

① 王炳照.中国私学·私立学校·民办教育研究[M].济南:山东教育出版社,2002:10(前言).

（一）恢复和发展阶段（1978—1991 年）

改革开放之初，由于知青返城和备考需求激增，最先出现的民办学校主要从事非学历教育和职业培训，像 1978 年北京市一些退休教师举办的考前辅导小组和实习班。此后民间办学逐渐得到了国家政策与法规的承认。1982 年，《中华人民共和国宪法》第一次在法律中对社会力量办学作出原则性规定。1985 年 5 月《中共中央关于教育体制改革的决定》颁布，该文件明确提出要系统地改革教育体制，鼓励私人集资、捐资办学，鼓励社会团体办学。1986年实施的《中华人民共和国义务教育法》在第九条也重申："国家鼓励企业、事业单位和其他社会力量，在当地人民政府统一管理下，按照国家规定的基本要求，举办本法规定的各类学校。"这些政策和法规为教育主动适应社会发展需要，鼓励民间办学和促进教育多元化发展奠定了基础。

1987 年原国家教委颁布的《关于社会力量办学的若干暂行规定》，标志着我国民办教育法制化进程的开端。该规定共 22 条，主要从社会力量办学的界定、社会地位、办学申请流程、学校运行规范和资产管理等问题进行了明确。该政策为鼓励和规范民办教育奠定了基础，使得全国民办教育稳步发展。据统计，截至 1991 年底，我国民办普通中小学达 1 199 所，民办高等教育机构也超过 450 所，初步形成了多类型、多层次、多学科的民办教育体系。

（二）迅速发展时期（1992—1996 年）

1992 年邓小平同志南巡讲话和党的十四大召开，确立了以发展社会主义市场经济为目标的政策，激发了社会举办民办教育事业的积极性。1993 年初，中共中央、国务院颁布的《中国教育改革和发展纲要》指出："改革办学体制，改革政府包揽办学的格局，逐步建立以政府办学为主体，社会各界共同办学的体制。在现阶段，基础教育应以地方政府办学为主……国家对社会团体和公民个人依法办学，采取积极鼓励、大力支持、正确引导、加强管理的方针。"1996 年《全国教育事业"九五"计划和 2010 年发展规划》提出："'九五'期间，加强社会力量办学的立法工作，以中等以下教育，特别是各级职业教育为重点，积极发展各类民办学校……到 2010 年，基本形成以政府办学为主，社会各界共同参与的办学体制及公立学校和民办学校共同发展的格局。"

在政策引导下，这个时期我国民办教育迅猛发展，不仅学校数、学生数得到大规模增长，而且办学体制也灵活多样，出现了教育储备金制、教育集团制、教育股份制、混合所有制等多种办学体制。随着体制的创新，越来越多的民间资金进入教育领域，我国民办教育进入了发展的黄金时期。

（三）依法规范阶段（1997—2015 年）

1997 年 7 月，国务院颁布了《社会力量办学条例》，这是我国第一个规范民办教育的行政法规，标志着我国民办教育发展进入了依法办学、依法管理、依法运行的新阶段。1999 年，第三次全国教育工作会议召开，发布《中共中央国务院关于深化教育改革，全面推进素质教育的决定》。该决定把对民办教育的定位从"对公办教育的补充"改为"与公办教育并重",从而将民办教育的发展放到了与公办教育同等重要的地位。2002年,《中华人民共和国民办教育促进法》(以下简称《民办教育促进法》)颁布,该法对民办教育的诸多问题进行了全面规定,是我国民办教育法制建设进程中的里程碑。2004年,国务院通过了《中华人民共和国民办教育促进法实施条例》,该条例对《民办教育促进法》的原则性规定进行了细化,使其更具有可操作性。2010年,《国家中长期教育改革与发展规划纲要(2010—2020年)》提出了"开展对营利性和非营利性学校分类管理试点"。

这一时期是我国民办教育法制建设最为集中、最富有成效的时期。政策与法规的密集出台,进一步规范了民办教育的办学行为,维护了各方的合法权益,因而使我国民办教育又进入了一个新的快速发展期。

(四)新时代分类管理改革阶段(2016至现在)

长期以来,我国民办学校基本是在"非企业法人"制度框架下进行企业式的投资办学,其组织定位体现出双重、二元、模糊的特征。这种营利性与非营利性界定不清、企业与非企业界限不明的组织定位,既不利于民办学校自身的身份认同,也不利于民办学校税收、会计、土地、保险等配套制度的完善。因此,从有利于民办教育长远健康发展的角度,必须实施营利性与非营利性明确界分的改革。在2015年《中华人民共和国教育法》明确删除"不得以营利为目的举办学校及其他教育机构"的前提下,2016年全国人大常委会通过了《关于修改〈中华人民共和国民办教育促进法〉的决定》。该决定在民办学校党的建设、分类管理、扶持奖励与民办教育管理制度等方面进行了修订完善。同年,中共中央办公厅印发《关于加强民办学校党的建设工作的意见(试行)》、国务院印发《关于鼓励社会力量兴办教育促进民办教育健康发展的若干意见》,对贯彻落实新法精神作出全面部署,推进了中国特色社会主义新时代我国民办教育体制改革的深化。

第二节 《中华人民共和国民办教育促进法》概述

1998年,第八届全国人民代表大会常务委员会决定把民办教育立法列入立法规划,起草工作由全国人大教科文卫委员会牵头组织。历时4年的意见征集、反复讨论和修改,经全国人大常委会四次审议,2002年第九届全国人民代表大会常务委员会第三十一次会议终于表决通过了《中华人民共和国民办教育促进法》。2016年第十二届全国人大常委会第二十四次会议又对原法做了修订。从《宪法》中的原则性规定,历经《社会力量办学暂行条例》、《社会力量办学条例》,到《民办教育促进法》的修订,体现了我国民办教育政策法规体系日渐完善。这对促进和规范民办教育事业的快速健康发展,维护举办者、教职工和受教育者的合法权益具有重大意义。

一、《民办教育促进法》的立法依据和目的

（一）立法依据

《民办教育促进法》的立法依据是《宪法》和《教育法》。《宪法》是国家的根本大法，一切法律、行政法规均不得与之相抵触。《宪法》确定了民办教育发展的基本原则。《教育法》是我国教育方面的基本法律，它规定了我国教育的基本制度。《民办教育促进法》必须以《教育法》为依据，针对民办教育领域的特殊问题加以制定。

（二）立法目的

立法目的是指立法所要实现的目标和立法所要解决的问题。《民办教育促进法》根据我国教育发展的现状和民办教育的实际情况，确定了三个立法目的：

一是实施"科教兴国"战略。科学技术是第一生产力，人类社会的每一次重大飞跃或发展，都离不开科学的重大发现与技术的重大发明及其广泛应用。教育是培养科技人才、促进科技创新的助推器。制定《民办教育促进法》，就是通过调动社会各方面的积极性，增加全社会对教育的投入，扩大教育规模，提高教育供给方式的多样性和选择性，广泛培养人才，进一步推动国家"科教兴国"战略的实施。

二是促进民办教育事业的健康发展。改革开放以来，民办教育事业有了很大发展，办学条件有了显著改善，办学形式多样，形成了一批办得好、质量高、有特色的民办学校。但是，民办教育在整个教育事业中的比例仍然偏小，地位和作用还没有得到应有的重视。扶持的力度不够，发展中也遇到不少问题和困难，因此迫切需要通过制定法律来进一步加以鼓励和调整。《民办教育促进法》是我国第一部冠以"促进"名称的教育法律，充分体现了对民办教育给予大力扶持和积极发展的价值取向。

三是维护民办学校和受教育者的合法权益。在民办教育发展的过程中，民办学校和受教育者的权益易于受到侵犯。例如，有的民办学校产权不清，管理不规范，民办学校往往为出资人债务承担连带责任；有的地方向民办学校乱摊派、滥收费，侵占和挪用民办学校的资产；有的民办学校办学条件较差，打虚假广告，向受教育者高收费，教学质量得不到保障，等等。因此，迫切需要通过立法进一步确立与民办学校发展相关的各方的法律关系，切实维护民办学校和受教育者的合法权益。

二、民办教育的范围、性质和基本方针

（一）民办教育的范围

随着我国教育的多样化发展，学校及其他教育的办学主体和办学体制日益多元化，为此需要严格界定民办教育的概念和法律调整范围。《民办教育促进法》采用排除法来确定该法的适用范围：第一，办学主体应是国家机构以外的社会组织或者个人。国家权力机关、行政

机关、军事机关和司法机关举办的各类学校和其他教育机构都不属于本法调整范围。第二，资金应来源于非国家财政性经费。包括财政预算内经费和预算外经费，但是这并不意味着绝对排斥国家财政性经费或资产对民办学校的支持。按照民政部1999年发布的《民办非企业单位登记暂行办法》的规定，只要民办非企业单位合法财产中的非国有资产份额不低于总财产的三分之二，也可以取得法人登记。《民办教育促进法》第四十六条也允许县级以上政府通过多种方式扶持民办学校发展。第三，面向社会举办，即不服务于特定的群体和公民个人。凡是同时符合以上三个标准的，都可纳入《民办教育促进法》调整范围。另外，根据法律规定，中外合作办学由国务院另行规定，不属于本法调整对象。

（二）民办教育的性质

改革开放之后，随着我国原有的计划经济体制向市场经济体制转轨，在探索办学模式多元化的过程中，一些民办学校的举办者对经济利益看得过重，甚至出现索取暴利的情形，其公益性受到社会的普遍质疑。针对这些情况，《民办教育促进法》明确规定了民办教育的性质属于公益性事业，是社会主义教育事业的组成部分。需要指出的是，分类管理改革允许营利性民办学校存在，但营利性办学与教育的公益性并不必然是一对矛盾。同时，这一规定还进一步提升了民办教育的法律地位，表明国家将长期实行公办与民办并举发展教育事业的政策。

（三）发展民办教育的基本方针

《民办教育促进法》继续坚持了《中国教育改革和发展纲要》中提出的国家关于发展民办教育的十六字方针，即"积极鼓励、大力支持、正确引导、依法管理"。鼓励支持和规范管理齐头并进，以推动我国民办教育健康发展。

（四）民办学校的党建工作

根据《中国共产党章程》规定，基层单位有三人以上正式党员的，应当成立党的基层组织。《民办教育促进法》要求民办学校应按照党章规定开展党的活动，加强党的建设，从而实现党建工作全覆盖、上水平。为贯彻法律要求，党和国家的相关政策法规还要求民办学校应建立健全党组织参与决策与监督的机制，将党组织建设与治理结构完善结合起来，保障党组织在学校重要事项的决策、执行、监督等环节发挥积极作用。

三、《民办教育促进法》的基本内容

《民办教育促进法》包括十章共六十七条，对民办教育发展中的一些重大问题进行了全面规定，具体来说主要包括以下内容。

（一）民办学校的设立、变更和终止

1. 民办学校的设立

申请设立民办学校包括两个阶段。一是申请筹设阶段。申请筹设民办学校，举办者应当符合《民办教育促进法》规定的资格条件。举办者是社会组织的,必须具有法人资格;举办者是个人的,应当具有政治权利和完全民事行为能力。此外,由于设立民办学校需要资金、场地、教师和管理人员,因此申办者要向审批机关提交相应的申办材料。申请筹设期一般为三年,三年完不成筹设或者没有提出正式申请者,筹设批准书失效。二是正式设立阶段。申请正式设立民办学校,应当向审批机关提交以下材料:筹设批准书;筹设情况报告;学校章程;首届学校理事会、董事会或者其他决策机构组成人员名单;学校资产的有效证明文件;校长、教师、财会人员的资格证明文件等。经审批机关批准正式设立的,可颁发办学许可证。

需要指出的是,《民办教育促进法》要求在民办学校设立之初就实施分类管理。允许民办学校取得办学许可证后自主选择法人类型。申请设立为非营利性民办学校的,举办者可到编制部门、民政部门进行民办学校法人登记。但是,这类民办学校的举办者不能取得办学收益,学校的办学结余全部用于办学。申请设立为营利性民办学校的,举办者可到工商行政管理部门进行法人登记。这类民办学校的举办者可以取得办学收益,学校的办学结余依照《中华人民共和国公司法》等相关规定处理。但是,举办者不得设立实施义务教育的营利性民办学校。

2. 民办学校的法人变更

民办学校是基于教育市场发展的需要而产生的,随着学校的不断发展,举办者可能对原来设立的民办学校进行法人变更。所谓法人变更是指法人在存续期间内,法人组织的分立、合并,以及在活动宗旨、业务范围等重要事项上的变化。鉴于个别民办学校在法人变更中可能存在资金转移、擅自变更招揽生源等问题,《民办教育促进法》规定了民办学校法人变更的基本程序:一是必须进行财务清算;二是必须由学校理事会或董事会等决策机构提出申请(举办者变更应由举办者提出);三是必须得到审批机关的批准。这些规定为民办学校正常、稳定的变更提供了法律保障。

对于非营利性民办学校来说,一般不存在举办者变更的情况。因为非营利性民办学校实质上是捐资举办的。捐赠者在举办学校时,其财产的所有权已经转移到民办学校。除非特殊情况,捐赠者的举办者身份是无须变更的。如果学校成立后有后续的捐赠者加入,则他可以根据学校章程加入理事会或董事会,而无法成为举办者①。

3. 民办学校的终止

民办学校如果经营管理不善,则可能出现破产终止的结果。《民办教育促进法》对民办学校终止的条件进行了规定:一是根据学校章程规定,在一定年限后要求终止的,必须经审批机关批准后终止。之所以强调由审批机关批准,是因为现实中有的民办学校存在恶意终止、卷款出逃的情形。二是因不规范办学被吊销办学许可证的,必须终止。三是因生源不足、投资方撤走资金等导致资不抵债无法继续办学的,应当终止。民办学校终止时,应当首

---

① 袁曙宏,李晓红,许安标.《中华人民共和国民办教育促进法》释义[M].北京:中国民主法制出版社,2017:161.

先妥善安置在校学生,特别是实施义务教育的民办学校,审批机关应当协助其安排学生的继续就学。对民办学校终止时的财务清算,《民办教育促进法》规定要按照下列顺序清偿:一是应退还受教育者学费、杂费和其他费用;二是应发放教职工的工资及应缴纳的社会保险费用;三是需要偿还其他债务。

根据分类管理改革的要求,不同类型民办学校在终止清偿债务后的剩余财产处理上有很大差异。对于非营利性民办学校来说,由于在设立时举办者就将其财产捐赠给了民办学校,举办者对非营利性民办学校的财产不享有任何权利,因而终止时的剩余财产也不应归属于举办者,而应用于其他非营利性民办学校继续办学。对于营利性民办学校来说,其剩余财产的分配则应按照《中华人民共和国公司法》处理。一般情况下,公司终止并完成债务清偿后的剩余财产,应按照股东出资或持股比例分配给股东。

(二)民办学校的内部管理体制与组织活动

完善民办学校的内部管理体制,理顺民办学校各主体间的权力关系,是确保民办学校健康发展的重要制度保障。《民办教育促进法》对民办学校的决策机构、执行机构和内部民主监督管理机构作了明确规定。

首先,明确了民办学校的决策机构和决策机制。民办学校应当设立理事会、董事会或其他形式的决策机构。决策机构的人员构成不少于五人,而且应当由举办者或其代表、校长、教职工代表等人员组成,其中三分之一以上的理事或者董事应当具有五年以上教育教学经验。同时,规定了学校理事会或董事会等决策机构的职权,包括:聘任和解聘校长;修改学校章程和制定学校的规章制度;制定发展规划,批准年度工作计划;筹集办学经费,审核预算、决算;决定教职工的编制定额和工资标准;决定学校的分立、合并、终止,以及决定其他重大事项。

其次,明确了民办学校校长的管理职责和权限。法律规定,民办学校校长负责学校的教育教学和行政管理工作,主要行使下列职权:执行学校理事会、董事会或者其他形式决策机构的决定;实施发展规划,拟订年度工作计划、财务预算和学校规章制度;聘任和解聘学校工作人员,实施奖惩;组织教育教学、科学研究活动,保证教育教学质量;负责学校日常管理工作,以及学校理事会、董事会或者其他形式决策机构的其他授权。

最后,明确了民办学校的内部监督管理机构。法律规定,民办学校应依法通过以教师为主体的教职工代表大会等形式,保障教职工参与学校的民主管理和监督的权利。现实中,有的民办学校还采取监事和监事会的形式,或者学生家长委员会的形式来发挥民主管理和民主监督的作用。民办学校的教师和其他工作人员,有权依照工会法,建立工会组织,维护其合法权益。

(三)民办学校的教师和受教育者

与公办学校相比,我国民办学校发展起步较晚,力量相对薄弱,所以民办学校在社会上的地位远不如公办学校,歧视和差别对待民办学校的现象不同程度存在。针对这种情况,《民办教育促进法》在"教师与受教育者"部分,首先对民办学校的教师和受教育者的法律地位进行了规定,要求应当与公办学校的教师和受教育者享有同等地位、待遇。对教师来说,一是依据《教师法》,应该享有和公办教师相同的法定权利,同时履行《教师法》规定的法定义务。二是民办学校的教师也应当具有国家规定的任教资格。要取得教师资格,应当符合遵守《宪法》和法律;热爱教育事业,具有良好思想品德;具备规定的学历或者经国家教师资格考试合格;有教育教学能力等基本条件。三是民办学校的教师应当享有相应的工资福利待遇,尤其是社会保险。在业务培训、职务聘任、教龄和工龄计算、表彰奖励、社会活动等方面依法享有与公办学校教职工同等的权利。

对受教育者来说,根据《教育法》的规定,民办学校的学生应当享有和公办学校学生相同的权利和义务。《民办教育促进法》从四个方面对落实民办学校受教育者的法律地位进行了规定:一是在升学方面应有同等待遇。任何招生单位在招生时,对于公、民办学生要一视同仁,不能在录取时对民办学校学生附加额外条件,或者优先录用公办学校学生。二是在就业方面,用人单位在招聘人才时,应当以能力而不能以学校性质来录用人才。三是在社会优待方面,民办学校学生应享有与公办学校同等的权利。例如民办学校学生在假期乘坐交通工具,以及在公园门票等方面也应享受同等优惠。四是在评选先进方面,也不得排斥民办学校学生或者附加更加严格的限制条件。[①]

(四) 民办学校的资产和财务管理

《民办教育促进法》在这方面的最大创新是确立了民办学校的法人财产权制度,从而初步界定了民办学校和出资人之间纷繁芜杂的产权关系。

在发展过程中,我国民办学校不同程度地存在资产不清、产权不明、资金来源不规范的情形。随着学校的发展壮大,举办者投入资产的所有权归属以及积累形成的资产归属问题越来越不明晰。有人认为,民办学校的财产应该完全归举办者所有,无论是举办者投入的财产还是社会捐赠的财产或者是学校积累的财产,都应当是举办者的私人财产。有人对此却持相反的观点,认为民办学校的财产完全是公益性财产,在民办学校存续期间,民办学校享有完整的财产所有权。还有人主张对不同来源的财产进行分类处理,认为国家的财产归国家所有,举办者投入的财产应归举办者所有。那么民办学校的资产究竟归谁所有?为了理清这些争议,《民办教育促进法》规定,"民办学校对举办者投入民办学校的资产、国有资产、受赠的财产以及办学积累,享有法人财产权","民办学校存续期间,所有资产由民办学校依法管理和使用,任何组织和个人不得侵占"。但是,现实中仍然有投资方没有将资产过户到民办学校名下,从而导致民办学校财产关系的混乱。例如,有的企业不具有经营教育业务的资格,于是先成立一个教育公司再以教育公司的名义举办民办学校,这样使得民办学校往往

---

① 袁曙宏,李晓红,许安标.《中华人民共和国民办教育促进法》释义[M].北京:中国民主法制出版社,2017:124.

具有教育公司和教育公司的母公司两级举办者或出资人,由于财产关系没有理清,当其直接举办者或者举办者的母公司出现财产问题时,民办学校不得不为其承担连带责任。为此,应当进一步对所有民办学校提出要求,规定举办者财产与民办学校财产相互分离,投资方投入到学校的资产应在相应期限内从投资方转移过户至民办学校,并不得随便挪用和抵押担保,从而保证民办学校法人财产的独立性。

在收费方面,法律提出了三项要求:(1)民办学校收费项目和标准不能随意确定,而应根据办学成本、市场需求等因素确定,并向社会公示和接受社会监督和行政监督。(2)收费标准按民办学校的性质分类确定。对于非营利性民办学校来说,其收费办法由省级人民政府制定;而营利性民办学校的收费标准,实行市场调节,由学校自主决定。(3)所收取的费用应当主要用于教育教学活动、教职工待遇保障和改善学校办学条件,而不能被举办者私自挪用,或者用于从事其他经营、投资活动。

此外,《民办教育促进法》还对民办学校建立相应的资产和财务管理制度、资产的使用和财务管理监督审计制度、向接受学历教育的受教育者收取费用的项目和标准须报有关部门批准并向社会公示的制度等进行了规定,从而有效规范民办学校的办学行为。

(五)民办学校的管理与监督

政府部门在监督和管理民办学校上,往往是"越位"与"缺位"并存。"越位"主要体现在对民办学校的直接干预或管制过多,管理的随意性较大;"缺位"主要体现在对民办学校采取放任自流的态度,坐视个别民办学校的无序竞争行为,对民办学校没有提供相应的指导和信息服务。鉴于这种情况,《民办教育促进法》规定了教育行政部门和有关部门(主要是人力资源和社会保障部门)对民办教育进行指导、督导或评估的责任。主要表现在:一是要指导民办学校的教育教学工作,主要包括对人才培养方案、课程设置、培养目标、教学大纲、教材选用以及教学改革等方面的内容进行指导。二是要指导民办学校的教师培训工作。三是要督导民办学校提高办学质量。四是要监督民办学校的招生行为和广告发放,规范办学行为。五是要保护受教育者的合法权益。受教育者及其亲属有权向教育行政部门和其他有关部门申诉,有关部门应当及时予以处理。

《民办教育促进法》还特别规定了社会中介组织在监督或评估民办学校中的作用。许多国家的经验证明,社会中介组织虽不具有行政管理的职能和权力,但它们在评估民办学校的质量和效益,维护民办学校的合法权益,为政府提供有关民办教育的决策咨询,促进政府转变管理民办教育的职能,减轻政府的人力、财力和工作负担,调解民办学校之间的矛盾等许多方面,可以发挥重要作用。与民办教育有关的社会中介组织主要包括四种类型:一是评估鉴定类中介组织,为评估、改善民办学校办学条件和办学质量服务。二是研究咨询类的中介组织,开展民办教育的政策研究,提供信息和交流平台。三是行业协会组织,为民办教育行业和民办学校会员服务,如民办学校联谊会。四是其他类型的中介组织,如资金融通中介组织、产学研一体化中介组织、人才交流中介组织等。当前,我国民办教育社会中介组织还不发达,体系不健全,总体发展水平低,运行不规范,发展不平衡,服务的公正性、客观性和权威性还不够,有的中介组织在服务过程中弄虚作假,严重影响其社会声誉。我国民办教育应当借鉴国外对社会中介组织的有益的管理经验,积极推动社会中介组织为民办学校服务。

(六) 民办学校的扶持与奖励措施

《民办教育促进法》作为我国第一部以"促进"冠名的教育类法律,其鲜明的特点是提出了专门的扶持和鼓励措施。这些措施主要体现在以下方面:

一是专项资金补助或国有资产扶持政策。尽管现实中存在着国有资产是否应当介入民办学校的争论,但《民办教育促进法》还是作出规定,县级以上各级人民政府可以设立专项资金,对民办学校予以经费资助;可以采取购买服务、出租、转让闲置的国有资产等措施对民办学校予以扶持;政府委托民办学校承担义务教育任务的,应当按照委托协议拨付相应的教育经费。针对非营利性民办学校,还可以采取直接补贴、基金奖励、捐资激励等扶持措施。

二是税收、土地优惠政策。对教育事业实施税收、土地优惠是国际上的通行做法。例如,美国对非营利性私立学校,政府依法免除所得税、房屋税、土地税和财产税;个人、企业和社会团体向学校捐赠的资产和基金依法扣除税收;学校独立经营的产业将收益全部用于办学的可以免税。在土地方面,澳大利亚政府对于私立学校用地采用政府辅助贷款的方式给予支持;我国香港地区政府则是以政府对所有的土地或者校舍采取一元钱批租给私立学校的方式,为私立学校提供优惠。借鉴国际和我国香港地区的这些做法,《民办教育促进法》在第四十七条、第五十一条相继对税收、土地优惠政策作了原则性规定,尤其针对非营利性民办学校,法律要求其税收、土地优惠政策应该与公办学校完全等同。

三是信贷手段与融资扶持政策。我国民办学校资金的主要来源是举办者投入和学费收入,特别是后者往往占据整个收入的大多数。鉴于这种情况,《民办教育促进法》第四十九条规定,国家鼓励金融机构运用信贷手段,支持民办教育事业的发展。这在一定程度上有助于缓解民办学校融资困难的矛盾。尤其是分类管理实施以后,法律解决了民办学校获得金融信贷支持的许多问题。比如,对营利性民办学校来说,其可以按照公司法的要求,从银行贷款,找风险投资基金融资,有条件的教育集团还可以直接上市,从股市上融资。对于非营利性民办学校来说,除教育设施和其他社会公益设施以外的财产,可以为民办学校自身债务设定抵押,进而获得银行贷款改善学校办学条件。

(七) 法律责任

尽管 20 世纪 80 年代以来从中央到地方都出台了许多法规、规章和其他规范性文件,但民办教育领域违法违规现象还是很多。《民办教育促进法》在重申民办学校如果违反《教育法》《教师法》就应当承担法律责任的基础上,进一步对民办学校、审批机关和举办者三类主体可能出现的违反法律法规的行为及其惩戒措施,进行了详细的规定。

《民办教育促进法》首先规定了民办学校可能存在的违法办学行为及其责任。这些行为包括：擅自分立、合并民办学校的；擅自改变民办学校名称、层次、类别和举办者的；发布虚假招生简章或者广告，骗取钱财的；非法颁发或者伪造学历证书、结业证书、培训证书、职业资格证书的；管理混乱严重影响教育教学，产生恶劣社会影响的；提交虚假证明文件或者采取其他欺诈手段隐瞒重要事实骗取办学许可证的；伪造、变造、买卖、出租、出借办学许可证的；恶意终止办学、抽逃资金或者挪用办学经费的。有这些行为之一的，将承担以下法律责任：一是由审批机关或者其他有关部门责令限期改正，并予以警告；二是民办学校有违法所得的，退还所收费用后没收违法所得；三是违法情节严重的，责令停止招生、吊销办学许可证；四是在办学过程中构成犯罪的，依法追究刑事责任。

对审批机关来说，有的审批机关在行使管理职权的过程中会存在官僚主义作风，对合法的迟迟不审批，甚至吃拿卡要；对不合规定的却违法审批，放松管理。这些违法行为的存在，不仅不能起到促进和规范民办教育的目的，反而会阻碍民办教育的发展，损害政府形象。《民办教育促进法》规定，审批机关和有关部门有下列行为之一的，由上级机关责令其改正；情节严重的，对直接负责的主管人员和其他直接责任人员，依法给予处分；造成经济损失的，依法承担赔偿责任；构成犯罪的，依法追究刑事责任。这些行为主要是：已受理设立申请，逾期不予答复的；批准不符合本法规定条件申请的；疏于管理，造成严重后果的；违反国家有关规定收取费用的；侵犯民办学校合法权益的；其他滥用职权、徇私舞弊的。

对举办者来说，现实中也存在擅自举办民办学校的情形。例如，有的举办者没有经过审批就发布招生广告，许诺毕业后发某种文凭；有的举办者缺乏必要的资格条件，擅自招收学生造成不良影响，影响社会稳定。《民办教育促进法》对擅自举办民办学校的行为规定了三种法律后果：一是由县级以上人民政府的有关行政部门责令限期改正。二是符合本法及有关法律规定的民办学校条件的，可以补办审批手续。因为有的民办学校由于实际困难，没有经过法定审批程序，但也不宜一概予以严厉处罚，如一些城市为农民工子女入学兴办的简易学校。三是如果逾期仍达不到办学条件的，责令停止办学，造成经济损失的，依法承担赔偿责任。这样就进一步规范了举办者的办学行为。

第三节　民办教育的进一步发展与政策、法规的完善

《民办教育促进法》及《中华人民共和国民办教育促进法实施条例》(以下简称《实施条例》)颁布后，我国民办教育得到快速发展，规模进一步扩大。据教育部《全国教育事业发展统计公报》统计，2002年我国民办高等教育本专科在校生为34.1万人，2018年增加到649.6万人。2002年民办普通高中在校生103.4万人，2018年增加到328.27万人。2002年民办义务教育在校生427.3万人，2018年则发展到1 520.87万人。2002年民办幼儿园在园儿童为400.5万人，2018年在园幼儿达2 639.78万人。民办教育与公办教育共同发展的格局基

本形成。

但是,在实际发展过程中,《民办教育促进法》及其《实施条例》的一些促进措施并没有得到有效落实,一些长期困扰民办学校发展的问题依然存在,发展中新矛盾不断产生。进入中国特色社会主义新时代,我国教育发展的新矛盾对进一步研究、修订和完善民办教育政策与法规提出了迫切要求。

一、推动分类管理改革走向深入

新修改的《民办教育促进法》删除了合理回报规定,提出我国民办教育实行营利性和非营利性分类管理。根据国家非营利组织认定条件或会计准则的规定,非营利性组织在举办宗旨、活动类型、收入用途、财产及孳息分配、解散后的财产处置、福利开支比例等方面需要满足多项条件[①],同时这类学校也可享受公办学校同等待遇;不符合以上条件的民办学校为营利性民办学校。在法人管理上,非营利性民办学校主要在编制部门登记为事业单位法人、在民政部门登记为社会服务机构法人;营利性民办学校在工商部门登记为企业法人。随着《中华人民共和国民法总则》、《营利性民办学校监督管理实施细则》、《关于营利性民办学校名称登记管理有关工作的通知》的出台,我国逐渐建立了民办学校两类法人分类登记管理的政策法规框架。截至 2018 年底,全国绝大多数省份出台了民办学校分类管理实施细则,涉及财产清算、法人登记、过渡期法人变更、分类监管与扶持等方面,我国民办学校分类管理改革进入全面实施阶段。

面对我国民办学校长期存在的组织性质不分、法律地位不明的现状,分类管理无疑是促进民办学校长远健康发展的战略选择。但是,民办学校分类管理涉及举办者切身利益,影响着学校的稳续发展和教职工、受教育者的权益,有许多问题仍旧缺乏清晰的规定,使得整个分类管理改革推进缓慢。(1)举办者选择面临两难困境。举办者如果选择营利性,将面临依法明确学校产权、政府支持力度下降、缴纳相关税费、公众认同度降低等不确定的因素;选择非营利性,则意味着所投入资产捐给民办学校。而且选择非营利性后,不能再转为营利性,这与举办者的投资逻辑大相径庭。总之,相对于过去的政策环境,分类管理让举办者面临"烛烧两头"的境地,一时难以决策。(2)法人登记条件不够明确。现有政策法规对非营利性民办学校法人登记的条件认定不够清楚。比如,具备哪些条件的民办学校可以登记为事业单位法人? 哪些可以登记为社会服务机构法人? 如果允许登记为事业单位法人,这类法人与其他全额拨款或差额拨款事业单位法人如何区分? 等等。这些问题仍旧影响着分类管理实践。(3)过渡期限问题。国家没有设置分类管理的过渡期。从各省的政策来看,已有民办学校过渡大致有分步过渡、统一过渡、自然过渡三种方式。表面上看,过渡期设置主要在于时间长短,实质上蕴含着地方对分类管理改革问题隐患和风险点的判断。过渡时间偏短不

---

① 财政部.关于非营利组织免税资格认定管理有关问题的通知(财税〔2018〕13 号)[Z].2018‐02‐07.

利于稳妥处理风险,反而可能会激化矛盾;但不设置具体的过渡期或过渡期偏长,改革的政策效果就不明显。因此,如何在其中找到平衡点是一个重要的政策课题①。(4)对选择非营利民办学校举办者的补偿奖励问题。改革应尊重举办者权益,对选择非营利性民办学校的举办者,应当对其加以补偿。但现有政策对补偿奖励的资格条件、财务清算程序、补偿奖励标准和折算方法、补偿奖励的期限和方式、对于清算后净资产为零或负的民办学校是否给予补偿奖励等一系列问题,都未加以明确。(5)对营利性民办学校的政策优惠问题。营利性民办学校作为公益事业的一部分,是执行普通企业的税收、土地政策,还是按照公用事业类企业或高新企业的待遇予以税收、土地政策优惠,目前并没有明确规定。总之,要推动分类管理改革走向深入,我国民办教育政策与法规还需要进一步细化。

二、完善民办学校的法人治理结构

一个完善的法人治理结构,应明确举办者、董事、校长和其他利益相关者之间的权利和责任分配,规定民办学校的组织结构以及决策和监督的规则程序。尽管《民办教育促进法》对民办学校的法人治理结构有了基本界定,但现实运行过程中仍然存在许多问题。例如,有的民办学校的董事会成员来源非常单一,甚至出现了完全由举办者或者某个家族控制的现象;有的民办学校常常受到教育行政部门的"越位干涉";有的民办学校内部出现多种多样的权力斗争等。这些问题往往导致校长变动频繁,有的甚至直接导致民办学校出现破产倒闭的生存危机。

为了解决现实中的这些矛盾,我国需要进一步完善民办学校的法人治理结构。首先,要统一建构以董事会为核心,包括理(董)事会、校长、内部监督机构相互独立和制约的治理结构框架。目前,我国民办学校的治理结构呈现出多样化形态,如董事会—校长—校监制、董事会—校长—教职工代表大会制、校务委员会—校长制等。尽管不同的治理结构有各自的长处,不存在尽善尽美的模式,但治理结构不统一往往导致不同的责任和权力范围划分差异。因此当前应当按照《民办教育促进法》的要求,统一建构以董事会为核心的治理结构。董事会是权力机关,校长则是执行机关,其他内部监督机构则发挥内部自律作用。其次,要通过民办学校章程的制定,进一步对董事会内部结构、权力范围、议事规则和激励机制进行详细界定。比如对理(董)事会的组成人数、产生办法、任期和任职资格等作出详细规定。再次,要完善政府对民办学校的外部监督制度。我国政府部门对民办学校的监督管理实行的是双重分层监督管理制度,但监管的范围较为广泛,规定较为原则,因而政府"越位"、"错位"和"缺位"的情形并不少见,对此应当进一步加以完善。最后,要促进民办学校信息公开。我国民办学校的信息公开制度还没有完全建立起来,《民办教育促进法》只涉及收费项目和收费标准,而对民办学校财务会计报告等信息的公开,现实中基本没有执行。当前应当进一步

---

① 郑雁鸣,刘建银. 现存民办学校向非营利性过渡的政策分析[J]. 教育科学,2018,34(02):8—13.

完善民办学校的法人治理结构,加强民办学校的信息公开力度,强化家长、学生等社会力量对民办学校的监督,以切实保证民办教育的公益性。

三、深入落实民办学校扶持与奖励政策

长期以来,我国民办学校与公办学校相比,很难具有同等的法律地位。例如,由于不属于事业编制,民办学校的教师在业务培训、职称评审、表彰奖励、科研立项、教龄和工龄计算、档案管理、社会活动等方面都受到歧视。有的地方的民办高校在缴纳社会保险时,保险单位普遍按照企业标准而不是像公办高校那样按事业单位标准收取保险费,导致民办高校缴纳的保险费过高而拒绝为教师上保险,从而使民办高校教师享受不到社会保险的福利。这也是很多民办学校希望登记为事业单位法人的初衷之一。对民办学校的学生来说,他们在表彰奖励、评优、升学、参与各种职业资格考试、就业待遇、毕业证书效用、交通优惠等方面也常常受到不公平的待遇。特别是在有的地方很多民办高校学生不能享受到助学贷款,每年都有新生因为缴纳不了高额学费而不能到校报到,在校生中欠费的也大有存在,有的甚至因为不能继续缴纳学费而中途退学。

因此,应当进一步落实《民办教育促进法》规定的将民办学校和公办学校享有同等法律地位的精神,进一步制定具体措施,规定民办学校教职工在资格认定、专业技术职务评定、业务培训、表彰奖励、教龄和工龄计算、社会活动等方面,依法享有与公办学校教职工同等的权利。规定民办学校受教育者在升学、就业、社会优待、先进评选、医疗保险、助学贷款等方面,享有与同级同类公办学校受教育者同等的权利。对非营利性民办学校,学校还应享受政府补贴、基金奖励、捐资激励等扶持措施,享受与公办学校等同的税收优惠政策;营利性民办学校,也应享受与普通企业有差异的税收优惠政策。通过分类扶持,从而促进民办学校健康发展。

四、完善民办学校风险预警机制

当民办学校不能正常运转或出现破产等重大问题时,如何平稳妥善地解决遗留问题,也已成为政府和社会最为关心的话题。教育储备金制度就是由于退出机制不完善从而留下了很多后患。目前,《民办教育促进法》及其《实施条例》只是从"事后处理"的角度对相关经费的偿还问题作出了规定,而对如何干预、防止破产事件的发生等风险预警机制并没有涉及。为了规避民办学校出现破产等风险,可以建立风险保证金制度。可以要求民办学校应当从年度收入中按一定比例提取风险保证金(如存入本学年计划招收学生半年学费及全校教职工三个月工资之和的风险保证金),用于学校发生意外事故时或其他有关事宜上的应对处理。风险保证金累积达到学校资产总值的某个比例时,可不再提取。风险保证金属于学校资产,实行专户储存,利息由民办学校所有和支配。学校可以将风险保证金临时用于学校的大型项目建设和设备购置等,累计使用不得超过风险保证金总额的一定比例,且支出部分应

在下一年度予以补足。对风险保证金及其利息,任何组织和个人不得侵占或挪用。这样可以有效防止民办学校破产后举办者卷款出逃、债权人集体索要相关费用的局面。

此外,还可就如何预防民办学校出现重大危机等问题建立相关制度,加强政府对民办学校违规办学的"事前管理",从而有效防止民办学校破产。

五、规范公办学校举办民办学校的行为

近年来,公办学校举办民办学校的现象成为我国社会各界关注的焦点。这种办学模式的主要特征是,一些公办高校、重点中小学或者独立举办,或者以出让冠名权、派出教师、辅助教研等方式与企事业单位合作,联合举办独立的民办分校或分部。作为一种新的办学模式,尽管《民办教育促进法实施条例》第六条允许了其合法存在,但公办学校举办民办学校引发了社会各界的争论。有人赞成这种模式,认为它是在政府不投入的情况下促进了优质教育资源的供给,从而在更大的范围内促进了教育公平。否定这种模式的人认为,这可能导致国有财产的流失,破坏学校之间的公平有序的竞争,特别是基础教育领域中的"名校办民校"的模式,更可能导致政府弱化对基础教育的责任。

当我们把公办学校举办民办学校的现象放在中国经济社会转型的宏观背景下考察,就会发现它主要是当前优质教育资源供需失衡以及公办和民办学校缺乏同等待遇条件下的一种选择。作为一种民办教育的实现形式,是与我国改革开放发展的进程相适应的。但是,举办过程中出现的许多问题(如国有资产流失的问题、教育公平问题等),急需通过政策与法规的完善加以规制。近年来,在分类管理改革过程中,高等教育领域存在的独立学院正在逐步完成转设,公办高等学校与独立学院逐渐脱钩。但是,基础教育阶段的"名校办民校"现象依然存在,而且是择校矛盾的主要来源。我国应当进一步完善《民办教育促进法》及其《实施条例》,对介入民办学校的国有财产进行严格评估,对民办学校的财产使用和资金加强监督和审计,从而尽量避免国有财产流失。同时,要求地方教育行政部门同等对待各种民办教育举办模式,保障民办学校之间的公平竞争。从长远来看,因为每所名校所办民校的背景不一样,合作模式也有很多差别,应当坚持以区别对待、分类解决的原则,解决公办学校举办民办学校的问题。

六、建立更加有效的民办学校党建工作机制

加强党对民办学校的领导,确保民办学校始终坚持社会主义的办学方向,一直以来受到党和国家政策、法规的重视。进入新世纪以来,党和政府就加强民办高校党的建设工作颁发了多项政策、法规,对民办学校党建工作的内容、党组织的职责、角色定位、工作机制等问题进行了具体部署,形成了新时代民办学校党建工作的主体制度框架。

民办学校党组织在组建和工作过程中,既要在保证政治方向、凝聚师生员工、推动学校发展、引领校园文化、参与人事管理和服务、加强自身建设等方面充分发挥政治核心作用,维

护教职员工利益,又要依照章程的规定和依法治校的原则,通过"双向进入、交叉任职"的方式,经由法定程序落实党组织在学校治理结构中的角色、作用和工作机制,以避免不必要的纠纷。例如,按照现有政策规定,民办高校党组织书记由归口管理部门的上级党组织选派,按党内有关规定任职,一般兼任政府督导专员。而且其薪酬待遇由原单位负责,除必要工作经费外,不得在民办高校里获取薪酬和其他额外利益。在这样的背景下,就需要处理好上级派出单位、民办高校党组织、民办高校举办者和校长等方面的关系,同时还要建立民办高校党组织书记工作的激励约束机制,避免民办高校党组织书记成为闲置或者"摆设",履职尽责无保障、不积极。具体来说,可以借鉴公司治理结构中的独立董事制度,将民办高校党组织书记定位为独立董事进入董事会,确保党组织书记发挥实质作用。总之,民办学校要在加强党建工作的基础上,坚持多元治理思想,将加强民办学校党的建设和依法治校相结合,推动民办学校党组织领导班子通过法定程序进入决策机构和行政机构,才能保障党组织在民办学校重大事项的决策执行监督中有效发挥作用。

思考与练习

1. 简述改革开放以来我国民办教育政策、法规建设的主要进展与成就。

2. 简述《中华人民共和国民办教育促进法》对促进民办教育发展的主要法律规定。

3. 结合实际谈谈你对进一步完善民办教育政策、法规的思考与建议。

附　录

一、《中华人民共和国教育法》

（1995 年 3 月 18 日第八届全国人民代表大会第三次会议通过　根据 2009 年 8 月 27 日第十一届全国人民代表大会常务委员会第十次会议《关于修改部分法律的决定》第一次修正　根据 2015 年 12 月 27 日第十二届全国人民代表大会常务委员会第十八次会议《关于修改〈中华人民共和国教育法〉的决定》第二次修正）

目录

第一章　总则

第一条　为了发展教育事业,提高全民族的素质,促进社会主义物质文明和精神文明建设,根据宪法,制定本法。

第二条　在中华人民共和国境内的各级各类教育,适用本法。

第三条　国家坚持以马克思列宁主义、毛泽东思想和建设有中国特色社会主义理论为指导,遵循宪法确定的基本原则,发展社会主义的教育事业。

第四条　教育是社会主义现代化建设的基础,国家保障教育事业优先发展。

全社会应当关心和支持教育事业的发展。

全社会应当尊重教师。

第五条　教育必须为社会主义现代化建设服务、为人民服务,必须与生产劳动和社会实践相结合,培养德、智、体、美等方面全面发展的社会主义建设者和接班人。

第六条 教育应当坚持立德树人,对受教育者加强社会主义核心价值观教育,增强受教育者的社会责任感、创新精神和实践能力。

国家在受教育者中进行爱国主义、集体主义、中国特色社会主义的教育,进行理想、道德、纪律、法治、国防和民族团结的教育。

第七条 教育应当继承和弘扬中华民族优秀的历史文化传统,吸收人类文明发展的一切优秀成果。

第八条 教育活动必须符合国家和社会公共利益。

国家实行教育与宗教相分离。任何组织和个人不得利用宗教进行妨碍国家教育制度的活动。

第九条 中华人民共和国公民有受教育的权利和义务。

公民不分民族、种族、性别、职业、财产状况、宗教信仰等,依法享有平等的受教育机会。

第十条 国家根据各少数民族的特点和需要,帮助各少数民族地区发展教育事业。

国家扶持边远贫困地区发展教育事业。

国家扶持和发展残疾人教育事业。

第十一条 国家适应社会主义市场经济发展和社会进步的需要,推进教育改革,推动各级各类教育协调发展、衔接融通,完善现代国民教育体系,健全终身教育体系,提高教育现代化水平。

国家采取措施促进教育公平,推动教育均衡发展。

国家支持、鼓励和组织教育科学研究,推广教育科学研究成果,促进教育质量提高。

第十二条 国家通用语言文字为学校及其他教育机构的基本教育教学语言文字,学校及其他教育机构应当使用国家通用语言文字进行教育教学。

民族自治地方以少数民族学生为主的学校及其他教育机构,从实际出发,使用国家通用语言文字和本民族或者当地民族通用的语言文字实施双语教育。

国家采取措施,为少数民族学生为主的学校及其他教育机构实施双语教育提供条件和支持。

第十三条 国家对发展教育事业做出突出贡献的组织和个人,给予奖励。

第十四条 国务院和地方各级人民政府根据分级管理、分工负责的原则,领导和管理教育工作。

中等及中等以下教育在国务院领导下,由地方人民政府管理。

高等教育由国务院和省、自治区、直辖市人民政府管理。

第十五条 国务院教育行政部门主管全国教育工作,统筹规划、协调管理全国的教育事业。

县级以上地方各级人民政府教育行政部门主管本行政区域内的教育工作。

县级以上各级人民政府其他有关部门在各自的职责范围内,负责有关的教育工作。

第十六条　国务院和县级以上地方各级人民政府应当向本级人民代表大会或者其常务委员会报告教育工作和教育经费预算、决算情况,接受监督。

第二章　教育基本制度

第十七条　国家实行学前教育、初等教育、中等教育、高等教育的学校教育制度。

国家建立科学的学制系统。学制系统内的学校和其他教育机构的设置、教育形式、修业年限、招生对象、培养目标等,由国务院或者由国务院授权教育行政部门规定。

第十八条　国家制定学前教育标准,加快普及学前教育,构建覆盖城乡,特别是农村的学前教育公共服务体系。

各级人民政府应当采取措施,为适龄儿童接受学前教育提供条件和支持。

第十九条　国家实行九年制义务教育制度。

各级人民政府采取各种措施保障适龄儿童、少年就学。

适龄儿童、少年的父母或者其他监护人以及有关社会组织和个人有义务使适龄儿童、少年接受并完成规定年限的义务教育。

第二十条　国家实行职业教育制度和继续教育制度。

各级人民政府、有关行政部门和行业组织以及企业事业组织应当采取措施,发展并保障公民接受职业学校教育或者各种形式的职业培训。

国家鼓励发展多种形式的继续教育,使公民接受适当形式的政治、经济、文化、科学、技术、业务等方面的教育,促进不同类型学习成果的互认和衔接,推动全民终身学习。

第二十一条　国家实行国家教育考试制度。

国家教育考试由国务院教育行政部门确定种类,并由国家批准的实施教育考试的机构承办。

第二十二条　国家实行学业证书制度。

经国家批准设立或者认可的学校及其他教育机构按照国家有关规定,颁发学历证书或者其他学业证书。

第二十三条　国家实行学位制度。

学位授予单位依法对达到一定学术水平或者专业技术水平的人员授予相应的学位,颁发学位证书。

第二十四条　各级人民政府、基层群众性自治组织和企业事业组织应当采取各种措施,开展扫除文盲的教育工作。

按照国家规定具有接受扫除文盲教育能力的公民,应当接受扫除文盲的教育。

第二十五条　国家实行教育督导制度和学校及其他教育机构教育评估制度。

第三章 学校及其他教育机构

第二十六条 国家制定教育发展规划,并举办学校及其他教育机构。

国家鼓励企业事业组织、社会团体、其他社会组织及公民个人依法举办学校及其他教育机构。

国家举办学校及其他教育机构,应当坚持勤俭节约的原则。

以财政性经费、捐赠资产举办或者参与举办的学校及其他教育机构不得设立为营利性组织。

第二十七条 设立学校及其他教育机构,必须具备下列基本条件:

(一)有组织机构和章程;

(二)有合格的教师;

(三)有符合规定标准的教学场所及设施、设备等;

(四)有必备的办学资金和稳定的经费来源。

第二十八条 学校及其他教育机构的设立、变更和终止,应当按照国家有关规定办理审核、批准、注册或者备案手续。

第二十九条 学校及其他教育机构行使下列权利:

(一)按照章程自主管理;

(二)组织实施教育教学活动;

(三)招收学生或者其他受教育者;

(四)对受教育者进行学籍管理,实施奖励或者处分;

(五)对受教育者颁发相应的学业证书;

(六)聘任教师及其他职工,实施奖励或者处分;

(七)管理、使用本单位的设施和经费;

(八)拒绝任何组织和个人对教育教学活动的非法干涉;

(九)法律、法规规定的其他权利。

国家保护学校及其他教育机构的合法权益不受侵犯。

第三十条 学校及其他教育机构应当履行下列义务:

(一)遵守法律、法规;

(二)贯彻国家的教育方针,执行国家教育教学标准,保证教育教学质量;

(三)维护受教育者、教师及其他职工的合法权益;

(四)以适当方式为受教育者及其监护人了解受教育者的学业成绩及其他有关情况提供便利;

(五)遵照国家有关规定收取费用并公开收费项目;

（六）依法接受监督。

第三十一条 学校及其他教育机构的举办者按照国家有关规定,确定其所举办的学校或者其他教育机构的管理体制。

学校及其他教育机构的校长或者主要行政负责人必须由具有中华人民共和国国籍、在中国境内定居、并具备国家规定任职条件的公民担任,其任免按照国家有关规定办理。学校的教学及其他行政管理,由校长负责。

学校及其他教育机构应当按照国家有关规定,通过以教师为主体的教职工代表大会等组织形式,保障教职工参与民主管理和监督。

第三十二条 学校及其他教育机构具备法人条件的,自批准设立或者登记注册之日起取得法人资格。

学校及其他教育机构在民事活动中依法享有民事权利,承担民事责任。

学校及其他教育机构中的国有资产属于国家所有。

学校及其他教育机构兴办的校办产业独立承担民事责任。

第四章 教师和其他教育工作者

第三十三条 教师享有法律规定的权利,履行法律规定的义务,忠诚于人民的教育事业。

第三十四条 国家保护教师的合法权益,改善教师的工作条件和生活条件,提高教师的社会地位。

教师的工资报酬、福利待遇,依照法律、法规的规定办理。

第三十五条 国家实行教师资格、职务、聘任制度,通过考核、奖励、培养和培训,提高教师素质,加强教师队伍建设。

第三十六条 学校及其他教育机构中的管理人员,实行教育职员制度。

学校及其他教育机构中的教学辅助人员和其他专业技术人员,实行专业技术职务聘任制度。

第五章 受教育者

第三十七条 受教育者在入学、升学、就业等方面依法享有平等权利。

学校和有关行政部门应当按照国家有关规定,保障女子在入学、升学、就业、授予学位、派出留学等方面享有同男子平等的权利。

第三十八条 国家、社会对符合入学条件、家庭经济困难的儿童、少年、青年,提供各种形式的资助。

第三十九条 国家、社会、学校及其他教育机构应当根据残疾人身心特性和需要实施教育,并为其提供帮助和便利。

第四十条 国家、社会、家庭、学校及其他教育机构应当为有违法犯罪行为的未成年人接受教育创造条件。

第四十一条 从业人员有依法接受职业培训和继续教育的权利和义务。

国家机关、企业事业组织和其他社会组织,应当为本单位职工的学习和培训提供条件和便利。

第四十二条 国家鼓励学校及其他教育机构、社会组织采取措施,为公民接受终身教育创造条件。

第四十三条 受教育者享有下列权利:

(一)参加教育教学计划安排的各种活动,使用教育教学设施、设备、图书资料;

(二)按照国家有关规定获得奖学金、贷学金、助学金;

(三)在学业成绩和品行上获得公正评价,完成规定的学业后获得相应的学业证书、学位证书;

(四)对学校给予的处分不服向有关部门提出申诉,对学校、教师侵犯其人身权、财产权等合法权益,提出申诉或者依法提起诉讼;

(五)法律、法规规定的其他权利。

第四十四条 受教育者应当履行下列义务:

(一)遵守法律、法规;

(二)遵守学生行为规范,尊敬师长,养成良好的思想品德和行为习惯;

(三)努力学习,完成规定的学习任务;

(四)遵守所在学校或者其他教育机构的管理制度。

第四十五条 教育、体育、卫生行政部门和学校及其他教育机构应当完善体育、卫生保健设施,保护学生的身心健康。

第六章 教育与社会

第四十六条 国家机关、军队、企业事业组织、社会团体及其他社会组织和个人,应当依法为儿童、少年、青年学生的身心健康成长创造良好的社会环境。

第四十七条 国家鼓励企业事业组织、社会团体及其他社会组织同高等学校、中等职业学校在教学、科研、技术开发和推广等方面进行多种形式的合作。

企业事业组织、社会团体及其他社会组织和个人,可以通过适当形式,支持学校的建设,参与学校管理。

第四十八条 国家机关、军队、企业事业组织及其他社会组织应当为学校组织的学生实习、社会实践活动提供帮助和便利。

第四十九条 学校及其他教育机构在不影响正常教育教学活动的前提下,应当积极参加当地的社会公益活动。

第五十条 未成年人的父母或者其他监护人应当为其未成年子女或者其他被监护人受教育提供必要条件。

未成年人的父母或者其他监护人应当配合学校及其他教育机构,对其未成年子女或者其他被监护人进行教育。

学校、教师可以对学生家长提供家庭教育指导。

第五十一条 图书馆、博物馆、科技馆、文化馆、美术馆、体育馆(场)等社会公共文化体育设施,以及历史文化古迹和革命纪念馆(地),应当对教师、学生实行优待,为受教育者接受教育提供便利。

广播、电视台(站)应当开设教育节目,促进受教育者思想品德、文化和科学技术素质的提高。

第五十二条 国家、社会建立和发展对未成年人进行校外教育的设施。

学校及其他教育机构应当同基层群众性自治组织、企业事业组织、社会团体相互配合,加强对未成年人的校外教育工作。

第五十三条 国家鼓励社会团体、社会文化机构及其他社会组织和个人开展有益于受教育者身心健康的社会文化教育活动。

第七章 教育投入与条件保障

第五十四条 国家建立以财政拨款为主、其他多种渠道筹措教育经费为辅的体制,逐步增加对教育的投入,保证国家举办的学校教育经费的稳定来源。

企业事业组织、社会团体及其他社会组织和个人依法举办的学校及其他教育机构,办学经费由举办者负责筹措,各级人民政府可以给予适当支持。

第五十五条 国家财政性教育经费支出占国民生产总值的比例应当随着国民经济的发展和财政收入的增长逐步提高。具体比例和实施步骤由国务院规定。

全国各级财政支出总额中教育经费所占比例应当随着国民经济的发展逐步提高。

第五十六条 各级人民政府的教育经费支出,按照事权和财权相统一的原则,在财政预算中单独列项。

各级人民政府教育财政拨款的增长应当高于财政经常性收入的增长,并使按在校学生人数平均的教育费用逐步增长,保证教师工资和学生人均公用经费逐步增长。

第五十七条 国务院及县级以上地方各级人民政府应当设立教育专项资金,重点扶持边远贫困地区、少数民族地区实施义务教育。

第五十八条 税务机关依法足额征收教育费附加,由教育行政部门统筹管理,主要用于实施义务教育。

省、自治区、直辖市人民政府根据国务院的有关规定,可以决定开征用于教育的地方附加费,专款专用。

第五十九条 国家采取优惠措施,鼓励和扶持学校在不影响正常教育教学的前提下开展勤工俭学和社会服务,兴办校办产业。

第六十条 国家鼓励境内、境外社会组织和个人捐资助学。

第六十一条 国家财政性教育经费、社会组织和个人对教育的捐赠,必须用于教育,不得挪用、克扣。

第六十二条 国家鼓励运用金融、信贷手段,支持教育事业的发展。

第六十三条 各级人民政府及其教育行政部门应当加强对学校及其他教育机构教育经费的监督管理,提高教育投资效益。

第六十四条 地方各级人民政府及其有关行政部门必须把学校的基本建设纳入城乡建设规划,统筹安排学校的基本建设用地及所需物资,按照国家有关规定实行优先、优惠政策。

第六十五条 各级人民政府对教科书及教学用图书资料的出版发行,对教学仪器、设备的生产和供应,对用于学校教育教学和科学研究的图书资料、教学仪器、设备的进口,按照国家有关规定实行优先、优惠政策。

第六十六条 国家推进教育信息化,加快教育信息基础设施建设,利用信息技术促进优质教育资源普及共享,提高教育教学水平和教育管理水平。

县级以上人民政府及其有关部门应当发展教育信息技术和其他现代化教学方式,有关行政部门应当优先安排,给予扶持。

国家鼓励学校及其他教育机构推广运用现代化教学方式。

第八章　教育对外交流与合作

第六十七条 国家鼓励开展教育对外交流与合作,支持学校及其他教育机构引进优质教育资源,依法开展中外合作办学,发展国际教育服务,培养国际化人才。

教育对外交流与合作坚持独立自主、平等互利、相互尊重的原则,不得违反中国法律,不得损害国家主权、安全和社会公共利益。

第六十八条 中国境内公民出国留学、研究、进行学术交流或者任教,依照国家有关规定办理。

第六十九条 中国境外个人符合国家规定的条件并办理有关手续后,可以进入中国境内学校及其他教育机构学习、研究、进行学术交流或者任教,其合法权益受国家保护。

第七十条 中国对境外教育机构颁发的学位证书、学历证书及其他学业证书的承认,依照中华人民共和国缔结或者加入的国际条约办理,或者按照国家有关规定办理。

第九章　法律责任

第七十一条　违反国家有关规定,不按照预算核拨教育经费的,由同级人民政府限期核拨;情节严重的,对直接负责的主管人员和其他直接责任人员,依法给予处分。

违反国家财政制度、财务制度,挪用、克扣教育经费的,由上级机关责令限期归还被挪用、克扣的经费,并对直接负责的主管人员和其他直接责任人员,依法给予处分;构成犯罪的,依法追究刑事责任。

第七十二条　结伙斗殴、寻衅滋事,扰乱学校及其他教育机构教育教学秩序或者破坏校舍、场地及其他财产的,由公安机关给予治安管理处罚;构成犯罪的,依法追究刑事责任。

侵占学校及其他教育机构的校舍、场地及其他财产的,依法承担民事责任。

第七十三条　明知校舍或者教育教学设施有危险,而不采取措施,造成人员伤亡或者重大财产损失的,对直接负责的主管人员和其他直接责任人员,依法追究刑事责任。

第七十四条　违反国家有关规定,向学校或者其他教育机构收取费用的,由政府责令退还所收费用;对直接负责的主管人员和其他直接责任人员,依法给予处分。

第七十五条　违反国家有关规定,举办学校或者其他教育机构的,由教育行政部门或者其他有关行政部门予以撤销;有违法所得的,没收违法所得;对直接负责的主管人员和其他直接责任人员,依法给予处分。

第七十六条　学校或者其他教育机构违反国家有关规定招收学生的,由教育行政部门或者其他有关行政部门责令退回招收的学生,退还所收费用;对学校、其他教育机构给予警告,可以处违法所得五倍以下罚款;情节严重的,责令停止相关招生资格一年以上三年以下,直至撤销招生资格、吊销办学许可证;对直接负责的主管人员和其他直接责任人员,依法给予处分;构成犯罪的,依法追究刑事责任。

第七十七条　在招收学生工作中徇私舞弊的,由教育行政部门或者其他有关行政部门责令退回招收的人员;对直接负责的主管人员和其他直接责任人员,依法给予处分;构成犯罪的,依法追究刑事责任。

第七十八条　学校及其他教育机构违反国家有关规定向受教育者收取费用的,由教育行政部门或者其他有关行政部门责令退还所收费用;对直接负责的主管人员和其他直接责任人员,依法给予处分。

第七十九条　考生在国家教育考试中有下列行为之一的,由组织考试的教育考试机构工作人员在考试现场采取必要措施予以制止并终止其继续参加考试;组织考试的教育考试机构可以取消其相关考试资格或者考试成绩;情节严重的,由教育行政部门责令停止参加相关国家教育考试一年以上三年以下;构成违反治安管理行为的,由公安机关依法给予治安管理处罚;构成犯罪的,依法追究刑事责任:

（一）非法获取考试试题或者答案的；

（二）携带或者使用考试作弊器材、资料的；

（三）抄袭他人答案的；

（四）让他人代替自己参加考试的；

（五）其他以不正当手段获得考试成绩的作弊行为。

第八十条 任何组织或者个人在国家教育考试中有下列行为之一，有违法所得的，由公安机关没收违法所得，并处违法所得一倍以上五倍以下罚款；情节严重的，处五日以上十五日以下拘留；构成犯罪的，依法追究刑事责任；属于国家机关工作人员的，还应当依法给予处分：

（一）组织作弊的；

（二）通过提供考试作弊器材等方式为作弊提供帮助或者便利的；

（三）代替他人参加考试的；

（四）在考试结束前泄露、传播考试试题或者答案的；

（五）其他扰乱考试秩序的行为。

第八十一条 举办国家教育考试，教育行政部门、教育考试机构疏于管理，造成考场秩序混乱、作弊情况严重的，对直接负责的主管人员和其他直接责任人员，依法给予处分；构成犯罪的，依法追究刑事责任。

第八十二条 学校或者其他教育机构违反本法规定，颁发学位证书、学历证书或者其他学业证书的，由教育行政部门或者其他有关行政部门宣布证书无效，责令收回或者予以没收；有违法所得的，没收违法所得；情节严重的，责令停止相关招生资格一年以上三年以下，直至撤销招生资格、颁发证书资格；对直接负责的主管人员和其他直接责任人员，依法给予处分。

前款规定以外的任何组织或者个人制造、销售、颁发假冒学位证书、学历证书或者其他学业证书，构成违反治安管理行为的，由公安机关依法给予治安管理处罚；构成犯罪的，依法追究刑事责任。

以作弊、剽窃、抄袭等欺诈行为或者其他不正当手段获得学位证书、学历证书或者其他学业证书的，由颁发机构撤销相关证书。购买、使用假冒学位证书、学历证书或者其他学业证书，构成违反治安管理行为的，由公安机关依法给予治安管理处罚。

第八十三条 违反本法规定，侵犯教师、受教育者、学校或者其他教育机构的合法权益，造成损失、损害的，应当依法承担民事责任。

第十章　附则

第八十四条 军事学校教育由中央军事委员会根据本法的原则规定。

宗教学校教育由国务院另行规定。

第八十五条 境外的组织和个人在中国境内办学和合作办学的办法,由国务院规定。

第八十六条 本法自 1995 年 9 月 1 日起施行。

二、《中华人民共和国教师法》

(1993 年 10 月 31 日第八届全国人民代表大会常务委员会第四次会议通过

1993 年 10 月 31 日中华人民共和国主席令第 15 号公布

自 1994 年 1 月 1 日起施行)

第一章 总则

第一条 为了保障教师的合法权益,建设具有良好思想品德修养和业务素质的教师队伍,促进社会主义教育事业的发展,制定本法。

第二条 本法适用于在各级各类学校和其他教育机构中专门从事教育教学工作的教师。

第三条 教师是履行教育教学职责的专业人员,承担教书育人,培养社会主义事业建设者和接班人、提高民族素质的使命。教师应当忠诚于人民的教育事业。

第四条 各级人民政府应当采取措施,加强教师的思想政治教育和业务培训,改善教师的工作条件和生活条件,保障教师的合法权益,提高教师的社会地位。全社会都应当尊重教师。

第五条 国务院教育行政部门主管全国的教师工作。

国务院有关部门在各自职权范围内负责有关的教师工作。

学校和其他教育机构根据国家规定,自主进行教师管理工作。

第六条 每年九月十日为教师节。

第二章 权利和义务

第七条 教师享有下列权利:

(一)进行教育教学活动,开展教育教学改革和实验;

(二)从事科学研究、学术交流,参加专业的学术团体,在学术活动中充分发表意见;

(三)指导学生的学习和发展,评定学生的品行和学业成绩;

(四)按时获取工资报酬,享受国家规定的福利待遇以及寒暑假期的带薪休假;

(五)对学校教育教学、管理工作和教育行政部门的工作提出意见和建议,通过教职工代表大会或者其他形式,参与学校的民主管理;

(六)参加进修或者其他方式的培训。

第八条 教师应当履行下列义务:

(一)遵守宪法、法律和职业道德,为人师表;

(二)贯彻国家的教育方针,遵守规章制度,执行学校的教学计划,履行教师聘约,完成教育教学工作任务；

（三）对学生进行宪法所确定的基本原则的教育和爱国主义、民族团结的教育，法制教育以及思想品德、文化、科学技术教育，组织、带领学生开展有益的社会活动；

（四）关心、爱护全体学生，尊重学生人格，促进学生在品德、智力、体质等方面全面发展；

（五）制止有害于学生的行为或者其他侵犯学生合法权益的行为，批评和抵制有害于学生健康成长的现象；

（六）不断提高思想政治觉悟和教育教学业务水平。

第九条 为保障教师完成教育教学任务，各级人民政府、教育行政部门、有关部门、学校和其他教育机构应当履行下列职责：

（一）提供符合国家安全标准的教育教学设施和设备；

（二）提供必需的图书、资料及其他教育教学用品；

（三）对教师在教育教学、科学研究中的创造性工作给以鼓励和帮助；

（四）支持教师制止有害于学生的行为或者其他侵犯学生合法权益的行为。

第三章 资格和任用

第十条 国家实行教师资格制度。

中国公民凡遵守宪法和法律，热爱教育事业，具有良好的思想品德，具备本法规定的学历或者经国家教师资格考试合格，有教育教学能力，经认定合格的，可以取得教师资格。

第十一条 取得教师资格应当具备的相应学历是：

（一）取得幼儿园教师资格，应当具备幼儿师范学校毕业及其以上学历；

（二）取得小学教师资格，应当具备中等师范学校毕业及其以上学历；

（三）取得初级中学教师、初级职业学校文化、专业课教师资格，应当具备高等师范专科学校或者其他大学专科毕业及其以上学历；

（四）取得高级中学教师资格和中等专业学校、技工学校、职业高中文化课、专业课教师资格，应当具备高等师范院校本科或者其他大学本科毕业及其以上学历；取得中等专业学校、技工学校和职业高中学生实习指导教师资格应当具备的学历，由国务院教育行政部门规定；

（五）取得高等学校教师资格，应当具备研究生或者大学本科毕业学历；

（六）取得成人教育教师资格，应当按照成人教育的层次、类别，分别具备高等、中等学校毕业及其以上学历。不具备本法规定的教师资格学历的公民，申请获取教师资格，必须通过国家教师资格考试。国家教师资格考试制度由国务院规定。

第十二条 本法实施前已经在学校或者其他教育机构中任教的教师，未具备本法规定学历的，由国务院教育行政部门规定教师资格过渡办法。

第十三条 中小学教师资格由县级以上地方人民政府教育行政部门认定。中等专业学校、技工学校的教师资格由县级以上地方人民政府教育行政部门组织有关主管部门认定。普通高等学校的教师资格由国务院或者省、自治区、直辖市教育行政部门或者由其委托的学校认定。具备本法规定的学历或者经国家教师资格考试合格的公民,要求有关部门认定其教师资格的,有关部门应当依照本法规定的条件予以认定。取得教师资格的人员首次任教时,应当有试用期。

第十四条 受到剥夺政治权利或者故意犯罪受到有期徒刑以上刑事处罚的,不能取得教师资格;已经取得教师资格的,丧失教师资格。

第十五条 各级师范学校毕业生,应当按照国家有关规定从事教育教学工作。国家鼓励非师范高等学校毕业生到中小学或者职业学校任教。

第十六条 国家实行教师职务制度,具体办法由国务院规定。

第十七条 学校和其他教育机构应当逐步实行教师聘任制。教师的聘任应当遵循双方地位平等的原则,由学校和教师签订聘任合同,明确规定双方的权利、义务和责任。实施教师聘任制的步骤、办法由国务院教育行政部门规定。

第四章 培养和培训

第十八条 各级人民政府和有关部门应当办好师范教育,并采取措施,鼓励优秀青年进入各级师范学校学习。各级教师进修学校承担培训中小学教师的任务。非师范学校应当承担培养和培训中小学教师的任务。各级师范学校学生享受专业奖学金。

第十九条 各级人民政府教育行政部门、学校主管部门和学校应当制定教师培训规划,对教师进行多种形式的思想政治、业务培训。

第二十条 国家机关、企业事业单位和其他社会组织应当为教师的社会调查和社会实践提供方便,给予协助。

第二十一条 各级人民政府应当采取措施,为少数民族地区和边远贫困地区培养、培训教师。

第五章 考核

第二十二条 学校或者其他教育机构应当对教师的政治思想、业务水平、工作态度和工作成绩进行考核。教育行政部门对教师的考核工作进行指导、监督。

第二十三条 考核应当客观、公正、准确,充分听取教师本人、其他教师以及学生的意见。

第二十四条 教师考核结果是受聘任教、晋升工资、实施奖惩的依据。

第六章 待遇

第二十五条 教师的平均工资水平应当不低于或者高于国家公务员的平均工资水平,

并逐步提高。建立正常晋级增薪制度,具体办法由国务院规定。

第二十六条　中小学教师和职业学校教师享受教龄津贴和其他津贴,具体办法由国务院教育行政部门会同有关部门制定。

第二十七条　地方各级人民政府对教师以及具有中专以上学历的毕业生到少数民族地区和边远贫困地区从事教育教学工作的,应当予以补贴。

第二十八条　地方各级人民政府和国务院有关部门,对城市教师住房的建设、租赁、出售实行优先、优惠。县、乡两级人民政府应当为农村中小学教师解决住房提供方便。

第二十九条　教师的医疗同当地国家公务员享受同等的待遇;定期对教师进行身体健康检查,并因地制宜安排教师进行休养。医疗机构应当对当地教师的医疗提供方便。

第三十条　教师退休或者退职后,享受国家规定的退休或者退职待遇。县级以上地方人民政府可以适当提高长期从事教育教学工作的中小学退休教师的退休金比例。

第三十一条　各级人民政府应当采取措施,改善国家补助、集体支付工资的中小学教师的待遇,逐步做到在工资收入上与国家支付工资的教师同工同酬,具体办法由地方各级人民政府根据本地区的实际情况规定。

第三十二条　社会力量所办学校的教师的待遇,由举办者自行确定并予以保障。

第七章　奖　励

第三十三条　教师在教育教学、培养人才、科学研究、教学改革、学校建设、社会服务、勤工俭学等方面成绩优异的,由所在学校予以表彰、奖励。国务院和地方各级人民政府及其有关部门对有突出贡献的教师,应当予以表彰、奖励。对有重大贡献的教师,依照国家有关规定授予荣誉称号。

第三十四条　国家支持和鼓励社会组织或者个人向依法成立的奖励教师的基金组织捐助资金,对教师进行奖励。

第八章　法律责任

第三十五条　侮辱、殴打教师的,根据不同情况,分别给予行政处分或者行政处罚;造成损害的,责令赔偿损失;情节严重,构成犯罪的,依法追究刑事责任。

第三十六条　对依法提出申诉、控告、检举的教师进行打击报复的,由其所在单位或者上级机关责令改正;情节严重的,可以根据具体情况给予行政处分。国家工作人员对教师打击报复构成犯罪的,依照刑法第一百四十六条的规定追究刑事责任。

第三十七条　教师有下列情形之一的,由所在学校、其他教育机构或者教育行政部门给予行政处分或者解聘。

(一)故意不完成教育教学任务给教育教学工作造成损失的;

（二）体罚学生,经教育不改的;

（三）品行不良、侮辱学生,影响恶劣的。

教师有前款第(二)项、第(三)项所列情形之一,情节严重,构成犯罪的,依法追究刑事责任。

第三十八条 地方人民政府对违反本法规定,拖欠教师工资或者侵犯教师其他合法权益的,应当责令其限期改正。违反国家财政制度、财务制度,挪用国家财政用于教育的经费,严重妨碍教育教学工作,拖欠教师工资,损害教师合法权益的,由上级机关责令限期归还被挪用的经费,并对直接责任人员给予行政处分;情节严重,构成犯罪的,依法追究刑事责任。

第三十九条 教师对学校或者其他教育机构侵犯其合法权益的,或者对学校或者其他教育机构作出的处理不服的,可以向教育行政部门提出申诉,教育行政部门应当在接到申诉的三十日内,作出处理。教师认为当地人民政府有关行政部门侵犯其根据本法规定享有的权利的,可以向同级人民政府或者上一级人民政府有关部门提出申诉,同级人民政府或者上一级人民政府有关部门应当作出处理。

第九章　　附则

第四十条 本法下列用语的含义是:

（一）各级各类学校,是指实施学前教育、普通初等教育、普通中等教育、职业教育、普通高等教育以及特殊教育、成人教育的学校。

（二）其他教育机构,是指少年宫以及地方教研室、电化教育机构等。

（三）中小学教师,是指幼儿园、特殊教育机构、普通中小学、成人初等中等教育机构、职业中学以及其他教育机构的教师。

第四十一条 学校和其他教育机构中的教育教学辅助人员,其他类型的学校的教师和教育教学辅助人员,可以根据实际情况参照本法的有关规定执行。军队所属院校的教师和教育教学辅助人员,由中央军事委员会依照本法制定有关规定。

第四十二条 外籍教师的聘任办法由国务院教育行政部门规定。

第四十三条 本法自一九九四年一月一日起施行。

三、《中华人民共和国义务教育法》

(1986 年 4 月 12 日第六届全国人民代表大会第四次会议通过 2006 年 6 月 29 日第十届全国人民代表大会常务委员会第二十二次会议修订 根据 2015 年 4 月 24 日第十二届全国人民代表大会常务委员会第十四次会议《关于修改〈中华人民共和国义务教育法〉等五部法律的决定》第一次修正 根据 2018 年 12 月 29 日第十三届全国人民代表大会常务委员会第七次会议《关于修改〈中华人民共和国产品质量法〉等五部法律的决定》第二次修正)

第一章 总则

第一条 为了保障适龄儿童、少年接受义务教育的权利,保证义务教育的实施,提高全民族素质,根据宪法和教育法,制定本法。

第二条 国家实行九年义务教育制度。

义务教育是国家统一实施的所有适龄儿童、少年必须接受的教育,是国家必须予以保障的公益性事业。

实施义务教育,不收学费、杂费。

国家建立义务教育经费保障机制,保证义务教育制度实施。

第三条 义务教育必须贯彻国家的教育方针,实施素质教育,提高教育质量,使适龄儿童、少年在品德、智力、体质等方面全面发展,为培养有理想、有道德、有文化、有纪律的社会主义建设者和接班人奠定基础。

第四条 凡具有中华人民共和国国籍的适龄儿童、少年,不分性别、民族、种族、家庭财产状况、宗教信仰等,依法享有平等接受义务教育的权利,并履行接受义务教育的义务。

第五条 各级人民政府及其有关部门应当履行本法规定的各项职责,保障适龄儿童、少年接受义务教育的权利。

适龄儿童、少年的父母或者其他法定监护人应当依法保证其按时入学接受并完成义务教育。

依法实施义务教育的学校应当按照规定标准完成教育教学任务,保证教育教学质量。

社会组织和个人应当为适龄儿童、少年接受义务教育创造良好的环境。

第六条 国务院和县级以上地方人民政府应当合理配置教育资源,促进义务教育均衡发展,改善薄弱学校的办学条件,并采取措施,保障农村地区、民族地区实施义务教育,保障家庭经济困难的和残疾的适龄儿童、少年接受义务教育。

国家组织和鼓励经济发达地区支援经济欠发达地区实施义务教育。

第七条 义务教育实行国务院领导,省、自治区、直辖市人民政府统筹规划实施,县级人民政府为主管理的体制。

县级以上人民政府教育行政部门具体负责义务教育实施工作;县级以上人民政府其他有关部门在各自的职责范围内负责义务教育实施工作。

第八条 人民政府教育督导机构对义务教育工作执行法律法规情况、教育教学质量以及义务教育均衡发展状况等进行督导,督导报告向社会公布。

第九条 任何社会组织或者个人有权对违反本法的行为向有关国家机关提出检举或者控告。

发生违反本法的重大事件,妨碍义务教育实施,造成重大社会影响的,负有领导责任的人民政府或者人民政府教育行政部门负责人应当引咎辞职。

第十条 对在义务教育实施工作中做出突出贡献的社会组织和个人,各级人民政府及其有关部门按照有关规定给予表彰、奖励。

第二章 学生

第十一条 凡年满六周岁的儿童,其父母或者其他法定监护人应当送其入学接受并完成义务教育;条件不具备的地区的儿童,可以推迟到七周岁。

适龄儿童、少年因身体状况需要延缓入学或者休学的,其父母或者其他法定监护人应当提出申请,由当地乡镇人民政府或者县级人民政府教育行政部门批准。

第十二条 适龄儿童、少年免试入学。地方各级人民政府应当保障适龄儿童、少年在户籍所在地学校就近入学。

父母或者其他法定监护人在非户籍所在地工作或者居住的适龄儿童、少年,在其父母或者其他法定监护人工作或者居住地接受义务教育的,当地人民政府应当为其提供平等接受义务教育的条件。具体办法由省、自治区、直辖市规定。

县级人民政府教育行政部门对本行政区域内的军人子女接受义务教育予以保障。

第十三条 县级人民政府教育行政部门和乡镇人民政府组织和督促适龄儿童、少年入学,帮助解决适龄儿童、少年接受义务教育的困难,采取措施防止适龄儿童、少年辍学。

居民委员会和村民委员会协助政府做好工作,督促适龄儿童、少年入学。

第十四条 禁止用人单位招用应当接受义务教育的适龄儿童、少年。

根据国家有关规定经批准招收适龄儿童、少年进行文艺、体育等专业训练的社会组织,应当保证所招收的适龄儿童、少年接受义务教育;自行实施义务教育的,应当经县级人民政府教育行政部门批准。

第三章 学校

第十五条 县级以上地方人民政府根据本行政区域内居住的适龄儿童、少年的数量和分布状况等因素,按照国家有关规定,制定、调整学校设置规划。新建居民区需要设置学校的,应当与居民区的建设同步进行。

第十六条 学校建设,应当符合国家规定的办学标准,适应教育教学需要;应当符合国家规定的选址要求和建设标准,确保学生和教职工安全。

第十七条 县级人民政府根据需要设置寄宿制学校,保障居住分散的适龄儿童、少年入学接受义务教育。

第十八条 国务院教育行政部门和省、自治区、直辖市人民政府根据需要,在经济发达地区设置接收少数民族适龄儿童、少年的学校(班)。

第十九条 县级以上地方人民政府根据需要设置相应的实施特殊教育的学校(班),对视力残疾、听力语言残疾和智力残疾的适龄儿童、少年实施义务教育。特殊教育学校(班)应当具备适应残疾儿童、少年学习、康复、生活特点的场所和设施。

普通学校应当接收具有接受普通教育能力的残疾适龄儿童、少年随班就读,并为其学习、康复提供帮助。

第二十条 县级以上地方人民政府根据需要,为具有预防未成年人犯罪法规定的严重不良行为的适龄少年设置专门的学校实施义务教育。

第二十一条 对未完成义务教育的未成年犯和被采取强制性教育措施的未成年人应当进行义务教育,所需经费由人民政府予以保障。

第二十二条 县级以上人民政府及其教育行政部门应当促进学校均衡发展,缩小学校之间办学条件的差距,不得将学校分为重点学校和非重点学校。学校不得分设重点班和非重点班。

县级以上人民政府及其教育行政部门不得以任何名义改变或者变相改变公办学校的性质。

第二十三条 各级人民政府及其有关部门依法维护学校周边秩序,保护学生、教师、学校的合法权益,为学校提供安全保障。

第二十四条 学校应当建立、健全安全制度和应急机制,对学生进行安全教育,加强管理,及时消除隐患,预防发生事故。

县级以上地方人民政府定期对学校校舍安全进行检查;对需要维修、改造的,及时予以维修、改造。

学校不得聘用曾经因故意犯罪被依法剥夺政治权利或者其他不适合从事义务教育工作的人担任工作人员。

第二十五条 学校不得违反国家规定收取费用,不得以向学生推销或者变相推销商品、服务等方式谋取利益。

第二十六条 学校实行校长负责制。校长应当符合国家规定的任职条件。校长由县级人民政府教育行政部门依法聘任。

第二十七条 对违反学校管理制度的学生,学校应当予以批评教育,不得开除。

第四章 教师

第二十八条 教师享有法律规定的权利,履行法律规定的义务,应当为人师表,忠诚于人民的教育事业。

全社会应当尊重教师。

第二十九条 教师在教育教学中应当平等对待学生,关注学生的个体差异,因材施教,促进学生的充分发展。

教师应当尊重学生的人格,不得歧视学生,不得对学生实施体罚、变相体罚或者其他侮辱人格尊严的行为,不得侵犯学生合法权益。

第三十条 教师应当取得国家规定的教师资格。

国家建立统一的义务教育教师职务制度。教师职务分为初级职务、中级职务和高级职务。

第三十一条 各级人民政府保障教师工资福利和社会保险待遇,改善教师工作和生活条件;完善农村教师工资经费保障机制。

教师的平均工资水平应当不低于当地公务员的平均工资水平。

特殊教育教师享有特殊岗位补助津贴。在民族地区和边远贫困地区工作的教师享有艰苦贫困地区补助津贴。

第三十二条 县级以上人民政府应当加强教师培养工作,采取措施发展教师教育。

县级人民政府教育行政部门应当均衡配置本行政区域内学校师资力量,组织校长、教师的培训和流动,加强对薄弱学校的建设。

第三十三条 国务院和地方各级人民政府鼓励和支持城市学校教师和高等学校毕业生到农村地区、民族地区从事义务教育工作。

国家鼓励高等学校毕业生以志愿者的方式到农村地区、民族地区缺乏教师的学校任教。县级人民政府教育行政部门依法认定其教师资格,其任教时间计入工龄。

第五章 教育教学

第三十四条 教育教学工作应当符合教育规律和学生身心发展特点,面向全体学生,教书育人,将德育、智育、体育、美育等有机统一在教育教学活动中,注重培养学生独立思考能力、创新能力和实践能力,促进学生全面发展。

第三十五条 国务院教育行政部门根据适龄儿童、少年身心发展的状况和实际情况,确定教学制度、教育教学内容和课程设置,改革考试制度,并改进高级中等学校招生办法,推进实施素质教育。

学校和教师按照确定的教育教学内容和课程设置开展教育教学活动,保证达到国家规定的基本质量要求。

国家鼓励学校和教师采用启发式教育等教育教学方法,提高教育教学质量。

第三十六条 学校应当把德育放在首位,寓德育于教育教学之中,开展与学生年龄相适应的社会实践活动,形成学校、家庭、社会相互配合的思想道德教育体系,促进学生养成良好的思想品德和行为习惯。

第三十七条 学校应当保证学生的课外活动时间,组织开展文化娱乐等课外活动。社会公共文化体育设施应当为学校开展课外活动提供便利。

第三十八条 教科书根据国家教育方针和课程标准编写,内容力求精简,精选必备的基础知识、基本技能,经济实用,保证质量。

国家机关工作人员和教科书审查人员,不得参与或者变相参与教科书的编写工作。

第三十九条 国家实行教科书审定制度。教科书的审定办法由国务院教育行政部门规定。

未经审定的教科书,不得出版、选用。

第四十条 教科书价格由省、自治区、直辖市人民政府价格行政部门会同同级出版主管部门按照微利原则确定。

第四十一条 国家鼓励教科书循环使用。

第六章 经费保障

第四十二条 国家将义务教育全面纳入财政保障范围,义务教育经费由国务院和地方各级人民政府依照本法规定予以保障。

国务院和地方各级人民政府将义务教育经费纳入财政预算,按照教职工编制标准、工资标准和学校建设标准、学生人均公用经费标准等,及时足额拨付义务教育经费,确保学校的正常运转和校舍安全,确保教职工工资按照规定发放。

国务院和地方各级人民政府用于实施义务教育财政拨款的增长比例应当高于财政经常性收入的增长比例,保证按照在校学生人数平均的义务教育费用逐步增长,保证教职工工资和学生人均公用经费逐步增长。

第四十三条 学校的学生人均公用经费基本标准由国务院财政部门会同教育行政部门制定,并根据经济和社会发展状况适时调整。制定、调整学生人均公用经费基本标准,应当满足教育教学基本需要。

省、自治区、直辖市人民政府可以根据本行政区域的实际情况,制定不低于国家标准的学校学生人均公用经费标准。

特殊教育学校(班)学生人均公用经费标准应当高于普通学校学生人均公用经费标准。

第四十四条 义务教育经费投入实行国务院和地方各级人民政府根据职责共同负担，省、自治区、直辖市人民政府负责统筹落实的体制。农村义务教育所需经费，由各级人民政府根据国务院的规定分项目、按比例分担。

各级人民政府对家庭经济困难的适龄儿童、少年免费提供教科书并补助寄宿生生活费。

义务教育经费保障的具体办法由国务院规定。

第四十五条 地方各级人民政府在财政预算中将义务教育经费单列。

县级人民政府编制预算，除向农村地区学校和薄弱学校倾斜外，应当均衡安排义务教育经费。

第四十六条 国务院和省、自治区、直辖市人民政府规范财政转移支付制度，加大一般性转移支付规模和规范义务教育专项转移支付，支持和引导地方各级人民政府增加对义务教育的投入。地方各级人民政府确保将上级人民政府的义务教育转移支付资金按照规定用于义务教育。

第四十七条 国务院和县级以上地方人民政府根据实际需要，设立专项资金，扶持农村地区、民族地区实施义务教育。

第四十八条 国家鼓励社会组织和个人向义务教育捐赠，鼓励按照国家有关基金会管理的规定设立义务教育基金。

第四十九条 义务教育经费严格按照预算规定用于义务教育；任何组织和个人不得侵占、挪用义务教育经费，不得向学校非法收取或者摊派费用。

第五十条 县级以上人民政府建立健全义务教育经费的审计监督和统计公告制度。

第七章 法律责任

第五十一条 国务院有关部门和地方各级人民政府违反本法第六章的规定，未履行对义务教育经费保障职责的，由国务院或者上级地方人民政府责令限期改正；情节严重的，对直接负责的主管人员和其他直接责任人员依法给予行政处分。

第五十二条 县级以上地方人民政府有下列情形之一的，由上级人民政府责令限期改正；情节严重的，对直接负责的主管人员和其他直接责任人员依法给予行政处分：

（一）未按照国家有关规定制定、调整学校的设置规划的；

（二）学校建设不符合国家规定的办学标准、选址要求和建设标准的；

（三）未定期对学校校舍安全进行检查，并及时维修、改造的；

（四）未依照本法规定均衡安排义务教育经费的。

第五十三条 县级以上人民政府或者其教育行政部门有下列情形之一的，由上级人民政府或者其教育行政部门责令限期改正、通报批评；情节严重的，对直接负责的主管人员和其他直接责任人员依法给予行政处分：

（一）将学校分为重点学校和非重点学校的；

（二）改变或者变相改变公办学校性质的。

县级人民政府教育行政部门或者乡镇人民政府未采取措施组织适龄儿童、少年入学或者防止辍学的，依照前款规定追究法律责任。

第五十四条 有下列情形之一的，由上级人民政府或者上级人民政府教育行政部门、财政部门、价格行政部门和审计机关根据职责分工责令限期改正；情节严重的，对直接负责的主管人员和其他直接责任人员依法给予处分：

（一）侵占、挪用义务教育经费的；

（二）向学校非法收取或者摊派费用的。

第五十五条 学校或者教师在义务教育工作中违反教育法、教师法规定的，依照教育法、教师法的有关规定处罚。

第五十六条 学校违反国家规定收取费用的，由县级人民政府教育行政部门责令退还所收费用；对直接负责的主管人员和其他直接责任人员依法给予处分。

学校以向学生推销或者变相推销商品、服务等方式谋取利益的，由县级人民政府教育行政部门给予通报批评；有违法所得的，没收违法所得；对直接负责的主管人员和其他直接责任人员依法给予处分。

国家机关工作人员和教科书审查人员参与或者变相参与教科书编写的，由县级以上人民政府或者其教育行政部门根据职责权限责令限期改正，依法给予行政处分；有违法所得的，没收违法所得。

第五十七条 学校有下列情形之一的，由县级人民政府教育行政部门责令限期改正；情节严重的，对直接负责的主管人员和其他直接责任人员依法给予处分：

（一）拒绝接收具有接受普通教育能力的残疾适龄儿童、少年随班就读的；

（二）分设重点班和非重点班的；

（三）违反本法规定开除学生的；

（四）选用未经审定的教科书的。

第五十八条 适龄儿童、少年的父母或者其他法定监护人无正当理由未依照本法规定送适龄儿童、少年入学接受义务教育的，由当地乡镇人民政府或者县级人民政府教育行政部门给予批评教育，责令限期改正。

第五十九条 有下列情形之一的，依照有关法律、行政法规的规定予以处罚：

（一）胁迫或者诱骗应当接受义务教育的适龄儿童、少年失学、辍学的；

（二）非法招用应当接受义务教育的适龄儿童、少年的；

（三）出版未经依法审定的教科书的。

第六十条 违反本法规定，构成犯罪的，依法追究刑事责任。

第八章　附　则

第六十一条　对接受义务教育的适龄儿童、少年不收杂费的实施步骤,由国务院规定。

第六十二条　社会组织或者个人依法举办的民办学校实施义务教育的,依照民办教育促进法有关规定执行;民办教育促进法未作规定的,适用本法。

第六十三条　本法自 2006 年 9 月 1 日起施行。

四、《中华人民共和国职业教育法》

(1996 年 5 月 15 日第八届全国人民代表大会常务委员会第十九次会议通过

1996 年 5 月 15 日中华人民共和国主席令第 69 号公布

自 1996 年 9 月 1 日起施行)

第一章　总则

第一条　为了实施科教兴国战略,发展职业教育,提高劳动者素质,促进社会主义现代化建设,根据教育法和劳动法,制定本法。

第二条　本法适用于各级各类职业学校教育和各种形式的职业培训。国家机关实施的对国家机关工作人员的专门培训由法律、行政法规另行规定。

第三条　职业教育是国家教育事业的重要组成部分,是促进经济、社会发展和劳动就业的重要途径。国家发展职业教育,推进职业教育改革,提高职业教育质量,建立、健全适应社会主义市场经济和社会进步需要的职业教育制度。

第四条　实施职业教育必须贯彻国家教育方针,对受教育者进行思想政治教育和职业道德教育,传授职业知识,培养职业技能,进行职业指导,全面提高受教育者的素质。

第五条　公民有依法接受职业教育的权利。

第六条　各级人民政府应当将发展职业教育纳入国民经济和社会发展规划。行业组织和企业、事业组织应当依法履行实施职业教育的义务。

第七条　国家采取措施,发展农村职业教育,扶持少数民族地区、边远贫困地区职业教育的发展。国家采取措施,帮助妇女接受职业教育,组织失业人员接受各种形式的职业教育,扶持残疾人职业教育的发展。

第八条　实施职业教育应当根据实际需要,同国家制定的职业分类和职业等级标准相适应,实行学历证书、培训证书和职业资格证书制度。国家实行劳动者在就业前或者上岗前接受必要的职业教育的制度。

第九条　国家鼓励并组织职业教育的科学研究。

第十条　国家对在职业教育中作出显著成绩的单位和个人给予奖励。

第十一条　国务院教育行政部门负责职业教育工作的统筹规划、综合协调、宏观管理。国务院教育行政部门、劳动行政部门和其他有关部门在国务院规定的职责范围内,分别负责有关的职业教育工作。县级以上地方各级人民政府应当加强对本行政区域内职业教育工作的领导、统筹协调和督导评估。

第二章　职业教育体系

第十二条　国家根据不同地区的经济发展水平和教育普及程度,实施以初中后为重点的不同阶段的教育分流,建立、健全职业学校教育与职业培训并举,并与其他教育相互沟通、协调发展的职业教育体系。

第十三条　职业学校教育分为初等、中等、高等职业学校教育。初等、中等职业学校教育分别由初等、中等职业学校实施;高等职业学校教育根据需要和条件由高等职业学校实施,或者由普通高等学校实施。其他学校按照教育行政部门的统筹规划,可以实施同层次的职业学校教育。

第十四条　职业培训包括从业前培训、转业培训、学徒培训、在岗培训、转岗培训及其他职业性培训,可以根据实际情况分为初级、中级、高级职业培训。职业培训分别由相应的职业培训机构、职业学校实施。其他学校或者教育机构可以根据办学能力,开展面向社会的、多种形式的职业培训。

第十五条　残疾人职业教育除由残疾人教育机构实施外,各级各类职业学校和职业培训机构及其他教育机构应当按照国家有关规定接纳残疾学生。

第十六条　普通中学可以因地制宜地开设职业教育的课程,或者根据实际需要适当增加职业教育的教学内容。

第三章　职业教育的实施

第十七条　县级以上地方各级人民政府应当举办发挥骨干和示范作用的职业学校、职业培训机构,对农村、企业、事业组织、社会团体、其他社会组织及公民个人依法举办的职业学校和职业培训机构给予指导和扶持。

第十八条　县级人民政府应当适应农村经济、科学技术、教育统筹发展的需要,举办多种形式的职业教育,开展实用技术的培训,促进农村职业教育的发展。

第十九条　政府主管部门、行业组织应当举办或者联合举办职业学校、职业培训机构,组织、协调、指导本行业的企业、事业组织举办职业学校、职业培训机构。国家鼓励运用现代化教学手段,发展职业教育。

第二十条　企业应当根据本单位的实际,有计划地对本单位的职工和准备录用的人员实施职业教育。企业可以单独举办或者联合举办职业学校、职业培训机构,也可以委托学校、职业培训机构对本单位的职工和准备录用的人员实施职业教育。从事技术工种的职工,上岗前必须经过培训;从事特种作业的职工必须经过培训,并取得特种作业资格。

第二十一条　国家鼓励事业组织、社会团体、其他社会组织及公民个人按照国家有关规定举办职业学校、职业培训机构。境外的组织和个人在中国境内举办职业学校、职业培训机构的办法,由国务院规定。

第二十二条 联合举办职业学校、职业培训机构,举办者应当签订联合办学合同。政府主管部门、行业组织、企业、事业组织委托学校、职业培训机构实施职业教育的,应当签订委托合同。

第二十三条 职业学校、职业培训机构实施职业教育应当实行产教结合,为本地区经济建设服务,与企业密切联系,培养实用人才和熟练劳动者。职业学校、职业培训机构可以举办与职业教育有关的企业或者实习场所。

第二十四条 职业学校的设立,必须符合下列基本条件:

(一)有组织机构和章程;

(二)有合格的教师;

(三)有符合规定标准的教学场所、与职业教育相适应的设施、设备;

(四)有必备的办学资金和稳定的经费来源。

职业培训机构的设立,必须符合下列基本条件:

(一)有组织机构和管理制度;

(二)有与培训任务相适应的教师和管理人员;

(三)有与进行培训相适应的场所、设施、设备;

(四)有相应的经费。

职业学校和职业培训机构的设立、变更和终止,应当按照国家有关规定执行。

第二十五条 接受职业学校教育的学生,经学校考核合格,按照国家有关规定,发给学历证书。接受职业培训的学生,经培训的职业学校或者职业培训机构考核合格,按照国家有关规定,发给培训证书。学历证书、培训证书按照国家有关规定,作为职业学校、职业培训机构的毕业生、结业生从业的凭证。

第四章 职业教育的保障条件

第二十六条 国家鼓励通过多种渠道依法筹集发展职业教育的资金。

第二十七条 省、自治区、直辖市人民政府应当制定本地区职业学校学生人数平均经费标准;国务院有关部门应当会同国务院财政部门制定本部门职业学校学生人数平均经费标准。职业学校举办者应当按照学生人数平均经费标准足额拨付职业教育经费。各级人民政府、国务院有关部门用于举办职业学校和职业培训机构的财政性经费应当逐步增长。任何组织和个人不得挪用、克扣职业教育的经费。

第二十八条 企业应当承担对本单位的职工和准备录用的人员进行职业教育的费用,具体办法由国务院有关部门会同国务院财政部门或者由省、自治区、直辖市人民政府依法规定。

第二十九条 企业未按本法第二十条的规定实施职业教育的,县级以上地方人民政府应当责令改正;拒不改正的,可以收取企业应当承担的职业教育经费,用于本地区的职业教育。

第三十条 省、自治区、直辖市人民政府按照教育法的有关规定决定开征的用于教育的地方附加费,可以专项或者安排一定比例用于职业教育。

第三十一条 各级人民政府可以将农村科学技术开发、技术推广的经费,适当用于农村职业培训。

第三十二条 职业学校、职业培训机构可以对接受中等、高等职业学校教育和职业培训的学生适当收取学费,对经济困难的学生和残疾学生应当酌情减免。收费办法由省、自治区、直辖市人民政府规定。国家支持企业、事业组织、社会团体、其他社会组织及公民个人按照国家有关规定设立职业教育奖学金、贷学金,奖励学习成绩优秀的学生或者资助经济困难的学生。

第三十三条 职业学校、职业培训机构举办企业和从事社会服务的收入应当主要用于发展职业教育。

第三十四条 国家鼓励金融机构运用信贷手段,扶持发展职业教育。

第三十五条 国家鼓励企业、事业组织、社会团体、其他社会组织及公民个人对职业教育捐资助学,鼓励境外的组织和个人对职业教育提供资助和捐赠。提供的资助和捐赠,必须用于职业教育。

第三十六条 县级以上各级人民政府和有关部门应当将职业教育教师的培养和培训工作纳入教师队伍建设规划,保证职业教育教师队伍适应职业教育发展的需要。职业学校和职业培训机构可以聘请专业技术人员、有特殊技能的人员和其他教育机构的教师担任兼职教师。有关部门和单位应当提供方便。

第三十七条 国务院有关部门、县级以上地方各级人民政府以及举办职业学校、职业培训机构的组织、公民个人,应当加强职业教育生产实习基地的建设。企业、事业组织应当接纳职业学校和职业培训机构的学生和教师实习;对上岗实习的,应当给予适当的劳动报酬。

第三十八条 县级以上各级人民政府和有关部门应当建立、健全职业教育服务体系,加强职业教育教材的编辑、出版和发行工作。

第五章 附则

第三十九条 在职业教育活动中违反教育法规定的,应当依照教育法的有关规定给予处罚。

第四十条 本法自一九九六年九月一日起施行。

五、《中华人民共和国高等教育法》

(1998 年 8 月 29 日第九届全国人民代表大会常务委员会第四次会议通过 根据 2015 年 12 月 27 日第十二届全国人民代表大会常务委员会第十八次会议《关于修改〈中华人民共和国高等教育法〉的决定》第一次修正 根据 2018 年 12 月 29 日第十三届全国人民代表大会常务委员会第七次会议《关于修改〈中华人民共和国电力法〉等四部法律的决定》第二次修正)

目录

第一章 总则

第一条 为了发展高等教育事业,实施科教兴国战略,促进社会主义物质文明和精神文明建设,根据宪法和教育法,制定本法。

第二条 在中华人民共和国境内从事高等教育活动,适用本法。

本法所称高等教育,是指在完成高级中等教育基础上实施的教育。

第三条 国家坚持以马克思列宁主义、毛泽东思想、邓小平理论为指导,遵循宪法确定的基本原则,发展社会主义的高等教育事业。

第四条 高等教育必须贯彻国家的教育方针,为社会主义现代化建设服务、为人民服务,与生产劳动和社会实践相结合,使受教育者成为德、智、体、美等方面全面发展的社会主义建设者和接班人。

第五条 高等教育的任务是培养具有社会责任感、创新精神和实践能力的高级专门人才,发展科学技术文化,促进社会主义现代化建设。

第六条 国家根据经济建设和社会发展的需要,制定高等教育发展规划,举办高等学校,并采取多种形式积极发展高等教育事业。

国家鼓励企业事业组织、社会团体及其他社会组织和公民等社会力量依法举办高等学校,参与和支持高等教育事业的改革和发展。

第七条 国家按照社会主义现代化建设和发展社会主义市场经济的需要,根据不同类型、不同层次高等学校的实际,推进高等教育体制改革和高等教育教学改革,优化高等教育结构和资源配置,提高高等教育的质量和效益。

第八条 国家根据少数民族的特点和需要,帮助和支持少数民族地区发展高等教育事业,为少数民族培养高级专门人才。

第九条 公民依法享有接受高等教育的权利。

国家采取措施,帮助少数民族学生和经济困难的学生接受高等教育。

高等学校必须招收符合国家规定的录取标准的残疾学生入学,不得因其残疾而拒绝招收。

第十条 国家依法保障高等学校中的科学研究、文学艺术创作和其他文化活动的自由。

在高等学校中从事科学研究、文学艺术创作和其他文化活动,应当遵守法律。

第十一条 高等学校应当面向社会,依法自主办学,实行民主管理。

第十二条 国家鼓励高等学校之间、高等学校与科学研究机构以及企业事业组织之间开展协作,实行优势互补,提高教育资源的使用效益。

国家鼓励和支持高等教育事业的国际交流与合作。

第十三条 国务院统一领导和管理全国高等教育事业。

省、自治区、直辖市人民政府统筹协调本行政区域内的高等教育事业,管理主要为地方培养人才和国务院授权管理的高等学校。

第十四条 国务院教育行政部门主管全国高等教育工作,管理由国务院确定的主要为全国培养人才的高等学校。国务院其他有关部门在国务院规定的职责范围内,负责有关的高等教育工作。

第二章　高等教育基本制度

第十五条 高等教育包括学历教育和非学历教育。

高等教育采用全日制和非全日制教育形式。

国家支持采用广播、电视、函授及其他远程教育方式实施高等教育。

第十六条 高等学历教育分为专科教育、本科教育和研究生教育。

高等学历教育应当符合下列学业标准:

(一)专科教育应当使学生掌握本专业必备的基础理论、专门知识,具有从事本专业实际工作的基本技能和初步能力;

(二)本科教育应当使学生比较系统地掌握本学科、专业必需的基础理论、基本知识,掌握本专业必要的基本技能、方法和相关知识,具有从事本专业实际工作和研究工作的初步

能力;

（三）硕士研究生教育应当使学生掌握本学科坚实的基础理论、系统的专业知识,掌握相应的技能、方法和相关知识,具有从事本专业实际工作和科学研究工作的能力。博士研究生教育应当使学生掌握本学科坚实宽广的基础理论、系统深入的专业知识、相应的技能和方法,具有独立从事本学科创造性科学研究工作和实际工作的能力。

第十七条 专科教育的基本修业年限为二至三年,本科教育的基本修业年限为四至五年,硕士研究生教育的基本修业年限为二至三年,博士研究生教育的基本修业年限为三至四年。非全日制高等学历教育的修业年限应当适当延长。高等学校根据实际需要,可以对本学校的修业年限作出调整。

第十八条 高等教育由高等学校和其他高等教育机构实施。

大学、独立设置的学院主要实施本科及本科以上教育。高等专科学校实施专科教育。经国务院教育行政部门批准,科学研究机构可以承担研究生教育的任务。

其他高等教育机构实施非学历高等教育。

第十九条 高级中等教育毕业或者具有同等学力的,经考试合格,由实施相应学历教育的高等学校录取,取得专科生或者本科生入学资格。

本科毕业或者具有同等学力的,经考试合格,由实施相应学历教育的高等学校或者经批准承担研究生教育任务的科学研究机构录取,取得硕士研究生入学资格。

硕士研究生毕业或者具有同等学力的,经考试合格,由实施相应学历教育的高等学校或者经批准承担研究生教育任务的科学研究机构录取,取得博士研究生入学资格。

允许特定学科和专业的本科毕业生直接取得博士研究生入学资格,具体办法由国务院教育行政部门规定。

第二十条 接受高等学历教育的学生,由所在高等学校或者经批准承担研究生教育任务的科学研究机构根据其修业年限、学业成绩等,按照国家有关规定,发给相应的学历证书或者其他学业证书。

接受非学历高等教育的学生,由所在高等学校或者其他高等教育机构发给相应的结业证书。结业证书应当载明修业年限和学业内容。

第二十一条 国家实行高等教育自学考试制度,经考试合格的,发给相应的学历证书或者其他学业证书。

第二十二条 国家实行学位制度。学位分为学士、硕士和博士。

公民通过接受高等教育或者自学,其学业水平达到国家规定的学位标准,可以向学位授予单位申请授予相应的学位。

第二十三条 高等学校和其他高等教育机构应当根据社会需要和自身办学条件,承担实施继续教育的工作。

第三章 高等学校的设立

第二十四条 设立高等学校,应当符合国家高等教育发展规划,符合国家利益和社会公共利益。

第二十五条 设立高等学校,应当具备教育法规定的基本条件。

大学或者独立设置的学院还应当具有较强的教学、科学研究力量,较高的教学、科学研究水平和相应规模,能够实施本科及本科以上教育。大学还必须设有三个以上国家规定的学科门类为主要学科。设立高等学校的具体标准由国务院制定。

设立其他高等教育机构的具体标准,由国务院授权的有关部门或者省、自治区、直辖市人民政府根据国务院规定的原则制定。

第二十六条 设立高等学校,应当根据其层次、类型、所设学科类别、规模、教学和科学研究水平,使用相应的名称。

第二十七条 申请设立高等学校的,应当向审批机关提交下列材料:

(一) 申办报告;

(二) 可行性论证材料;

(三) 章程;

(四) 审批机关依照本法规定要求提供的其他材料。

第二十八条 高等学校的章程应当规定以下事项:

(一) 学校名称、校址;

(二) 办学宗旨;

(三) 办学规模;

(四) 学科门类的设置;

(五) 教育形式;

(六) 内部管理体制;

(七) 经费来源、财产和财务制度;

(八) 举办者与学校之间的权利、义务;

(九) 章程修改程序;

(十) 其他必须由章程规定的事项。

第二十九条 设立实施本科及以上教育的高等学校,由国务院教育行政部门审批;设立实施专科教育的高等学校,由省、自治区、直辖市人民政府审批,报国务院教育行政部门备案;设立其他高等教育机构,由省、自治区、直辖市人民政府教育行政部门审批。审批设立高等学校和其他高等教育机构应当遵守国家有关规定。

审批设立高等学校,应当委托由专家组成的评议机构评议。

高等学校和其他高等教育机构分立、合并、终止,变更名称、类别和其他重要事项,由本条第一款规定的审批机关审批;修改章程,应当根据管理权限,报国务院教育行政部门或者省、自治区、直辖市人民政府教育行政部门核准。

第四章　高等学校的组织和活动

第三十条　高等学校自批准设立之日起取得法人资格。高等学校的校长为高等学校的法定代表人。

高等学校在民事活动中依法享有民事权利,承担民事责任。

第三十一条　高等学校应当以培养人才为中心,开展教学、科学研究和社会服务,保证教育教学质量达到国家规定的标准。

第三十二条　高等学校根据社会需求、办学条件和国家核定的办学规模,制定招生方案,自主调节系科招生比例。

第三十三条　高等学校依法自主设置和调整学科、专业。

第三十四条　高等学校根据教学需要,自主制定教学计划、选编教材、组织实施教学活动。

第三十五条　高等学校根据自身条件,自主开展科学研究、技术开发和社会服务。

国家鼓励高等学校同企业事业组织、社会团体及其他社会组织在科学研究、技术开发和推广等方面进行多种形式的合作。

国家支持具备条件的高等学校成为国家科学研究基地。

第三十六条　高等学校按照国家有关规定,自主开展与境外高等学校之间的科学技术文化交流与合作。

第三十七条　高等学校根据实际需要和精简、效能的原则,自主确定教学、科学研究、行政职能部门等内部组织机构的设置和人员配备;按照国家有关规定,评聘教师和其他专业技术人员的职务,调整津贴及工资分配。

第三十八条　高等学校对举办者提供的财产、国家财政性资助、受捐赠财产依法自主管理和使用。

高等学校不得将用于教学和科学研究活动的财产挪作他用。

第三十九条　国家举办的高等学校实行中国共产党高等学校基层委员会领导下的校长负责制。中国共产党高等学校基层委员会按照中国共产党章程和有关规定,统一领导学校工作,支持校长独立负责地行使职权,其领导职责主要是:执行中国共产党的路线、方针、政策,坚持社会主义办学方向,领导学校的思想政治工作和德育工作,讨论决定学校内部组织机构的设置和内部组织机构负责人的人选,讨论决定学校的改革、发展和基本管理制度等重大事项,保证以培养人才为中心的各项任务的完成。

社会力量举办的高等学校的内部管理体制按照国家有关社会力量办学的规定确定。

第四十条 高等学校的校长,由符合教育法规定的任职条件的公民担任。高等学校的校长、副校长按照国家有关规定任免。

第四十一条 高等学校的校长全面负责本学校的教学、科学研究和其他行政管理工作,行使下列职权:

(一)拟订发展规划,制定具体规章制度和年度工作计划并组织实施;

(二)组织教学活动、科学研究和思想品德教育;

(三)拟订内部组织机构的设置方案,推荐副校长人选,任免内部组织机构的负责人;

(四)聘任与解聘教师以及内部其他工作人员,对学生进行学籍管理并实施奖励或者处分;

(五)拟订和执行年度经费预算方案,保护和管理校产,维护学校的合法权益;

(六)章程规定的其他职权。

高等学校的校长主持校长办公会议或者校务会议,处理前款规定的有关事项。

第四十二条 高等学校设立学术委员会,履行下列职责:

(一)审议学科建设、专业设置,教学、科学研究计划方案;

(二)评定教学、科学研究成果;

(三)调查、处理学术纠纷;

(四)调查、认定学术不端行为;

(五)按照章程审议、决定有关学术发展、学术评价、学术规范的其他事项。

第四十三条 高等学校通过以教师为主体的教职工代表大会等组织形式,依法保障教职工参与民主管理和监督,维护教职工合法权益。

第四十四条 高等学校应当建立本学校办学水平、教育质量的评价制度,及时公开相关信息,接受社会监督。

教育行政部门负责组织专家或者委托第三方专业机构对高等学校的办学水平、效益和教育质量进行评估。评估结果应当向社会公开。

第五章　高等学校教师和其他教育工作者

第四十五条 高等学校的教师及其他教育工作者享有法律规定的权利,履行法律规定的义务,忠诚于人民的教育事业。

第四十六条 高等学校实行教师资格制度。中国公民凡遵守宪法和法律,热爱教育事业,具有良好的思想品德,具备研究生或者大学本科毕业学历,有相应的教育教学能力,经认定合格,可以取得高等学校教师资格。不具备研究生或者大学本科毕业学历的公民,学有所长,通过国家教师资格考试,经认定合格,也可以取得高等学校教师资格。

第四十七条 高等学校实行教师职务制度。高等学校教师职务根据学校所承担的教学、科学研究等任务的需要设置。教师职务设助教、讲师、副教授、教授。

高等学校的教师取得前款规定的职务应当具备下列基本条件:

(一)取得高等学校教师资格;

(二)系统地掌握本学科的基础理论;

(三)具备相应职务的教育教学能力和科学研究能力;

(四)承担相应职务的课程和规定课时的教学任务。

教授、副教授除应当具备以上基本任职条件外,还应当对本学科具有系统而坚实的基础理论和比较丰富的教学、科学研究经验,教学成绩显著,论文或者著作达到较高水平或者有突出的教学、科学研究成果。

高等学校教师职务的具体任职条件由国务院规定。

第四十八条 高等学校实行教师聘任制。教师经评定具备任职条件的,由高等学校按照教师职务的职责、条件和任期聘任。

高等学校的教师的聘任,应当遵循双方平等自愿的原则,由高等学校校长与受聘教师签订聘任合同。

第四十九条 高等学校的管理人员,实行教育职员制度。高等学校的教学辅助人员及其他专业技术人员,实行专业技术职务聘任制度。

第五十条 国家保护高等学校教师及其他教育工作者的合法权益,采取措施改善高等学校教师及其他教育工作者的工作条件和生活条件。

第五十一条 高等学校应当为教师参加培训、开展科学研究和进行学术交流提供便利条件。

高等学校应当对教师、管理人员和教学辅助人员及其他专业技术人员的思想政治表现、职业道德、业务水平和工作实绩进行考核,考核结果作为聘任或者解聘、晋升、奖励或者处分的依据。

第五十二条 高等学校的教师、管理人员和教学辅助人员及其他专业技术人员,应当以教学和培养人才为中心做好本职工作。

第六章 高等学校的学生

第五十三条 高等学校的学生应当遵守法律、法规,遵守学生行为规范和学校的各项管理制度,尊敬师长,刻苦学习,增强体质,树立爱国主义、集体主义和社会主义思想,努力学习马克思列宁主义、毛泽东思想、邓小平理论,具有良好的思想品德,掌握较高的科学文化知识和专业技能。

高等学校学生的合法权益,受法律保护。

第五十四条 高等学校的学生应当按照国家规定缴纳学费。

家庭经济困难的学生,可以申请补助或者减免学费。

第五十五条 国家设立奖学金,并鼓励高等学校、企业事业组织、社会团体以及其他社会组织和个人按照国家有关规定设立各种形式的奖学金,对品学兼优的学生、国家规定的专业的学生以及到国家规定的地区工作的学生给予奖励。

国家设立高等学校学生勤工助学基金和贷学金,并鼓励高等学校、企业事业组织、社会团体以及其他社会组织和个人设立各种形式的助学金,对家庭经济困难的学生提供帮助。

获得贷学金及助学金的学生,应当履行相应的义务。

第五十六条 高等学校的学生在课余时间可以参加社会服务和勤工助学活动,但不得影响学业任务的完成。

高等学校应当对学生的社会服务和勤工助学活动给予鼓励和支持,并进行引导和管理。

第五十七条 高等学校的学生,可以在校内组织学生团体。学生团体在法律、法规规定的范围内活动,服从学校的领导和管理。

第五十八条 高等学校的学生思想品德合格,在规定的修业年限内学完规定的课程,成绩合格或者修满相应的学分,准予毕业。

第五十九条 高等学校应当为毕业生、结业生提供就业指导和服务。

国家鼓励高等学校毕业生到边远、艰苦地区工作。

第七章　高等教育投入和条件保障

第六十条 高等教育实行以举办者投入为主、受教育者合理分担培养成本、高等学校多种渠道筹措经费的机制。

国务院和省、自治区、直辖市人民政府依照教育法第五十六条的规定,保证国家举办的高等教育的经费逐步增长。

国家鼓励企业事业组织、社会团体及其他社会组织和个人向高等教育投入。

第六十一条 高等学校的举办者应当保证稳定的办学经费来源,不得抽回其投入的办学资金。

第六十二条 国务院教育行政部门会同国务院其他有关部门根据在校学生年人均教育成本,规定高等学校年经费开支标准和筹措的基本原则;省、自治区、直辖市人民政府教育行政部门会同有关部门制订本行政区域内高等学校年经费开支标准和筹措办法,作为举办者和高等学校筹措办学经费的基本依据。

第六十三条 国家对高等学校进口图书资料、教学科研设备以及校办产业实行优惠政策。高等学校所办产业或者转让知识产权以及其他科学技术成果获得的收益,用于高等学校办学。

第六十四条　高等学校收取的学费应当按照国家有关规定管理和使用,其他任何组织和个人不得挪用。

第六十五条　高等学校应当依法建立、健全财务管理制度,合理使用、严格管理教育经费,提高教育投资效益。

高等学校的财务活动应当依法接受监督。

第八章　附则

第六十六条　对高等教育活动中违反教育法规定的,依照教育法的有关规定给予处罚。

第六十七条　中国境外个人符合国家规定的条件并办理有关手续后,可以进入中国境内高等学校学习、研究、进行学术交流或者任教,其合法权益受国家保护。

第六十八条　本法所称高等学校是指大学、独立设置的学院和高等专科学校,其中包括高等职业学校和成人高等学校。

本法所称其他高等教育机构是指除高等学校和经批准承担研究生教育任务的科学研究机构以外的从事高等教育活动的组织。

本法有关高等学校的规定适用于其他高等教育机构和经批准承担研究生教育任务的科学研究机构,但是对高等学校专门适用的规定除外。

第六十九条　本法自 1999 年 1 月 1 日起施行。

六、《中华人民共和国民办教育促进法》

(2002 年 12 月 28 日第九届全国人民代表大会常务委员会第三十一次会议通过 根据 2013 年 6 月 29 日第十二届全国人民代表大会常务委员会第三次会议《关于修改〈中华人民共和国文物保护法〉等十二部法律的决定》第一次修正 根据 2016 年 11 月 7 日第十二届全国人民代表大会常务委员会第二十四次会议《关于修改〈中华人民共和国民办教育促进法〉的决定》第二次修正)

目录

第一章 总则

第一条 为实施科教兴国战略,促进民办教育事业的健康发展,维护民办学校和受教育者的合法权益,根据宪法和教育法制定本法。

第二条 国家机构以外的社会组织或者个人,利用非国家财政性经费,面向社会举办学校及其他教育机构的活动,适用本法。本法未作规定的,依照教育法和其他有关教育法律执行。

第三条 民办教育事业属于公益性事业,是社会主义教育事业的组成部分。

国家对民办教育实行积极鼓励、大力支持、正确引导、依法管理的方针。

各级人民政府应当将民办教育事业纳入国民经济和社会发展规划。

第四条 民办学校应当遵守法律、法规,贯彻国家的教育方针,保证教育质量,致力于培养社会主义建设事业的各类人才。

民办学校应当贯彻教育与宗教相分离的原则。任何组织和个人不得利用宗教进行妨碍国家教育制度的活动。

第五条 民办学校与公办学校具有同等的法律地位，国家保障民办学校的办学自主权。

国家保障民办学校举办者、校长、教职工和受教育者的合法权益。

第六条 国家鼓励捐资办学。

国家对为发展民办教育事业做出突出贡献的组织和个人，给予奖励和表彰。

第七条 国务院教育行政部门负责全国民办教育工作的统筹规划、综合协调和宏观管理。

国务院人力资源社会保障行政部门及其他有关部门在国务院规定的职责范围内分别负责有关的民办教育工作。

第八条 县级以上地方各级人民政府教育行政部门主管本行政区域内的民办教育工作。

县级以上地方各级人民政府人力资源社会保障行政部门及其他有关部门在各自的职责范围内，分别负责有关的民办教育工作。

第九条 民办学校中的中国共产党基层组织，按照中国共产党章程的规定开展党的活动，加强党的建设。

第二章 设立

第十条 举办民办学校的社会组织，应当具有法人资格。

举办民办学校的个人，应当具有政治权利和完全民事行为能力。

民办学校应当具备法人条件。

第十一条 设立民办学校应当符合当地教育发展的需求，具备教育法和其他有关法律、法规规定的条件。

民办学校的设置标准参照同级同类公办学校的设置标准执行。

第十二条 举办实施学历教育、学前教育、自学考试助学及其他文化教育的民办学校，由县级以上人民政府教育行政部门按照国家规定的权限审批；举办实施以职业技能为主的职业资格培训、职业技能培训的民办学校，由县级以上人民政府人力资源社会保障行政部门按照国家规定的权限审批，并抄送同级教育行政部门备案。

第十三条 申请筹设民办学校，举办者应当向审批机关提交下列材料：

（一）申办报告，内容应当主要包括：举办者、培养目标、办学规模、办学层次、办学形式、办学条件、内部管理体制、经费筹措与管理使用等；

（二）举办者的姓名、住址或者名称、地址；

（三）资产来源、资金数额及有效证明文件，并载明产权；

（四）属捐赠性质的校产须提交捐赠协议，载明捐赠人的姓名、所捐资产的数额、用途和管理方法及相关有效证明文件。

第十四条 审批机关应当自受理筹设民办学校的申请之日起三十日内以书面形式作出

是否同意的决定。

同意筹设的,发给筹设批准书。不同意筹设的,应当说明理由。

筹设期不得超过三年。超过三年的,举办者应当重新申报。

第十五条 申请正式设立民办学校的,举办者应当向审批机关提交下列材料:

(一)筹设批准书;

(二)筹设情况报告;

(三)学校章程,首届学校理事会、董事会或者其他决策机构组成人员名单;

(四)学校资产的有效证明文件;

(五)校长、教师、财会人员的资格证明文件。

第十六条 具备办学条件,达到设置标准的,可以直接申请正式设立,并应当提交本法第十三条和第十五条(三)、(四)、(五)项规定的材料。

第十七条 申请正式设立民办学校的,审批机关应当自受理之日起三个月内以书面形式作出是否批准的决定,并送达申请人;其中申请正式设立民办高等学校的,审批机关也可以自受理之日起六个月内以书面形式作出是否批准的决定,并送达申请人。

第十八条 审批机关对批准正式设立的民办学校发给办学许可证。

审批机关对不批准正式设立的,应当说明理由。

第十九条 民办学校的举办者可以自主选择设立非营利性或者营利性民办学校。但是,不得设立实施义务教育的营利性民办学校。

非营利性民办学校的举办者不得取得办学收益,学校的办学结余全部用于办学。

营利性民办学校的举办者可以取得办学收益,学校的办学结余依照公司法等有关法律、行政法规的规定处理。

民办学校取得办学许可证后,进行法人登记,登记机关应当依法予以办理。

第三章 学校的组织与活动

第二十条 民办学校应当设立学校理事会、董事会或者其他形式的决策机构并建立相应的监督机制。

民办学校的举办者根据学校章程规定的权限和程序参与学校的办学和管理。

第二十一条 学校理事会或者董事会由举办者或者其代表、校长、教职工代表等人员组成。其中三分之一以上的理事或者董事应当具有五年以上教育教学经验。

学校理事会或者董事会由五人以上组成,设理事长或者董事长一人。理事长、理事或者董事长、董事名单报审批机关备案。

第二十二条 学校理事会或者董事会行使下列职权:

(一)聘任和解聘校长;

（二）修改学校章程和制定学校的规章制度；

（三）制定发展规划，批准年度工作计划；

（四）筹集办学经费，审核预算、决算；

（五）决定教职工的编制定额和工资标准；

（六）决定学校的分立、合并、终止；

（七）决定其他重大事项。

其他形式决策机构的职权参照本条规定执行。

第二十三条 民办学校的法定代表人由理事长、董事长或者校长担任。

第二十四条 民办学校参照同级同类公办学校校长任职的条件聘任校长，年龄可以适当放宽。

第二十五条 民办学校校长负责学校的教育教学和行政管理工作，行使下列职权：

（一）执行学校理事会、董事会或者其他形式决策机构的决定；

（二）实施发展规划，拟订年度工作计划、财务预算和学校规章制度；

（三）聘任和解聘学校工作人员，实施奖惩；

（四）组织教育教学、科学研究活动，保证教育教学质量；

（五）负责学校日常管理工作；

（六）学校理事会、董事会或者其他形式决策机构的其他授权。

第二十六条 民办学校对招收的学生，根据其类别、修业年限、学业成绩，可以根据国家有关规定发给学历证书、结业证书或者培训合格证书。

对接受职业技能培训的学生，经政府批准的职业技能鉴定机构鉴定合格的，可以发给国家职业资格证书。

第二十七条 民办学校依法通过以教师为主体的教职工代表大会等形式，保障教职工参与民主管理和监督。

民办学校的教师和其他工作人员，有权依照工会法，建立工会组织，维护其合法权益。

第四章　教师与受教育者

第二十八条 民办学校的教师、受教育者与公办学校的教师、受教育者具有同等的法律地位。

第二十九条 民办学校聘任的教师，应当具有国家规定的任教资格。

第三十条 民办学校应当对教师进行思想品德教育和业务培训。

第三十一条 民办学校应当依法保障教职工的工资、福利待遇和其他合法权益，并为教职工缴纳社会保险费。

国家鼓励民办学校按照国家规定为教职工办理补充养老保险。

第三十二条 民办学校教职工在业务培训、职务聘任、教龄和工龄计算、表彰奖励、社会活动等方面依法享有与公办学校教职工同等权利。

第三十三条 民办学校依法保障受教育者的合法权益。

民办学校按照国家规定建立学籍管理制度,对受教育者实施奖励或者处分。

第三十四条 民办学校的受教育者在升学、就业、社会优待以及参加先进评选等方面享有与同级同类公办学校的受教育者同等权利。

第五章　学校资产与财务管理

第三十五条 民办学校应当依法建立财务、会计制度和资产管理制度,并按照国家有关规定设置会计账簿。

第三十六条 民办学校对举办者投入民办学校的资产、国有资产、受赠的财产以及办学积累,享有法人财产权。

第三十七条 民办学校存续期间,所有资产由民办学校依法管理和使用,任何组织和个人不得侵占。

任何组织和个人都不得违反法律、法规向民办教育机构收取任何费用。

第三十八条 民办学校收取费用的项目和标准根据办学成本、市场需求等因素确定,向社会公示,并接受有关主管部门的监督。

非营利性民办学校收费的具体办法,由省、自治区、直辖市人民政府制定;营利性民办学校的收费标准,实行市场调节,由学校自主决定。

民办学校收取的费用应当主要用于教育教学活动、改善办学条件和保障教职工待遇。

第三十九条 民办学校资产的使用和财务管理受审批机关和其他有关部门的监督。

民办学校应当在每个会计年度结束时制作财务会计报告,委托会计师事务所依法进行审计,并公布审计结果。

第六章　管理与监督

第四十条 教育行政部门及有关部门应当对民办学校的教育教学工作、教师培训工作进行指导。

第四十一条 教育行政部门及有关部门依法对民办学校实行督导,建立民办学校信息公示和信用档案制度,促进提高办学质量;组织或者委托社会中介组织评估办学水平和教育质量,并将评估结果向社会公布。

第四十二条 民办学校的招生简章和广告,应当报审批机关备案。

第四十三条 民办学校侵犯受教育者的合法权益,受教育者及其亲属有权向教育行政部门和其他有关部门申诉,有关部门应当及时予以处理。

第四十四条 国家支持和鼓励社会中介组织为民办学校提供服务。

第七章 扶持与奖励

第四十五条 县级以上各级人民政府可以设立专项资金,用于资助民办学校的发展,奖励和表彰有突出贡献的集体和个人。

第四十六条 县级以上各级人民政府可以采取购买服务、助学贷款、奖助学金和出租、转让闲置的国有资产等措施对民办学校予以扶持;对非营利性民办学校还可以采取政府补贴、基金奖励、捐资激励等扶持措施。

第四十七条 民办学校享受国家规定的税收优惠政策;其中,非营利性民办学校享受与公办学校同等的税收优惠政策。

第四十八条 民办学校依照国家有关法律、法规,可以接受公民、法人或者其他组织的捐赠。

国家对向民办学校捐赠财产的公民、法人或者其他组织按照有关规定给予税收优惠,并予以表彰。

第四十九条 国家鼓励金融机构运用信贷手段,支持民办教育事业的发展。

第五十条 人民政府委托民办学校承担义务教育任务,应当按照委托协议拨付相应的教育经费。

第五十一条 新建、扩建非营利性民办学校,人民政府应当按照与公办学校同等原则,以划拨等方式给予用地优惠。新建、扩建营利性民办学校,人民政府应当按照国家规定供给土地。

教育用地不得用于其他用途。

第五十二条 国家采取措施,支持和鼓励社会组织和个人到少数民族地区、边远贫困地区举办民办学校,发展教育事业。

第八章 变更与终止

第五十三条 民办学校的分立、合并,在进行财务清算后,由学校理事会或者董事会报审批机关批准。

申请分立、合并民办学校的,审批机关应当自受理之日起三个月内以书面形式答复;其中申请分立、合并民办高等学校的,审批机关也可以自受理之日起六个月内以书面形式答复。

第五十四条 民办学校举办者的变更,须由举办者提出,在进行财务清算后,经学校理事会或者董事会同意,报审批机关核准。

第五十五条 民办学校名称、层次、类别的变更,由学校理事会或者董事会报审批机关批准。

申请变更为其他民办学校,审批机关应当自受理之日起三个月内以书面形式答复;其中申请变更为民办高等学校的,审批机关也可以自受理之日起六个月内以书面形式答复。

第五十六条 民办学校有下列情形之一的,应当终止:

(一)根据学校章程规定要求终止,并经审批机关批准的;

(二)被吊销办学许可证的;

(三)因资不抵债无法继续办学的。

第五十七条 民办学校终止时,应当妥善安置在校学生。实施义务教育的民办学校终止时,审批机关应当协助学校安排学生继续就学。

第五十八条 民办学校终止时,应当依法进行财务清算。

民办学校自己要求终止的,由民办学校组织清算;被审批机关依法撤销的,由审批机关组织清算;因资不抵债无法继续办学而被终止的,由人民法院组织清算。

第五十九条 对民办学校的财产按照下列顺序清偿:

(一)应退受教育者学费、杂费和其他费用;

(二)应发教职工的工资及应缴纳的社会保险费用;

(三)偿还其他债务。

非营利性民办学校清偿上述债务后的剩余财产继续用于其他非营利性学校办学;营利性民办学校清偿上述债务后的剩余财产,依照公司法的有关规定处理。

第六十条 终止的民办学校,由审批机关收回办学许可证和销毁印章,并注销登记。

第九章　法律责任

第六十一条 民办学校在教育活动中违反教育法、教师法规定的,依照教育法、教师法的有关规定给予处罚。

第六十二条 民办学校有下列行为之一的,由县级以上人民政府教育行政部门、人力资源社会保障行政部门或者其他有关部门责令限期改正,并予以警告;有违法所得的,退还所收费用后没收违法所得;情节严重的,责令停止招生、吊销办学许可证;构成犯罪的,依法追究刑事责任:

(一)擅自分立、合并民办学校的;

(二)擅自改变民办学校名称、层次、类别和举办者的;

(三)发布虚假招生简章或者广告,骗取钱财的;

(四)非法颁发或者伪造学历证书、结业证书、培训证书、职业资格证书的;

(五)管理混乱严重影响教育教学,产生恶劣社会影响的;

(六)提交虚假证明文件或者采取其他欺诈手段隐瞒重要事实骗取办学许可证的;

(七)伪造、变造、买卖、出租、出借办学许可证的;

（八）恶意终止办学、抽逃资金或者挪用办学经费的。

第六十三条 县级以上人民政府教育行政部门、人力资源社会保障行政部门或者其他有关部门有下列行为之一的,由上级机关责令其改正;情节严重的,对直接负责的主管人员和其他直接责任人员,依法给予处分;造成经济损失的,依法承担赔偿责任;构成犯罪的,依法追究刑事责任:

（一）已受理设立申请,逾期不予答复的;

（二）批准不符合本法规定条件申请的;

（三）疏于管理,造成严重后果的;

（四）违反国家有关规定收取费用的;

（五）侵犯民办学校合法权益的;

（六）其他滥用职权、徇私舞弊的。

第六十四条 违反国家有关规定擅自举办民办学校的,由所在地县级以上地方人民政府教育行政部门或者人力资源社会保障行政部门会同同级公安、民政或者工商行政管理等有关部门责令停止办学、退还所收费用,并对举办者处违法所得一倍以上五倍以下罚款;构成违反治安管理行为的,由公安机关依法给予治安管理处罚;构成犯罪的,依法追究刑事责任。

第十章 附则

第六十五条 本法所称的民办学校包括依法举办的其他民办教育机构。

本法所称的校长包括其他民办教育机构的主要行政负责人。

第六十六条 境外的组织和个人在中国境内合作办学的办法,由国务院规定。

第六十七条 本法自2003年9月1日起施行。1997年7月31日国务院颁布的《社会力量办学条例》同时废止。

七、《中华人民共和国学位条例》

(1980 年 2 月 12 日第五届全国人民代表大会常务委员会第十三次会议通过
根据 2004 年 8 月 28 日第十届全国人民代表大会常务委员会第十一次会议
《关于修改〈中华人民共和国学位条例〉的决定》修正)

第一条 为了促进我国科学专门人才的成长，促进各门学科学术水平的提高和教育、科学事业的发展，以适应社会主义现代化建设的需要，特制定本条例。

第二条 凡是拥护中国共产党的领导、拥护社会主义制度，具有一定学术水平的公民，都可以按照本条例的规定申请相应的学位。

第三条 学位分学士、硕士、博士三级。

第四条 高等学校本科毕业生，成绩优良，达到下述学术水平者，授予学士学位：

（一）较好地掌握本门学科的基础理论、专门知识和基本技能；

（二）具有从事科学研究工作或担负专门技术工作的初步能力。

第五条 高等学校和科学研究机构的研究生，或具有研究生毕业同等学力的人员，通过硕士学位的课程考试和论文答辩，成绩合格，达到下述学术水平者，授予硕士学位：

（一）在本门学科上掌握坚实的基础理论和系统的专门知识；

（二）具有从事科学研究工作或独立担负专门技术工作的能力。

第六条 高等学校和科学研究机构的研究生，或具有研究生毕业同等学力的人员，通过博士学位的课程考试和论文答辩，成绩合格，达到下述学术水平者，授予博士学位：

（一）在本门学科上掌握坚实宽广的基础理论和系统深入的专门知识；

（二）具有独立从事科学研究工作的能力；

（三）在科学或专门技术上做出创造性的成果。

第七条 国务院设立学位委员会，负责领导全国学位授予工作。学位委员会设主任委员一人，副主任委员和委员若干人。主任委员、副主任委员和委员由国务院任免。

第八条 学士学位，由国务院授权的高等学校授予；硕士学位、博士学位，由国务院授权的高等学校和科学研究机构授予。

授予学位的高等学校和科学研究机构（以下简称学位授予单位）及其可以授予学位的学科名单，由国务院学位委员会提出，经国务院批准公布。

第九条 学位授予单位，应当设立学位评定委员会，并组织有关学科的学位论文答辩委员会。

学位论文答辩委员会必须有外单位的有关专家参加，其组成人员由学位授予单位遴选决定。学位评定委员会组成人员名单由学位授予单位确定，报国务院有关部门和国务院学位委员会备案。

第十条 学位论文答辩委员会负责审查硕士和博士学位论文、组织答辩,就是否授予硕士学位或博士学位作出决议。决议以不记名投票方式,经全体成员三分之二以上通过,报学位评定委员会。

学位评定委员会负责审查通过学士学位获得者的名单;负责对学位论文答辩委员会报请授予硕士学位或博士学位的决议,作出是否批准的决定。决定以不记名投票方式,经全体成员过半数通过。决定授予硕士学位或博士学位的名单,报国务院学位委员会备案。

第十一条 学位授予单位,在学位评定委员会作出授予学位的决议后,发给学位获得者相应的学位证书。

第十二条 非学位授予单位应届毕业的研究生,由原单位推荐,可以就近向学位授予单位申请学位。经学位授予单位审查同意,通过论文答辩,达到本条例规定的学术水平者,授予相应的学位。

第十三条 对于在科学或专门技术上有重要的著作、发明、发现或发展者,经有关专家推荐,学位授予单位同意,可以免除考试,直接参加博士学位论文答辩。对于通过论文答辩者,授予博士学位。

第十四条 对于国内外卓越的学者或著名的社会活动家,经学位授予单位提名,国务院学位委员会批准,可以授予名誉博士学位。

第十五条 在我国学习的外国留学生和从事研究工作的外国学者,可以向学位授予单位申请学位。对于具有本条例规定的学术水平者,授予相应的学位。

第十六条 非学位授予单位和学术团体对于授予学位的决议和决定持有不同意见时,可以向学位授予单位或国务院学位委员会提出异议。学位授予单位和国务院学位委员会应当对提出的异议进行研究和处理。

第十七条 学位授予单位对于已经授予的学位,如发现有舞弊作伪等严重违反本条例规定的情况,经学位评定委员会复议,可以撤销。

第十八条 国务院对于已经批准授予学位的单位,在确认其不能保证所授学位的学术水平时,可以停止或撤销其授予学位的资格。

第十九条 本条例的实施办法,由国务院学位委员会制定,报国务院批准。

第二十条 本条例自 1981 年 1 月 1 日起施行。

主要参考书目

1. 张乐天.教育法规导读(第三版)[M].上海：华东师范大学出版社,2007.

2. 陈庆云.公共政策分析[M].北京：北京大学出版社,2006.

3. 李晓燕.教育法学(第2版)[M].北京：高等教育出版社,2006.

4. 张国庆.公共政策分析[M].上海：复旦大学出版社,2005.

5. 转型期中国重大教育政策案例研究课题组.缩小差距：中国教育政策的重大命题[M].北京：人民教育出版社,2005.

6. 袁振国.中国教育政策评论(2000—2017)[M].北京：教育科学出版社,2000—2018.

7. 袁振国.中国教育政策评论2018[M].上海：上海教育出版社,2019.

8. [英]II·K·科尔巴奇.政策[M].张毅,韩志明,译.长春：吉林人民出版社,2005.

9. 中国教育与人力资源问题报告课题组.从人口大国迈向人力资源强国[M].北京：高等教育出版社,2003.

10. 刘复兴.教育政策的价值分析[M].北京：教育科学出版社,2003.

11. [美]威廉·N·邓恩.公共政策分析导论(第二版)[M].谢明,等,译.北京：中国人民大学出版社,2002.

12. 金一鸣.中国社会主义教育的轨迹[M].上海：华东师范大学出版社,2000.

13. 金一鸣.教育社会学[M].南京：江苏教育出版社,2000.

14. 张文显.法理学[M].北京：北京大学出版社,1999.

15. 陈振明.政策科学[M].北京：中国人民大学出版社,1998.

16. 陈孝彬.教育管理学(修订版)[M].北京：北京师范大学出版社,1999.

17. 沈承刚.政策学[M].北京：北京经济学院出版社,1996.

18. 袁振国.教育政策学[M].南京：江苏教育出版社,1996.

19. 萧宗六,贺乐凡.中国教育行政学[M].北京：人民教育出版社,1996.

20. 高奇.新中国教育历程[M].石家庄：河北教育出版社,1996.

21. 金铁宽.中华人民共和国教育大事记(1—3卷)[M].济南：山东教育出版社,1995.

22. 张维平,马桂新.教育法学基础[M].沈阳：辽宁大学出版社,1994.

23. 孙国华.法理学教程[M].北京：中国人民大学出版社,1994.

24. 吴祖谋.法学概论(第五版)[M].北京：法律出版社,1994.

25. 张济正,周立,李椎.教育行政学通论[M].上海：华东师范大学出版社,1992.

26. 袁振国.中国当代教育思潮(1949—1989)[M].北京：生活·读书·新知三联书

店,1991.

27. 赵世平,田玉敏. 教育政策法规[M]. 天津：天津社会科学院出版社,1991.

28. 中国大百科全书总编辑委员会《教育》编辑委员会,中国大百科全书出版社编辑部. 中国大百科全书·教育[M]. 北京：中国大百科全书出版社,1985.

29. 林水波,张世贤. 公共政策[M]. 台北：五南图书出版公司,1982.

30. 国家中长期教育改革和发展规划纲要(2010—2020 年)[M]. 北京：人民出版社,2010.

31. [美]弗朗西斯·C·福勒. 教育政策学导论(第二版)[M]. 许庆豫,译. 南京：江苏教育出版社,2007.

32. 陈学飞. 教育政策研究基础[M]. 北京：人民教育出版社,2011.

33. 褚宏启. 教育政策学[M]. 北京：北京师范大学出版社,2011.

34. 李祥,曾瑜. 教育政策法律：理论与实践[M]. 成都：西南交通大学出版社,2019.

35. 付世秋. 教育政策法规与教师职业道德[M]. 北京：清华大学出版社,2016.

36. [美]肯尼思·A·斯特赖克,[加]基兰·伊根. 伦理学与教育政策[M]. 刘世清,李云星,等,译. 北京：北京大学出版社,2013.

37. 范国睿. 中国教育政策蓝皮书(2018)[M]. 上海：上海教育出版社,2019.